# 中国哲学史

层层讲述中国哲学的起源、发展、变迁和思想智慧

The history
of
Chinese Philosophy

唐志龙◎著

中国友谊出版公司

**图书在版编目（CIP）数据**

中国哲学史 / 唐志龙著. — 北京 ： 中国友谊出版公司， 2018.2

ISBN 978-7-5057-4244-4

Ⅰ. ①中… Ⅱ. ①唐… Ⅲ. ①哲学史—中国 Ⅳ. ①B2

中国版本图书馆 CIP 数据核字（2017）第 300907 号

**书名** 中国哲学史

**作者** 唐志龙

**出版** 中国友谊出版公司

**发行** 中国友谊出版公司

**经销** 新华书店

**印刷** 三河市冀华印务有限公司

**规格** 787×1092 毫米 16 开

25.5 印张 325 千字

**版次** 2018 年 4 月第 1 版

**印次** 2018 年 4 月第 1 次印刷

**书号** ISBN 978-7-5057-4244-4

**定价** 59.80 元

**地址** 北京市朝阳区西坝河南里 17 号楼

**邮编** 100028

**电话** （010）64668676

# 出版说明

本书共分为5个大的章节，讲述了从西周及其以前到近代中国的哲学思想，简要介绍了我国历史上50多位著名哲学家的生平活动及思想学说。为了帮助读者高效阅读，每个大的章节前都写了简短的“引言”，大致勾画出了该时期哲学思想的基本发展脉络。哲学家之间，也尽量寻找其内在的逻辑发展顺序，在文中进行了一定的穿插联结，力争使全书形成一个相对完整的整体，避免读者对中国哲学史产生“一盘散沙”的错觉。由于每个人物的哲学思想是多方面的，受篇幅所限，为突出重点，照顾全面，吸取经验，写作中大都在一般介绍的前提下，重点择其最突出、最有影响或者贡献最大的一方面进行写作，其理论上的缺欠及时代和历史的局限性等，并未处处顾及，往往着墨不多。

为了让本书通俗易懂，更被普通读者接受和喜欢，本书穿插了不少哲学故事，内容上尽量与主题直接有关，形式上前后不拘，但不游离人物的基本思想。因为这毕竟不是“中国哲学故事集”，而是中国哲学史，需要从故事的线索里，捋出哲学史的发展踪迹以及内容的演变逻辑来。当然，由于本人水平有限，加之时间仓促，纰漏之处一定不少，能否达到这一目的，还请读者自己阅读后去评价，也请读者见谅。

需要说明的是，本书只是一本通俗性、普及性的哲学史著作，无论内容还是体系结构都并不十分全面。所以，要想对中国哲学史有更深刻的把握，达到一定的造诣，可以在阅读本书“入门”的基础上，进一步多读些其他“大家”写的有关中国哲学史的教材、研究文章等。如果本书的问世，能够将读者开始真正引入哲学史高深的殿堂，那么，在下是十分荣幸的。其耿耿于怀的“浅薄”之念，也许会消减不少了。

本书在写作过程中，学习和参考了学界有关专家、学者的许多大作与高见，为避免体例的繁复，增加可读性，未在文中一一注明出处，仅择重要者，附录于后，一并致谢。

唐志龙

# 目 录

CONTENTS

## 第一章

## 西周及其以前的哲学思想

## 第二章

## 春秋战国时期的哲学思想

## 第三章

## 汉唐时期的哲学思想

## 第四章

## 宋明清时期的哲学思想

## 第五章

## 近代哲学思想

# 第一章

# 西周及其以前的哲学思想

中国是一个多民族融合的、历史悠久的国家。如果从原始群居的猿人算起，中国各族人民的祖先，在亚洲东部广袤的土地上已经历了大约两百万年的漫长生活。其中可以分为原始群、母系氏族和父系氏族等几个历史阶段。

根据传说与考古材料，约在公元前 30 世纪的轩辕黄帝时代，就已出现了父权制，开始向文明时代过渡；到公元前 21 世纪的夏代，建立了第一个奴隶制王朝。约公元前 8 世纪至前 4 世纪的春秋到战国初期，统一的奴隶制王朝走向解体，并逐步孕育和发展了封建的生产关系。

中国几千年来创造了灿烂的文化，在这些传统文化的发展中，中国哲学思想占据着主导地位。中国的文学、艺术、科学、医学乃至风俗习惯等，都直接受到哲学思想的深刻影响。当然，作为系统化、理论化的哲学思想，总是在漫长的实践中，经过思想家们的辛勤概括和总结，不断发展与成熟起来的。

经过长期的发展演化，到西周时期，中国哲学思想的花蕾，已由萌芽到有了一定程度的绽放。它无论是在自然观方面，还是在社会历史观以及人类的思维方面，都进行了可贵的、比较全面的研究与探讨，并已达到了相当的水平。从而也使得自人类童年时期以神话、传说的方式认识世界和对世界进行有效改造的各种愿望，逐渐植入了现实的土壤。

# 开天辟地

## ——神话传说中人类思维能力的初始闪光

据说远古时候，天地是混混沌沌的，像个大鸡蛋，万物的始祖盘古就孕育其中。

这样，过去了十万八千年。有一天，盘古突然醒了。他十分不满“鸡蛋”里那种迷糊混沌的环境，便找来一柄大斧，朝四面八方猛劈起来。于是，天地开辟了：混沌中的清而轻的阳气上升为天，浊而重的阴气下沉为地。以后，天每日升高一丈，地每日加厚一丈，盘古的身躯也每日跟着增长一丈。如果天地之间还有什么牵连，盘古就左手握凿，右手挥斧，继续进行开天辟地的工作，终于使天地彻底分开了。这样又过了十万八千年，天升得极高极高，地变得极厚极厚，盘古的身体也长得极长极长了。因此，开天辟地的工程也才算最终完成了。

这以后，才有号称天皇、地皇、人皇的“三皇”出现在世间，而盘古则是天地万物的始祖。

开天辟地时诞生的盘古，在临死的时候，将自己的整个身躯贡献出来，化成了世间的万物。他呼出的气变成了清风和云彩，发出的声音变成了轰鸣的雷霆，左眼变成了太阳，右眼变成了月亮，四肢五体变成了大地的四极与五岳名山——东岳泰山、西岳华山、南岳衡山、北岳恒山、中岳嵩山，血液变成了滔滔的江河，筋脉变成了山川道路，皮肤肌肉变成了肥田沃土，头发与髭须变成了天上的星辰，皮肤上的汗毛变成了草木，牙齿与骨头变成了金属与岩石，精液与骨髓变成了珍珠和美玉，汗水变成了润泽万物的甘霖，就连身上的各种寄生小虫，在暖风的吹拂下也变成了生活在大地上的各种动物。可以说，为了美好世界的出现，盘古奉献了自己的一切。

盘古开天辟地，为人类创造了一个适宜生存的良好环境。那么人类又是如何出现的呢？在进化论知识还未普及之前，世界各民族仍然都只能以神话和幻想的方式来探讨和回答这个问题。西方人的神话中，传说是上帝创造了美丽的伊甸园，并创造了一个男人亚当，再从亚当身上取出一根肋骨而创造了女人夏娃，现在的人类就是他们的后世子孙。在中国的传说中，创造人类的是一个本领高强、充满慈母之心的女英雄——女娲。

女娲在盘古开出的天地里生活了很长一段时间，由于她忍受不了孤单和寂寞，就在河边用水和上黄泥，捏出了一个个男男女女。从此，女娲就和自己生产出来的儿女们愉快地生活在世界上。

由于科学不发达，天文学、地理学知识更欠缺，古人便认为大地是方的，在它四周的尽头，都有强劲的柱子支撑着天；而天是穹隆形的，压在地柱上面，盖住了整个大地。

盘古开辟的天地，经过了漫长岁月的日晒、雨淋、风吹、地震，环境逐渐变得恶劣起来：支撑天的柱子一天天腐朽、折断、垮塌，再也不能承受天的重压了；天也因地柱的崩溃而不能全面地覆盖住大地。于是，强烈的阳光从天缝中毫无遮拦地直射大地，引起地面上烈火熊熊，无情地炙烤着善良的人们；地面上污臭的洪水大肆泛滥，使大地变成一片汪洋，人们只得逃往山的最高处，躲避滔滔洪水的侵袭；天空中一些凶猛的飞禽和地面上一些猛兽乘机捣乱，经常攫取力量衰弱的老人、小孩当它们的食物……

女娲看见自己的儿孙遭难，既伤心又愤怒。她决心使出全部的力量，为人类解除痛苦。她在漫山遍野疾走狂奔，采集大量的木材，点起大火，把泥土和石块放在火里烧炼。她不顾疲劳，忘记了休息，炼啊，炼啊，炼了很长时间，才将那些泥土和石块炼成了五彩缤纷、坚硬无比的补天石。然后，女娲双手托起补天石，飞升上天，去补住了天的裂缝。

接着，女娲又采来矿石，投入大火中冶炼。她不分昼夜地操劳，锻造了一把无比锋利的宝剑。然后，她提着这把金光闪闪的宝剑，去和一只巨龟搏斗。经过艰苦的厮杀，女娲终于制服了巨龟，把它的四足砍断，拿去做了支撑天空的柱子。

女娲乘胜出击，潜入水中斩杀掀起洪水的妖怪——黑龙。黑龙哪是女娲的对手，很快就被女娲杀死了。黑龙一死，洪水就渐渐退下，可地上还有些裂缝，从那儿不断冒出臭水来。女娲又找来大批芦柴，把它们烧成灰，用灰去填补那些裂缝。

最后，女娲做了一副弓箭，射杀了那些伤害老人、小孩的凶猛的飞禽走兽。

就这样，人类的祖先女娲，凭着自己的力量与智慧，补好了苍天，填塞了地缝，斩杀了一切妖魔鬼怪、毒虫猛兽，使盘古开辟的天地恢复了往昔的和平、安宁。在这和平、安宁的环境里，人类又过上了幸福、美满的生活……

当然，关于宇宙和人类的起源问题，凡有点科学知识的现代人都是不会相信这类神话传说的。科学的发展已经揭示，地球和宇宙的形成有着自己的历史，人类也是从类人猿逐渐进化而来，都是物质世界长期的合乎规律发展的结果。然而，各种各样的神话与传说在社会发展的一定历史阶段，都有其存在的理由与价值。这是由于神话传说是人类在生产力极其低下的情况下，不能科学解释世界的起源、自然现象与社会生活的矛盾，便以非现实的想象和幻想，来表现对自然的支配和征服。在还没有文字的氏族社会里，由于社会生产力十分低下，科学知识又极少，我们的祖先就通过大胆的想象创造出许多优美动人的故事，表现出了古代的劳动人民在与自然界顽强斗争中的巨大毅力，也体现出战胜困难不屈不挠的斗争精神与对理想社会的热烈追求。诚如马克思所言，任何神话都不仅表现了人类童年时代的天真，是通过人民的幻想用一种不自觉的艺术方式加工过的自然和社会形式本身，同时也是用想象和借助想象以征服自然力，支配自然力，把自然力加以形象化的思维过程。我国古代流传的这些神话与传说，反映了人类征服和改造自然的积极意义，尽管它们是在想象中并通过想象来表达的，终究也是不切实际的，但是却体现了人类童年在哲学认识能力上强烈的浪漫主义色彩与可贵思想的初始闪光。

我国古代流传下来的人类与自然界进行勇敢的争斗，借以认识自然与征服自然的神话故事，除了“盘古开天辟地”“女娲炼石补天”外还有许多，诸如“精卫填海”“愚公移山”“嫦娥奔月”“夸父逐日”“有巢氏构木为巢”“燧人氏钻木取火”“神农氏兴办农业”“伏羲氏开创渔猎”，等等。在社会领域，“黄帝战蚩尤”“共工斗颛顼”“刑天舞干戚”“尧舜兴禅让”等家喻户晓的传说故事，也在一定程度上反映了人类社会早期一定历史阶段即氏族社会里的某些情况。这些神话与传说，后人经过不断的加工改造，形成了一定的文字，在《诗经》《史记》《太平御览》《述异记》《淮南子》《山海经》以及《苗族史诗》《风俗通义》等文献中多有记载。同时，这些神话与传说不仅汉民族有，而且一些少数民族中也有许多类似的故事。这对我们认识和研究史前人类社会的发展与演变，都有着重要的参考价值。

尽管古代的神话与传说不可避免地打上了人类早期的“虚幻”印记，但它们却真实地反映了古代人类思维发展的某种原始状态，表现出了原始人类对超自然力量的崇拜和对征服自然的幻想，体现了哲学思想的最初萌芽。尤其是中国古代以神话形式表现出来的原始宇宙生成论，是我国哲学认识论发展史上一次新的突破与创造。这些极朴素的原始宇宙生成论，虽然不能完全解释宇宙是怎样发生的，它却是人类认识史上一个不可缺少的必经阶段。同时，我们还要看到，受当时社会历史条件的局限，人们不可能具有完备的理论，也不可能完全解释宇宙的形成与发展问题，但这些神话与传说确实标志着人类认识范围的扩大、认识能力的提高、认识程度的深化，并对后世的天文学和哲学的发展产生了较大的影响。

这些影响，我们从《老子》的“道生一，一生二，二生三，三生万物，万物负阴而抱阳，冲气以为和”，《易·系辞》的“易有太极，是生两仪，两仪生四象，四象生八卦”及《礼记·礼运》的“礼必本于太一，分而为天地，转而为阴阳，变而为四时”等宇宙演化论中，都可以看到其糅合古代神话与传说的影子。远在2300多年前的战国末期，诗人屈原在其名著《天问》中，就开宗明义地发问道：“遂古之初，谁传道之？上下未形，何由考之？……”意思是说，关于远古的开头，是谁传说下来的？那时天地还未成形，根据什么来考究？屈原的一连串发问，提出了怎样认识天地的开辟、宇宙的形成及创造等问题。到了唐代，文学家柳宗元以回答屈原《天问》的形式，写出了《天对》与《天说》，明确阐发了“元气是宇宙本原”的唯物主义宇宙观；与柳宗元同时代的刘禹锡，认为《天说》等“非所以尽天人之际”，乃作《天论》三篇，“以极其辩”，从而对柳宗元的朴素唯物主义宇宙观进一步作了补充与发挥。从这些问题中，我们同样可以看到中国古代神话与传说对后世的重大影响。

应当看到，古代的神话与传说的基本精神毕竟是浪漫主义的，对中国哲学思想进一步发展的影响力也是有限的，并且随着科学与技术的进步，人类理论思维能力的不断提高，这种想象的浪漫主义必然会被立足于实践与科学基础上的现实主义精神所取代。而建立在“治水平土”实践经验上的人类对自然界的直接认识与改造，则必然成为中国古代哲学思想产生与发展的现实源头。

# 大禹治水

## ——原始五行观念的产生

精卫衔微木，
将以填沧海。
刑天舞干戚，
猛志固常在。

这是陶渊明在《读山海经·其十》里开头的几句诗。诗人根据我国古代的有关神话与传说，歌咏了精卫与刑天敢于同自然界和社会势力进行抗争的奋斗不息的精神。

诗中关于精卫鸟的传说，出自《山海经·北山经》。据说在山西长子县西，有座发鸠山。山上有许多柘树，有一种鸟就栖息在树上。那鸟的形状酷似乌鸦，头上有花纹，嘴白爪红，人们管它叫“精卫”鸟。这种鸟的叫声凄厉婉转，像是在呼唤着自己。书中记载说，它本是古代炎帝的小女儿，名叫女娃。女娃曾在东海里游泳，不幸被海水淹死。女娃魂魄长久不散，便化为精卫鸟。为报被大海淹死之仇，女娃的化身精卫鸟便常衔西山的木石，以图填塞东海。

“精卫填海”的故事，从一个侧面反映了我国古人对水患的认识与征服水患的决心。于是，在生产和生活实践的基础上，逐渐产生了更为广泛流传的“大禹治水”故事。

尧、舜在位的时候，黄河流域经常洪水泛滥。那滔滔的洪水，势不可当，经常淹没庄稼，冲毁民房，人民的生命财产受到了严重的损害，日子过得苦不堪言。为了治理洪水，尧便召集各部落首领开会讨论办法，大家一致推荐由鲧负责，率领人民去完成治水的任务。

鲧认为，洪水之所以泛滥成灾，是缺少堵水的堤坝的缘故。于是，一连九年，鲧领着人民披星戴月，辛辛苦苦地在黄河两岸修筑了许多防洪堤坝，企图挡住洪水。可是，汛期一到，那些堤坝竟不堪一击，立即被肆虐的洪水冲塌。越堤的洪水，仿佛脱缰的野马，更加凶猛地向周边漫延。人民遭受的苦难，也更加深重。

这时，舜已接替尧当了部落首领。他亲自到河泛区进行实地考察，又听取了沿河群众的反映，发现治水失败的原因在于鲧运用的堵塞方法不当。一怒之下，舜将鲧治罪斩首，并责令鲧的儿子禹继承父业，继续负责治水。

禹接受任务后，根据尧的要求和人民的意见，认真分析研究了洪水泛滥的情况与规律，便一改父亲只顾修筑堤坝以堵塞洪水的消极办法，改用注重疏通河道、开渠排水的积极措施，让洪水分流，及时导入大海。禹带领着老百姓，每天一起劳动，戴着箬帽，拿着锹，不辞辛苦地与大家一起挖土、挑土，累得把小腿上的毛都磨光了。在工程最紧张的日子里，禹三次路过自己的家门，强忍着对新婚妻子的思念，未能跨进一步。甚至后来禹的妻子涂山氏生下了儿子启，婴儿的啼哭声也未能使他进屋。

当时，黄河中游有座大山叫龙门山（在今山西河津市西北），它堵塞了河水的去路。奔腾东下的黄河水受到龙门山的阻挡，常常溢出河道，酿成水灾。禹到了那里，观察了地形，便带领人民开凿龙门，在山中开了一个大口子，河水就畅通无阻了。

就这样，经过了 13 年的艰苦努力，禹带领人民终于将河道全部疏通，洪水一泻千里，滚滚流进了大海。黄河两岸的地面上，庄稼茂盛，人民也安居乐业了。

后来，舜年老，因为禹治水有功，在大家的推举下便将禹确定为自己的接班人。舜死后，禹继承了部落联盟的首领。后人为了纪念和称颂禹治水的功绩，便尊称他为“大禹”。

大禹治水的故事，不仅仅是传说，在许多重要的古代史籍上都有所记载。从哲学认识论上来说，也反映了我国古代劳动人民对改造和征服自然的强烈愿望，以及在实践中不断探索和利用自然规律，开始了对治水平土经验的初步总结与提升。从而也使得中国古代的哲学思想，真正在人们创造物质生活的生产斗争实践中萌芽了。

实际上，我国是一个以水为生、以农立国的文明古国。我们的祖先原在河谷地区聚族而居，即使在遇到自然灾害、被迫迁徙时，也总是如《诗经》中所说，必定进行“观其流泉”的工作，仔细寻找水源充足的肥沃平原来定居与生产。这是由于河谷地区的冲积平原不仅提供了松软肥沃的土壤，而且又具有水源灌溉之便，可以用石铲、蚌锄、木耒、骨镰等简陋的工具生产出较多的粮食。如粟、稻等就是在河谷地区最早培植起来的，社会的发展也是最早从这些地区进入奴隶制的。而哲学思想的系统概括与产生，也只有在人类由野蛮进入文明，在奴隶制下社会分工有了进一步的发展时，才能成为现实。

正是由于我们祖先的劳动生活离不开水源，因此我国又是一个以治水闻名的文明古国。纵横交错的江河湖泽，既为人们带来灌溉之利，又常常招来洪水之灾。从传说中的黄帝以来，我们的祖先累世与洪水顽强地进行着斗争。但由于氏族部落的闭塞性与狭隘性，不仅不能集中力量来治理洪水，而且在矛盾激化时，有些氏族还采取“振滔洪水”、以邻为壑的办法来危害别人。为战胜洪水，禹便在继尧、舜之后，采取了一系列重要措施，如在政治上团结各氏族首领，作为自己的依靠力量，建立比较得力的治水机构；组织上，“禹卒布土，以定九州”[1]，按氏族分布的地域来确定版图，调剂劳力；经济上，“夏禹能单平水土，以品处庶类”[2]，按权力的大小来分配治水斗争的胜利成果。这样就把原来维护水源灌溉的共同利益的机构，演变成我国第一个奴隶制国家政权，也

[1] 《山海经·海内经》。

[2] 《国语·郑语》。

为哲学思想的真正产生和发展创造了一定的社会条件。

人类在治水实践中，不断积累了许多对水的习性与规律的认识，当然认识世界的目的是为了改造世界。因此，在认识水的规律的基础上，必然又对水力资源合理开发利用，从而也就开始了我国人工灌溉的历史。在古代，人工灌溉一直都是发展农业的基础。在生产力十分低下的氏族公社，为了防止洪水泛滥，变水患为水利，夏禹一方面注重疏渠排涝，另一方面又注重合理利用水资源，进行人工灌溉。二里头文化遗址中，也发现了许多水井、水渠的痕迹，以及像“井”字那样的刻画符号，可见当时已经有了人工灌溉的沟渠系统。这对我们的古人发展农耕，无疑是有重要意义的。

显然，由于人类社会生活和发展生产力的实际需要，才使我们的先人在改造自然的生产斗争实践中，开始了对自然界水力资源规律的认识和掌握，从而也进一步扩大和发展到对其他事物规律的认识与运用，并利用这些规律来为生产实践和生活实践服务，使我国原始“五行”思想得以产生。据《尚书·洪范》记载，殷周之际的箕子，在回答武王关于古代大禹等先贤治理洪水的经验教训时，已把五行列为治国的第一条根本大法。

那么，原始的五行思想包括些什么内容呢？箕子将它作为洪范九畴的第一条予以阐述：

五行：一曰水，二曰火，三曰木，四曰金，五曰土。

同时，箕子对水、火、木、金、土这五种常见的物质性元素的特征作了进一步的概括：

水曰润下，火曰炎上，木曰曲直，金曰从革，土爰稼穑。

这就是说，水的特性是向下流动，火的特性是向上燃烧，木的特性是可以揉为弯曲或直线，金（当时为铜、锡等）的特性是可以通过销熔而改变形状，而土壤可以种植庄稼。这种解释，说明了古人通过治水平土的生产实践，最早对自然现象、性质以及人与自然的关系，进行初步观察和总结而产生了朴素唯物主义哲学思想的萌芽。它包含了宇宙构成的基本元素、事物之间的联系思想、差异思想以及人的能动性思想等的萌芽。在理论上，尽管这种思想没有提出和回答世界的起源等本体论的问题，还存在着种种缺欠与弱点，但它已不同于崇拜自然的宗教迷信，而是从征服自然的神话幻想发展到认识自然的哲学萌芽，也必然对我国古代哲学思想的发展产生深远的历史影响。

随着社会实践的发展，人们对五行的认识也在不断深化和提高。西周末年的史伯曾提出“和实生物，同则不继”的观点，认为世间万物都是由不同事物和合而成，而不是由相同的事物凑合起来的。他特别指出，“故先王以土与金、木、水、火杂，以成百物”。很明显，这里的五行已不仅仅是五种具体的民生之材，而是产生万物的本原性的物质元素了；同时认为万物都是由异质元素配合而成，深入到了五行思想的内部，也开始对其相互关系进行探讨了。当然，原始五行思想中五行的排列以水为先，是先民以治水为主的实践活动的反映，而史伯在此将土列为五行之首，应该是平水后以农立国的写照。

五行说在春秋后，逐渐扩展到了社会生活的各个方面，包括占星家们在占卜活动中所谓“五行相胜”的理论，也包括往后邹衍的“五德终始”学说，带有了比较浓厚的迷信与宿命论色彩。同时，许多思想家也从积极的方面发展了五行说，军事家孙武根据战争中各种情况的变幻莫测现象，提出了“五行无常胜，四时无常位”的思想；政治家管仲根据政令变化的情况，也提出了“五行相生”的理论。这些又进一步发掘出了其中朴素唯物主义与朴素辩证法的合理因素。在往后的发展中，五行说与阴阳说结合，对中国哲学与科学思想的发展，都产生了更为广泛和深远的影响。

# 箕子说象牙筷

——古人对社会矛盾的初步关注

在我国商朝，由于生产力发展水平不高，人们的生活水平也很低，就连国王的生活水平也比后来的帝王差远了。

商朝晚期，纣王荒淫无道。有人为了讨好纣王，就献给他一个美女，名唤妲己。此女能歌善舞，妖艳无比。纣王对她非常宠爱，对她的任何要求也总是言听计从，常常为了讨好她而不顾一切。

有一次，御花园里病了一头大象，纣王为了讨好妲己，就命匠人把大象残忍地杀死，然后用象牙给妲己雕琢了一双筷子。匠人下了一番苦功，将象牙筷子做得十分精致。

这一天，当匠人用玉盘托着象牙筷，准备去献给纣王的时候，正赶上一群大臣退朝出殿。他们看见匠人手中的象牙筷子，个个赞不绝口，殿前一片喧闹。

听到喧哗声，纣王的叔父、当朝太师箕子忙问何故。有人禀告，说是一双精美无比的象牙筷子引起了大家的好奇。箕子趋前看后，默无一言，仅摇头叹息而已。

诸人不解，便询问道："太师为何叹息？"

箕子说："诸位有所不知，大凡由俭变奢易，由奢变俭难。今天做一双象牙筷子，似乎事情很小。但如将它与别的东西联系起来看时，那问题就大了。"

大家更加困惑起来。箕子接着解释道："象牙筷子一定要配上犀牛角雕成的碗，或者是白玉刻的杯，才能相称。有了这样的碗筷杯子，里面就一定不会再盛野菜做的汤、豆类做的饭了，一定要配上龙肝凤髓。吃上用上这些好东西后，就不会再穿粗布衣服，住茅草房了，一定要穿上锦绣的衣服，住着高楼大厦。这样下去，老百姓就要遭殃了，国家也就会有灾难降临了。我怕以后会有这样的结果，所以看了今天的象牙筷子，就不免担心起来了。”

群臣听了,均无语而退。匠人把象牙筷献给纣王,纣王大喜,重赏了匠人。

后来事情的发展正如箕子所料，纣王的生活越来越奢侈，对人民的统治越来越残暴，社会矛盾加剧，不安定的因素也越来越多。统治集团中，有一些比较正视现实的人，如纣王的叔父箕子、比干与庶兄微子等，都预感到了社会的危机。从《尚书·微子》中，就可以看到他们的见解。这具体表现为，由于纣王重用小人，致使朝中元老重臣受排挤，纷纷引退，统治集团内部的矛盾加深了；神权失灵，平民发生骚动，连殷人宗庙里的祭品也被抢劫一空。更为严重的是，“小民方兴，相为敌仇”。奴隶们聚众起义，方兴未艾，坚决与奴隶主贵族为敌，因此“殷遂丧，越至于今”！殷王朝灭亡的丧钟开始敲响了。

在这种情况下，他们警告：“降监殷民，用乂仇敛，召敌仇不怠，罪合于一。”就是说，如果不考察民情，继续横征暴敛，树敌太多，人民就会把仇恨集中到统治者的头上，他们的政权也就会很快完了。

这些比较开明的政论家还注重回顾历史，从“我祖”先汤王的成功开国，议论到“今殷其沦丧”，预感到纣王的统治行将灭亡。这是从观察分析当时的社会矛盾现象才得出的看法，从哲学来说，具有朴素的辩证法思想的萌芽，同时也开创了我国古代以研究复杂的社会矛盾运动来发展辩证思维和社会历史观的哲学传统。

可是，这些有识之士对社会矛盾所作的初步分析以及对统治者的严重警告，昏庸的纣王并未放在心上，他照样穷兵黩武，照样饮酒作乐。为了严厉镇压人民的反抗，他设置了许多骇人听闻的酷刑。纣王叫人做了一个大烙铁，用火烧得通红，把反对他的人的手烫烂。又造了一个大铜柱，柱身涂抹上油，放在熊熊燃烧着的干柴上，叫敢于反抗他的人在柱上爬，滑下来就落入火中活活烧死。纣王看了后，狰狞地狂笑不止，把这种刑罚称为“炮烙”。

纣王的叔叔、丞相比干，为国家前途着想，便冒死向纣王劝谏。比干说，国家天天衰落，心怀不满的人日益增多，希望陛下能够及早改正，否则后果不堪设想。

纣王无动于衷，反而嘲讽比干说：“你说得这么好听，倒像一个圣人。我听说圣人的心有七个孔，让我挖开来看看是不是真的！”于是，他残暴地命人把比干的胸膛剖开，挖出了心来。

纣王的庶兄微子见纣王如此无道，不忍见本朝覆灭，也多次上谏，希望纣王能够改弦易辙，重用贤臣，体恤下民。但纣王根本不听，还要加害于他。万般无奈的微子只好带着随从悄悄出走，隐居了起来。

至于太师箕子，也同微子一样，多次劝谏纣王。纣王不听，还命人将箕子囚禁了起来。

后来，周武王在军师姜尚（姜子牙）和弟弟周公旦等辅助下，带领3000将士，联合了800多个小氏族部落的武装力量，兴兵攻打商纣王。纣王闻讯怒火冲天，匆匆拼凑70万人马，由他亲自率领前去应战。纣王心想，周武王的军队总共不过5万人，我70万大军要打败他，简直易如反掌。

不料，双方的军队在牧野（今河南淇县）一交锋，商军顷刻溃如流水。原来，纣王的军队大部分成员都是临时武装起来的奴隶，还有不少是从东夷抓来的俘虏。这些人平日饱受纣王的虐待，对他早就恨之入骨，根本不愿意为他流血卖命。如今见周武王领头讨伐纣王，大伙心里暗暗高兴。所以两军阵前一交锋，纣王的军队立即掉转矛头，纷纷倒戈。70万商军土崩瓦解，姜尚指挥周武王的军队声势浩大地追杀过去，一直追到商朝的都城朝歌，围了个水泄不通。

仓皇逃回朝歌的纣王，成了孤家寡人。他又羞又悔又怕，躲进他的安乐窝鹿台，放了一把火自焚而亡。

周武王的军队顺利占领了朝歌。他们打开粮仓，分粮给穷苦人民；打开监狱，释放被关押的囚徒。这些举动受到了百姓的热烈欢迎。

周武王灭纣后，在商朝的废墟上建立起了新的奴隶制国家。这种国家的结构，很像一座大宝塔。塔尖上是周天子，其下是天子任命的各路诸侯，再下是协助诸侯管理人民的官吏。最下层的，当然仍旧是最广大的庶民和农奴。

这里值得一提的是，周武王灭纣建立周朝后，便封微子于宋，微子便成为周代宋国的始祖。同时，又立即派人从囚地释放了箕子。微子与箕子都非常感激武王，所以当武王恭敬地向他们请教治国之道时，他们经常能尽其所想，侃侃而谈。

箕子、微子等人在观察和分析社会矛盾时，多少也看到了一点人民的力量，认识到了统治者所谓“有命在天”最终是靠不住的。残暴的纣王看不到这一点，也不愿意听从劝告，其结果是赴火而死。

在《尚书·洪范》中，箕子曾从纣王自取灭亡的教训中总结出了一条深刻的社会历史经验。他说：

> 敛时五福，用敷锡厥庶民；……天子作民父母，以为天下王。

这里讲的是君民关系，显然有点为统治者涂脂抹粉的味道。尽管由于阶级和历史的局限，他们还无法揭示社会历史的发展规律，科学论述人民群众在社会历史发展中的地位和作用，但也多少懂得，人君不能只集福于上，也要适当给下民一点照顾。只有“君福民”，才能“民保君”。虽然这里以宗族家长自居，把君民比喻为父子，说什么只有像父母恩育子女，国君才能得到子女的报答，但这种用民心向背来解释国家兴亡的观点，后来就为代殷而起的西周统治者认真吸取，同时也给周以后的历代统治阶级和统治者以十分深刻而久远的影响。

此外，箕子在总结殷亡的教训中，还认识到统治者不能只做孤家寡人，还要对外界多多接触，要“谋及卿士，谋及庶人”。同时，也要在貌、言、视、听、思这“五事”上多加注意。《尚书·洪范》里说：

> 貌曰恭，言曰从，视曰明，听曰聪，思曰睿。

这里讲的是要求统治者应该谦逊待人，要广见多闻，才能使自己变得聪明。多谋善断，重视“五事”，这种带有唯物主义反映论特点的思想因素，一直是我国古代认识史上继承、发展的重要思想资料，也是我国古代社会历史观中值得充分肯定的东西。

# 伯夷、叔齐的“路责”

## ——天人关系的初步论争

大约在公元前 1066 年，周武王率领精兵 5 万，在姜尚等人的辅佐下，渡过黄河东进，要讨伐无道的商纣王。武王的部队到了盟津，会合了 800 诸侯，在那里举行了一次誓师大会，宣布了纣王残害人民的罪状，大家都决心同仇敌忾，一起推翻商纣的残暴统治。

武王的军队正向商朝的都城朝歌挺进。突然，有两位老人拦住了大军的去路。无论走在前面的将士们怎样劝说，两位老人就是不让路，并执意要面见武王。

在军士的带领下，两位老人拄着拐杖，步履蹒跚地来到了武王的马前。武王等人仔细一看，两位老人不是别人，却是当代的贤人伯夷与叔齐两兄弟。

原来，伯夷与叔齐兄弟俩都是殷朝孤竹国君的儿子，伯夷是老大，叔齐是老三。孤竹国君在世时，特别喜欢他的三儿子叔齐，临死前留下遗嘱，身后要把国君的职位让给他。不久，国君去世，大臣们按遗嘱要拥立叔齐为孤竹国的国君。叔齐推辞说：“照规矩应长子继位，如今兄长健在，我怎能打破这世间的规矩呢？”大家听叔齐说得也有道理，就去找伯夷，请求他继承王位。伯夷态度坚决地说：“父王生前留下遗言由三弟继位。我决不违背父王的意愿行事！”

两兄弟就这样推来推去，谁也说服不了谁。为了让弟弟安心地继承王位，伯夷便悄悄离开了孤竹国。伯夷走后，叔齐仍不愿当国君，后来也偷偷离开了孤竹国。孤竹国大臣们实在拿他们没办法，只好立孤竹国国君的二儿子暂时代理国君之位。

伯夷、叔齐兄弟俩到哪儿去了呢？原来，他们不约而同地都来到了文王治理下的周国。在这里住了不久，就听说周文王去世了，他的儿子周武王准备兴兵消灭商朝。伯夷、叔齐十分着急，便要去劝说武王放弃伐纣。兄弟俩在路上走了不少日子，真是天遂人愿，在半道上恰巧碰到了武王的军队。

所以，伯夷与叔齐一见到周武王，两人不约而同地立即扔掉了拐杖并冲向前去，一个拦住了武王的马头，一个拉住了武王马的缰绳。

武王一愣，连忙问道："两位老人家拦住我不知所为何事？"

伯夷大声责备周武王说："文王才去世，你不好好安葬他，就急匆匆地挑起战火，你讲不讲孝心？"

叔齐也紧跟着责备周武王说："纣王是商朝的天子，他的权力是受命于天帝的。你这做臣子的去讨伐他，就违背了上苍的旨意。你这样犯上作乱，就不怕上天惩罚吗？"

武王正要回答，只听旁边的姜尚先开了口："两位老人家请息怒。有道是：'皇天无亲，唯德是辅。'这天下权柄，并非一人所有。得道者天必佑之，失道者天必弃之。今纣王无道，残害百姓，皇天已不再庇佑他了，人人可得而诛之。伐纣正是顺应天命、替天行道的大好事。武王兴仁义之师，上应天命，下拯黎民，何罪之有？"

一席话，说得广大官兵都不住点头。他们高呼："替天行道，诛灭暴纣！"

伯夷与叔齐仍然不肯让路，还要"责备"下去。周武王的部下见伯夷、叔齐如此无理，纷纷提着刀冲过来想对他们动武。宽宏大度的周武王立即制止了部下的冲动，让人礼貌地拉开了两位老人，策马领兵攻打朝歌去了。很快，周武王就推翻了商朝，统一了天下。

当然，对于伯夷与叔齐后来拒不食周粟，终于饿死于首阳山之事，各家各派历来见仁见智，此处也不能妄加评述。但由此初步论争可见，关于"天"与"人"这一对中国哲学史上很古老又很重要的范畴的关系问题，的确在殷周时期已引起了人们的广泛重视。

其实，关于天人关系问题，人类自从自然界中分化出来之后，就开始了对其奥秘的探讨与揭示。它是同宇宙发生论、人生起源论等理论问题密切联系着的。不过要形成比较理论化的看法，一般认为当在殷周时期。“天”字在后来殷墟出土的甲骨文中已经出现，写作“”，画的是一个人形，头部突出，表示“大”或“上”的意思。这个字在卜辞中并无特别重要的意义。在卜辞中居首要地位的是天空中的“帝”，那才是殷人所崇拜的东西。这是因为天“帝”能呼风唤雨，掌管着人们的祸福吉凶。

在古人眼里，“天”和“帝”最初并没有直接联系，但到了殷末周初，这两个概念开始融合，而且“天”日益取代“帝”，进而获得了至上的地位。从此，天的概念就有了两种含义：一是日月星辰所运行的天；二是被哲人们赋予了各种意义的天。后来不同的思想家根据自己理论的需要，便各取其不同的含义。

殷人是很虔诚敬奉“帝”的。殷的统治者特别相信自己的权力来源于天帝，商纣王在周武王的军队攻入朝歌时还不相信事实，他相信“帝”是不会让商朝灭亡的。但商朝毕竟灭亡了，刚建立的周朝立即面临思想观念上的严重挑战，即怎样合理解释周代商的事实，使新兴的周朝合法化？

要解决这个问题，可以有两种办法：一是完全抛弃商的意识形态，另外再确立一种新的文化观念；二是在继承旧意识形态的基础上，对其进行一定的改造。由于周人在灭商前并没有发展出自己独立的文化，殷人的文化远远高于周人，加上殷人当时还有不可忽视的实力，这就促使西周统治者采用后一种办法，去完成由“帝”变“天”的任务。

在思想上，周人把殷人的“帝”换成了“天”，他们仍然承认，这个“天”是主宰一切的最高统治者，天的意志叫作“天命”，具有对人的绝对权威。但另一方面，周人开始赋予“天”以新的意义。在他们看来，天已不再是如殷人的帝那样具有对某一种姓和族类的偏爱，而是一个公正的法官，它根据统治者是否有“德”来决定其取舍。这就是《尚书·蔡仲之命》里所反复强调的“皇天无亲，唯德是辅”，要求统治者“以德配天”。这里所谓的“德”，是指统治者能否很好地治理人民，并且受到人民的支持和拥护。这样一来，人民就不再如商朝时期那样只可与牲畜相提并论，而是天所关切的对象了。

因此，在西周初年的文献中，首次出现了天与人相对应的哲学范畴。根据这个理论，小国周取代大国商的原因就在于：商的统治者没有治理好人民，受到了人民的唾弃；而周的统治者却勤于政事，人民踊跃支持，政绩上闻于天，天才命令周夺取商的政权。这里的天，具有了某种“人格神”的意义。正是在这一思想指导下，周初的统治者比较懂得自己的政权来之不易，生怕得罪了天神，所以在治理政事时能够勤勤恳恳，使当时的社会立即出现了一番新的气象。这种现象反过来又进一步证实，周人的天人关系观念在初期客观上具有促进社会发展的积极意义。所以，当时的意识形态就以“天”为核心，派生出一系列的其他观念，从而产生了与王权结合在一起的神权政治。不过，随着时代的推移，至西周末年，社会日益发展出新的经济形态。例如，出现了私田，随之而来的是产生了新的暴发户。许多靠奴隶制吃饭的贵族也逐渐走向了没落，由此就导致了整个社会阶级关系的大变动。

社会巨变这个事实，向周人的天人学说发出了第一次挑战，出现了西周末年的“怨天”以至“骂天”的思潮。天的权威的坠落，产生了两方面的重要影响：第一方面是人的作用日益突出了起来。郑国的大夫子产就说天道离我们很远，而关于人的道理才离我们很近，所以君主应该多关注人道。随国的季梁甚至认为，国家的存亡与否，就看国君是听于人还是听于神。显然，这里都突出了人在与天的关系中的价值及地位。

天的权威坠落所产生的第二方面的重要影响是，人格神意义上的天逐渐被淡化，开始出现其他意义特别是意识形态思想观念意义上的天。比如，有人把天理解为天命，为一种人力所不能及的客观性的因素。晋楚鄢陵之战后，强大的楚国战败，楚王就哀叹说：“天败楚也。”人们思想观念的这种新的发展，为后人突破西周天人关系理论做了必要的准备。

真正改变西周天人关系理论观点的，是春秋战国时代的诸子百家。其中主要是儒、墨、道、法四家。随着百家争鸣的展开，中国哲学史上关于天人关系的理论及其演变也日益多样化和蓬勃发展起来。

一般来说，在中国哲学史上，“天”的含义主要有自然之天、本原之天、主宰之天等。围绕对“天”的不同理解，便展开了天人关系的论争。中国哲学史上的天人关系，有着三种不同层次的意义：一是指神（主宰之天）和人的关系，二是指自然界（自然之天）与人的关系，三是指客观规律（本原之天）和人的主观能动性的关系。这一论争从先秦到近代，从来没有止息。

随着中国社会的演变以及人对天人关系认识的加深，中国哲学史上出现了三种关于天人关系的基本模式：一是“天人合一”，二是“天人相分”，三是“天人相胜”。这每一种模式，又会细分成不同的派别，坚持自己不同的观点与说法，诸如“天人相通”（先秦孟子）、“制天命而用之”（先秦荀子）、“天人感应”（汉代董仲舒）、“天人不相预”（唐代柳宗元）、“天人交相胜”（唐代刘禹锡）、“人不胜天”（宋代朱熹）、“人定胜天”（明代王廷相）、“以天治人”和“以人造天”（明清之际的王夫之）、“人事胜天”（近代孙中山），等等。

纵观中国哲学史，在长达数千年的天人关系探索与研究过程中，大体上经历了一个“正、反、合”的过程：“天人合一”模式是正的阶段，“天人相分”模式是反的阶段，“天人相胜”模式是合的阶段。这种曲折的认识过程，实际上是人类随着社会生产力的发展及人对自然和社会改造能力的不断增强，逐步从宗天神学的桎梏中解放了出来，自己认识自己力量的过程。在一定意义上，也可以说是人的理性的自我解放过程。

# 卫巫监谤

——古代无神论思潮的兴起

周朝在成王、康王统治时期，社会比较安定。后来，由于统治阶级加重剥削，加上不断发动战争，平民和奴隶的不满情绪日益增长，周朝的统治者便对人民采用十分严酷的刑罚。周穆王的时候，制定了3000条刑法，犯法的人受的刑罚有5种，叫作“五刑”，像额上刺字、割鼻、砍脚等。周厉王更是一个十分暴虐的君主，他宠信了一个名叫荣夷公的大臣，实行所谓“专利”，也就是霸占了一切湖泊、河流，不准平民利用这些天然资源谋生；他们还勒索财物，虐待人民。

那时候，住在野外的农夫叫“野人”，住在都城里的平民叫“国人”，周都镐京的国人对厉王的暴虐措施无不怨声载道，并且纷纷用逃亡来反抗。由于统治者宣称自己的政权是上天赋予的，因此人们在咒骂统治者的同时，也开始了对上天的责难。他们说，上天啊，你为什么连饭也不给我们吃？为什么逼得我们走投无路？责难的发展，就演变为对“天”的怀疑，人们认为灾难并不是上天降下的，而是由地上的统治者造成的。

大臣召公虎听到国人的议论越来越多，赶快进宫去禀告厉王说：“百姓忍受不了啦，大王如不趁早改变做法，出了乱子就不好收拾了。”厉王满不在乎地说：“你不用急，我自有办法对付！”于是，他下了一道命令，禁止国人责难上天，批评朝政；还特地从卫国找来一个巫人，要他专门监视违背命令和在背后诽谤朝廷的人，并随时直接报告。这就是历史上有名的“卫巫监谤”。

那个卫巫为了讨好厉王，派了一批人到处察听。这批人还敲诈勒索，谁不服他们，他们就随便诬告。厉王听信了卫巫的报告，杀了不少国人。在这样的压力下，国人真的不敢议论什么了。

厉王见卫巫报告批评朝政和上天的人渐渐少了下来，便问卫巫缘由。卫巫说："现在他们再不敢诽谤天子了！"厉王听后十分满意。这时正好召公虎去见厉王，厉王说："你看，这会儿不是已经没有人议论什么了吗？"

召公虎长叹了一口气说："唉，这怎么行呢？堵住人的嘴，不让人说话，比堵住河流还要危险哪！治水的必须疏通河道，让水流到大海；治国家的也是一样，必须引导百姓说话。硬堵住河流，就要决口；硬堵住人的嘴，是要闯大祸的呀！"厉王撇撇嘴，不去理他，召公虎只好退出。

厉王和荣夷公的暴政越来越厉害。过了三年，也就是公元前841年，国人忍无可忍，终于举行了一次大规模的武装暴动。起义的国人围攻王宫，要杀掉厉王。厉王得知风声，慌忙带了一批人逃命，一直逃过黄河，到一个叫彘（今山西霍县东北）的地方才停了下来。

厉王出走后，朝廷里没有国王。经大臣们商议，就由召公虎和另一个大臣主持贵族会议，暂代周天子行使职权，历史上称为"共和行政"。这样维持了14年之后，周厉王在彘死了。大臣们拥立太子静即位，是为周宣王。宣王在政治上比较开明，得到诸侯的支持。但经过这一场国人暴动，周朝已外强中干，兴盛不起来啦！

周厉王祭起神权法宝，用"卫巫监谤"的办法来强化对民众的统治，结果事与愿违，不仅没能镇压管制住人们对朝廷的不满，也没能管制住人们对天命的怀疑与批判的思想。这种对天命的怀疑与批判，直接导致了无神论思想的产生与发展。

我国社会早期的无神论思潮，据可考的资料证明，它萌芽于商、周，而明显表现于西周末期。这种无神论思潮，首先表现在对社会矛盾的揭示与对现实的批判上。它比较集中地反映在《诗经》里，其中又主要反映在西周末年厉、幽时代的诗篇中。例如反映厉王时代的《大雅·荡之什·荡》说：

荡荡上帝，下民之辟。

疾威上帝，其命多辟。

就是说：你这个荒唐的上帝，本是下民的君主，而你这个凶暴的上帝，下的命令多不正当。在《大雅·生民之什·板》中甚至直骂上帝反常，让下民遭殃。幽王时代的诗，也以同样的语言对上帝责骂着。《大雅·荡之什·瞻卬》说：

瞻卬昊天，则不我惠。

孔填不宁，降此大厉。

这是说，我抬头瞻望上天，老天你对我们没有恩惠。人民长期不安定，老天降下了大灾害。当然，也就直接导致了国中的到处不安定，士民都在受罪。这里不仅怨恨上帝，而且也批判起了地上的统治者。而在《小雅·节南山之什·雨无正》中，对老天的咒骂就更凶了：

浩浩昊天，不骏其德。

降丧饥馑，斩伐四国。

旻天疾威，弗虑弗图。

认为老天爷对下不仅不施恩德，反而降下灾难，要把国人杀光。因而说老天是糊涂的老天，是十分暴虐的老天，等等。

以上对天的不敬之辞，在以前是不敢加于主宰者的，现在竟然宣布了天的罪状，这虽未否定人格的天，却足以说明人们对天信仰的动摇。这一动摇、怀疑与批判的思想，是通向无神论的桥梁。一旦条件成熟，人们就可以通过这一桥梁得出否定神权的结论。

同时，我国早期无神论思潮还表现为从探索自然界自身变化的原因中排斥神秘主义。人们在自然界面前处于无知或少知的状态下，对自然现象就会不可避免地产生某些神秘感。进入阶级社会，统治者就有意或无意地夸大这种神秘性，把大自然的变异，诸如地震、陨星以及风雨洪水等灾害，都说成是上天的旨意，以此恫吓人们，让人对天神顶礼膜拜。然而，至西周末年则出现了在神学外衣下洞察自然界自身的道理，提出了朴素唯物主义的阴阳说，如伯阳父论地震，尽管把周亡与地震联系在一起，具有一定的神秘主义色彩，但重要的是他从自然现象自身，即以阴阳二气自身的矛盾说明地震的原因，却是直接和神学观念相对立的。这种朴素唯物主义的观点是产生无神论的基础，发展下去，会逐步从自然领域排除神秘主义。后来到春秋初（前654）有陨石落于宋国，当时周内史叔兴聘于宋，宋襄公问他“吉凶焉在”，叔兴则指出“吉凶由人”，否认了陨石现象在当时被有神论者看作是吉凶的预兆，明确认为这是明阳二气自身变化的结果，不承认是神主宰的，体现了科学思想的萌芽。这种从自然界本身寻找自然现象变化的原因的观点，被稍晚些的郑国大夫子产又进一步加以发展。他从破除对彗星的恐惧与迷信，批判了占星术的观点，强调“天道远，人道迩”，天人不相干。子产也因此成为春秋时重要的无神论者，其无神论言论在《左传》里有着丰富的记载。

由于我国早期的无神论思潮敢于揭示社会矛盾、批判现实，并能在一定程度上从积极探索自然界自身变化的原因中排斥神秘主义等，必然使其重人思想得以出现。商周时期，产生了否定神的主宰，提出民神并举或以人为主的思想，充分强调了人的作用。到了春秋时期，这种重人思想得到了初步发展，随国的大夫季梁提出“夫民，神之主也”。稍后的周太史史嚚也说：“国将兴，听于民；将亡，听于神。”并认为神要“依人而行”。在这里，神的幻影虽还存在，但神要依人而行，把民置于神之上，人的作用被突出强调了。因此，论人事，治理国家，要先使民获得成就，然后再去管神。按史嚚的观点，如统治者一味依赖于神，国就要亡。使国家兴旺，只能“听于民”，依赖民把人事办好。这种把人的地位放在神之上的观点，是与上天主宰一切、创造一切、一切决定于天意的神学观念对立的，是对神学的一种初步否定。再进一步，就可提出“事在人为”的无神论命题了。

此外，我国早期的无神论思潮的兴起，还表现为对巫术与卜筮迷信进行大胆的否定等。综合这些方面来看，虽然当时的人们还没有摆脱神学的羁绊，但怀疑和否定上天的绝对权威，强调人事却是其共同特点。这是区别于有神论的重要标志之一，也为战国、秦汉以后，中国哲学史上无神论理论的系统形成与不断发展提供了坚实的思想条件。

# 伯阳父论地震

## ——阴阳观念的出现

公元前 782 年，周宣王死，其子宫涅即位，是为周幽王。

周幽王昏庸腐败，沉迷女色，不理朝政，任用石父等一帮奸佞小人。即使朝中有些贤臣，但是幽王并不信用，忠言也无法上告。有一天，幽王视朝，岐山守臣启奏道："泾、河、洛三川，同日地震，请陛下详察。"幽王笑道："山崩地裂，与寡人何干？"遂退朝还宫，又同美女褒姒等妃嫔嬉戏玩乐去了。

幽王走后，太史伯阳父拉着大夫赵叔代的手，轻声叹道："三川发源于岐山，怎么可以随便崩裂呢？过去由于伊洛干涸，夏朝覆灭；渭河断流，商朝亡故。今天三川地震，导致川源堵塞，大山崩裂。应该看到，岐山是我周太王的发迹之地，此山一崩裂，西周能无干系吗？也许很快就会灭亡了！"

叔代深感诧异，便细问缘由。伯阳父说："大凡天地之气，不能失去其自然的秩序。一旦这种秩序被破坏，民间就会发生变乱。在自然界，阴气与阳气也有着自己的秩序和特点。阴气的性质是沉滞下降，阳气的性质是蒸发上升，阴阳二气互相协调，配合得好，就会风调雨顺，百姓安居乐业。反之，如果阳气伏在下面，受阴气的压迫而不能蒸升，就要发生灾难，百姓流离失所，天下就会大乱。现在泾、河、洛三川地震，就是由于阳气不能上升，受到了阴气的镇压而引起的。面对这样的局面，陛下不采取措施，也不注意体恤民力，反而为自己的快乐而劳民伤财，西周不亡何待？"

叔代说："天子不恤国政，任用佞臣，我职居谏议大夫，有责任向陛下进言，一定找机会尽臣节以谏之！”

伯阳父说：“全仗大夫。但恐言而无益，天子不听。”

两人私语多时，早有人报知幽王的宠臣石父。石父害怕叔代进谏，说破他的奸佞嘴脸，便先下手为强，立即进入深宫，将伯阳父与赵叔代私议之事，一一传与幽王，并说：“他们妖言惑众，谤毁朝廷，理当治罪！”

幽王与美女们正在玩“猫捉老鼠”的游戏，被石父前来告密冲断，十分扫兴。只见幽王将手一挥，没好气地说：“卿别把此事看得太重。他们是愚人妄说国政，有什么好听的！”

石父碰了一鼻子灰，只好讪讪而退。以后，再也无人敢去报告地震之事了。

后来，西周的确是败亡在这个“烽火戏诸侯”的幽王手里了。当然，这并非是单纯的地震所致，而是有着更为深层的社会历史原因，本文就不去仔细分析了。不过，这里关于伯阳父论述阴阳二气关系的问题，在《国语·周语》中确有记载，不但最早明确提出了“阴”与“阳”的范畴，也是较早用自然灾变来论述社会矛盾的重要哲学政论文章。

尽管伯阳父对地震的解释是不科学的，把地震与朝代的兴亡联系起来，更是牵强的，但是，他从阴阳二气发生矛盾，用天地本身之气的变化来说明自然界的变化，显然是一种朴素唯物论和朴素辩证法的思想。由此也可以看出，伯阳父关于阴阳二气与地震关系的解释，已经超过了原始五行说的认识水平。他不用“水曰润下，火曰炎上”的感性知识来说明，而用“天地之气”的理性认识来解释。在这里，一方面伯阳父将组成世间万物的“五行”，进一步抽象化为“二气”，并预测到了阴阳二气的矛盾斗争过程及其一定的限度，超过了这种限度就要发生地震；另一方面，跟“和实生物”的观点强调“和”一样，阴阳之说的观点则强调“序”，如果阳气长期“伏”在下面，受阴气的压迫而不能“蒸升”，就会“失其序”“过其序”，因为失去平衡而爆发地震。由于当时随着生产力的发展，社会新兴势力与腐朽势力之间的矛盾和斗争也日益尖锐，伯阳父显然也看到了这一点。所以他运用自然界的地震来看待社会领域里的矛盾，提醒统治者致力于新旧矛盾的均衡和统一，体现了哲学思想与政治观点初期的密切联系。显然，阴阳在这里已经获得了用以广泛解释自然与社会现象的普遍意义。

实际上，阴与阳的观念在我们古人中早就产生了。到殷商时期，人们在观察天文气象、季节变化的基础上，把阴与阳的概念进一步发展起来，成为一种朴素唯物主义的哲学思想。关于阴阳两字的含义，《说文》上解释为："阴，暗也；水之南，山之北也。""阳，高明也。"也有的认为云遮日为阴，遮蔽就暗，引申为背日之地与向日之地相较必暗。阳日在上之意，向日能够见到阳光，引申为正面。因此，"阴阳"作为一对概念，本意是背日与向日的意思。甲骨文中记载，晴天是"阳日"，阴天是"不阳日"或"晦日"。

阴阳两字的连用，最早见于《尚书》与《诗经》。《尚书·周书·周官》里，有"论道经邦，燮理阴阳"之语。《诗·大雅·公刘》中说："既景乃冈，相其阴阳。"这是指在山岗上测日影，观察其向日或背日。《诗经》里"阴阳"连用，仅此一处。其他如《易经》，只见一"阴"字，如《中孚》九二爻辞："鸣鹤在阴，其子和之"，未见阴阳连用。后来，在《左传》《国语》《老子》等文论里，阴阳二字使用的频率逐渐高了起来，其意义也开始变得复杂起来了，除了指天气的阴明外，还经常用作"二气"，也作为两种对峙的势力。

在思想界，继伯阳父使阴阳二字的含义发生质变之后，到春秋时代，阴阳范畴逐渐被人们向各个方面引申，大大扩展了它的涵盖能力，也大大提高了它的抽象性。例如，医和将阴阳引入医学之中，以阳代表热而阴代表寒，得出了"阴淫寒疾，阳淫热疾，风淫末疾"的判断，首开以阴阳观念创建中医学的先河；计倪把阴阳观念引进发展生产和治理国家的构想中，称"审金木水火，别阴阳之明，用此不患无功"；墨子将阴阳引进对春夏秋冬四时变化的解释，明确说明"四时也，则曰阴阳"，等等。其中，当时将阴阳范畴运用得最精彩、最生动的，应该首推越国著名的军事家范蠡。

范蠡是帮助越王勾践卧薪尝胆、兴越灭吴的主要谋士。在越王勾践图谋伐吴复仇的整个过程中，范蠡屡次进谏，劝说越王耐心等待时机。在战场上，范蠡创造性地将阴阳范畴引进到战争之中，用阴阳解释用兵之道，得出了日月的盈虚往还与阴阳紧密相连、攻用阳道而守用阴道、刚用阳道而柔用阴道等具体的结论，使阴阳观念的主体能动性色彩进一步凸显。

有一次，吴越两军对阵。尽管当时经过“十年生聚”的越军兵强马壮，战车如云，但军师范蠡仍然十分谨慎。三通鼓响，吴军立即“出而挑战”，大骂越王勾践背信弃义，扬言要杀尽越兵，活捉勾践，吞并越国。越兵义愤填膺，越王雷霆大怒，正准备指挥部队与吴军决战。这时，站在一旁的范蠡连忙对越王勾践说：“请大王暂且息怒，不可与战！”并立即传令：各军严守阵脚，不得妄自出战，违令者斩！

越王不解地问道：“吴人欺我久矣。今天我军士气正旺，一战可雪前耻，卿何故不让出战？莫非卿被吴军的嚣张气焰吓坏了吗？”

范蠡先沉着地说明，古代善于用兵的人，对敌我的进退胜败和可能发生变化的规律，是可以掌握的。这就好像自然界的四时运转，冬天过去必然春天来临，即事物发展到了顶点就会向相反的方面转化。

范蠡见越王已经平静下来了，便接着说道：“阳至而阴，阴至而阳；日困而还，月盈而匡。古之善用兵者，因天地之常，与之俱行。后则用阴，先则用阳；近则用柔，远则用刚。”这就是说，日落西方，还又东升；月满之后，又将亏缺。这是自然规律，也是人们行事必须遵循的法则。所以善于用兵打仗的人，用兵后动的要取法阴象，沉着应付；用兵先动的则应取法阳象，迅猛进攻。敌人临近了，我可以装成软弱，诱其冒进；敌人在远处，我可以大张旗鼓，使其不敢轻易进攻。

越王听得入了迷，完全忘记了自己身处战境。他高兴地说道：“卿关于战争中‘阴’与‘阳’的说法，颇为新鲜，愿闻其详！”

范蠡便进一步指出：“彼来从我，固守勿与；若将与之，必因天地之灾，又观其民之饥饱劳逸以参之。尽其阳节，盈吾阴节而夺之……阳节不尽，轻而不可取……阴节不尽，柔而不可迫。”这就是说，敌人来进攻，我先固守，待情况发生变化，发现有隙可乘时，再作反攻。当敌人士气尚盛时，我军切不可轻进，可以保存自己的实力，等待时机。同时范蠡强调，我们一定要按照自然界的变化规律行事，所以吴军刚来，锐气正盛，我们就不要忙着与之作战，在善于等待中寻找战机，一举打败他们。

越王赞许地说："卿所言极妙！"便认真安抚越军，耐心等待破敌之机。

过了几个时辰，范蠡见吴军的攻势逐渐减弱，呐喊声也逐渐小了下来，便提醒越王说，敌人"阳节已尽"，我方"阴节已盈"，在这种"赢缩转化"中，越军可以发起进攻了。

越王听从了范蠡的劝告，立即下令擂鼓进攻。越军势如破竹，很快打败了来犯的吴军。

范蠡所讲的关于阴阳观念在军事领域里运用的话，在《国语·越语》中有详细的记载。这里强调了人们要按天道行事，即按照自然界的规律办事，使阴阳范畴概括的领域有了进一步的扩大，其含义也更为深刻了。这种观念进一步发展，便上升为哲学范畴，具有了一定抽象的普遍化的意义。其中，"阳"代表天、日、昼、暑、刚、强、攻、男、君、父等事物的属性，"阴"代表地、月、夜、寒、柔、弱、守、女、臣、子等事物的属性。

这也使我们不难发现，阴阳学说一开始是带有朴素唯物论与朴素辩证法的理论色彩的，到春秋时已被人们广泛作为一种方法和武器来使用。老子在这些材料的基础上，抽象出了"万物负阴而抱阳，冲气以为和"[1]的哲学命题。后来梁启超曾经指出，阴阳二字意义之剧变，盖自老子始。这个论断是确当的。在老子这里，阴阳概念完全超越了具体性与实体性的含义，纯粹作为"道"所产生的万事万物的两种属性被规定下来，使阴阳理论第一次获得了本源论的根据。此后，阴阳学说与五行学说一样，也成为发展辩证思维、影响哲学斗争的又一重要的思想成果。当然，阴阳学说更直接的影响是促进了《周易》中"八卦"学说的产生。

---

[1] 《老子·四十二章》。

# 文王卜卦

——《易经》中的朴素辩证法思想

殷商末年，纣王无道。他不仅整天耽于享乐，不理朝政，还任用费仲、尤浑等奸臣，堵塞言路，滥杀无辜，闹得朝野人人自危。

有一次早朝，西伯侯姬昌（即后来的周文王）为救同僚，犯颜直谏，惹恼了纣王。纣王命人将姬昌“斩讫报来”。多亏丞相比干等人力劝，纣王余怒未息，赦免了姬昌死罪，将其逐出京城朝歌，放归封国。第二天，姬昌早临午门，望阙拜辞谢恩毕，便带着家将，竟出西门，来到十里长亭。比干等文武百官俱在此等候饯别。大家正欢饮间，费仲、尤浑乘马而来，说是也来与西伯侯饯行。百官知道，这是纣王派来监视大家有无越轨言行的“密探”，便纷纷借故离去了。最后，只剩下了费仲、尤浑与姬昌三人。

酒过数巡，费、尤二人说：“取大杯来！”二人捧酒殷勤相劝，姬昌量大，不觉连饮数杯。费仲说：“听说贤侯能演先天数，其应验果真无差？”

姬昌答道:“阴阳之理自有定数，岂得无准？但人能反此以作，善趋避之，也能逃越。”

费仲又问道：“当今天子所为皆错乱，不知将来究竟如何，可预闻乎？”

姬昌此时酒已半酣，忘记了二人的来意，便略一卜算，叹息道：“国家气数黯然，只此一传而绝，不能善其终。”

费仲再问道：“其数当在何年？”

姬昌说：“不过四七年间而已。”

二人假装长叹，继续给姬昌劝酒。过了一会儿，二人又求姬昌与自己也卜一卦。姬昌推辞不得，便袖演一数，以实相告，说他们将来都要“冻在冰内而死”。二人心中不悦，但口中依然恭敬地劝酒。后来，二人又要姬昌给本人也卜一卦，姬昌卜后说自己将“善终正寝”。二人心中暗骂，便借口朝中有事，与姬昌分别。

费仲、尤浑急急回到宫中，将姬昌卜卦之事一一上奏纣王。纣王大怒，命人速出西门，追回了未走多远的姬昌，说他，辱骂王上，该当何罪？姬昌据理分辩，说自己不过是以实相告罢了，并无辱骂之意。但是，纣王十分恼火，一定要将姬昌推出午门斩首。

正在危急关头，武成王黄飞虎等大臣出班力谏道：“陛下息怒。卜卦术乃伏羲先圣所演，并非姬昌的捏造。若是不准，也是数理推详；若是准了，姬昌也是直言君子。请陛下赦其小过。”

许多元老重臣纷纷为姬昌求情开脱。经过了一番曲折，纣王终于再次赦免了姬昌的死罪。但是，不能让他回封国而将他拘禁起来，暂时居住于朝歌附近的羑里。

姬昌在押送官护送下到了羑里，住进了专门的府宅。押送官走后，姬昌便在闲居无事时，把伏羲八卦反复推明，变成六十四卦，中分三百六十爻象，受分安居，全无怨主之心。后人有诗赞曰：

七载艰难美里城，卦爻一一变分明。
玄机参透先天秘，万古留传大圣名。

这个故事在《封神演义》第十一回里，有着十分详尽的描写。文王的卜卦是否真的灵验，当时究竟占卜了哪些内容，卜卦的方法有哪些等问题，我们都不得而知了。过去传说是伏羲画八卦，比文王更早。司马迁在《史记》中说：“伏羲至纯厚，作易八卦”，又说：“西伯拘羑里，演周易”。后来的考古发现，在岐山出土的文物中，也有八卦的痕迹。所以八卦学说与周文王有关，不无根据。不过，后人据此进行附会，把在阴阳观念基础上发展起来的八卦学说变成了纯粹宣扬封建迷信的骗人把戏，则是十分错误和有害的了。

当然，由于自然科学不发达，生产力发展水平的限制，占卜吉凶的巫术早在原始社会各氏族部落中就产生了。以后，随着氏族部落之间的分化融合，这种巫术就交流影响，互相吸取与补充，经历了从简单到复杂的发展过程。司马迁在《史记·龟策列传》里指出："蛮夷氐羌虽无君臣之序，亦有决疑之卜，或以金石，或以草木，国不同俗。"实际上，由八卦排列组合而成的《易经》，作为一部卜筮用书，最初也是在宗教神学的体系下萌芽产生的。现存《周易》一书中的《易经》部分，原是周人问吉凶的卜筮之书。八卦成于何时，历来说法不一。比较一致的看法，是《易经》到西周末，已编为一部典籍了。《左传·庄公二十二年》记载："周史有以《周易》见陈侯者，陈侯使筮之。"这是《周易》书名在史书中出现的最早年代，时在公元前672年，可据此定为《周易》成书年代的下限。

《易经》中的八卦，由阳爻（—）、阴爻（--）两种基本符号所构成，表示阴阳对立。为什么叫爻呢？这里包含着阴阳交错而生变动的意思。阴阳二爻的交错组合，构成八卦的各种卦象。三爻一组，象征着天、地、人的关系，组合成的八卦为单卦。这八个单卦是：乾、坤、震、巽、离、坎、艮、兑。分别象征着天、地、雷、风、火、水、山、泽八种自然物。然后，再以八个单卦为母卦，重叠排列，即每卦六爻，衍生出六十四卦，如乾、坤、泰、否等。单卦与重卦，习惯上统称为八卦。

在八卦体系中，单卦只有24爻，变化比较简单；重卦共有384爻，变化就复杂多了。这里的每一爻都有特定的含义，人们则根据这些东西推测万物之变。八卦的基本要素为象、数、辞。象指卦中由阴阳符号组成的图像；数指每卦由爻排列而成的数目体系，以推测阴阳变化的规律；辞指为卦与爻所附有的解释词及说明，称为卦辞与爻辞。古人占卦就是根据象、数、辞做出综合分析，预测吉凶祸福。

《周易·困》"六三"的爻辞说："困于石，据于蒺藜，入于其宫，不见其妻，凶。”这个故事指出，有个人干事情总毛手毛脚。有一天，他慌慌张张地走着路，一不小心被大石头绊了一跤，倒栽葱似的摔了下去。他急忙去抓身旁的东西，以免跌倒，却一把抓住了长满硬刺的蒺藜，摔了个满嘴泥不说，手掌也被划得血淋淋的。这个稀里糊涂的人哼哼唧唧地跛脚回家一看，只见大门洞开，屋里乱糟糟，老婆也不知道跟谁私奔了。

显然，这是个“不吉利”的凶卦。撇开其唯心的成分，我们却发现它已初步猜测到了事物变化中偶然性和必然性相互关联的原理。困石、据藜和失妻这三个差错，初看起来，都是一种偶然和孤立的现象，它们之间并无任何内在联系，但这个人之所以一再铸成此类差错，又确有其必然的原因，那就是粗心大意、糊里糊涂，成了他生活中的一贯作风。

《周易·屯》的爻辞里，还有个“即鹿无虞”的故事：

在茂密的山林里，有着成群肥壮的马鹿。它们机警多疑，奔走敏捷，人们很难捕获到。

有人来到山里围猎。他们找到了虞，即掌管山林的人，请他做向导，并且仔细打听马鹿的活动规律及其经常出没的地方。经过一番准备，他们方才带着刀、箭，牵着猎犬，走进密林里。果然那些马鹿纷纷撞进他们布置好的包围圈，使他们满载而归。

另外一些人就不是这样。他们来围猎，根本不去找虞了解情况，就冒冒失失地闯进森林里。结果一无所获，只好空手而归。

这个言简意赅的寓言形象地说明：做事如果条件不具备而草率从事，就必然徒劳无功；干工作如果不注重调查研究，把握事物的规律，又不与内行商量，自以为是，也一定要出岔子。

所以，在《周易》神秘外衣的背后，除了包含着朴素唯物主义的宇宙构成理论外，尤其包含着十分丰富的朴素辩证法思想。其一，矛盾对立的观念。《易经》中的六十四卦是由八卦重叠演变而来的，而八卦又是由阴、阳两爻排列组合而成，表明了阴阳两爻是最基本的“对立”势力。周人运用八卦占卜祭祀、战争、生产、婚姻等事情的吉凶祸福及其变化，则视卦中阴阳两爻的变化而定。也就是说，自然界和人类社会的变化，最终归结为阴阳两种势力的消长，这正是人类早期关于“对立”面及其变化的思想。其次，万物交感的观念。万物在阴阳两种势力的推动和矛盾斗争中产生变化，变化的过程是通过交感。这一观念的形成，也可能是由于日常生活中男女交媾产生子女的普遍现象概括出来的一般原则。因此，《易经》的所谓“吉卦”，一般总是上下两卦具有交感的性质；而所谓的“凶卦”，一般是上下两卦不具有交感的性质。再次，发展变化的观念。八卦反映世界上没有东西不在发生变化，变化着的事物也有它自己的发展阶段，由量到质的转化。当事物刚开始时，变化迹象还不显著；继续发展下去，变化就深刻化、剧烈化；发展到最后阶段，超过了一定的适宜性，就会“物极必反”，带来相反的结果。成语“否极泰来”，就出自《易经》。当然，《易经》中的朴素辩证法思想的基本弱点也是明显的，主要在于神秘地、抽象地脱离了具体条件讲变化，使变化、发展成了人们无法驾驭的神秘力量，人们不能自己掌握自己的命运，最后仍然无法跳出神学的圈子。这是我们应该注意的问题。

需要说明的是，在《周易》中还有另一部分叫《易传》，是后人对《易经》的解释和阐发，也有许多朴素辩证法因素。不过，经过战国时邹衍的各方面综合改造，成了阴阳家的重要典籍，最终不得不陷入“五德终始”的历史循环论。

# “高岸为谷，深谷为陵”

## ——《诗经》中的哲学思想

公元前776年，周幽王治下的西周突然连续发生了三桩怪异的自然现象与巨大的自然灾害：日食、月食和大地震。那时的人们由于缺乏科学知识，被这些现象弄得不知所措，人人自危，普遍认为这是一种不祥之兆。

当时有一个会作诗的贵族士人，在《小雅·十月之交》里，以忧虑的笔调描写所发生的情况道：

烨烨震电，不宁不令。
百川沸腾，山冢崒崩。
高岸为谷，深谷为陵。
哀今之人，胡憯莫惩。

诗人在这里叙述了天崩地裂的灾异情状，一连串举出了这么多令人触目惊心的景象。实际上，诗人既写了自然界的现象，又写了当时统治阶级骄奢淫逸，导致社会危机四伏、分崩离析的政治现实与国家状况，把一种面临巨大灾难、人心惶惶的时代气氛尽致地渲染了出来，表达了通过老天示警对统治者的劝诫之意。

在诗的后面，诗人更大胆地把当时那些执政者的名字都一一列写了出来，包括皇父、卿士、司徒、维宰、内史、师氏、膳夫等。尤其重要的是，诗人还提到了“艳妻”即幽王正得宠的王妃褒姒。诗人认为结伙乱天下的就是这些人。对于当时的执政者来说，这么指名道姓地来写，其暴露性是很强的，也是特别大胆的。

可是，褒姒虽然美丽，却从来不笑。幽王为了博得褒姒的笑容，想出了一个荒唐的赏格：谁能让褒姒王妃笑一笑，可获赏千金。为了获得这种奖赏，更为了得到幽王的重用，有个宠臣便替幽王出了个鬼主意：用烽火戏诸侯，保证王妃会笑！昏庸的幽王竟然拍手称好。

当时，北方有个犬戎部落非常强大。周王朝为防备犬戎南侵，在骊山（今陕西临潼东南）一带造了几十座烽火台，几里一座，台台相望。一旦犬戎发兵，守卫第一道关门的士兵就将烽火台上的烽火点燃；第二道关口的守卒望见，也把本台烽火点燃。这样递相动作，犬戎入侵的消息便会迅速传开。周朝的将士很快就做好迎战准备，附近的诸侯也会派兵增援。

有一天，幽王和褒姒在左右宠臣陪同下，来到骊山上玩。到了晚上，幽王命人把烽火点燃。附近诸侯见了这警报，以为犬戎侵犯，纷纷飞快带领兵马赶来救援。

诸侯们领兵来到了骊山下，不见犬戎一兵一卒。正惊疑间，突然听见山上鼓乐齐鸣，歌舞喧天。诸侯们立马横刀，傻呆呆地站着不知所措。幽王这才打发人告诉大家，这儿没出什么事，不过是大王和王妃在放“烟火”玩哩！

上当受骗的各路诸侯一个个垂头丧气地回去了，那憋在肚子里的犹疑和愤慨，为幽王埋下了杀身之祸。

数路军马乱哄哄而来，又乱哄哄而去。一边冷眼而视的褒姒王妃，不知幽王和各路诸侯兵马在玩什么把戏，就询问幽王。幽王将真相讲明，这时褒姒王妃真的有了淡然一笑。

回宫后不久，周幽王把王后和太子都废了，另立褒姒为王后，同时立褒姒生的儿子伯服为太子。被废的王后的父亲，是幽王下属的诸侯。他得知女儿被废，便秘密联络犬戎进犯周都镐京。

犬戎大兵压境，幽王惊慌失措，赶忙命令点燃骊山上的烽火。烽烟袅袅，却唤不来诸侯的一兵一卒。可能各路诸侯正在犯疑：是不是大王和王妃又在变着法儿地寻欢作乐呢?

四面八方像潮水一样涌来的犬戎兵马，消灭了为数不多的镐京守军，冲进王宫。周幽王、太子伯服以及一帮宠臣，一下子都成了刀下之鬼，那个千金才买得一笑的冷美人褒姒，也成了犬戎的战利品。直到这时，诸侯们才真正明白了事情的真相，汇集人马赶来相救。

犬戎一见形势有变，忙把宫内周朝几代国王搜刮来的金银财宝洗劫一空，然后放一把火将宫殿焚毁，迅速撤离了镐京。

诸侯兵马打退了犬戎，拥立原来的太子姬宜臼为王，是为周平王。周平王登基典礼结束，中原诸侯各自带兵回到封地。

不料诸侯们前脚走，犬戎的军队又紧跟过来，霸占了周朝镐京西边的大片土地。周平王担心像这样下去，难保镐京平安。于是，他决心将都城东迁。

公元前770年，平王迁都洛邑。因为镐京在西边，洛邑在东边，历史上便将镐京做国都时的周朝，称为西周；迁都洛邑后，称为东周。

《小雅·十月之交》是《诗经》里一篇著名的揭露矛盾的杰作。《诗经》是我国第一部诗歌总集，分为“风”“雅”“颂”三类。本来只称《诗》或《诗三百篇》，后来儒家把它尊为经典，称作《诗经》。这部总集尽管编成在春秋时代，但其内容包括了西周初（公元前11世纪）到春秋中期（公元前7世纪）500年间的诗歌创作，大部分是民间歌谣，小部分是贵族创作。这些作品广泛而深刻地反映了周代这段时期的社会生活和社会斗争的现实。《诗经》是经过长时间的收集、整理和编辑而成的，大抵出于周朝及诸侯各国史官、乐师之手。

《诗经》在中国文学史上有着十分重要的地位，这是不言而喻的。同时，它在中国哲学史上也有着非常重要的地位，包含着十分丰富的哲学思想。尤其是在社会历史领域里，随着生产力的不断发展，新的封建制经济已经开始萌芽，旧贵族正在纷纷没落，新兴势力不断兴起，平民、奴隶渴望着变革，各阶级、阶层都处在矛盾的旋涡中，作为官方统治基础的天命神权思想也因之受到了广泛的冲击，因此也使得《诗经》中的许多诗歌不可避免地反映了这种真实的状况，谱写出了我国哲学史上别具风格、饱含时代特征的思想篇章。

第一，反映了当时的社会存在。作为社会意识重要组成部分的文学创作，包括诗歌，必定是一定的社会存在的反映。在《诗经》中，有许多篇章真实反映了当时人们的劳动生活、爱情婚姻等方面的情况。例如，《伐檀》《七月》《关雎》《静女》《氓》等，都是如此。特别是对爱国情感的抒发，至今仍然光彩照人。《秦风·无衣》写道：

岂曰无衣？与子同袍。
王于兴师，修我戈矛。
与子同仇！

后面还有两段，反映了周人对敌人入侵的同仇敌忾心情。在某种意义上甚至可以说，它已经成为今天中华民族爱国主义精神的最初思想源头。

第二，体现了揭露矛盾的思想。在社会大变革中，西周末年社会上新旧势力的矛盾以及阶级矛盾都日益尖锐激烈。这种矛盾通过诗人的意识，曲折地反映了出来。这种状况，在《采薇》《大东》《巧言》《正月》《伐檀》里，都有不少的涉猎。《魏风·伐檀》里愤怒地写道：

不稼不穑，胡取禾三百廛兮？
不狩不猎，胡瞻尔庭有县貆兮？
彼君子兮，不素餐兮！？

诗人在这里形象地描述了君子老爷们不劳而获，却过着“不素餐”的优裕生活；当然，那些辛勤劳作的穷人，只能过着困苦的生活了。这种对阶级剥削的揭露，为后人对当时社会矛盾的认识，提供了宝贵的资料。

第三，表现了议论转化的思想。在动荡时代里产生的哲理诗篇，蕴含着关于矛盾转化思想的丰富矿藏。《十月之交》里写道：

日月告凶，不用其行。

…………

彼月而食，则维其常。

此日而食，于何不臧。

接着又讲了“百川沸腾，山冢崒崩”的景象，揭示了“高岸为谷，深谷为陵”的现象。在诗人的笔下，当时的日月山川都在剧变。人类社会，矛盾的对立面也出现向相反方面转化的情况。事实上，西周末年社会上已出现了新旧势力的矛盾，奴隶主贵族日趋没落，有的连房子也没有了；而新兴地主势力却逐渐上升，过着被人羡慕的富裕生活，双方便出现了地位的转化，《诗经》中的《正月》《权舆》等篇中也有不少直接的描述。

此外，《诗经》中还有怀疑天命、向往乐土的思想等。因为在西周初年，一些比较能正视现实的统治者，如武王、周公等本来对天命已有所怀疑，但由于他们所处的统治地位，对这个神圣的光轮不能不给予修补和维护。到西周末年以后，随着奴隶制的衰落，周天子的权威已逐渐失坠，而上帝这个地上王权在天上的投影，当然也就失去了光彩。于是在社会上就出现了一股“怨天”“骂天”的思潮，奴隶主的天命神权受到了广泛的冲击，这是我国哲学史上出现的第一次思想解放运动。这些思想在《节南山》《荡》《雨无正》等篇中，都有不少的描述，从而在一定程度上否定了上天这个最高神的神圣地位，也为后世无神论思想的进一步发展提供了宝贵的精神源泉。

# 第二章

# 春秋战国时期的哲学思想

公元前771年，游牧于东亚大陆西北部的犬戎族挥鞭南下，进逼周王朝的都城镐京。那位“烽火戏诸侯”的周幽王众叛亲离，兵败被杀。在各路诸侯的力战之下，犬戎军队被打败，于是大家拥立了原来的太子姬宜臼为王，是为周平王。待登基典礼结束，诸侯兵马回去后，犬戎的军队又紧跟了过来，以致泾、渭之间，成了犬戎牧马的乐园；陕晋之地，布满了披发野祭的戎族。

次年，周平王被迫向东迁都洛阳，西周灭亡了。王室的衰微，诸侯的兴起，开创了一个新的历史时代——春秋战国。

那是一个大混乱、大动荡、大繁荣的时代。

春秋242年间，弑君36位，亡国52次，大小征战不计其数。不仅有诸民族之间的大争斗与大融混，也有中原诸侯之间的争战屠戮，使得骨肉相残，礼崩乐坏，民不聊生。所以后代史家说“春秋无义战”。

随着武力的泛滥，兼并、争霸之风也在旷日持久地进行。春秋有五霸。齐桓公在管仲辅佐下，首先九合诸侯，一匡天下，武功赫赫。相形之下，周天子不过是可有可无、又被人挟之以令诸侯的玩偶。文明的中心不复存在。

五霸继起，又相互争霸，并以兼并和掠夺小国为乐事。在这种不断谋求霸权的争斗兼并中，诸侯数量越来越少，到了战国时代，主要只剩七雄：东齐西秦，南楚北燕，中原韩赵魏。七雄虎视天下，相互之间战争规模之大、杀戮之酷，前所未有。据文献所记，在战国时代，大小战争222次，真可谓“争地以战，杀人盈野；争城以战，杀人盈城”。

战争消耗了巨大的人力、财力与物力，也将人性之恶表现得一览无余，儒学大师荀子提出性恶为人之本性。但我们不得不承认，有时候历史的进步是借助恶的力量实现的，尽管实现得那么突然，那么剧烈。与此同时，为了以耕养战，以战助耕，各路诸侯也大多设法发展农业生产。在此基础上，铁器与交易的巨大市场也出现了，商业获得了前所未有的繁荣。当然，生产的进步，财富的积累，使诸侯卿相的贪欲也迅速膨胀，反过来又加剧了战乱劫掠和横征暴敛。

在这个时代所取得的一切进步中，百花齐放、百家争鸣是最伟大的。美国汉学家费正清和赖肖尔把这一时期的中国，称为“经籍时代的中国”；把这一时代，称为“中国思想的黄金时代”。正是社会的需求，意识形态中心的崩解，遂使诸子百家的大鸣大放传颂千古，从而也进一步推动了中国哲学思想的长足发展与成熟。

在这片百花齐放、百家争鸣的滚滚哲浪里，有崇尚仁义的儒家，有兼爱节俭的墨家，有逍遥无为的道家，有辩诘名实的名家，有阐释军机的兵家，有强调法、术的法家，有舍人事任鬼神的阴阳家，有尚诡诈少信用的纵横家，还有播百谷、劝农桑的农家……这九家就是后世称之为“三教九流”的九流，即 9 个学术流派的概括。班固在《汉书·艺文志》中说诸子有 189 家，指的是当时各学术流派的著名代表人物。在这种齐放与争鸣中，中华大地上别具特色的哲学文化类型也百花齐放，异彩纷呈。

# 黄鹄之歌

——管仲的乘时进退思想

春秋时期，齐国的管仲（约前 723—前 645）有经天纬地之才，但由于以往曾射伤过即位前的齐桓公，故在桓公继位后逃到了鲁国避难。齐桓公要称霸，急需贤相辅佐，大家都推荐管仲。桓公倒也大度，同意召他回国，既往不咎。但如果明着去鲁国要，恐生是非，便派人去鲁国以治罪为名，把管仲押进囚车，运回齐国。

管仲临上囚车时，发现鲁国的大臣施伯的言行有些反常，便猜出了他的心意，怕自己回去被重用后对鲁国不利。于是，管仲抓紧时机，急忙上了囚车，表面上又装着若无其事的样子，让军士们拉着走了。一路上，军士们跋山涉水，感觉累了，便常常歇息。为激励他们及时赶路，管仲心生一计，立即编了一首《黄鹄之歌》，教给军士们去唱：

黄鹄，黄鹄！
戢其翼，絷其足，
不飞不鸣兮笼中伏。
…………

推囚车的军士们边走边唱，完全忘了疲劳，仅用一天的时间，就出了鲁境。

待到鲁庄公听信了施伯的话，派人赶去刺杀管仲时，为时已晚。后来，管仲凭借自己的大智大勇，精心辅佐齐桓公达40年之久，对齐桓公“九合诸侯，一匡天下”，使齐国成为春秋首霸，发挥了极为重要的作用。

管仲是我国春秋前期杰出的政治家、军事家和思想家，后世人们都尊称他为“管子”。管仲，名夷吾，字仲，春秋时吴楚交界地颍上（今安徽颍上县）人。他家属于姬姓后代，其父名管严，曾在楚国做过官，后战死疆场；叔叔名管至父，在齐国为官。管仲少年时家贫，父死后与母亲相依为命，曾当过兵，经过商。这些历练对于管仲后来的成功都有极大的作用。

我们现在研究管仲的思想，主要依据《管子》一书。该书相传主要篇章都是由管仲自己编著的，也有一部分是战国时期齐国稷下学者整理与发挥的思想。不管怎样，《管子》中的许多篇章，还是在一定程度上反映了管仲的事迹与思想。《管子》附有汉朝刘向叙录，认为全书共有564篇，除去重复的478篇，实际是86篇。刘向所编定的是86篇，《汉书·艺文志》著录《管子》86篇，现有的《管子》照目录还是86篇，实存76篇，基本上还是刘向编辑的样子。后人还有许多关于《管子》的注解，就不一一去细说了。

在管仲所处的时代，诸子百家尚未形成。管仲首先是一个政治家，他善于抓住时机，注重“乘时进退”的思想，不仅直接影响了人们的政治生活，而且在中国哲学史上，也比较早地提出了一个重要的哲学范畴，即时间概念问题。

“乘时进退”思想的关键在于“乘时”二字，即善于发现时机，善于在纷繁复杂的事物中和瞬息万变的信息中捕捉时机，把握时机，不失时机。由于时间具有一维性的特点，即一去不复返，是运动着的物质的存在方式，因此人们在实践中只有对时机把握得准确、得当，才能做到进退适时，游刃有余。否则，时机错过，该进不能及时前进，该退又不能及时退却，就必然导致失败。

在《管子·山至数》中，桓公同管仲讨论国家的统计理财工作。管仲提出，一切事情都在于掌握时机，根据时机来决定进攻与退却。所以人们常说，成就王业的人善于掌握时机，圣人贤哲则善于掌握变化。桓公听后连连称道：“好，好！”

管子还指出，从古到今，没有因违背时机改变形势首先发难而成就功名大业的，也没有因违背时势经常发难而不失败的。因此，凡是想要以臣伐君、征服四海的人，不能只依靠兴兵举武进攻取胜，必须首先定好谋划，占据有利地形，权衡有利局势，并与盟国密切关系，审时度势，待机而动，这才是成就王业的人的有效策略。

“乘时进退”一般在军事上运用得较为普遍，因为在军事斗争中，人们觉得更要重视时势变化。所以，《管子·七法》中要求掌握作战时机，“故明于机数者，用兵之势也”。管子在此将“乘时进退”看成是治国理财的重要策略，由此可见管子思想的宽广内涵。

管子将“乘时”思想运用到农业上，具体表述为“务在四时，守在仓廪”策略。《管子·四时》中说，现在凡是拥有国土统治民众的君主，必须注重四时的农事，保证粮食储备。国家的财富丰裕，远方的人就会自动前来投奔；荒地开发得好，本国居民就会安心留住。他还说，发布政令要有四时特点，否则人们就必然消极地观望，处在浑浑噩噩的糊涂状态，被动承受天时的到来。一国之君不了解四时，就将失掉立国的基础。《四时》篇对春夏秋冬各季要办的事情提出了许多具体的看法。例如，春季颁行的政令是，照顾幼孤，赦免罪人；赋予官爵，授予禄位；解冻时修治沟渠，添修坟墓；修平险阻的道路，修整田地的边界，清理田间通路；不准捕杀幼小动物，不准折花断竿。夏季颁行的政令是，调查有功和为国出力的人们，把他们提拔起来；开用长期储备，打开老仓、老窖，把粮食贷给人民；禁止敞门不关，不准有挽衣免冠的失礼行为，清理地沟与田舍；访求曾经向人们布德施惠的人，对他们进行奖赏；禁止设网捕捉野兽，不准杀害飞鸟，如此等等。可以说，管子的“治国先富民”思想是环环相扣、相互配套的，“务在四时，守在仓廪”的思想，是管子“以农为本”战略的重要组成部分。由于以农为本，因此就必须以仓房作为国家固守的基础；由于农业生产的季节性特别强，因此就必须抓紧四时，务时、惜时。只有这样，才能把“以农为本”战略落到实处。

管子不仅在治理齐国的实践中推行“务在四时，守在仓廪”策略，而且还灵活运用它来扰乱别国经济，巧取别国。

有一次，齐桓公对管仲说，我想夺取鲁梁，不知相国有什么良策？管仲便提出用扰乱鲁梁的农业生产的办法来削弱它，最后迫使鲁梁归降。齐桓公问，具体如何实施呢？管仲说，可从大王穿厚绢开始，接着便解释道：“据臣所知，鲁梁是厚绢的产地，大王如果喜欢穿厚绢，再叫身边的大臣们也来穿，这样全国百姓都会仿效之。到那时，我们就用较高的价格从鲁梁进口厚绢，以刺激鲁梁的厚绢生产。等到鲁梁人都去专注厚绢生产时，大王再改穿薄绢，此时，鲁梁必定就范于我。”于是，齐桓公按照管仲的建议穿起了厚绢，文武百官也换上了厚绢官服。此风很快刮到了民间，齐国厚绢告缺。接着，管仲派人联系鲁梁的大商人，用300金订购了1000匹厚绢，还提出需大量进口的要求。鲁梁的商人把这个消息带回国内，在鲁梁掀起了一股生产厚绢的风潮。人人纷纷放下农活，全力以赴投入厚绢的生产。一年后，管仲建议齐桓公改穿薄绢，并公布法令，封锁边境，关闭与鲁梁的交通。又过了几个月，齐国已没有人穿厚绢了。管仲再派人到鲁梁去探察，鲁梁也大变样了。因为前一段全国上下都忙碌着厚绢的生产，错过了农时，田地都荒芜了，零星种上的一点庄稼，由于缺少管理，几近无收，全国陷入饥饿状态。在齐国只值十几钱的杂粮，偷运到鲁梁后竟卖到千钱。经济的急速转变，致使鲁梁陷入了严重的危机和混乱，不得不求助于齐国。两年后，鲁梁六成以上的领土割给了齐国；又过了一年，鲁梁主动归降了齐国。管仲反用“务在四时，守在仓廪”谋略，终于成功地归并了鲁梁。显然，“务在四时，守在仓廪”的策略，从实质上说就是政令决策必须守住基础，围绕中心，不失时机，顺应时势。

管仲在强调“乘时进退”思想时，还特别注重“与时变”问题，即不忽视时间的发展与变化。《管子·正世》在古今关系上提出：“不慕古，不留今，与时变，与俗化。”就是说不迷信古代，也不停留在今天，一切政策措施都要随着时代和习俗的变化而变化。这是十分正确、合理的。

此外，管子关于“仓廪实而知礼节”的唯物主义历史观的思想闪光，关于法家思想，关于重民和以农为本的思想，关于道德、名实方面的思想等，都有一些十分独到的见解。尤其是其“精气”说，已经有了比较明确的论述。《管子》中把气或精气，看成天地万物的本原。《枢言》中说：“有气则生，无气则死，生者以其气。”《内业》中也说：“精也者，气之精者也。”同时指出：“凡物之精，（此）［比］则为生，下生五谷，上为列星。流于天地之间，谓之鬼神。藏于胸中，谓之圣人。是故（民）［名］气。”就是说，物的精气相互结合，就产生出种种东西：地面上生长五谷，天空中分布列星。精气流动于天地之间，成为鬼神；精气藏于胸中，就自然产生智慧，成为圣人。

《管子》中用精气流动来解释所谓鬼神，《轻重丁》中说：“智者役使鬼神，而愚者信之。”这是鲜明的无神论观点。至于人的生命，那也是“天出其精，地出其形”，两者（精气和形气）结合起来才形成的。有了生命才有精神：“气道乃生，生乃思，思乃知。”这实际上是认为气是第一性的，思想、认识等精神现象是第二性的。这是朴素唯物主义观点。但《管子》中说“灵气在心”，把精神归结为一种精微的物质，以为圣人能够把精气“藏于胸中”，就自然具有智慧。这种说法，没有分清精神与物质的界限，不可避免地要导致先验论和神秘主义。

《管子》中的精气说，对后世产生了多方面的影响，它不仅直接为春秋战国时期的“百家争鸣”创造了良好的土壤，也为中国哲学史上气一元论的最终形成，奠定了积极的思想基础。

# 孔子游列国

——儒家的仁政学说

在春秋战国“百花齐放、百家争鸣”时期，儒家学派的创始人孔子（前551—前479），十分钦佩管仲的政治思想与治国才能，也很希望自己能在思想论坛与政治舞台上有所作为。不过，尽管他满腹经纶，却苦无机会施展。当然，正如俗话说的：“只要有货，总有时间卖出去！”果然，时机终于光顾了孔子。

公元前500年，即周敬王二十年，有志恢复齐桓公霸业的齐景公和大臣晏婴，想拉拢鲁国及中原诸侯，便先写信给鲁定公，约他在两国交界的夹谷地方会面。那时，诸侯开会，都要找个大臣当助手，称作“相礼”。这次，鲁定公决定让时任司寇（管司法的长官）的孔子担任这个职务。

孔子名丘，字仲尼，是鲁国陬邑（今山东曲阜东南）人。他的祖先是宋国的没落贵族，父亲是个地位不高的武官。孔子3岁时，父亲去世，母亲带他到曲阜住下来，把他抚养成人。据说他从小爱学礼节，空闲时常摆弄小盆小盘之类的器物，模仿大人祭天祭祖的样儿。

孔子幼年时，就非常聪慧好学，青年时代更是用功读书。他十分崇拜周朝初年那位制作礼乐的周公，对古礼特别熟悉。那时的读书人所注重学习的“六艺”，即礼节、音乐、射箭、驾车、书写、计算，孔子都比较精通。他思维敏捷、学识渊博，不到30岁，在鲁国和邻近许多国家就享有很高的威望。因此，不少人愿意拜他为师。孔子干脆就办了个私塾，广收学生。一些贵族和大夫，便纷纷将自己的子弟投到他的门下，让他来教育、培养，以成大器。

公元前516年，孔子到齐国，学习韶乐，并求见齐景公。齐景公久闻他的声名，立刻召见他。孔子崇尚“仁政”的主张，博得了齐景公的认同，便想留他在齐国做官。但齐国的相国晏婴却认为孔子的主张不切实际，在实践中根本无法贯彻，结果齐景公没有任用孔子，于是孔子又从齐国回到鲁国，继续他的教书生涯，宣传他的仁政理论与学说。这时，拜孔子为师的人越来越多，据说他教过的学生总数达到3000人。其中，有72个人取得杰出的成就，被尊称为贤人。

公元前501年，鲁定公派孔子做中都（今山东汶上县）宰，第二年，又派他做了司空（管理工程的长官），以后又提拔为司寇。当鲁定公把要在夹谷跟齐国会盟的事告诉孔子后，孔子说：“齐国多次侵犯我国边境，这次约我们会盟，我们应在军事上有所防备，希望把左右司马都带去。”鲁定公接受了孔子的建议，又派两员大将带了一些人马，随同他上夹谷去。

在著名的夹谷会议上，由于孔子充分发挥了助手作用，鲁国取得了外交上的重大胜利。会后，齐景公决定把齐国以前侵占鲁国的汶阳（今山东泰安西南）等地方，归还给鲁国。

齐国的大夫黎鉏认为，孔子在鲁国做一天官，就对齐国的利益有一天威胁。他想了一个离间鲁定公和孔子的计策：让齐景公给鲁定公送一班女乐去。齐景公依计在齐国挑选了80名貌美的歌女，送给鲁定公，结果鲁定公因沉迷于女色和吃喝玩乐，把国家政事扔在了一边。孔子屡劝无效，深感失望。后来，连孔子的学生也说：“鲁君不办正事，我们就离开这里！”不久，孔子离开了鲁国，带着一批学生周游列国，希望找到一个圣明的君王，实行他的仁政主张。

可是那个时候，实力强大的国家都在忙于争霸战争，贫弱的小国在大国的兼并中苦苦挣扎，整个社会动荡不定。在这种情形下，孔子宣传的那一套恢复周朝初年礼乐制度、大行仁政的主张，哪个君王有心思来采纳并实施呢？于是，孔子带着他的学生，四处奔波，到处游说，风餐露宿，挨冻受饿，足迹几乎踏遍了中原所有诸侯国。结果时间耗去了十多年，仍然一无所获，其仁政理论无法得到实施。

身心逐渐疲惫、衰老的孔子，只好又回到鲁国，把精力放到整理古代文化典籍和教育学生上面。今天我们读到的《论语》《诗经》《尚书》《春秋》等这些优秀的文化遗产里，都浸透着孔子这位古代文化巨人的心血与劳作。孔子是我国历史上第一个以私人资格创立儒家学派的人，也是第一个以私人资格把他的知识和学问向社会广为传播的人。

尽管孔子一生在政治上并不得志，但他开创的儒家学派，不仅成为当时的显学，对后世产生了重大影响，而且至今仍然影响深远。尤其是其倡导的仁政理论，对后世的影响更大。同时，其仁政理论不仅是一种政治主张，也是一种重要的哲学思想。这种哲学思想从孔子的政治立场出发，系统阐明了人在社会中的地位和作用，着重于探寻合理的人生态度与行事准则，提出了以“仁”为核心的哲学思想体系。

其实，“仁”这个词，早在孔子之前，就已被人们经常使用，但真正把它当作一个哲学概念来运用，则是从孔子开始的。孔子首先把“仁”看成是处理人与人之间关系的最高道德标准，并且夸大成决定社会生活的一个普遍原则，上升为一个哲学范畴。在《论语》中，孔子提到“仁”共有109次，从不同的角度论述了“仁”的内容。概括起来，就是《论语·颜渊》中讲的两条：一是“克己复礼为仁”，二是“仁者爱人”。

孔子所说的“克己复礼”，也并非要全面恢复周礼。他认真研究过夏、商、周三代因革损益的变迁史，认为“礼”应随着时势的变化而有所“损益”才对。从主观愿望上说，孔子其实是要人们按照周礼的规定行事，同时又企图用“仁”的精神来充实礼乐的内容，用“为仁”的方法去实现“礼”。他曾对弟子颜渊说：一个人如果使自己的视、听、言、动都能符合周礼的规定，人们就会送给他“仁人”的称号。在这里，孔子所讲的“仁”是一种理想的精神境界，只有经过主观精神的自我克制才能实现。所以，孔子提倡“克己复礼”的一个重要目的，就是想通过调和统治阶级内部的各种关系，消除公室和私家的矛盾。当年在齐国时，齐景公曾向孔子请教怎样管理国家大事，孔子说：君要像个君，臣要像个臣，父亲要像父亲，儿子要像儿子，各人都遵守自己的名分地位，国家才能被治理好。齐景公听了十分高兴地说：太好了！如果“君不君，臣不臣，父不父，子不子”，虽然有粮食，我也吃不到嘴里呀！这就是孔子的所谓“正名”理论，他认为一切政治上的改革都必须从“正名”开始。这同孔子“克己复礼为仁”的思想是一致的，都是为了维护诸侯贵族的既得利益，防止卿大夫和陪臣犯上作乱，破坏社会的等级体系。

孔子一方面维护周礼，另一方面又企图对周礼有所“损益”，给它灌注新的时代精神。这个新的时代精神就是他明确提出的“仁者爱人”理论。“爱人”是以抽象形式表述的，是从强调主观精神的自觉方面论述“仁”的意义。当然，这个“爱人”的抽象命题里，也包括丰富的实际内容。

首先，在“爱人”的口号下，孔子要求统治阶级内部应该互相尊重，推己及人。他在《论语·颜渊》中说：“己所不欲，勿施于人。”就是说，自己不喜欢的事，也不要强加于别人。又在《论语·雍也》里强调：“己欲立而立人，己欲达而达人。”就是说，自己要有所树立，同时也使别人有所树立；自己要事事行得通，同时也使别人事事行得通。孔子的学生曾参，便用“忠恕”二字，十分恰切地概括了老师的这两条原则。孔子提倡“忠恕之道”，是为了能够做到如《论语·八佾》中所说的“君使臣以礼，臣事君以忠”，以消除公室和私家的矛盾。但孔子并没有看到私家卿大夫与诸侯公室之间的矛盾，实质上是新兴封建地主与旧贵族之间的阶级矛盾；企图用改良周礼的办法来调和这种矛盾，实际上也是做不到的。在这里，也暴露了孔子保守的政治立场。

其次，在“爱人”的口号下，孔子提出了“举贤才”的主张。孔子认为，“贤才”也是以“仁”为基本标准的，凡是有利于诸侯公室的功臣都是“贤才”。所以，孔子不仅称赞管仲、子产是“仁人”“惠人”，而且还称赞百里奚与魏舒。百里奚是虞国贵族，不幸被晋国俘虏。后来，晋国公主穆姬出嫁，拿百里奚去抵五张羊皮的价格，送到秦国当陪嫁。秦穆公爱惜百里奚之才，便力排众议，打破惯例，授给百里奚爵位，让他掌握行政大权，百里奚终于辅佐穆公使秦国称霸于西戎。齐景公问孔子：秦国处在偏僻的西方，为什么也会称霸呢？孔子说，秦穆公有胸襟和气派，敢于任用“五羖”大夫，以此而论，称王都可以，称霸还嫌小哩！这件事在司马迁写的《史记·孔子世家》里，也有记载。魏舒在晋国兼并了祁氏和羊舌氏的土地，分成10个县，派了10个人去做县大夫，其中有一个是魏舒自己的庶子，两个是有功于公室的人。有人非议说魏舒“私己”。孔子则认为，这几个人都有贤才，便极力赞扬魏舒是“近不失亲，远不失举”，“以贤举，义也”，这恰恰是忠的表现。这事在《左传·昭公二十八年》里也提到了。可见，孔子的“举贤才”是要求在贵族内部不过分计较亲疏、远近的关系，一视同仁，广泛搜罗各种人才，维护公室的根本利益。

此外，在“爱人”的口号下，孔子还提出了“节用而爱人，使民以时”的主张；同时，他还反对对民众“不教而杀”，主张“以礼教民”。这些在《论语》的《学而》《尧曰》《子路》等篇中都有记载。当然，这里所谓“爱人”，并不是说统治者应平等地去爱劳动人民。孔子和一切剥削阶级的思想家一样，把劳动者看成是“使”的对象，但他主张爱护人力，合理地使用劳动力的思想，却是难能可贵的。他说，君子追求的是“义”，即伦理道德，小人追求的是“利”，即物质利益。因此对于老百姓，统治者就应该“因民之所利而利之”，通过“养民”“富民”“惠民”的手段来达到“使民”的目的。这说明他已经看到，为了贵族子孙后代的长远利益，应该适当地采取一点封建改良的措施。至于“教民”，孔子主要是强调用道德来教化民众，用礼教来规范民众，用政治来诱导民众，使大家有廉耻之心，并且真心归服你的统治。所以，孔子大肆宣扬，一个统治者，如果“好礼”“好义”“好信”，人民就会尊重他，给他说实话，四方的百姓也都会背着儿女来归附他。

孔子的这套仁学理论，虽然渗透了一些新的时代精神，但总的说来，并没有冲破周礼的老框子。他提倡“克己复礼”“忠恕之道”和“举贤才”，完全是为了缓和公室与私家的矛盾，维护公室的根本利益；他提倡“节用爱人”“以礼教民”，也是为了缓和统治者和人民大众的矛盾，维护公室的长远利益。因此，他讲的“爱人”是有鲜明的阶级性的。由此也不难看出，孔子的仁学理论有其积极的方面，但也不可避免地打上了时代与阶级的烙印。从哲学上来看，其局限性主要在于，他把道德规范看作是先验的东西，认为只有统治者的“君子”才能做到“仁”，而广大的民众即“小人”是不能做到的，只能靠“君子”对仁进行施舍才能有所享受。同时，孔子认为能否达到“仁”，是由人的主观意识来决定的，只有加强主观的道德修养，才能达到仁的精神境界，这就否定了社会生活实践对道德规范和政治原则的决定作用，也使其仁政学说带有浓厚的唯心主义色彩。

需要指出的是，作为儒家核心思想的仁政学说，尽管发端于“至圣”孔子，但最终形成具有完整理论体系的功劳，要首推“亚圣”孟子。孟子第一次使仁政学说得到了具体化与系统化，从而适应了封建统治者的需要，为新兴地主阶级勾画出了施政的根本大纲。他在与弟子公孙丑讨论关于仁政与虐政问题时指出，君主如果推行仁政统治天下，那是没有谁能抵挡得住的，强调这是“事半功倍”的事情。那么怎样施行仁政呢？《孟子·梁惠王上》中记载孟子与梁惠王谈话时，粗略提出了四条具体措施，包括省刑罚、薄税敛、深耕易耨、注重教化人民等。孟子的这些思想虽然在当时战乱条件下未能被封建统治者全部接受及认真实行，被视为“迂远而阔于事情”，但作为一种理想却激励着后世进步的政治家和人民，不断同腐败政治做斗争，这对在一定程度上遏制统治者横征暴敛、肆意鱼肉人民，推动社会发展，是有积极意义的。同时，由于时代的局限，孟子发挥的仁政思想尽管在我国历史上从未完全实现过，具有空想性的一面，但历史已经证明，哪个统治者或多或少按仁政思想去做了，就或大或小地获得了政治上的成功；反其道而行之，违背了仁政思想，则总是或迟或早地招致或轻或重的失败，最终导致灭亡，这又表现了仁政思想具有一定的进步性与现实性。

# 子夏读《诗》

## ——孔子“学思并重”的认识理论

在儒家哲学思想中，最核心、最根本的理论当然首推“仁政”学说。不过，作为儒家创始人的孔子，其包罗万象的哲学思想体系，内容又是丰富多彩的。除了“与命与仁”的世界观，“执两用中”的中庸之道，“温故知新”的认识辩证法以及“损益可知”的历史发展观，尤其应该特别加以强调的，还有他的“学思并重”的认识理论。这是由于，孔子不仅是一个杰出的政治家，更重要的是他还是一个伟大的教育家。并且在某种意义上说，作为教育家的孔子，也许更符合其本来的历史真实面目。正是在长期的教育生涯中，孔子不仅积累了丰富的教学经验，而且还将这些实践经验进行了一定程度的理论概括和总结，使其教育思想浸透了哲理的光辉。

《论语·八佾》中记载着这样一则故事：

> 子夏问曰：“‘巧笑倩兮，美目盼兮，素以为绚兮。’何谓也？”
>
> 子曰：“绘事后素。”
>
> 曰：“礼后乎？”
>
> 子曰：“起予者商也，始可与言《诗》已矣。”

这是说有一天，孔子的弟子子夏读到《诗经》中“巧笑倩兮，美目盼兮，素以为绚兮”这三句，思索再三，其中的道理仍不太明白，便来向他的老师请教。按字面解释，诗中的“兮”字有如今日散文体诗或歌曲中的“啊”

字一样，没有实质的意义。诗中的“巧笑”，是指人的许多笑态中的一种，即似笑非笑，又不是无所顾忌地咧嘴大笑，可是笑得很迷人、很得体，这就是巧笑。“倩”是什么呢？好比电影中女演员的表演笑得那么俏皮，还带点诱惑性的，大概就是“巧笑倩兮”了！“美目盼兮”，是说漂亮的眼睛已经够厉害了，还要“盼兮”，眼神中流露着“道是无情却有情”的意味，真有点“回头一笑百媚生”的勾魂摄魄的味道。“素以为绚兮”，“素”就是像一幅白绢那样；“为绚兮”是说在白底子的绢上面画了很漂亮的图案。

面对子夏的请教，这三句话到底说了些什么——“何谓也？”孔子便告诉他“绘事后素”，就是说你必须等到绘画完成以后才显出素色的可贵。这句话的意思，以现在人生哲学的观点来说，就是一个人由绚烂归于平淡。以艺术的观点来说，好比一幅画，整个画面填得满满的，多半没有艺术的价值；又如布置一间房子，一定要留适当的空间，才使人住着舒适。人的打扮也是同样道理：天生丽质、本质优良者，只要稍加点缀，不必浓施粉黛，不必过分做作就特别美，意即一切在于内质，而不在于外表。

经过老师点拨，子夏一听就懂了，于是他就说出了自己的心得体会：“礼后乎？”——难道礼仪的后面还有一个“礼”的精神吗？也就是说礼的内涵比表之于外的礼仪更重要吗？

孔子听了就说：“对，你说得完全对！”同时称赞子夏说，你现在是真正懂得《诗》中的深刻含义了。

从这里可以看到子夏是一个做到学思并重与结合的人。他自己先学《诗》，边读边思考，读到“巧笑倩兮……”一段，经过自己思考，在“素以为绚兮”这一句上终是想不通，道不明，就去请教孔子。孔子一句“绘事后素”的提醒，一下就点通了子夏的思路，使其豁然开朗。但孔子并不就此罢手，而是进一步启发学生，要求举一反三。子夏立刻由“绘事后素”联想到“礼后”，即一个人须有忠信之质然后可学礼，礼好比女人的粉黛衣饰，忠信好比女人的巧笑美目。巧笑美目是人的天然素质，当然在先；粉黛衣饰是人工文饰，当然在后。子夏的这一心得，不正是学与思有机结合、并重统一的结果吗？

在孔子的学生中，坚持学思并重与结合的绝不仅仅是子夏一人，子贡也是一个因善于学思并重与结合而受到了孔子表扬的人。

《论语·学而》中记载：

> 子贡曰："贫而无谄，富而无骄，何如？"
>
> 子曰："可也；未若贫而乐，富而好礼者也。"
>
> 子贡曰："《诗》云：'如切如磋，如琢如磨'，其斯之谓与？"
>
> 子曰："赐也，始可与言《诗》已矣！告诸往而知来者。"

这是说有一次，子贡对孔子说："人穷了，倒霉了，还是不谄媚，不拍马屁，不低头；发财了，得意了，还是能够对人不骄傲，何如？"这个"何如"显示了子贡的某种得意状。子贡在这个时候，似乎认为自己学问修养做到这个地步已经很不错、很有心得了，心里在想一定可以得到老师的欣赏了。可是孔子并没有给他过多的赞赏，只是觉得"可也"而已。紧接着，孔子就指出，如果你能一方面做到在贫穷了、失意了的时候，都不向人低头，不拍马屁，并且显得十分快乐；另一方面在自己富裕了、发达了的时候，也能做到不骄傲自大，懂得礼数，那才是真正值得赞扬的事。这里孔子强调，要做到在任何位置上，在任何环境中，都是那么平实，那么平凡，才是对的。所以孔子告诉子贡，像你所说的那样，只是及格而已，还应该进一步做到"贫而乐，富而好礼"。

听到这里，子贡懂了，服了；不仅服了，他在孔子的讲解过程中又展开联想，提出了更深一层的心得："《诗》云：'如切如磋，如琢如磨'，其斯之谓与？"子贡引用的这句诗出自《诗经·卫风·淇奥》，是制作玉石的方法。即如花莲般的玉石，最初是桌面大的一块石头，买来以后，先将它剖开，里面也许能有几百个戒指面，也许只有十个八个，都说不定。做玉器的第一步，是用锯子弄开石头叫剖，也就是切；找到了玉，又用锉子把石头的部分锉去，这第二步叫磋；玉磋出来了以后，第三步再慢慢地把它雕琢，琢成戒指形、鸡心形、手镯形等一定的形式、器物，就是琢；最后又加以磨光，使这玉石发出美丽夺目的光彩来，就是磨。切、磋、琢、磨，这就是借助加工玉石的细腻、艰辛过程，来比喻一个人接受教育的过程。可见，一个人生下来就要接受教育，并要慢慢从人生的经验中体会出来。学问进一步，功夫就越细，越到了后来，学问就越难。所以"'如切如磋，如琢如磨'，其斯之谓与？"这句话大有推崇孔子的意思，子贡说："做学问还要像玉一样地切磋琢磨，我懂了。"于是孔子答复他了："赐也，始可与言《诗》已矣！告诸往而知来者。"赐是子贡的名字。孔子赞扬子贡说，你懂得这个道理，现在可以开始读《诗》了，我也可以与你讨论问题了。因为我刚刚提示了你一个道理，你自己就能够另外推演出别的道理来。

上面两则故事，都是讲孔子的学生善于学思结合的范例。也可以看出，凡是能坚持学思结合的人，孔子都是加以肯定和赞许的。

所以，孔子在《论语·为政》里明确地说道："学而不思则罔，思而不学则殆。"这是孔子的一句名言，也是被世人所熟知的一句学习格言。意思是说：一个人如果只会读书，不动脑筋，不认真思考，表面上好像有了学问，可是没有智慧的思想，仅记住了一些死教条，就很容易受书的欺骗，只能是迂阔疏远，不切实际的东西，没有多大用处。但是，只是"思而不学"，则又容易"殆"，即常常"疑而不决"，解决不了自己不懂的问题；即使自己天资聪慧，有思维能力、有思想，但不认真读点书，缺乏思考的武器和分析、解剖问题的工具，这种思是无水之流，属于空想，那也是非常危险的。

孔子的这种见解是很有道理的，可见学习与思考相结合的重要性。据统计，孔子的一部《论语》，"学"字出现过65次，对于人的学习问题，可说是进行了多方面的反复论述。其中"学而不思则罔，思而不学则殆"，可算是孔子向世人推荐的重要治学方法之一。从这句名言，也可以看出"学"与"思"是两个不能混同但又紧密相连的概念，它们各有特点，各有自己的作用，但又谁也离不开谁，是相互联结、相互贯通、彼此渗透的。一个人在学习过程中，缺少任何一项都是不行的。

那么“学”是什么，“思”又是什么呢？欲知“学”是什么，我们不妨先说说“学”不是什么。孔子既然将学与思相对而言，可见“学”并不是“思”。《周易·文言传》中说：“君子学以聚之，问以辩之，宽以居之，仁以行之。”《礼记·中庸》中也说：“博学之，审问之，慎思之，明辨之，笃行之。”这里将学与问、学与行相对而言，也就是说学不是问，也不是行。既然学不是“思”、不是“问”、不是“行”，还能是什么呢？必定是学前人留下来的知识，学前人的文化遗产，其实就是读简策，读书。当然，思就是思考、研究和分析。

从哲学认识论上来说，孔子所说的“学”，是一个以间接经验为主的后天感性认识范畴，相对于“思”和“知”来说，具有感性认识的意义，而“思”和“知”则具有理性认识的意义。他认为“学”是“知”的前提和先决条件。尽管孔子也认为有所谓“生而知之”的圣人，带有一定的“先验论”色彩，但他并不以“生而知之者”自诩，而是认为本人的知识，都是由于爱好古人的“道”，勤奋敏捷地去学习古代文化才得到的。他教导学生们除了要“学文”之外，还要“多闻”“多见”，博物多识。这样，孔子就把理性认识建立在感性认识的基础之上，并进一步说明了“学”与“思”的关系。一方面，他指出“学”是“思”的基础，“思而不学”就会疑惑不决；另一方面，他又指出“学”必须经过“思”才有收获，“学而不思”就会一无所得。这种学思并重与相结合的理论，多少接触到了感性认识和理性认识之间的辩证关系。

同时，孔子还经常教导学生们要树立“知之为知之，不知为不知”的老老实实的学习态度，不要凭空猜测，不要主观臆断，更不要固执己见和自以为是。他在《子罕》《述而》等篇中强调指出，一个人要善于向周围的人学习，择善而从之，就是“不善者”亦可从反面汲取经验教训。这些观点包含了有价值的唯物主义内容，也包含了不少辩证法的合理因素，是人类认识史上的宝贵财富，应该批判地继承。

但是，孔子所说的“学”，主要是指学习书本知识，而不是在实践中学习，在一定程度上割裂了间接经验与直接经验的关系。他反对樊迟学稼学圃，认为种菜种庄稼等都是小人之事，在上位的统治者只要把“礼”“义”“信”这些道德原则掌握好了，就能达到平治天下的目的。他要学生们通过学习《诗》《书》《礼》《乐》，进一步从理性上去认识仁义等先验的道德原则。这样他在认识论上就走到过分夸大道德精神作用的唯心主义道路上去了。

在与学思结合密切相关联的“知”与“行”关系问题上，孔子认为不仅要善于学习《诗》《书》《礼》《乐》，懂得仁义道德，而且还要“躬行”“慎行”，才能成为受人尊敬的“君子”。他在《学而》《公冶长》等篇中，反复主张应该“敏于事而慎于言”“听其言而观其行”，要求做到言行一致，这是具有积极意义的。但他把知识与道德看成是“行”的先决条件，否认“知”是从“行”中来的；他所谓的“行”，并不是指改造客观世界的实践活动，而是实现某种道德观念。这种唯心主义的知行观，是他的“仁”学理论的必然产物。

总之，孔子在一系列有关论述中，第一次从认识论上既讲明了学习的重要性，更揭示了学习过程的特点与规律——求学必须坚持“学”与“思”的统一，二者缺一不可。孔子总结的这一规律，既是自身治学的体会，又是他几十年教学实践的总结，对后世人们自觉坚持“学思结合”的成才原则有积极的启迪。同时，由此也可看到，由孔子开创的儒家学派，十分注重道德伦理教育与社会的政治实际，而不太注重对自然事物的观察与研究，这一传统对中国哲学的发展有着深远的影响。中国古代哲学家突出地表现了自己的“贤人作风”，而与西方哲学家的“智者气象”相区别，这正是从孔子首开其端。把握这一点，对于理解整个中国哲学史都有重要的意义。

# "道可道，非常道"

## ——老子的道家思想

孔子这个人十分谦虚，平生喜欢向别人求教。他说："三人行，必有我师焉。"也就是说，有三个人在路上走，必定有人可以做我的老师。于是，孔子带着弟子们，千里迢迢从鲁国跑到周朝国都，专门向老子求教。

这可是中国历史上的一件大事。因为人们认为，所谓先秦的诸子百家，实际上都起源于两家，也就是两个人，其一是老子，其二是孔子。当两位思想与智慧的巨人走到一起时，自然就会引起世人的瞩目。

话说那一天，老子好像预感到有什么事会发生。他早早起来吃过饭，就耐心坐在那里等待。忽然他动了一个奇怪的念头，便起身把头发洗了洗，其实头上早就光光的，头发也很少了。然后他又回到座位上，头发披在肩上，全身一动也不动，仿佛泥塑的一般。过了一会儿，他的仆人走进来禀报："先生，孔丘来了。"老子仍然一动也不动，只说了一声："有请。"

孔子走进门来，恭敬地向老子行了礼，问了好。老子有礼貌地站起来，也同样恭敬地请孔子坐下。仆人献茶毕，两位学者便开始切磋学问。孔子先给老子大谈自己学到的仁和礼，老子似乎听着，但微闭双目一动不动。讲着讲着，孔子变得焦躁起来，对着老子发起牢骚来："我研究《诗》《书》《礼》《乐》《易》《春秋》六经，已经很长时间了，自以为已经完全精通。我曾拜见了许多君主，怎么他们都不愿意用我呢？这到底是怎么回事呢？"

听到这里，老子才开口说道："这么说你还是很幸运的，没有人用你正是一件好事。你所研究的'六经'，不过是先王留下的陈迹。'迹'是怎么产生的？它不过是被鞋子弄出来的。所以‘六经’不过是‘道’的陈迹，你只是研究‘六经’，能找到‘六经’背后的‘道’吗？你只是抱着‘迹’，能弄出鞋子吗？”

“请问先生，您说的‘道’是什么东西？”孔子迫不及待地问。

“道可道，非常道。”老子漫不经心地回答。他见孔子正专注地听着，便停了会儿，接着说：“‘道’这个东西是只可意会而不可言传的，它处于无名的领域，是不能用语言、概念来表达的。但是‘道’又是无所不在、无所不能的。只要得了‘道’，干什么都能成，可是如果失掉‘道’，那就什么也干不成。”

孔子听得似懂非懂，似信非信，只得连连点头。他垂头丧气地赶回住处，一连三个月都没有同弟子们说话。过了一段时间，孔子又来向老子问礼，他滔滔不绝地给老子讲了一通。老子等他讲完后说：“你所说的那些，他们的人和骨都已腐朽了，只留下了一些空话。你难道不知道，士君子有了时运后才能腾飞？没有时运，怎么努力都是白搭！我听说有钱的大商人常常都深藏不露，像是什么东西也没有一样，聪明的士君子容貌沉寂就像愚人一样。对你来说，最重要的是要去掉身上的骄气、多欲和淫态，这些对你身体都是有害的。”

孔子听后，一言未发，赶忙告辞老子出来。他回去后对弟子们说：“鸟，我知道它们能在天上飞；兽，我知道它们能在地上跑。地上跑的可以用网把它捕获，水里游的可以用网把它捕获，天上飞的也可以用别的东西把它捕获。至于龙，它既能潜水入海，又能乘云上天，我对它无可奈何。我今天所见到的老子，就像一条龙一样，我是永远也赶不上他的！”

根据历史记载，孔子这位大学问家，一生曾向老子求教过好多次。在后人眼里，孔子是中国第一大学问家、思想家，但在当时，孔子一直尊老子为师。孔子的思想和智慧我们很熟悉，《论语》上记载了他的许多言行，其道理清楚、明白，后人一读就懂。但老子却不同，他在当时就以智慧而著称，但他不想写书，也不像孔子那样招收许多徒弟，到处传播个人的思想。

世人都知道老子这个人无所不知，可老子究竟知道些什么，他们也不清楚。

其实，老子是我国道家的创始人。在学术思想上，道家与儒家、墨家、法家齐名，对后世也产生了较大的影响。老子的生卒年月不详，大约与孔子同时。其中有一种说法，老子就是老聃，姓李名耳，陈国苦县（今河南鹿邑东）厉乡曲仁里人。他曾做过周朝的“守藏室之史”（管理图书的史官）。晚年，老子见周朝一天天衰落，自己在此已无所作为，便辞职回乡隐居，撰写了《老子》（又名《道德经》）。当然，关于这本书是否为老子所作、成书的时间等问题历史上也有不少争论。然而，争论归争论，我们研究老子及其道家的哲学思想，又不能离开它。

《老子》分上、下两篇，约有五千字。它是一部用韵文写成的、富有哲理的散文诗。它语言简练，含义丰富而深刻，善于运用比喻，吸收了不少民间歌谣谚语。

老子反对“天帝造物”的观点，提出“道”是天地万物产生的根源。“道”没有具体的形象，人的感官感觉不到，但它也不是虚无的东西；“道”不仅是生长万物的根源，而且还是天帝的祖先（如果真有天帝的话）……这些观点具有无神论的性质，但它同时又宣扬人只能服从“道”而不能对自然有所作为。

老子的思想比较丰富多彩，涉及社会政治思想、伦理思想、哲学思想等。从哲学上来说，与孔子推崇“仁”、以人的“仁心”与“命”——客观时势抗争不同，老子却贬斥仁，别出心裁地提出了“道”的概念，建立了“道”本源——本体论。尽管后人对“道”的哲学属性见仁见智，争论不休，莫衷一是，但都一致认为，是老子在中国哲学史上，第一次提出了“道”的学说，把“道”作为最高的统一范畴，用以说明世界万物产生的根源及其运动变化的规律性问题；同时，“道”又是人类社会所必须遵循的准则，是事物本源、本质和规律的总称。这也就是他所讲的道生万物和“道法自然”的著名命题。从而使老子形成了以“道”为核心的哲学体系。

老子之所以与孔子的哲学见解相左，原因固然是多方面的，但更深层的原因应该是其哲学思想中比较多地贯彻着“反者道之动”的朴素辩证法精神，即直观地认为事物是矛盾的统一体，既相互对立，又相互联系与转化，产生了相反相成的现象。在现实中，老子也已经强烈地感受到，旧制度的灭亡与新制度的诞生过程，是一个充满着激烈的对抗、冲突和斗争的过程。正是当时新旧制度交替这一特定的历史条件，使老子有可能充分认识到矛盾的普遍性。《老子·十八章》写道：

> 大道废，有仁义；智慧出，有大伪；六亲不和，有孝慈；国家昏乱，有忠臣。

在老子看来，提倡仁义意味着大道废弃，提倡智慧便将带来更多虚伪，提倡孝慈实因六亲不和的缘故，提倡忠臣是由于国家昏乱的现实。显然，老子在这里很清楚地看到，一件事的出现本身就包含着矛盾；任何一个矛盾的似乎解决，也不过是引起新的更多矛盾的冲突而已。人们甚至不能设想，有某种事物在某一时刻、某一场合可以回避对立面的抵牾。这也正如他在《老子·二章》里所讲的：

> 天下皆知美之为美，斯恶已；皆知善之为善，斯不善已。

也就是当你执着于某个东西是美善时，你必须同时把另一些东西贬斥为其对立面——丑恶。美善、丑恶的事物和观念是同时产生、同时存在的。所以，紧接着老子又指出：“故有无相生，难易相成，长短相形，高下相倾，音声相和，前后相随”，要是没有矛盾的彼方，矛盾的此方也就不复存在了。同时，老子还进一步看到了矛盾双方无不向其相反的方面转化，朴素揭示出“反者道之动”这一普遍性规律所联结和制约着的特殊而具体的转化内容，并在实践上加以运用。如在《老子·五十五章》说“物壮则老”；在《老子·七十六章》说“兵强则灭，木强则折”。所以，老子书中保存了许多对立的范畴流传至今，包括有与无、高与下、难与易、前与后、损与益、爱与费、藏与亡、强与折、老与壮、柔与刚、祸与福等，成为我国哲学与文化思想中的重要概念与范畴。特别是在《老子·五十八章》里讲的“祸兮，福之所倚；福兮，祸之所伏”的名言，科学而形象地说明了祸与福的相互对立、相互联结，并且相互转化的道理，乃至衍化出“塞翁失马，焉知非福”这样脍炙人口的熟语及故事。当然，对待转化，老子往往忽视了条件，这是其重要的缺陷。

老子不仅认为任何事物都是依存于对立面才得以存在，同时也认为任何事物都不可能具有绝对自足的性质，都无法获得永久性的价值。他在《老子·四十四章》里指出：

名与身孰亲？身与货孰多？得与亡孰病？

就是说，一切东西都是相对的、有限的，人们要在它们当中区分什么好一些什么坏一些，是完全没有意义的。狂风暴雨似乎威力无穷，但能持续多久？天地是狂风暴雨的本源，似乎天地更伟大。但在《老子·二十三章》里却说：“天地尚不能久，而况于人乎？”可见，包括天地在内的一切事物都在迅速变化着，没有什么事物比别的事物更具根本性的意义。既然如此，现实的一切事物便都不可能进入永存的最高范畴，所以世界的终极本源和最高范畴就不能不“在物外”，即实体的东西之外去求索了。

老子在“求索”最高本源的过程中，借助自己的朴素辩证法，从“与物反”的角度来赋予其规定性。这种规定性，老子不认为是“五行”，却别开生面地提出一个“道”来“强为之名”，也就是从“与物反”的原则下引申出来的。而所谓“物”，在老子那里，既包含了自然物事，也包含了社会物事以至观念形态。而自己寻找到的“道”呢，却是“寂兮寥兮”“视之不见”“听之不闻”“搏之不得”“无状之状、无物之象”，显然就是从与自然物事相反的原则来规定的。也就是说，在自然物事那里，是有状、有象、有声、有色、可听、可见、可搏、可执的。至于道，它是不可见、不可听、不可闻的，不能从感觉上去把握它，只能从理念上去体味。同时，老子又认为，社会物事和世俗观念与人的有为、有事、有知、有欲是密切相关的，这就是“有”；至于道，它又是无为、无事、无知、无欲的，也是非仁、非义、非德、非礼的。因此，人们也不能用为、事、知、欲以及仁义德礼等世俗的东西去把握“道”。所以，“道可道，非常道”。这个“道”与前面那个与自然物事相反的“道”是同一的，都是从与感性万物相反、通过对感性万物的否弃而获得的。而感性万物之所以存在，以及它们在时间、空间上之得以延续与展开，根源于其自身固有的矛盾性。可见，这“与物反”的原则，又表现为对矛盾的否弃。老子常说到的“混成”“混而为一”“玄同”等，都是指“道”自身的无差别状态，只有去掉矛盾、冲突、斗争，才能复归于道。他在《老子·四十章》中说，“天下万物生于有，有生于无”。这个“无”，正是“道”那种无形无质、无为无害、无知无欲、无冲突、无矛盾的一个最高的归结，完全是老子按照自己的逻辑思路推演出来的结论。这又使老子不自觉地消解了矛盾，在一定程度上抛弃了辩证法，走向了形而上学，这也是他复古倒退的社会历史观得以产生的思想基础。

总之，老子“道”的理论尽管有模糊性、二重性，并夹杂着神秘性的特点，但毕竟在中国哲学思维水平上获得了巨大的提高，第一次提出了“道”这一最高的统一范畴，用以标志世界万物产生的总根源及其发展变化的规律；同时，也第一次提出了“有”与“无”这对哲学范畴。因此，也使得老子成为我国哲学史上第一个从宇宙本原方面进行哲学探讨的思想家，成为道家的始祖。这些都是很有意义的。老子丰富的朴素辩证法思想，对后人更有着重要的启迪。

当然，由于老子哲学特有的二重性，所以后来不同倾向的哲学家都从不同角度吸收了他的思想。如韩非、王安石、王夫之等，通过解老、注老，进一步发展了老子的朴素辩证法思想；稷下道家的“精气”说，秦汉之际的黄老无为思想及王充的元气自然论等，则对老子的“道”范畴逐步进行了唯物主义的改造。另一方面，庄周等人却把“道”推向了唯心主义的极端，并将辩证法引导到相对主义和诡辩论；王弼把“道”向唯心主义本体论方面发展，使之成为魏晋玄学的理论基础。所有这些，都说明老子的确在中国哲学发展史上有着十分重要的影响，占有着突出的地位。

# 初试美女阵

——《孙子兵法》中的哲学思想

班固在《汉书·艺文志》中，把先秦诸子归纳为九流十家，近代学者多认为先秦诸子百家中影响最大的是儒、道、墨、法四家。事实上，在春秋战国剧烈兼并过程中，如《左传》所说，“国之大事，在祀与戎”。战争是国家的第一等大事，社会发展始终伴随着血与火的洗礼，特别在当时诸侯国之间的兼并战争，华夏诸国与边疆少数民族部落之间的兼并、融合战争，霸主维护霸权和希望统一天下的战争等，这就使为进行战争而倾注全部心血的战争理论家——兵家，从它诞生那一天起，就受到统治者的青睐，其影响丝毫不低于讲求治国平天下的儒、法诸家。当然，兵家中的哲学思想也非常丰富，这里又首推《孙子兵法》。

《孙子兵法》为与孔子生活在同一时代的孙武（约前545—前470）所著。孙武的祖先本为齐人，父亲为避祸逃到吴国。孙武自幼随其父学习兵法和武艺，满腹韬略，有鬼神不测之机。他隐居罗浮山东，著有兵法13篇共5000多言。吴国欲称霸诸侯，到处收罗人才。当伍子胥向吴王推荐孙武时，吴王便命伍子胥速召孙武来都城朝见。伍子胥对吴王说，孙武品行高洁，不乐仕进，不是普通人才，必须用求大贤的礼节来对待他，他才肯出山相助。于是，吴王便让伍子胥带黄金十镒、白璧一双作为礼物，前往罗浮山请孙武出山。

伍子胥见到孙武说明来意，孙武见吴王君臣言辞恳切，慨然应允来到姑苏都城，吴王急忙降阶而迎。孙武呈上所著兵法，吴王令伍子胥在朝堂上诵读一遍，闻者无不击节赞叹。吴王也感叹说：“观此兵法，真通天彻地之才也。但恨吴国兵微将寡，不能让先生你尽力施展，建成霸业。”孙武对吴王说：“大王不必担心，臣之兵法不仅可以训练士卒，也可用来训练女兵，上阵杀敌。”吴王不以为然地笑了笑，说：“先生的话是不是太夸大了，有谁听说过女子能上阵打仗？”孙武回答说：“大王如不信，可将后宫宫女编为一队，由臣操练演习。如果不能将她们训练成冲锋陷阵的士兵，我情愿受军法处置。”吴王想试试孙武的才干，便爽快答应了孙武的要求。

据《史记·孙子吴起列传》记载，吴王召集180名宫女，交给孙武演练。孙武将她们分为两队，从中选出二名吴王的宠姬为队长，让所有宫女手执兵刃，告诉她们说：“你们知道自己的前后左右吗？”宫女们回答说：“知道。”孙武又说：“听我的命令，喊前进时，要两眼平视前方，喊左就向左转，喊右就向右转，喊后就向后转。听到鼓声就前进，听到锣声就后退。”众宫女答：“好。”接着孙武又派人在训练场上设置刀斧刑具，又再三申明军纪，然后开始操练。

孙武发布命令，先让宫女们向右转，击鼓发出前进的命令。大家认为是在做游戏，根本不把命令放在眼里，有说有笑，乱成一团。孙武对嬉笑不止的众宫女说：“士兵的职责你们还不太清楚，军中的号令也不懂，这怨将军没交代清楚，是将军的过错。”于是孙武又三令五申，把军中的号令及要求详细叙说一遍。然后命令向左转，击鼓前进。宫女们仍嬉笑不止，没有一点操练的样子。于是，孙武大怒道：“士兵不熟悉自己的职责，不明白军中的号令，这是将军的过错。经反复讲明职责和纪律后，还有人不听从号令指挥，这就是士兵和队长的过错了。”孙武立即问司法官说：“军中不听号令，应当如何处置？”司法官回答：“应当斩首！”孙武说：“士兵不能全杀完，只杀带头的队长。”吴王在高台上观看女兵操练，见孙武要杀自己的两位爱姬，连忙派人传令孙武赦免二姬，对孙武说：“我已知道将军善于用兵，才干非凡，请将军赦免两位队长。如没有她们，我会食不甘味、夜不能寐的。”孙武回答说：“我已接受大王的命令，担任这两队女兵的统帅。兵法上说：‘将在外，君命有所不受。’”遂拒绝吴王的请求，立即将两个女队长斩首示众，并重新选了两个宫女做队长，继续操练。此时宫女们已知军令森严，非同儿戏，她们严格按照孙武的命令：前进后退，变换不同的阵式，再无一人大笑喧哗，全军进退如一，威武整齐。

这时，孙武派人向吴王禀告说：“这支军队已经操练好了，请大王来检阅。无论多么艰巨的任务，只要您发出号令，即使是赴汤蹈火，她们也会奋勇向前，决不退缩。”吴王因失去两位爱姬，心中郁郁寡欢，对孙武说：“将军辛苦了，早点回去休息吧。我不想检阅了。”孙武直言不讳地告诉吴王说：“大王虽然赞叹我所著兵法的道理精妙，却不愿用我的兵法来操练士卒，建成霸业。”吴王幡然醒悟，向孙武道歉、认错，遂命孙武为将军，操练士卒，准备西伐楚国。

这个故事涵盖的意义是多方面的。从哲学上说，主要强调了人的主观能动性在改造客观世界中的作用问题。由于发挥了正确的主观能动性，孙武就能够将一帮“乌合之众”的美女，训练成一支进退如一、威武整齐的作战部队。《孙子兵法》中的哲学思想是十分丰富的，其基本形态是军事哲学，也即其哲学思想在军事领域中的具体运用，突出表现为军事上的朴素唯物论与朴素辩证法思想。这不仅丰富了中国古代的哲学思想，也开创了人类历史上军事辩证法的先河。

《孙子兵法》中充满了“知彼知己”的朴素唯物论思想。当孙子谋划战争时，究竟是交战还是避免交战，交战又怎样进行？他总是以“道”“天”“地”“将”“法”等“五事”作为标准，进行衡量，推断出胜败的可能性，然后制订作战计划。从五种因素来看，孙子不仅重视君主得道、将帅有谋等人的主观因素，更十分强调天时、地利等客观时势环境的作用。因为战争总是在一定的气候条件和一定的地理状态下进行的。所以战争的胜败，在很大程度上，就依赖于哪一方更会顺应天时、利用地利来辅助作战了。孙子重视在制订战争方案中对天时、地利的运用，《孙子兵法》13篇中，有4篇就谈到天时、地利对战争的影响，以及如何利用天时、地利条件获得成功。如在《行军》篇中，孙子指出驻扎军队，要选择有利的地理位置。在山区，应选背靠高山、居高临下的位置，这样不仅易守难攻，又有利于发动对敌的进攻，还可防上下雨时受到山洪的冲刷；在有水源的地方，应该驻在向阳的地面，这可充分地晒日光，让士卒少生疾病；要在离水源不远的地方驻扎，以便取水，但不能在敌军的下游驻扎，因为这样可以防备敌军往水里放毒。这样驻军，从一开始就让自己的军队处于有利态势。在《地形》篇中，孙子又谈到作战策略应该依据地形而定。如在很狭窄的隘口，一夫当关，万夫莫开，如果敌军先占据了，我军就不要去攻打。《九地》篇中把地形的作用讲得更为充分了，地域还可以影响到士卒的心理。如在本国领土上作战，士卒就会想念家中亲人，无心恋战，难以与敌人作战；但深入敌国腹部以后，鉴于深知处境的艰险，士卒们就会不用管束，不用做思想工作，自觉地警惕起来，团结对敌。尤其是在非常危急的情况下，还可用“死地”来逼迫士卒们背水一战，超常地发挥出战斗力。在孙子看来，无论地形优劣都可利用。在《火攻》篇中，孙子还指出天气对火攻的重要作用，等等。尤其是孙子多次强调“知彼知己，百战不殆”，从认识敌我双方的客观实际中的发展规律，来谋取战争胜利的思想，更是闪射出唯物主义认识论的科学光芒，成为古今中外家喻户晓的至理名言。由此可见，孙子重视利用战争中的天时、地利等客观条件，强调“知彼知己”才能取得战争胜利的论断，体现了其光辉的唯物论思想。

《孙子兵法》中更是充满了“奇正相生”的朴素军事辩证法思想。《孙子兵法》中的军事辩证法思想相当丰富，它为解决战争中的一系列问题，探讨了客观事物各个方面的矛盾及其相互联系。

首先，它看到了战争与其他事物之间的普遍联系，提出要从总体上、从正反两方面观察问题。这部军事著作，并非孤立地研究军事，而是把军事放在同政治、经济、自然条件等矛盾关系中来考察。如上面提到把“五事”“七计”作为考虑战争胜负的基本条件，就是体现了从总体上、从事物的相互联系中看问题的辩证思想。同时，它还看到了事物总是具有相互矛盾的两重性质，《九变》篇里特地提醒将帅考虑问题应“杂于利害”。

其次，它分析了战争中的矛盾运动及其转化，强调根据具体情况灵活机动地运用战术的思想。《孙子兵法》提出了把握战争运动的一系列矛盾对立的范畴，如敌我、主客、众寡、强弱、攻守、进退、胜败、奇正、虚实、安动、敢怯、治乱、逸劳等，并认为这些矛盾不仅相互依存，而且在一定条件下可相互转化。如《势》篇中说：“乱生于治，怯生于勇，弱生于强。”《九地》篇中说：“投之亡地然后存，陷之死地然后生。”这是说在治、勇、强中包含着乱、怯、弱的因素，如果处理不当就会向相反方面转化；亡地、死地本是不利条件，如指挥得当反而可得胜利。正由于战争变化无穷，所以聪明的将帅必须根据不同形势规定战略战术，《虚实》篇中指出：“兵无常势，水无常形，能因敌变化而取胜者，谓之神。”这就指明，敌情千变万化，战术奇正无穷，绝不可死守陈规。《势》篇中强调：“凡战者，以正合，以奇胜。故善出奇者，无穷如天地，不竭如江河。……战势不过奇正，奇正之变，不可胜穷也。奇正相生，如循环之无端，孰能穷之？”这里的“正”，是正面对敌的常规战术，“奇”，指侧出奇袭的灵活战术，充分肯定奇、正之间互相转变，不可胜穷，要“善出奇”以制胜，不可守陈规而致败。

此外，《孙子兵法》在承认客观物质条件的基础上，还特别重视发挥将帅的指挥作用，即发挥人的主观能动性，从而较好地处理了主客观关系。《势》篇中说：“故善战者，求之于势，不责于人，故能择人而任势。”这里讲的客观情势是基础，不能脱离可能的条件而苛求于人；但选择好的将帅，要能够正确利用客观条件，以夺取战争胜利，也就是把客观和主观很好地统一起来，坚决反对主观盲干。《火攻》篇里专门强调：“主不可以怒而兴师，将不可以愠而致战；合于利而动，不合于利而止。”这里看到了主观能动性不同于主观随意性，认为必须避免由主帅个人情绪决定战争活动的主观唯心主义错误。可见，《孙子兵法》虽是一部军事著作，却真实显露了它在观察战争问题时的朴素唯物论与朴素辩证法的思想光芒。

应该指出，孙武不仅有比较系统的军事辩证法思想，而且在实践中更善于努力运用，进一步检验和丰富了自己的理论。这突出表现在孙武协助吴王的“破楚之战”。公元前507年，楚国的属国蔡和唐的国君，因屡受楚国欺负，便请吴国出兵攻楚。孙武力劝吴王乘机联合唐、蔡二国，利用其有利地形夹击楚国。吴王派伍子胥、孙武为将，又派人游说晋国，使其中立，然后出师，一路兵出豫章，正面佯攻；另一路由孙武等率领3万精兵，从唐国、蔡国秘密绕道前行，攻击楚国的腹地——江汉平原。楚国倚仗自己有20多万人马，便排兵布阵迎敌。楚国左司马沈尹成对令尹囊瓦说：“孙武善用兵，必从汉水而来。你带人马在汉水堵截，不要让他渡过汉水；我出兵攻占淮河上游，烧掉吴军的战船，然后抢占九里关、武胜关，切断吴军的退路。我们前后夹攻，一定能打败吴军。”囊瓦同意了左司马的建议。

楚军分兵后，囊瓦属下有人贪功，力劝囊瓦冒进，破坏了左司马的作战方案。孙武抓住战机，连败楚军。囊瓦知吴军难以战胜，要弃城逃走，经史皇劝说，囊瓦收拾残卒，退守柏举。吴军追至柏举，孙武审时度势，命吴王弟夫概率五千精兵攻击楚国主帅囊瓦，囊瓦溃逃，楚军大乱。吴军乘胜追击，一路势如破竹，五战五胜，直逼楚国国都郢城，楚昭王弃国出逃，吴军遂入郢都。楚左司马得知郢都陷落，回师来救，被孙武设计伏击，沈尹成战死，楚昭王逃到随国，吴军大获全胜。《史记·孙子吴起列传》论及孙武的事迹时说：吴王“知孙子能用兵，卒以为将。西破强楚，入郢，北威齐晋，显名诸侯，孙子与有力焉”。

在中国历史上，作为“文圣人”的孔子，无疑是对中国文化影响最大的思想家，是其他领域的“圣人”不可比拟的。但在思想文化领域，“兵圣”孙武，可以追步“文圣”孔子，而成为华夏文明的奠基者之一。《孙子兵法》中的一些哲学方法原则，至今仍具有普遍指导意义，因此它在中国哲学思想发展史上的地位是不应忽视的。如果就辩证法思想的丰富性来说，只有导源于春秋、成书于战国的《老子》可与之相媲美。从总体看，

《老子》的抽象思维水平显得更高一些，但它抹杀人的能动性，其辩证法具有消极性质，这就比不上《孙子兵法》中更多地强调人的积极进取精神。当然《孙子兵法》也有它历史和阶级的局限性，如在谈人的主观能动性时，只强调将帅作用，对士兵主张“愚之耳目”，“使之无知，……若驱群羊”，把士兵看成是供驱使的牲畜，暴露了统治阶级轻视人民的本质。

不管怎样，从总体上说来，《孙子兵法》的科学价值是不容忽视的。自从该书问世以来，就受到统治阶级的高度重视。春秋战国时期，政治家、军事家常引用《孙子兵法》作为自己的政治活动与军事行动的理论根据，并以《兵法》二字指代《孙子兵法》，足见其在社会上的普遍性和在人们心中的权威性，以至于每遇立论，言必谈“兵法云”，以此证明自己出口之言的无可辩驳。汉代以后，《孙子兵法》更是被军事家视为指导战争的金科玉律，在整个以冷兵器为主的漫长历史时期，《孙子兵法》一直是政治家、军事家必读的教科书。在其影响下，出现了像吴起、孙膑、曹操、诸葛亮、李靖等杰出的军事家、战略家。

同时，《孙子兵法》中的谋略思想，不仅对战争有指导意义，而且对整个人类社会生活都具有重大影响。在政治经济生活中，人们常运用《孙子兵法》中的某些原则，来指导自己的实践，并借助其来加深对社会人生的理解。在政治方面，孙子强调君主的贤明与内部的团结，在团结中间力量、分化瓦解敌对势力等方面都有独到见解。这些主张和见解，也为历代政治家所接受，丰富了中国古代政治学理论。《孙子兵法》中的战略战术思想，对于社会中商业竞争、体育竞赛乃至于人生中的各种竞争，无不具有一定的指导意义。

《孙子兵法》是世界上最早的兵书，曾先后被译成多种语言，流传相当广泛，影响极为深远。毛泽东生前十分称道它，目前我军的军事辩证法研究也总是离不开这一巨著。外国也是如此。据说法国著名军事家拿破仑，在兵败滑铁卢之后见到《孙子兵法》，无限感慨地说：“如果二十年前能见到《孙子兵法》，历史将会是另外一个结局。”美国西点军校一直把该书定为必读教科书，日本企业家也一向把它作为商战指南。特别有趣的是，在1990年的海湾战争中，用来武装美国海军陆战队将官的除了先进武器装备外，还有配备到人手一册的《孙子兵法》；美国总统布什更是将《孙子兵法》请上案头，以致形成了“一位看不见的中国人指挥美国人取得了海湾战争的胜利”的舆论。可见无论古今，《孙子兵法》在世界历史的进程中都曾产生过巨大的影响，它不仅仅是属于中国的，也是属于整个人类的智慧和财富。

# 止楚攻宋

——墨子的哲学思想

《礼记·檀弓上》记载，孔子在临终前曾作歌道：“泰山其颓乎！梁木其坏乎！哲人其萎乎！”他把自己的思想学说比作巍峨的泰山与支撑一切的栋梁，而自己的去世就好比是泰山的崩塌，梁木的腐朽，人世间似乎再无足以支撑全局的力量了。

然而，孔子的死并未改变世间的一切，泰山依旧高耸，树木依旧葱茏，社会上思想、政治、哲学、教育等方方面面的文化巨人依旧不断产生着、成长着，并继续对中国社会的历史和文化产生着重大的影响。其中，便有墨家学派的创始人和代表者——墨翟。

墨子（约前476—前390），名翟，鲁国人，自称贱人，工匠出身，后来做过宋国大夫，是战国初期个体小生产者利益的思想代表。相传墨翟早年曾受过孔子的儒学教育，后来由于反对儒家的政治主张，创立了墨家学派。墨翟博学多技，他开创的墨家学派是一个组织严密并带有宗教色彩的团体，其成员称为“墨者”，大多来自从事生产劳作的社会下层，生活刻苦俭朴，敢于赴汤蹈火。《韩非子·显学》说：“世之显学，儒墨也。儒之所至，孔丘也。墨之所至，墨翟也。”墨子及其创立的墨家学派，在先秦曾一度与孔子及其创立的儒家学派处于并驾齐驱、分庭抗礼的显赫地位，同称为当时的“显学”。史称墨家“列道而议，分徒而讼”，对开战国一代学术争鸣之风，起了重要的推动作用。《墨子》一书是墨翟的弟子们根据其言论记录而成，现存53篇，除去一些后人伪托及后期墨家的作品外，有24篇直接记载了墨翟的言论，是研究墨翟思想的可靠资料。墨翟死后，其门人推选一人为首领，称为“钜子”，继续领导墨家活动。后来，墨家学派分裂为三，称为后期墨家。

由于墨子在社会历史观上提倡“兼爱”与“非攻”，所以史料记载墨子是个重视反对不义战争的人，最有名的就是“止楚攻宋”事件。战国初期，楚惠王想重新恢复楚国霸权，准备派大军去攻打宋国。楚惠王重用了一个最有本领的鲁国工匠，名叫公输班，即鲁班。当时，公输班被楚惠王请去当了大夫，替楚王设计了一种比楼车还高、耸入云霄的攻城工具——云梯，制造了许多后便准备向宋国进攻。诸侯都有点害怕，宋国更觉大祸临头。墨子听说后，不仅强烈反对楚国以强欺弱，同时也决心以实际行动去止楚攻宋。

墨子急忙准备跑到楚国去，脚底起泡出血，把自己的衣服撕下一块裹着脚走。他辛苦奔走了十天十夜，到了楚国的都城郢都。他先去见公输班，劝他不要帮助楚惠王攻打宋国。公输班说：“不行呀，我已答应楚王了。”墨子便直接去见楚惠王，对惠王诚恳地说：“楚国土地很大，方圆五千里，地大物博；宋国土地不过五百里，土地并不好，物产也不丰富。大王为什么有了华贵的车马，还要去抢人家的破车呢？为什么要扔了自己的绣花绸袍，去抢人家一件旧短褂子呢？”惠王虽觉得墨子说得有理，但仍不肯放弃攻宋的打算，公输班也认为用云梯攻城很有把握。

墨子便直截了当地对公输班说：“你能攻，我能守，你也占不了什么便宜。”接着，他解下了身上系着的皮带，在地上围着当城墙，再拿几块小木板当攻城的工具。然后，他叫公输班来演习一下“攻与守”的本领。公输班用一种方法攻城，墨子就用一种方法守城。一个用云梯攻城，一个就用火箭烧云梯；一个用橦车撞城门，一个就用滚木礌石砸橦车；一个用地道，一个就用烟熏……公输班全部使用了9套攻法，可墨子还有好些守城的高招没使出来。公输班呆住了，但心里不服，说：“我想出了办法来对付你，但现在不说出来。”墨子微微一笑说：“我知道你想怎样来对付我，不过我也不说。”楚惠王听两人说话打哑谜便问墨子说：“你们究竟在说什么？”墨子说：“公输班的意思很清楚，不过是想把我杀掉，这样宋国就没人帮助守城了。其实他打错了主意。我来楚国之前，早已派了我的门徒 300 人助守宋城，他们每个人都学会了我的守城办法。即使把我杀了，楚国也是占不到便宜的！”楚惠王听了墨子一番话，又亲自看到墨子守城的本领，知道要打胜宋国希望不大，只好说：“先生的话说得对，我决定不去进攻宋国了。”

这个故事也确实体现了墨子思想体系的核心，即他“兼相爱，交相利”的功利主义学说。在哲学上来说，比较早地接触到了社会历史观中思想意识对社会存在的反作用问题。他从小生产者的利益出发，主张人们在思想上和行为上都要兼爱互助。墨子在实践中看到，当时国与国互相攻伐，家与家互相抢夺，人与人互相残害，强欺弱、富凌贫、贵傲贱、智诈愚等一系列罪恶的社会现象，都是“天下之大害”。但他不了解这些祸害的社会根源，认为“凡天下祸篡怨恨”，都是由“不相爱”引起的，因此提出“兼相爱、交相利”的原则，作为兴利除害的救世药方。墨子认为，如果每个人都能做到对待别人和对待自己一样，“天下之人皆相爱”，就不会有强凌弱、富侮贫等社会现象了。当他主动去爱别人时，也就能得到别人的爱，人们就能无差等地彼此相爱，这就是墨子在《兼爱》中提出的“兼相爱”思想。可见，“兼爱”的具体内容是“互利”即“交相利”。他在《尚贤》中宣扬“有力者疾以助人，有财者勉以分人，有道者劝以教人”。墨子实际上是把小生产者阶层互爱互利的特殊道德原则，夸大成为不分阶级的天下普遍性原则了。他提出的兼爱说，在阶级社会里只能是一种脱离实际、无从实现的幻想。

在“兼爱”原则下，墨子提出了“尚贤”和“尚同”的政治主张。孔子也曾提出过“举贤才”的思想，但他强调“近不失亲，远不失举”，先考虑的是血缘关系的亲疏远近。墨子的“尚贤”则要求冲破“王公大人骨肉之亲无故富贵”的世袭制度，提出政权向“农与工肆之人”开放，任人唯贤，凡有才能者都可得到官禄，以德就列，量功行赏。为此他提出了“官无常贵，民无终贱”的思想，有力地冲击了西周以来的宗法礼治传统。在这种“尚贤”思想指导下，墨子又设计了“尚同”的社会蓝图，主张“选择天下贤良、圣知、辩慧之人，立以为天子”；天子以下从三公、诸侯直到乡长、里长，也均是这样选拔出来的“贤者”。他在《尚同》中指出，有了各级贤明的政长之后，人们就要逐级服从上级，最后做到“天下之百姓，皆上同于天子”。不过，这里的“同”只是要求下面的人赞同上面统治者的意见，而不是相反，这就叫作“上同而不下比”。根据“尚同”原则，百姓上同于天子，天子还要上同于天。墨子在这里却又主张天有“意志”，并肯定有鬼神存在。他所塑造的“天”和“鬼神”都是小生产者阶层利益的代表，它们“爱民甚厚”，并能起到监督天子及各级政长的作用。所以他又在《天志》里告诫人们：“顺天意者，兼相爱，交相利，必得赏；反天意者，别相恶，交相贼，必得罚。”墨子试图设立一个超人间的权威——“天志”，来监督人间的统治者，这是小生产者阶层政治软弱性与未能摆脱传统宗教观念的表现，也表明了墨子世界观上存在的某种神秘主义的思想。

在这种神秘主义支配下，墨子的哲学思想从本体论上看，呈现了深刻的矛盾，这就是承认“天志”“明鬼”和提倡“人力”“非命”的冲突。一方面，墨子把小生产者阶层的利益寄托于“兼相爱，交相利”的“天志”，希望能出现执行这个原则的贤明“天子”和各级政长；另一方面墨子又对早期儒家的“天命观”和现实的王公大人种种违背“天志”的行为加以猛烈抨击。他在《非命》里说，“命”这个东西是“暴王”捏造出来欺骗老百姓的，不是“仁者”的言论，儒家宣扬的“死生有命，富贵在天”的天命观是“害人”的东西。他在《非儒》中指出，如果真正相信了“命”，君王官吏就会怠于政事，农与工肆之人就会怠于生产，由此也就会造成国家的行政混乱、人民贫困饥饿的严重后果。因此，墨子认为人的富与贫、贵与贱、寿与夭都不是命中注定的，而是可以通过自己的主观努力加以改变的。他说，人和鸟兽虫龟等动物的区别就在于人能耕稼、树艺、纺织，依靠自己的劳动技能来维持自己的生活。他在《非乐》里说："赖其力者生，不赖其力者不生"，提出了"强力从事"的原则。墨子大力宣扬："强必富，不强必贫"；"强必贵，不强必贱"；"强必饱，不强必饥"；"强必暖，不强必寒"。这就充分肯定了人的主观能动性作用，同时也明确反对了一切"不与其劳，而获其实"的剥削行为。墨子在"天志""非命"的冲突中所表现出来的矛盾，正是当时小生产者阶层思想二重性的反映。一方面，他们强烈要求建立维护自己利益的新秩序；另一方面，他们又不能代表自己，只有把希望寄托于"天""鬼神"和"王公大人"，期望这些凌驾于他们之上的权威，来保护他们的利益不受其他阶级侵犯，并从上面赐给他们雨露与阳光。

墨子在反对儒家"天命观"的斗争中，提出了重视"百姓耳目之实"的最早的唯物主义经验论的认识论。他在《明鬼》《非命》等文中指出，判断一个事物存在与否，必须以众人的耳目是否实听或实见到为标准。如果大家都听到过、看见过，那就是真实存在的，否则就是不存在的。他用这种观点来批判儒家的天命论，论证根本没有"命"这个东西，因为从古到今人们谁也没有见到过"命"是什么东西，也没有听到过"命"的声音，众人的经验证明"天命"是不存在的。所以，墨子强调"言必立仪"，即要求确立一个标准来判断一切思想、言论的是非，在中国哲学史上最早直接涉及了认识真理标准的问题。这个认识论的标准，墨子在《非命》里具体提出了三条，即著名的"三表法"。第一，"上本之于古者圣王之事"，即要以前人的历史经验作为依据。第二，"下原察百姓耳目之实"，即要根据广大群众的亲身经验。第三，"发以为刑政，观其中国家百姓人民之利"，即要通过实际施行，看它是否符合国家和人民的利益。

墨子这种根据前人的间接经验、群众的直接经验和实际运用的效果来判断认识是非真假的标准，在认识论上带有明显的唯物主义经验论倾向；但因这种理论还比较含糊和粗糙，难免也包含着某些唯心主义成分。由于墨子片面强调了感性认识，划不清感觉经验与客观真理的界限，使他在实际运用中不能把唯物主义坚持到底。如墨子运用同样的“三表法”原则，一方面驳斥了天命的虚妄，另一方面却论证了鬼神的实有。他在《明鬼》篇中把古书的迷信记载、人们的梦幻所见及荒谬的传说等，都当作了鬼神存在的根据。他在证明鬼神的存在时，强调可以到乡下百姓处去打听；如果认为这种证明还不够的话，就可以举出许多古书记载的经验事实来：周宣王无辜杀死其臣杜伯，杜伯对宣王说，我现在被你无辜杀死，我死后若有灵魂，不出3年就要报复你。果然3年后，在周宣王带数千人打猎时，杜伯白车素衣，用弓箭射杀宣王，“当是之时，周人从者莫不见，远者莫不闻”，这就足以证明鬼神是存在的。显然，墨子在此背离了“三表法”的唯物主义出发点，陷入了唯心主义认识论泥坑。从墨子的这种论证可以看到，仅仅说认识源于经验是不够的。正如列宁所指出的，从经验出发既可走向唯物主义，也可走向唯心主义，要避免这种局限，一方面要走向实践，另一方面又要求助于理性思维。

在“名”与“实”的关系问题上，墨子坚持了唯物主义立场。他认为名称、概念的“名”，是从属于具体事物“实”的；不知道“实”，“名”就失去了意义。墨子在《贵义》中举例说，盲人不知黑白，不是他讲不出黑白的名称，而是由于他看不见黑白的实物，就失去了辨别和正确选取黑白的能力。在这里，墨子朴素地表达了概念即“名”，应该用实际活动即“取”来检验的思想，肯定了客观事物及性质是不依赖于人的主观意识而独立存在的。这种以“取”验“名”的观点，同孔子以“名”正“实”的唯心主义名实观，是针锋相对的。

由墨子创立的墨家是当时影响很大的一个学派，直到战国后期韩非生活的时代，还保持着“显学”的地位。后来随着地主阶级政权的逐步确立，墨学遭到压抑，逐渐衰落。墨家哲学中的一些合理因素，为后期墨家及以后的唯物主义哲学家继承和发展。特别是后期墨家继承了墨子哲学中的唯物主义传统，抛弃了“天志”“明鬼”的宗教迷信成分，并着重向认识论、逻辑学与自然科学方面发展，取得了许多有价值的研究成果，在先秦“百家争鸣”中独树一帜，大放异彩。秦汉以后，由于墨家学说不适合封建统治阶级的胃口，曾被淹没了几千年，直到清中叶以后，才有人对它重新重视起来。

# 与民同乐

——孟子的民本思想

春秋末期的孔墨显学，到战国时有了分化与发展。据《韩非子·显学》记载：孔子死后，儒分为八，“有子张之儒，有子思之儒，有颜氏之儒，有孟氏之儒，有漆雕氏之儒，有仲良氏之儒，有孙氏之儒，有乐正氏之儒”。墨翟死后，墨离为三，“有相里氏之墨，有相夫氏之墨，有邓陵氏之墨”。

儒家八派中，子思、孟子是前期儒家一脉相传正统派的代表。子思发挥了孔子“道中庸”“致中和”的思想，强调人通过“诚”的修养可以“赞天地之化育”；孟子则发展了孔丘“为仁由己”的思想，提出“尽心、知性、知天”的系统理论，其哲学思想十分丰富，包括“天人合一”“性善论”“社会分工”以及有关道德修养的问题。尤其是孟子在孔子开创的“仁政”学说基础上，强调“民为贵，社稷次之，君为轻”（《尽心下》），在中国哲学史上第一次鲜明而系统地提出了“民本”思想，无论对当时还是后世，都产生了极为深远的影响。

孟子（约前372—前289），名轲，邹国（今山东邹县）人，是春秋末年鲁国“三桓”之一——孟孙氏的后裔。孟子幼年丧父，家境贫寒，流传至今的“孟母三迁”和“断机教子”的故事，说明他从小就受儒家“学而优则仕”思想的深刻影响。孟子后来受业于孔子的嫡孙子思之门人，子思又据说是从学于孔子的学生曾参。这样孟子的思想渊源，正是通过子思、曾参而上承于孔子。他对孔子推崇备至，自述平生之志就是学习和追随孔子，并将孔子的思想加以发扬光大。孟子学成之后，乃以所学游说诸侯。

所到之处，备受崇敬和礼遇，曾一度为齐宣王客卿。但终因不见用，退而设帐授徒讲学，与高足弟子万章、公孙丑等坐而论道，著书立说，即《孟子》七篇，是研究孟子思想的主要资料。

《史记·孟子荀卿列传》指出，孟子生活的时代，“秦用商君，富国强兵；楚、魏用吴起，战胜弱敌；齐威王、宣王用孙子、田忌之徒，而诸侯东面朝齐”。天下“争于气力”，各国都想用武力谋求统一。孟子却极力反对法家商鞅等人的富国强兵之术，认为他们实行的是“以力服人”的“霸道”，不能使人心服；而他所提倡的“仁政”，则是“以德服人”的“王道”，才能使人心悦诚服。因此，他要求统治者以仁爱之心去对待民众，争取民心，只有“得民心者”才能“得天下”。

可见“重民”和“以民为本”的思想，在孟子的仁政学说中占有十分重要的地位。这是因为在当时激烈的社会动荡中，人民的力量已充分显示出来，统治者如果不重视人民群众的力量和民心的向背，就会面临失败，这是促成孟子的“民本”学说产生的客观基础。孟子曾多次向齐宣主和梁惠王等人宣传过他的“民本”思想，指出治理人民的事情是决不可轻忽的。为了让统治者容易接受，孟子还经常运用比喻、引申、旁敲侧击等方法说明道理。他在劝说齐宣王要爱民时，就是从“与民同乐”这样的具体事情入手的。

公元前 318 年，这是孟子第二次到齐国后的第二个年头了。由于孟子在各国的贤名，齐宣王对孟子也更加尊重礼待，这也直接影响和感染了齐国的文武臣僚，经常有人登门造访，向这位尊敬的学者讨教治国安民之术。

有一天，弟子们禀报说：齐国的大臣庄暴来访。孟子很有礼貌地接待了他。孟子知道此人对音乐颇有造诣，但他推重古乐，重视宫廷雅乐，菲薄鄙视世俗之乐。而齐宣王呢，却同庄暴的观点、兴趣截然相反，庄暴对此很是反感，却又无可奈何。关于这个问题，孟子与庄暴已谈过多次了。孟子猜想，这次庄暴来访大概还是这个题目。一问，果不其然。庄暴说：齐宣王为顾全体统，不敢在宫内令乐工奏世俗之乐，令宫娥唱俚曲之调，但近日却常常微服出宫，混进青楼妓院，去听那世俗之乐，庄暴还被宣王拉着去听了多次。因此，庄暴特来求教孟子，宣王这样喜欢音乐究竟是应该不应该呢？怎样看待雅乐与俗乐的关系？孟子与庄暴谈了一会儿，因有事就告辞了。临走前，庄暴一再恭请孟子去与齐宣王开导开导，免得宣王出错。迫于情面，孟子答应了。

在那时，音乐只为社会上层所专有，而且等级森严。《周礼》规定乐队的规模和排列为：天子用八佾，诸侯用六佾，大夫用四佾，士用二佾。所谓“佾”，指古代舞蹈奏乐，八个人为一行，这一行即为一佾。只有天子能享用四面之乐和64人的乐舞，否则便是僭越。从音乐的内容看，只能使用“先王之乐”，即雅乐。提倡乐则《韶》《武》，而当时的“郑声”等为俗乐，亦即民间音乐不能登大雅之堂。即使这些俗乐为百姓所喜爱，也更具感染力，但仍没有得到应有的社会地位。

孟子虽提倡法先王之道，但他思想比较开放，并未一味泥古。他想，音乐是现实的反映，社会生活是音乐美的基础，既然社会发展了，时代变化了，音乐也不能死守着古人的观点、认识及典章制度不变，应本着音乐为现实服务的原则，赋予它新的内容和生命。孔子曾以“兴、观、群、怨”概括了音乐的社会作用，并指出“移风易俗，莫善于乐”。孟子清楚地看到，乐教比单纯地说教有感染力，而赋予音乐以伦理道德属性，比一般的音乐更富有感染力量。因此，一方面，俗乐比雅乐有更广泛的群众基础，更为百姓所接受；另一方面，无论何种乐曲，均应该用仁义来充实其内容。这样利用音乐艺术能直接作用于人的情感，体验这一特殊手段，使仁义深入人心，以推行仁政，造福万民。所以，齐宣王的问题并不在于迷恋俗乐，而是能否施仁政于民，达到与民同乐。只有与民同乐，才能使齐国百姓安居乐业，天下才能长治久安。这是庄暴未曾想到的。

数日之后，孟子谒见齐宣王，说：“听说陛下十分爱好音乐，故今日特来讨教。”齐宣王听了一愣，说道：“孟夫子刚来不久，何以便知寡人爱好音乐呢？”孟子随口答道：“此乃大王之臣庄暴亲口所言，想是不会错的！”

孟子的话音未落，齐宣王的脸色一下子变成了红紫色，逐渐由紫转淡，阵阵变白，表情十分尴尬难堪，有些手足无措。他心想：这个该死的庄暴，怎么跑到孟子面前去搬弄是非，惹得我喜欢俗乐的事臭名远扬，在孟子面前下不了台？不过宣王也是有相当修养的人，脸色几经变化之后，心情逐渐平静下来，开始与孟子谈论这个问题。他坦白地告诉孟子，自己爱好的是世俗的音乐，而不是先王流传下来的正统音乐。孟子很赞赏宣王的坦诚，便说道：“只要陛下十分爱好音乐，齐国便会治理得很不错。世俗之乐犹先王之乐，二者并无本质区别。”

“今之乐犹古之乐”，这是孟子的最新结论，第一次肯定了世俗之乐，公开为其在社会上和宫廷中争位置。这使齐宣王很高兴，自己原有的疑虑消除了。于是宣王进一步问孟子，为什么自己爱好音乐，扩充开来，齐国就能治理好呢？为解此疑惑，孟子便问道：“请问大王，一个人单独赏乐与跟他人一起赏乐，哪一种更为快乐？”

“当然跟他人一起赏乐更快乐。”宣王肯定道。

“那么，跟少数人一起赏乐的乐趣同跟多数人一起赏乐的乐趣，哪一种更为快乐呢？”孟子又问道。

“当然是与多数人共同赏乐更快乐。”宣王再次肯定道。

孟子微微一笑说：“既如此，臣请向大王谈赏乐与娱乐之理。”

稍顿了顿，孟子接着说道：“倘大王在此奏乐，百姓闻听钟鼓之声，管箫之音，都头痛心烦，愁眉苦脸地相互议论说：‘陛下如此爱好音乐，为什么使百姓兄弟离散，生活苦不堪言呢？’倘陛下在此狩猎，百姓闻听车马之声，目睹仪仗之盛，都头疼心烦，愁眉苦脸地议论说：‘吾王如此爱好田猎游乐，为什么使百姓夫妻离散，痛不欲生呢？’为什么百姓不满意？皆因陛下只图个人快乐，而未能与民同乐。

“反之，倘陛下在此奏乐，百姓闻听后俱眉开眼笑，奔走相告：‘吾大王大约身体健康，心情十分欢愉，不然何以能奏乐呢？’倘使大王在此田猎，百姓观之后俱笑逐颜开，奔走相告：‘吾王贵体定然异常健康，不然何能驰骋狩猎呢？’百姓为何如此欢欣鼓舞呢？只因大王能与民同乐。为人君者，能与民同乐，天下则必归服。”

孟子一席话，说得宣王不住地点头称道。国君与民共同欣赏音乐，不仅打破了《周礼》关于乐舞的等级森严的界限，肯定了俗乐的地位与价值，将雅乐与俗乐有机统一起来了；更为重要的是强调了为政者要在实践中自觉做到“与民同乐”，重民爱民，才会使儒家“仁政”学说有坚实的社会基础和落脚点。

应该说，孟子对人民群众在社会历史发展中的作用是朦胧地感受到了的，以至经常告诫统治者应该关注人民的情绪与生活，正确处理与人民的各种关系。他希望统治者“制民之产”，妥善解决好人民的土地与财产问题；要求统治者“省刑法”“薄税敛”，济寡怜孤，不可残民等，目的都是为了使老百姓安居乐业，保持社会的稳定和发展。他在《尽心下》里明确指出：“诸侯之宝三：土地，人民，政事。宝珠玉者，殃必及身。”就是说，诸侯的宝贝有三件：土地、人民、政治。不重视上面三件宝贝，却把珍珠宝玉看作宝贝的人，灾祸必定会降到他的身上。一个国家要有土地，也要有人民，还要有保护人民在这块土地上正常生产与生活的政事。在立国的这三个基本要素中，孟子是把人民放在中心位置，作为最重要的要素来看待的。诚然，从语序上看，“土地”在“人民”之前，但如联系别的论述较为全面地研究孟子的思想，就会发现，他在对土地与人民的关系问题上，仍是把人民放在第一位的。如他在评论梁惠王“不仁”时，弟子公孙丑追问其故。孟子回答说：“梁惠王以土地之故，糜烂其民而战之。”即驱使人民去为争夺土地而战死，孟子认为是很不仁的事；当然其政事也不会良好了。只有以人民为中心，把土地和政事都作为为人民谋福利的因素，这样的政事才是“仁政”，这样的国君才是“仁君”。

的确，重民、贵民思想或以民为“中心”的“民本”思想，在孟子整个思想体系中十分突出。由于阶级与历史的局限，孟子不可能提出科学的人民群众作用观点，同时也无法找到真正实现“民本”的科学社会制度，他只把希望寄托在统治阶级的发善心施仁政上，显然存在着空想的一面。这种时代的局限，是今天的人们能够理解的。我们应该重视的是，在我国封建社会的全部历程中，能像孟子这样随时随地、反复再三地强调“民”为中心、“民”之重要的政治家与哲学家，是屈指可数的。孟子围绕“民”这个中心，还提出了一系列“保民”“安民”“爱民”“救民”“乐民”“富民”“教民”以及“使民”“济民”等许多具体的光辉思想，形成了一个“民本”思想系统，对后世造成了非常积极的影响。这是十分难能可贵的，也正是孟子哲学思想中最现实也最进步的思想精华。

# “许子之道”

## ——农家“农本商末”的哲学思想

与儒家提出的“民以食为天”思想相呼应，农家比较系统地提出了“以农为本”的思想。我国是一个农业大国，农业科学技术内容丰富。“以农为本”的哲学思想发端很早，“农本商末”是中国传统社会的一项基本国策，也是一种得到普遍认同的价值观念。在春秋战国解放思想、学术自由的时代，农家作为一个特定的“音符”，必然加入到百家争鸣的“大合唱”中来。这对丰富与发展中国传统哲学中的“本末”范畴，是有重要意义的。

班固在《汉书·艺文志》中说：“农家者流，盖出于农稷之官。播百谷，劝耕桑，以足衣食。”后人对于农家学派的存在及其代表人物等，尽管见仁见智，却比较一致地认为，许行（约前372—前289）是先秦时期第一个也是唯一留下姓名的农家代表人物。他是楚国人，大约与孟子同时代。许行本人并无著作留世，我们仅可从《孟子·滕文公上》窥出一些端倪。孟子曾提到“有为神农之言者许行”这个人，并对“许子之道”进行了评说。

事情是这样的：有一个研究神农氏（即神话传说中的农业创始人）学说的人叫许行，他从楚国来到了滕国，亲自求见滕文公并对他说：“我这个从远方来的人听说您实行仁政，希望得到一个安身之处，做您的百姓。”滕文公便给了他一座住房，使其安居下来了。许行带来的门徒有数十人，都穿着粗麻织成的短衣，自己打草鞋、织草席谋生。

身为儒家门徒的陈良的弟子陈相和陈辛兄弟俩，也背着农具从宋国来到了滕国。他们见了滕文公后说：“听说您实行圣人提出的仁政，那么您也是圣人了。我们愿意做圣人的百姓。”于是，陈氏兄弟也在滕国住下了。

有一天，陈氏兄弟与许行不期而遇。许行向他们讲述了自己的平等劳动、分工互给、等量交换等学说，陈氏二人大为折服，表示愿意完全抛弃以前的儒家学说，改而追随许行的农家学说。陈相在看望孟子时，向他转述并赞赏许行的言论和思想，从而引起了孟子对“许子之道”的一番评论。

陈相对孟子说：“滕文公确实是个贤君；不过，还不懂大道理。贤君应该与百姓同耕同吃，既自己做饭，又治理国家。如今滕国有粮仓，有财库，可见滕君仍在损害百姓来养肥自己，怎么能称得上贤德呢？”

孟子问道：“许子一定要自己种出粮食，然后才吃饭吗？”

陈相回答：“是的。”

问：“许子一定要自己织出布，然后才穿衣吗？”

答：“不。许子穿粗麻短衣。”

问：“许子戴帽子吗？”

答：“戴帽子。”

问：“什么帽子？”

答：“白生绢帽子。”

问：“自己动手织的吗？”

答：“不，用粮食换的。”

问：“许子为什么不自己动手织呢？”

答：“自己动手织会妨碍种地。”

问：“许子用釜、甑做饭，用铁制农具耕地吗？”

答：“是的。”

问：“这釜、甑和农具都是许子自己制作的吗？”

答：“不是，是用粮食换的。”

孟子稍微停顿了一下，接着说：“如果农夫用粮食来换工具和用具，不能说是损害了瓦匠和铁匠；那么，瓦匠和铁匠用工具来换粮食，难道能说是损害了农夫吗？再说，许子为什么自己不做瓦工铁匠，达到任何东西都从自己家里取来使用？为什么还要与各种工匠进行交换？许子怎么就这么不怕麻烦呢？”

陈相说：“各种工匠的事，本来就不可能一边种地一边兼做的呀！”

孟子说：“既然如此，那么，治理天下这样的大事，难道就可以一边种地一边兼做吗？社会分工是势所必然的。国君、官吏有自己的事，平民百姓也有自己的事。再说，一个人所需要的东西，涉及各行各业的制成品；假如都要亲自制作而后使用，这不是率领天下的人疲于奔命吗？所以说，有的人劳心，有的人劳力；劳心的人管理人，劳力的人被人管理；被人管理的人供养别人，管理人的人被别人供养——这是天底下公认的道理。”

陈相专注地听着，孟子便进一步说：“帝尧在位的时候，天下还没有安定，洪水横流，到处泛滥；草木长满原野，谷物没有收成；禽兽成群繁殖，逼迫人类，横行中原。帝尧为此忧心忡忡，选拔舜来全面治理。舜派遣伯益掌管火政，伯益在山林沼泽烧起烈火，焚毁草木，赶走了禽兽。舜又派遣大禹疏导九河，疏通济水和漯水使之注入大海；开通汝水和汉水，排出淮水和泗水，使之注入长江。然后中原大地才有可能耕种，人民才有可能吃上饭。大禹治水，在外奔波八年，三过家门都没有进去，即使他有心去种地，能做得到吗？

“后稷教导人民春种秋收，栽培五谷；谷物成熟，人民得以养育。做人自有做人的道理，即使吃得饱，穿得暖，生活得安逸，但如缺乏教育，就和禽兽差不多。圣人又因此而忧心忡忡，派遣契做司徒，以人伦大道教育百姓：父子之间有骨肉的亲情；君臣之间有礼义的原则；夫妇之间既讲恩爱，又有男女的分别；长幼之间有尊卑先后的顺序；朋友之间要求讲究信用。帝尧嘱咐契说：‘对待百姓，要安抚他们，匡正他们，保护他们，使他们养成好的品行，进而提携他们，加惠于他们。’圣人为百姓操心到了这样的地步，还有时间去耕种吗？……”

陈相略一迟疑，硬着头皮道：“如果依了许子的主张，就可做到买卖没有二价，一国之中没有假货；即使打发小孩子到市场上去买东西，也不会受到欺诈。布帛长短相同，价钱也就一样；丝麻轻重相同，价钱也就一样；粮食多少相同，价钱也就一样；鞋子大小相同，价钱也就一样——这难道有什么不好吗？”

孟子反驳道：“各种物品好坏精粗不一致，这是很自然很平常的现象，因而价钱也有差异。有的相差一倍五倍，有的相差十倍百倍，有的甚至相差千倍万倍。您一定要使它们全都一样，这就乱了套了。如果做工粗糙的鞋同做工精细的鞋一个价钱，人们还会去精工细制吗？依了许子的主张，是带领大家走向弄虚作假啊，怎么能治理好国家呢！”

陈相无话可说，只好告辞。

显然，孟子在这里与陈相争论的不是农家关于“以农为本”的基本主张，而是关于社会分工的思想。看来，农家的“以农为本”中带有某些否定社会分工和商品交换的思想，是失之偏颇的。然而，透过孟、陈争论，我们还是不难看到，农家与儒家一样，也是十分重视农业生产的。但由于农家把“农本商末”这一中国传统社会的基本国策推向了极端，从而也就使其在某些方面走向了荒谬。不过，我们也同时发现，农家所充分肯定并坚持实行的“农本商末”思想，又在一定程度上丰富和发展了“本与末”的哲学范畴。

“本末”是我国传统哲学中广泛使用的一对概念，可以用来表示任何事物的“根本”与“支末”的对立状态。在中国传统文化中，将“本末”这对概念与农商结合起来，是战国时期或之前出现的特殊语言形式。用“本”来指“农”，无非是要强调农业在社会经济中的基础地位和对人民生活的根本意义；而用“末”来指“商”，当然也包括“工”在内（按中国传统的观点，“工商”在实质上是一致的，前者是出卖自己产品的“商”，而商是专门出卖他人产品的“商”），不外乎是要强调商业在社会经济中的从属地位和对人民生活的附属意义。这就体现了中国传统文化中重农轻商的价值取向，而农家力使这一观念系统化、普遍化，并由此构建起一套社会历史理论，使之上升为一对哲学范畴，也对中国社会产生了十分深远的影响。

应该看到，以许行为重要代表的先秦农家的这种“农本商末”思想，在总结前人论述基础上，经后人不断丰富、补充与完善，终于成了我国传统社会里一项基本国策，乃至对今天的社会发展也仍然有着重要影响。同时，我们还要看到，农家这种将“农”看作“本”，将“商”看作“末”的“农本商末”思想，是有着深厚的社会存在土壤与民众基础的。

农家强调“以农为本”，就在于他们看到，农业不仅是维持整个社会基本生计的源泉，更是国家得以长治久安最根本的物质基础。因此，农家建议统治者应该高度重视农业，其主要观点有以下几个方面。首先，农业是社会一切财富的来源与基础。在科学技术和工商业都不发达的古代，农家认定，一个国家要想国富财足，就必须致力于发展农业，将农业摆到头等重要的位置上来。这是农家立论的基点，他们也是从经济的角度来考虑问题的。农家的重要著作之一的《管子·五辅》说：“垦田畴”，“则国家富”。即认为开垦土地、发展农业生产，国家就可富裕；让百姓致力于农业生产，国家财政就会充裕。他们的这种认识，可能与中国的自然地理环境和条件以及历史上的重农传统有关。其次，农业是保障人民生存的基本手段。农家看到，国家以民众为根，民众以谷为命，如果社会无粮，国家就失去了根基。因此，必须将发展农业生产摆在首要的位置上。只有农业发展了，生产的粮食才能满足百姓的日常生活需要，人们才可能生存下来，国家才会巩固、强大。这样，农家的“重农”立场就与其“重民”立场联系了起来。此外，农业是统治阶级对百姓进行道德教化的前提，也是国家稳定的根本保障。管子早就说过，“衣食足，知荣辱”。要对民众进行道德教化，安抚百姓，没有必要的物质生活条件是不行的。同时，在农家看来，军队是国家稳定的根本保障，一支强大而有力的军队既可安稳百姓，又可抵御外敌的入侵；但是，军队的强大和有力也依赖于一定的物质条件，而只有农业才能提供这种物质条件，足食才能足兵、强兵。

正是由于农家的这些从实践中获得的朴素认识，使他们非常重视农业，而菲薄商业，也包括手工业。因为他们认为商业既要损耗社会财富，又是社会动乱的根源。所以，应该将商业看作末流之事，统治者应该采取抑商的政策和措施。显然，这里反映了农家浓郁的“小农意识”，也体现了其社会与历史的局限性。

但是不论怎样，中国农家的思想仍然为我们提供了丰富、深刻、贴切的历史借鉴。它以重农思想为理论核心，参与了春秋战国时期的百家争鸣。尽管以许行为代表的农家由于主张“平等劳动说”等进步观念，遭到了显学人物的反对，然而在经过稷下学派和吕氏门客两个形式后，农家又在社会上以“农学家”的崭新面貌出现。重农思想、民本主义、农业管理与生态农学，构成了农家思想的四个基本部分。这些思想有助于后人科学地坚持农业是整个国民经济的基础部门，将发展农业摆在首要位置的政策；有助于尊重劳动人民（主要是农民）的物质利益，发展儒家的民本主义思想，顺应民心，强盛国力，运用生态农学的办法来调动民力，培养和造就科学的生态意识；有助于统治者高度重视农业生产，并将农业管理作为封建国家行政体制的一个重要部门，成为中国封建行政管理的基本职能，大大小小的官吏都认真充当着农业管理的角色；也有助于在农业生产中充分利用天时、地利、人和的因素，注重运用事物之间相生相克的生态关联来发展农业生产，等等。这些思想对后世的影响十分深远，农家的重农思想，还远涉重洋，对政治经济学中的“重农学派”产生了重要影响，其鼻祖魁奈专门撰写了一部《中华帝国的专制制度》的著作，表达了他对中国重农思想的向往与崇敬。农家思想对我们今天也有着许多可资扬弃和借鉴的东西，为我们在21世纪里更好地发展农业生产，满足人民物质生活需要服务。

# 田忌赛马

——孙膑对军事辩证法的发展

大约与孟子、许行同时代的战国中期著名军事家孙膑的《孙膑兵法》，与春秋末期杰出军事家孙武的《孙子兵法》一样，在我国历史上都是很受推崇的军事著作。《孙膑兵法》不仅发展了孙武的军事理论，而且大大发展了其军事辩证法思想，在中国哲学史上也有着重要地位。

说来也怪有意思的，孙膑这个军事奇才被发现，倒真有些偶然。当时，齐国的大将田忌很喜欢同人赛马。由于他的马膘肥体壮，训练有素，所以每次比赛他都赢多输少。在志得意满之余，他便大胆地同齐威王约定，要进行一场高水平的奔马比赛，赌注为黄金500两。齐威王点点头，含笑答应了他。

赛马那天，风和日丽。听说田将军要同齐威王比高下，人们都觉得非常有趣，争先恐后地早早来到了赛场，想借此开开眼界。很快，赛场周围人山人海，万头攒动，纷纷议论着今天的赛事。许多人都在猜测最后的结局，有的说齐威王一定会赢，有的说田将军保准不会输，吵吵嚷嚷，谁也说服不了谁！

预定的时刻到了。齐威王和田忌在看台上落座后，裁判员就位。他大声宣布了比赛规则：参赛者各挑选三匹好马，分三局配对比赛，赢局多者为胜。齐威王和田忌起身各自叫人把马分成了上、中、下三等。田忌心想，自己的马身经百战，无可怀疑，只要在比赛的时候，用上等马对威王的上等马，用中等马对威王的中等马，用下等马对威王的下等马，起码能赢两局。

他又特地关照了骑手几句，便胸有成竹地回到了自己的座位上。

一通鼓响，比赛正式开始。只见齐威王和田忌挑选的骑手，顶盔贯甲，威风凛凛地策马来到了起跑线上。一声锣响，双方的两匹上等马奋起四蹄，像离弦之箭，朝远处飞奔而去。观众们看得呆了，大多数人从未见过如此精彩的比赛，大家连拍巴掌为比赛加油的事也忘到九霄云外去了。不一会儿，两匹马几乎同时到达了终点。尘土飞扬处，一位裁判员飞马来至观礼台前，朗声报告结果：齐威王的马先胜一局。赛场上立即响起了一阵暴风雨般的掌声和雷鸣般的欢呼声。

看台上，齐威王面露喜色，他呷了一口水，瞟了瞟田忌。田忌呢，尽管心中有些着急，但仍不露声色，他也呷了一口水，欠身朝威王拱拱手说："微臣恭喜大王！"但心里却在想：你别得意得太早，还有两局呢！

又一声锣响，双方两匹中等马展开四蹄，朝远处飞驰而去。结果传来，田忌又输了！

这时，齐威王喜笑颜开了。他对紧绷着面孔的田忌说："田将军，看来寡人今天是赢定了！你看第三局还比吗？"

田忌心中很不是滋味。他没想到今天这么倒霉，连输两局，即使第三局赢了，也于事无补。可转念一想，第三局自动放弃，就等于承认了"三比零"，丢人不说，也显得没有大将风度。于是，他起身对威王说："在下愿意奉陪到底，也好使大王和观众们尽兴。"然而心里却想，也许第三局自己的马能赢，多少能争回些面子。

第三声锣响，两匹下等马闪电般地展开了最后的角逐。结果仍使田忌大失所望，还是威王的马略胜一筹。

在一旁观看赛马的大臣们，纷纷上前向齐威王表示祝贺。田忌自觉惭愧，垂头丧气地走下看台，准备离开赛马场。

忽然，田忌感觉有人拉自己的衣服。他回过头来一瞧，原来是足智多谋的老朋友孙膑。孙膑从头至尾，观看了比赛的全过程。只听他缓缓地对田忌说："胜败乃兵家常事，老兄大可不必介怀！从刚才的情形看，大王的马比你的马快不了多少呀……"

话没说完，田忌白了他一眼，气呼呼地说："想不到你也来挖苦我！"

孙膑说："我并不是挖苦你。你马上再同他赛一次，我有办法让你取胜。"

田忌疑惑地望着孙膑："你的意思是另换几匹马同他比赛？"

孙膑摇摇头："一匹也不必换。"

田忌泄了气："那还不是照样丢人！"

孙膑胸有成竹："你照我的主意办，没错！"接着，孙膑趋前一步，附耳对田忌如此这般地交代了一番。田忌立刻兴冲冲地跑步来到了看台上，提出用1000两黄金作赌再赛一次。

齐威王正在得意扬扬地向大家夸耀自己的马，见田忌还要赛，便嘲讽地说："田将军，你还不服气吗！？"

田忌说："有一点。如果大王敢同臣再赛一次，臣输了才算口服心服！"

齐威王轻蔑地说："那就来吧！"

开始散去的人群，听说还要比赛，很快重新聚拢来，兴致盎然地观看着，议论着。

锣声响起，赛马又开始进行。

第一局，田忌用自己的下等马对威王的上等马，很快就输了。观众们大惑不解，议论纷纷，都说田将军大概气糊涂了，脑子出了毛病：自己的上等马都跑不过威王的上等马，怎么能用下等马对威王的上等马？这不明摆着要输嘛！威王呢，正在哈哈大笑，乐不可支。田忌却装着若无其事，慢悠悠地喝他的水。

第二局，田忌用自己的上等马对威王的中等马，赛场第一次出现了不同的结果：田忌居然赢了！观众中爆发出雷鸣般的掌声和欢呼声。看台上，齐威王有点心慌了，田忌则照样喝他的水。

第三局，田忌用自己的中等马对威王的下等马，又胜了！这下子，齐威王目瞪口呆，方知中计上当了。

比赛结束，田忌以“二比一”赢了齐威王，不仅争回了面子，还白赚了500两黄金。

马是原来的马，骑手也是原来的骑手，只是变换了一下出场顺序，田忌就转败为胜了。这是由于事物的质变不仅会由单纯数量增减变化引起，而且还会由其构成成分在空间排列顺序上的变化引起。这一朴素的哲学辩证法思想，我国的先人很早已从社会生活实践中认识到了。田忌采纳孙膑的建议，正是后一种引起事物质变原理的具体运用，结果就出现了完全相反的结局。这在中国哲学史上，是有十分重要的理论价值的。

后来，齐威王向田忌仔细询问了第二次比赛中是谁帮忙出的主意，田忌不敢隐瞒，一一具以实告。齐威王求贤若渴，立即让田忌请来孙膑，委以军师之职。

根据司马迁《史记》记载，齐人孙膑是著名军事家孙武的后人，其生卒年代不详，约晚孙武百余年。他著的《孙膑兵法》，《汉书·艺文志》作《齐孙子》，共89篇，图4卷。但其书失传，《隋书·经籍志》不见著录。致使宋明以来，对是否有《孙膑兵法》传世的问题，颇多争论。1972年4月，山东临沂银雀山西汉墓中发现竹书《孙膑兵法》30篇，分上下两编，共1万余字，使此书在失传1700年后重见天日，从而使这一争论得到了解决。

孙膑年轻时曾与庞涓同学兵法。后来庞涓做了魏国的将军，知道自己的才干不如孙膑，便将他骗到魏国，处以膑刑（割去膝盖骨），因此人称孙膑。以后孙膑通过齐国使臣的帮助潜逃到齐国，担任军师后，曾协助田忌打了许多次胜仗。其中历史上最著名的有两次，一次是围魏救赵的“桂陵之战”，一次是擒杀庞涓的“马陵之战”。两次战役的突出成就，使孙膑“名显天下，世传其兵法”。

孙膑的军事辩证法思想十分丰富，尤其注重在战争中虚实、强弱的转化，常用避实击虚的方法取胜。公元前354年，地处中原势力较强的魏国以庞涓为大将，率大军攻弱邻赵国，包围了赵都邯郸。赵国奋力抵抗，力渐不支，危在旦夕，便派人向齐国求救。

齐王便任命田忌为大将，孙膑为军师，率领8万援军救赵。开始，田忌主张引军直奔邯郸，配合赵国夹击魏军。但孙膑却说："这并非上策。"田忌不解地问："邯郸危如累卵，倘不直接去救，有何妙计解围？"孙膑说："将军解过乱丝，劝过架吗？"田忌听得莫名其妙。孙膑紧接着解释道："帮助赵国解邯郸之围，就像解乱丝、劝架一样。要想解开一团乱丝，不能一把抓在手里去强拉硬扯，而只能用手指细心找出丝头，慢慢去理；要劝解两个人打架，不能自己插入中间去打，而只能从旁劝说。我们欲解邯郸之围，也不能远途劳军去与魏军主力正面交锋，而应采取避实击虚的谋略，袭其薄弱环节。今魏国精兵强将均在邯郸，其国内大都为老弱残兵，我军可趁机直接攻打魏都大梁，庞涓必然率军回救。这样，既可解邯郸之围，又能疲劳魏军，伺机揍它，不是一举两得吗？"

田忌听后连声赞叹："好计，好计！"便率军直奔大梁而去。

庞涓获悉齐军"西驰大梁"，心急如焚，立即撤军回救国都。邯郸之围也随之而解。魏军长期野战未得休息，加之长途行军，一路人困马乏，疲惫不堪。而孙膑与田忌却率齐军主动撤出魏国，在魏军回国必经之地桂陵一带（今山东菏泽东北）设伏，以逸待劳，做了充分战斗准备。当魏军进入伏击圈后，齐军出击，大破魏军于桂陵。孙膑运用"围魏"的方法，达到了"救赵"的目的，体现了他善于抓住战争中主要矛盾的卓越指挥艺术。

孙膑不仅看到了战争中虚实、强弱的变化，更看到了充分发挥人的主观能动性对促进战争胜利的意义。"围魏救赵"的事发生后过了12年，魏国又派庞涓率领大军，联合赵国去攻打韩国。韩国不敌，频频向齐国求救。齐威王仍派田忌为将，孙膑为军师，率军救韩。

田忌有了"围魏救赵"的经验，胸有成竹，准备将此战法再用一次。上千辆兵车驰出齐国国境时，他命令齐军急速直扑魏都大梁。孙膑却劝田忌，叫大军早早安营扎寨。

田忌不解：“兵贵神速，军师为何让大军在此休息呢？”

孙膑说：“这次出兵与上次情况不同。现在魏国刚刚向韩国发动进攻，如果我们急忙出兵相助，实际上是我们代替韩国承受魏军的最初打击，不是我们在指挥调度韩军，反而是听任了韩军的指挥调度，所以马上去奔袭魏都大梁是不合适的。只有当魏韩两虎争斗一番之后，我们再发兵袭击大梁，攻击疲惫不堪的魏军，挽救危难之中的韩国，才对我军有利。”

田忌佩服地说：“兵不厌诈，先生给我的教诲实在太深了。”于是，齐军在路上磨蹭了一个多月，才向大梁发起攻击。

魏国见齐军攻来，急忙命令庞涓从韩国回军，又派太子申为上将军，与庞涓合兵10万，抵抗齐军。孙膑获悉后，便向田忌献上“减灶诱敌”的妙计。

当魏齐两军刚遭遇，还未交锋，孙膑就令齐军撤退。庞涓追到齐军驻地，见地上满是挖掘的煮饭用的灶头，经士兵清点，估计齐军有10万之众，便挥军继续追击。齐军一连三天急急退却，庞涓仍派人去数灶，发现齐军不断减员，第三天只剩下了3万人。庞涓得意地说：“我早知道齐军胆小怕死，入我境才三天，兵士就逃走了大半。”于是他抛下步兵辎重，只带轻装健儿，昼夜兼程，紧紧追赶齐军。

这一天，齐军退到马陵道。孙膑见这里山高路狭，易于伏兵。他通过仔细计算庞涓的行程，估计魏军天黑可到，便令士兵砍树堵塞道路，并选一棵路边大树，迎路面砍去了树皮，写下了一行黑字。同时，他又夹道埋伏了1万名弓箭手，嘱咐说：“等到魏军来时，大树底下有人点火，你们就万箭齐发。”天刚黑，庞涓真的率军来到了马陵道。他见路被堵塞，又见大树上有字，连忙命人点燃火把去看，只见上面写着“庞涓死于此树下”几个大字，情知中计，忙令撤军。可是，来不及了，齐军万箭齐发，魏军死伤无数，庞涓自杀身亡。

齐军乘胜追击，俘虏了太子申，彻底打败了魏军。孙膑以其非凡的哲学智慧与胆识，协助齐威王和田忌打了不少胜仗，成为中国历史上十分杰出的军事谋略家。

孙膑的军事辩证法思想受到法家和早期阴阳五行学说的影响，充满了朴素唯物论和辩证法观点，发展了孙武的军事辩证法思想，在军事史和中国哲学史上都占有重要的地位。

# 一场蝶梦

## ——庄周的人生哲学

也许，当儒家的“亚圣”孟子穿着华服坐在宫中，正滔滔不绝地向齐宣王讲述“民本思想”，或者洋洋洒洒地同陈相辩论“许子之道”时，有个与孟子同时代的人却盖着破被子，枕着用竹子编成的凉枕头，睡在硬硬的木板床上，做着一个十分奇妙的“梦”：

一只白色的蝴蝶，自由而快乐地飞翔着。只见它翩翩起舞，时而流连在姹紫嫣红的百花丛中，时而游戏于清澈透明的小溪旁边，尽情享受着大自然赐予的明月清风，品尝着甘露醇浆。它从山谷飞起，逐渐向远方飞去，飞过一望无际的平原，飞过连绵起伏的高山。蝴蝶尽情欣赏着长河落日、大漠孤烟，仔细品味着铁马秋风、杏花春雨。那与落霞齐飞的孤鹜是它的伙伴，这与长天一色的秋水是它的乐园。它扶摇直上，忘记了任何的是非荣辱；遗世孑立，摆脱了世俗间生死名利的纠缠。间或，也能碰上麻雀不解的叽喳，遇到乌鸦疑惑的冷语，可它不为所阻、所动、所缠、所惑，依然我行我素，款款而飞。这只蝴蝶不知要飞往何处，也不知要去向何方！只知从容地飞翔，恬静地生活……

突然，柴门外几声清脆的犬吠，惊醒了做梦的主人。他翻身坐起，回忆着梦中情景。他迷惑了：究竟是自己变成了蝴蝶，还是蝴蝶化成了自己？久久，久久，未得其解。

这个似乎与蝴蝶融为一体的人，就是庄子（约前369—前286）。他在《庄子·齐物论》中，称之为“物化”，即有分别的事物之间的转化。可诗人们却说，这不过是庄子做的梦而已。唐朝的大诗人李商隐在其名诗《锦瑟》中就说："庄生晓梦迷蝴蝶"；再后的人，也有"庄生梦蝶一场空"的话。实际上，在梦醒时分，庄子就会发现躺在床上的依然是自己那具僵直的、没有翅膀的身体。

庄子名周，宋国蒙（今河南商丘东北）人，大约与孟子同时。庄周曾在家乡做过管理漆园的小官，可是没干多久，就归隐著说去了。据《庄子》中《外物》及《列御寇》讲，庄子家贫，曾向监河侯（小官名）借过米，有时还靠编草鞋过活。战国中期，随着社会政治斗争的发展，由老子开创的道家学派发生了分化。一部分成为黄老之学，与法家结合，为新兴地主阶级的统治服务；另一部分继续做"隐士"，与当权的统治者采取不合作态度。庄子便是这后一派的重要代表，也是这一时期道家学派的集大成者，与老子合称"老庄"。关于庄子的哲学思想，比较完整地保存在《庄子》一书中，《汉书·艺文志》著录庄子52篇，现存的33篇是晋人郭象所编，计内篇7、外篇15、杂篇11。自晋以来流行的《庄子》诸本中，虽然有内、外、杂篇之分，但内、外篇的界限尚不固定。实际上，《庄子》一书可以看作是庄周学派的一部丛书。我们在研究庄周哲学思想时，可以内篇为主，但不要局限于内篇。

庄子是著名的文学大师，可以称之为中国文学史上浪漫主义的鼻祖。他的哲学思想内容也是多方面的，包括其对老子道家思想发展所形成的由道化生万物的天道观，以相对主义为基础的认识论，以审视人生为特征的人生观，等等。尤其是他的人生哲学，在先秦各家中是独具一格的，对后世也有着十分深刻的影响。

在人生哲学问题上，庄子是从人的存在谈起的。而人的存在问题，又是从他的相对主义哲学引申出来的。因为在庄子看来，万物及其规定性都是在矛盾中获得的，它们作为一种存在，都只有相对的意义。在没有矛盾的状况下，万物的本来面目、本然状态，并无任何规定性与确定性。人作为万物之一种，它的存在同样如此。所以，《庄子·知北游》说："人之生，气之聚也。聚则为生，散则为死。若死生为徒，吾又何患？故万物一也。”这就是讲，人的死生情况，不过如气之忽聚忽散，并无确定的分界。从本然状态看，死与生本为一途，没有任何区别。即便在某种情况下成其为人，有了人的存在，那么这种存在也绝不会是真实的。人生相对于绝对真在的本体而言，是虚假的；相对于绝对恒在的道而言，又是瞬间即逝的。他借此结论道：“人生天地之间，若白驹之过隙，忽然而已。”可见，把人、人生放置在哲学本体论的层面上考察，它存在的真实性、确定性是大有问题的。这样一来，就使得庄子的人生哲学罩上了一层独特的思想光环。

第一，顺其自然，反对人为。庄子用相对主义的观点来看待人生，以为人不过是万物中之一物，“我”不过是在变化的洪流中遭遇到了“人之形”而已。他在《大宗师》里举例说，有一个冶金的工匠在铸造金属器物时，金属忽然从熔炉中跳起来说：一定要把我铸成一把良剑！那个铸工一定觉得这是一块不祥的金属。而现在，人们一旦被造物主铸造成人的形状，就说：“我是人，我是人！”那个造化者必定也以为这是不祥之人。所以，庄子认为没有理由去强调人的尊严，把人看作是万物之灵。可见，庄子比老子更彻底否定了儒、墨的人道原则。他在《秋水》里又说：“牛马四足，是谓天；落（络）马首，穿牛鼻，是谓人。故曰：无以人灭天，无以故灭命，无以得殉名。”就是不要以人为去破坏自然，不要以人们有目的的活动去对抗自然命运，不要以得之自然的天性（德）去套改社会上的名分。

在庄子看来，自然的一切都是美好的，而人为的一切都是不好的，因为扼杀了人的天性。孟子认为仁义是出于人的天性，庄子正好相反，以为仁义是摧残了人崇尚自由的天性，指出“意仁义其非人情乎”！从而彻底地否定了人道原则，以至要求达到“有人之形，无人之情”的境地，这本身是一种以自然为原则的人道观。这种人道观以为，真正的自由（自得、自适），在于任其自然的天性；具备了理想人格的人，就是无条件地与自然为一的“至人”。庄子本人可算是“身体力行”，他一贯崇尚自然，向往自由，不愿受到任何的约束。有一次，楚王的使者带着厚礼，来聘请庄子去做楚相，这时庄子正在濮水边钓鱼。庄子耐心听完了使者们一番苦口婆心的劝诱，依然持竿凭钓，根本没有回头。使者再三追问，庄子缓慢地说："我听说楚国有只神龟，死了已有3000多年，被盛在竹篮里，盖着麻巾，当作珍贵的物品安放在宗庙的大堂之上。你们说，这只龟是想死而留骨，为人珍藏呢，还是愿意活着，自由自在地在浑水中曳尾而游呢？"

"当然愿意在水里活着了！"使者们异口同声。

"好，你们走吧！我宁愿在浑水中生活一生，也不愿被名利尊荣所羁绊，损害生命。你们不要玷污我了，我以终生不仕为快乐。"

使者们走了，庄子继续钓他的鱼，晚上回去继续做他的"蝴蝶梦"。

其实，庄周本是宋国贵族的后代，他父辈为逃避楚国内乱，举家迁往宋国。要不然，庄周怎么会有那么高的文化修养，其作品中怎么会有那么浓郁的楚文化气息呢？自甘贫穷，逍遥一生，是庄子对生存方式的郑重选择。孔子说，不义而富且贵，于我如浮云。庄子则说，富贵仁义者是残害生命的东西，于我亦如浮云。这在《庄子·秋水》中有论述，司马迁在《史记·老子韩非列传》中也有记叙。

第二，笑傲王侯，永忆江湖。由于庄子崇尚自然，追求自由，反对人为的约束与束缚，也使得他具有不受统治者左右的叛逆性格。庄子很穷，他这样的人也必然穷。《山木》记载：有一次，他穿着一身打着补丁的粗布衣裳，一双用麻绳拴在脚上的草鞋去见魏王。魏王问道："先生，您怎么这样狼狈？"庄周说："我只是贫，并不是狼狈。一个人的道德不行，才叫狼狈；而破衣草鞋，只是贫而已。我是生不逢时啊！"不过，庄周可以不贫，贫穷是他自己主动选择的。他不想自命高洁，更不想混迹于势利小人中，依靠阿谀逢迎，为虎作伥，来换取荣华富贵。一次，有位叫曹商的昔日学友，为宋王去秦国办好了事，宋王送给了他一百辆车做犒赏。曹商得意扬扬地来找庄子，嘲笑道："我曹商缺的，是您在陋巷危房之中，困窘不堪，面有菜色；我擅长的，是开悟君王，一下子就得到了车一百辆。您怎么样？"庄子看了看这位刚发迹的"显贵"，反唇相讥道："秦王有病，召医生来治，能使毒疮溃散的奖一辆车，愿意为他舔痔疮的，奖五辆。治的方法越卑下，得到的车辆便越多。你就是舔痔疮的那位吗？不然怎么得到那么多的车呢？赶紧出去，不要玷污了我的房子。”曹商灰溜溜地回去了。

在《秋水》里，还记载着庄子与好友惠施为荣华富贵开玩笑的故事。说是惠施在魏国为相时，庄子去看望他。有人便对惠子说，庄子这次来魏国，是想取代您的地位啊！惠子非常恐惧，便下令手下人在城中搜捕庄子，折腾了三天三夜，结果仍然没有抓到庄子。后来，庄子见到惠子，知道了这件事，便对他说：“南方有种鸟，名叫鹓鶵，乃是一种凤凰，你听说过吗？”惠施说：“愿闻其详。”庄子接着说：“这鹓鶵，从南海出发飞往北海，非梧桐不落，非洁白的竹实不吃，非清澈的甘泉不饮。有只猫头鹰得到了一只腐烂的老鼠，视若宝物，正在那里津津有味地啃着。它见鹓鶵飞来，唯恐腐鼠被抢走，便仰头吓唬鹓鶵，让鹓鶵快点离开，可鹓鶵连看也不看猫头鹰一眼，更不要说那只腐鼠了。如今你想因为你在魏国的那只腐鼠，就来吓唬我吗？”惠施顿时感到十分惭愧。庄子就这样过着隐居的生活，这使他能避开都市人群的喧嚣、连绵不息的战火和世人对名利地位无休止的追逐。在月白风清的夜晚，他独坐户外，默默地体察人生，体认生死，体认天道。因此，庄子的哲学是不谴是非、参悟生死的哲学，是得意忘言、逍遥自由的哲学。它是一种生存方式，是一种对生活的选择、对天道的感悟。

也正是由于庄子笑傲王侯，永忆江湖，不去朝廷之地，不登显贵之门，只随弟子们游山玩水，品味自然，随机而发，诲人不倦，使之具有独立的人格与尊严，也得以颐养天年。有一次，庄子和学生们路过一座山，看见一棵枝叶茂盛的大树，但伐木者根本不去理会它。庄子问原因，伐木者说：此树没有一点用。庄子对学生们说：“你们看，此树以不材而终其天年。”出了山，他们在朋友家休息。朋友很高兴，叫童仆杀鹅款待客人。童仆说，有两只鹅，一只会叫，一只不会叫，杀哪只？朋友吩咐杀不会叫的那只鹅。第二天，学生就问庄子：“昨天山中的大木，因为‘不材’而得享天年；现在那只不会叫的鹅，因为‘不材’而死。先生您将如何自处呢？”庄子笑道："我将处于材与不材之间！"

第三，勘破生死，追求永恒。在人生态度上，庄子认为首先应该"达生知命"。所谓"达生"，就是要认识人存在的虚假性，懂得生与死原无区别。《庄子·大宗师》要求，人应该做到"不知悦生，不知恶死"。所谓"知命"，就是要完全顺从大道的运化，安于人生的任何际遇。《庄子·人间世》认为，"知其不可奈何而安之若命，德之至也"。只有"达生知命"，才能达到最高的道德境界。为了做到"达生知命"，人在心性修养上又应做到"无己无待"。这就是要取消对外界的任何欲求，才可以做到无所依赖，无所对待，从矛盾对立中超脱出来，乐天安命。这时，人不仅可以做到安于命运的任何际遇而与世无争，而且由于消去了自身质的规定性，消去了自己与周围事物的差别和对立，从而回归于道，进入了"与道同体"的境界。

当然，要真正做到"无己无待"，最彻底的做法就是死去。因此，在人生追求上，庄子甚至提倡以死为"至乐"。《庄子·至乐》认为，"死，无君于上，无臣于下，亦无四时之事，从然以天地为春秋，虽南面王乐，不能过也"。因为人活着，总不免要与外界发生物质交换，形成人际关系，也因此要受到束缚、受到限定。只有把现身和现生抹掉，才能真正实现"与道同体""与造物者为游"。所以庄子认为人应坦然对待死，死即回归自然状况，因而构成人生追求的一种境界。《庄子·养生主》里有个故事，讲到老子之死。老子死了，他的朋友秦失来吊唁，却批评别人的痛哭，说："是遁天倍情，忘其所受。"庄子本人也有个故事，很好地说明了这点。庄子妻死，惠施去吊丧，却见庄子蹲在地上，鼓盆而歌。歌曰："生死本有命，气形变化中。天地如巨室，歌哭作大通。"惠施说，你不哭也就够了，又鼓盆而歌，不是有点太过分了吗？庄子回答："不然。是其始死也，我独何能无概然。察其始，而本无生，非徒无生也，而本无形。非徒无形也，而本无气。……变而有气，气变而有形，形变而有生。今又变而之死，是相与为春秋冬夏四时行也。"由于庄子把生、死、气、形都看作是如春秋冬夏四时运行的自然状况，所以他就不惧怕死亡，认为死不过是事物的"变"

而已。后来，庄子觉得自己也要死了，真的要与造物者相游了，心情十分平静。弟子们想厚葬老师，庄子倒觉难过了：弟子们在这关键时刻并未勘破生死关。于是他说："我以天地为棺椁，以日月为（陪葬的）美玉，以星辰为珍珠，天地用万物来为我送行，我的葬物还不齐备吗？"弟子们不觉垂泪说："我们怕乌鸦和老鹰吃您的遗体。"庄子笑道："天上有乌鸦和老鹰来吃，地上也有蝼蚁来吃，要是夺了前者的食物给后者享用，不是太偏颇了吗？"终于弃世而去。

应该看到，庄子人生哲学所持的观点，在当时社会历史条件下，是有一定的积极意义的。这表现在老庄道学以前，以孔墨为显学。孔墨倡导仁义，宣扬"非命""强力"，在某种程度上带有维护旧时代社会基本体制的倾向。庄子人生哲学所展示的，恰恰就是命——客观世界的无限性。他把人的主体地位问题放置在宇宙无限广阔而发展的背景下予以考察，突出人的追求与客观时势的一致性，这无疑对人们如何确定人在宇宙中的地位，如何把握人生及其价值等问题，提供了重要的启示。同时，庄子人生哲学否弃现实关系束缚的追求，必然又导致对君权的批评与否弃，对统治者的贪婪追求的鄙视与不合作，这些同样也表现了庄子人生哲学的积极面。后来封建社会中不时出现的具有同统治者抗争性质的"无君论"，大多与庄子有关。

但是，正像庄子在哲学上把事物及其规定的相对性强调得过分，从而陷入相对主义一样，在人生哲学上，他对人的主观努力，对社会现实关系的否弃也走得太远了。尽管他看到了每个个人在人类历史发展的长河中，所起到的作用具有相对性、有限性的一面，但这并不等于说人的存在、人的主观努力毫无意义。即使到庄子生活的年代，人类也已经以自己的存在和主观努力影响、改变了外部世界的存在及发展状况，取得了辉煌的成就，营造了远比动物优异的生活条件。庄子否定人的主观努力，否认社会的发展和文化的进步，要人们完全顺应自然的运化，顺从命运的安排，甚至回归到"同与禽兽居，族与万物并"的人物不分的状态中去，这是没有理由的。特别是庄子对自由的追求，也有些失之偏颇。他追求的自由并不是现实中的自由，其生活态度带有明显的游戏人生的色彩。故此，庄子的人生观显然过于灰色了，后世许多“看破人生”的宿命论观点，大多受到其影响。

# “白马非马”

## ——名家的哲学思想

庄子在世，有许多朋友，其中最知音的朋友就是惠施，尽管两人在人生观与学术观上存在着明显的差异。惠施早庄子而死，庄子极为痛惜。有一次经过惠施的墓地，他对弟子们说：“有个楚国人鼻尖上沾了一点白灰，就像苍蝇翅膀那样薄。他请一个匠人用斧子削掉。匠人运斧成风，随手一削，白灰立即掉了，鼻子一点没伤着，楚国人却从容自若，一点也不害怕。宋王听说了此事，便请匠人也给自己试一试。匠人说，我曾经这样做过，但现在不行了，因为我那个好搭档（楚人）已经死了，谁还能在利斧面前那样从容不迫呢？我自从惠施去世之后，也失去了搭档和对手，再也没有可以对话的人了。”足见两人的心交之深。

事实上，《庄子》一书中，的确记载了庄子与惠施的许多对话和言论，从而使惠施的哲学思想得以保存。最能表现惠施风格的就是《秋水》中，庄子与惠施的“濠上之游”。

那是一个天朗气清的日子，庄子与惠施在濠梁之上漫步。濠梁就是濠水上的一座桥。河水在桥下潺潺地流着，鱼儿自由地在水里游着，庄子心醉了。他对惠施说：“你瞧，鱼儿们优哉游哉地游来游去，显得多么快乐啊！”

惠施反驳道：“你又不是鱼，怎么知道鱼之乐呢？”

庄子针锋相对：“你又不是我，怎么知道我不知道鱼之乐呢？”

惠施反唇相讥：“我不是你，当然也就不知道你；但你不是鱼，你就肯定不会知道鱼之乐。完全就这么回事。”

庄子笑道：“让我们把话题从头说起吧。你问‘你怎么知道鱼之乐’这句话，其实就已经知道我知道鱼之乐才问我的，难道不是这样吗？现在我告诉你，我是在濠梁之上知道的！”

惠施也笑了：“算你说得有理。可是你的话都是无用之言。”显然，他是不太服气的。

《庄子》中同时记载有大约与他们同时代的著名辩者公孙龙的许多观点。有趣的是，惠施与公孙龙，都是中国哲学史上先秦名家的主要代表。

惠施（约前370—前310），战国中期宋国人，是当时有名的政治家，曾当过魏国惠王之相，常与庄子辩论问题。惠施的著作早已散失，现仅能根据《庄子》及《荀子》《韩非子》《吕氏春秋》中所保留着的一些资料，来对他的哲学思想进行分析研究。

公孙龙（约前325—前250），战国中期赵国人，曾做过赵国平原君的门客，主张“以正名实而化天下”，极力宣传偃兵、兼爱。现存《公孙龙子》一书，据《汉书·艺文志》记载有14篇，但大部分早已失传，现仅存6篇，是后人研究其哲学思想的主要资料。

名家是战国时期诸子百家争鸣中，出现的一个引人注目的名辩思潮学派。在先秦并无名家这一称呼，人们称这一学派的一些代表人物为“辩者”或“形名家”。只是到了西汉，著名学者司马谈才在其《论六家要旨》中，第一次明确把先秦辩者学派称为“名家”。此后“名家”的称谓被历代学者所认同，流传至今。因此，“名家”是指以探讨名实关系为核心，注重对名词概念进行深入细致的分析，提倡“控名责实”学说为其基本特征的学术思想流派。

名家的产生，有着深刻的社会历史原因。名辩思潮是各家围绕名实关系展开的一场哲学论战，是百家争鸣的一个重要内容。由于当时社会制度正经历着变革过程，到处都在除旧布新，就使得反映旧制度、旧事物的“名”，同刚出现的新制度、新事物的“实”之间；或反映新制度、新事物的“名”，同旧制度、旧事物的“实”之间，不相符合而发生矛盾，出现所谓“名实之相怨久矣”的现象。因此早在春秋末和战国初，就有孔子的“正名”和墨子的“取实予名”这两种不同观点的论争。从名实关系来看，“名”（名词、称谓、概念）本是“实”（客观实际存在的事物）的反映，应随着“实”的出现而出现、变化而变化。这就要求“取实予名”，而不要搞什么“正名”，以“名”限“实”。但另一方面也要看到，反映新事物的“名”一经确定后，通过“循名责实”，对于识物与成事又具有积极意义。到了战国中期，礼崩乐坏的局面已根本无法收拾，诸侯异政，百家异说，导致“奇辞起，名实乱”的现象更加突出。这时参加名实关系论争的，已不止儒、墨两家，而是各家都投入了。加上当时各国诸侯为了巩固统治和互相征战而研究谋略的需要，“养士”之风盛行，出现了一批“游说之士”，“不治而议论”。他们不用负责具体政治事务工作，可以著书立说，进行各种辩论。在这种“处士横议”“辩士云涌”的时代，各家辩论内容也就不仅仅限于名实关系，而是从自然到社会乃至思维，几乎无所不包了。不过从与哲学史联系的密切程度看，显然首推名家。

名家学派的创始者为春秋末期的邓析（公元前501年卒）。据《吕氏春秋·审应览》说，邓析是当时著名讼师，常操两可之说，设无穷之辞。子产治理郑国时，邓析常出难题为难他，“以非为是，以是为非，是非无度，而可与不可日变”，最终被子产所杀。有一次河水泛滥，淹死了郑国一个富人。尸体被别人打捞上来，死者家属要求赎尸，但打捞者出价太高。死者家属便求教于邓析，邓析劝他不要着急：“他不卖给你，卖给谁呢？”这时，打捞者也找邓析出主意，邓析同样劝他不要着急：“他不找你买，还找谁呢？”如此馊主意，两家倘若一味僵持，只好让尸体发臭。邓析著作今已失传，所传《邓析子》是伪书。另有桓团者，据说为名家领袖，现仅知其为赵国辩士，其余皆不得而知。

邓析后，名家相继形成了三个基本学派：宋钘、尹文学派，惠施学派和公孙龙学派。宋、尹学派以研究人们的行为和社会现象为主要对象，在名家中的影响不算太大。名家中影响大的，要算惠施的相对主义学派和公孙龙的绝对主义学派。惠施与公孙龙都以擅长概念分析而驰名，并且各代表一个极端。惠施主张“合”，认为一切事物都是同一的，提出“合同异”“泛爱万物，天地一体”等命题，被称为“合同异”派。公孙龙主张“分”与“离”，认为一切事物都是有差异的，提出“离坚白”“白马非马”等命题，被称为“离坚白”派。

惠施学派所要证明的问题是，人应该“泛爱万物”。为什么呢？因为世界上的一切事物都是齐一的，所以在方法上应该“合同异”，否认事物的差别性。《庄子·天下》讲惠施提出的10个论题，即“历物十事”，它们都证明了这一点。其中有一个论题是：“大同而与小同异，此之谓小同异；万物毕同毕异，此之谓大同异。”他认为“大同”属于一大类，“小同”属于一小类。如以动物为“大同”，兽类则为小同，这种从种属关系来考察事物之间的同异，叫作“小同异”。“毕同”“毕异”，是说万物都有共同点，也都有不同点，这就叫“大同异”。惠施强调“大同异”，按共性说，万物都是“物”，故“毕同”；按个性说，每一物各具特性，故“毕异”。他揭示出了事物同异关系的相对性，有其合理的辩证法因素；但他夸大了这种相对性，抹杀了事物质的差别，又是不可取的，导致了诡辩论。其余还有“天与地卑，山与泽平”“日方中方睨，物方生方死”“南方无穷而有穷”“连环可解也”等，从不同角度进一步论述了这一点。所以在最后，他便得出了“泛爱万物，天地一体也”的结论。意思是要无差别地去爱一切东西，把天地万物和自己都看成血肉相连的一个整体。这里，就把抽象的“毕同”说成是实在的一体，混淆了“类同”和“体同”。

在实践上，惠施也贯彻了自己的观点。惠施是战国时“合纵抗秦”的实际组织者之一，他当过魏国宰相，可是主张“去尊”，用反对一国称王称霸的方法团结六国来抵抗强大的秦国。但有一天，他突然建议魏王“尊齐王为王”，这使大臣匡章吃了一惊。匡章问惠施：“先生的学说是‘去尊’，现在又要尊齐王为王，这不是前后颠倒，自相矛盾了吗？”惠施说：“现在有个人，想要打你心爱的儿子的头，如果可以用石头来代替你儿子的头挨打，难道你不愿意吗？我可是愿意这样做。因为儿子的头最重要，石头是无足轻重的。……齐王屡次用兵而不肯罢休，目的不就是为了称霸吗？现在我们姑且依从他，尊他为王，这就可以延长人民的寿命，使人民免于一死，这和‘以石代爱子之头’是同样的道理呀！为什么我们不这样做呢？”这种“以石代爱子之头”的策略，正是惠施“合同异”的名辩思想的具体运用。

《庄子·天下》除列举了惠施本人的10个命题外，还列举了先秦辩者的21个命题。在这21个命题中，有一部分是属于惠施学派“合同异”观点的，例如，“卵有毛”“马有卵”“犬可以为羊”“丁子（蛤蟆）有尾”“龟长于蛇”，等等。这些稀奇古怪、背离人们常识的命题，都是采取了“合同异”的相对主义手法，抹杀一般与特殊的关系而推导出来的。但是，当我们从理论的角度来评价惠施的学说时，应当说还是颇有价值的。惠施第一次证明了思辨所具有的无限力量，它可以对人们认为一些不可思议的命题做出论证。对此，我们不能仅指控其主观诡辩就简单否定它。例如，惠施学派所谓“一尺之棰，日取其半，万世不竭”那样的命题，也是基于同样方法得出的。这种命题人们虽永远不能付诸客观的验证，因为人们无法把无限分割完毕，但这种命题甚至在今天仍被认为是有深刻意义的，这里就体现出思辨的力量。

与惠施相对主义学派对立的是公孙龙的绝对主义学派。当惠施通过“合同异”而否认事物差异性时，公孙龙却通过“离坚白”的手法，凸现了事物的差异性，进而否认了事物的共同性。最突出的是他反复论证了争论不休的“白马非马”的命题。

实际上，“白马非马”的命题并不是公孙龙首先提出来的。据《韩非子·外储说左上》讲，大约在惠施之前，已有一个叫兒说的辩者，就提出了“白马非马”的命题。比惠施稍后的公孙龙，不仅反复论证了“白马非马”，还提出了“离坚白”的学说。从而使这一命题家喻户晓，在某种意义上成了名家著名的“代表性”命题了。

关于“白马非马”，《公孙龙子·白马论》是这样论证的：“马者，所以命形也；白者，所以命色也；命色者非命形也，故曰：白马非马。”公孙龙认为，从“名实”关系说，“马”之名用来表示形体，“白”之名用来表示颜色；“白马”包括了两个因素，而“马”却只指形体，所以说“白马”不是“马”。他又进一步指出：“求马，黄、黑马皆可致；求白马，黄、黑马不可致。……故黄、黑马一也，而可以应有马，而不可以应有白马，是白马之非马，审矣。”就是说，当人们要马时，各种颜色的马都可以给，而当人们要白马时，黄马、黑马就不合要求了。可见，白马不是马。

其实，我们平常讲“白马是马”，这个简单命题就包含着个别与一般互相联结而又互相排斥的辩证关系。公孙龙强调“马”和“白马”这两个概念在内涵与外延上的区别，指出了个别与一般的互相排斥关系，这在逻辑发展史上是有贡献的。但他片面夸大了这一点，认为一般的抽象的马可脱离具体的马独立存在，这就割裂了一般与个别的辩证关系，导致了诡辩。尽管如此，公孙龙却始终坚持。在《公孙龙子》中，就记载着这样一个故事：

有一天，公孙龙偶与孔子六代孙孔穿相遇。孔穿对公孙龙说：“我早就听说先生很有学问，非常希望能成为你的学生。不过只是不同意你所说的‘白马非马’罢了。如果你能放弃这一说法，我孔穿就做你的学生。”

公孙龙感到不解。他心想，天底下哪有这样拜师的？于是便说：“你的话错了。我公孙龙之所以有名，就是因为我主张‘白马非马’，你要让我放弃它，那么就没有人来拜我为师了，这样，我也就没有什么东西可以教你了。再说，要请人做老师的，是因为自己的学识不如人家。现在，你要我放弃自己的主张，这岂不是你先做老师来教我，然后再请我做你的老师吗？这种做法实在荒唐。你可要知道，‘白马非马’也是你们的祖先——孔子的主张呀。我曾听说过这样一件事：有一天楚王带着他心爱的弓箭去打猎，但楚王在打猎时不小心将那心爱的弓箭丢失了。楚王非常痛心，他的手下请求去寻找，但没想到楚王却说：‘算了算了，楚国人丢的弓，还是楚国人拾得的，不要再找了！’孔子听了以后说：‘楚王的仁义还是没有做到家。应该说人丢了弓，人拾了去就是了，何必要说楚国呢？’”

公孙龙稍停片刻后，继续谈自己的看法：“根据这样的说法，孔子是把‘楚人’和一般的‘人’区别开来的。人们一方面赞成孔子把‘楚人’和一般的‘人’区别开来的说法，另一方面又否定我的‘白马非马’的命题，显然，这是不公平的。你是儒家学说的继承人，却又反对孔子的观点；想做我的学生，却又让我放弃我要教你的东西，这样，即使有100个公孙龙，也无法做你的老师啊！”孔穿听了这番似是而非的话，实在感到不好回答了。

应该看到，公孙龙论证“白马非马”这一命题的理论基础，是他本人提出的“离坚白”学说。所谓“离坚白”，是指对一块既坚又白的石头，他反对按一般人常识的见解称之为“坚白石”。理由是用眼睛看石时只有“白”的颜色而看不到“坚”的质，同样用手摸石时只有“坚”的感觉而摸不到“白”色，所以“坚”和“白”是相分离的，只有“坚石”“白石”而没有“坚白石”。这是他在《坚白论》里提出的著名观点。本来，从客观事物来说，“坚”和“白”都同是一块具体石头的属性，离开具体事物就无所谓“白”和“坚”。但是，公孙龙却将二者绝对割裂开来，并把“坚”和“白”说成是抽象存在的独立实体，这就必然得出一般可以脱离个别而独立存在的结论，从而分离、割裂了共性与个性的相互联结。公孙龙就是用“离坚白”的观点，进而提出“白马非马”的命题的。

《庄子·天下》列举的先秦辩者21个命题，除了一部分是属于惠施派的之外，还有一部分是属于公孙龙派的，如“飞鸟之影未尝动也”“鸡三足”“火不热”“轮不辗地”“狗非犬”，等等。它们都是采取割裂个别和一般的手法，推导出一定结论来的。由于这些论题只是结论，没有前提与推论过程，常常令人费解，各家注解也不尽相同，其中有的命题至今还未有确切的理解。名家的这些命题与悖论，尽管不符合常识，貌似荒唐，有的甚至流于诡辩，但对启发思维，促进思辨，还是颇有意义的。

综上所述，惠施和公孙龙虽同属名家，但在名实、同异之辩中，双方着重点不同并各走一端。惠施派强调同异的相对性，认为一切概念都是可变的、灵活的，这有合理性的一面；却抹杀了概念的相对稳定性，把一切差别说成是相对的，不讲对立转化的条件，就容易陷入相对主义。公孙龙派却相反，把概念之间的差异绝对化了，从而导致了绝对主义。由于他们不能真正懂得相对与绝对、运动与静止的辩证法，所以各从一个片面陷入了错误。我们分析其中的合理性因素及双方失足的原因，总结当时哲学思维发展的历史经验，对今天还是有其现实意义的。

# 守株待兔

——法家的历史哲学思想

至战国末期，名实的激烈论争一直没有止息。随着社会生产力的不断发展，社会不顾“名”的束缚，也在变革中实实在在地不断前进着。许多思想家把关注的目光进一步聚焦于历史领域，使百家争鸣在更广阔的范围内展开，也使历史哲学这朵中国哲学史上的奇葩，绽放出了十分夺目的光彩。而在历史哲学的原野里，以韩非为杰出代表的法家，不仅对先秦变法运动的历史经验进行了认真总结，同时也强调政府各级官员要“循名而责实”，做到名实相符，进一步丰富和发展了历史哲学。

在历史哲学领域里，社会历史究竟是不断进步的，还是不断退步的？这种历史退化论与历史进化论的争鸣，始终没有停止。中国人比较尊重过去的经验，这个传统也许是出自占压倒性多数的农业人口的思维方式。农民一直被固定在土地上，极少迁徙。他们日出而作、日落而息地耕种土地，是根据季节变化，年复一年地简单重复着这些变化。以往的经验足以指导农民的劳作，所以他们无论何时若要试用新的东西，总是首先回顾过去的经验，从中寻求先例。这种心理状态，对于中国历史哲学影响很大。因此从孔子起，多数哲学家都喜欢诉诸古代权威，作为自己学说的根据。孔子崇尚的古代权威是周文王与周公。为了超过孔子，墨子诉诸传说中更早的禹的权威。孟子更要胜过墨家，比禹还早，祖述尧、舜时代。最后，道家为了取得自己的发言权，取消儒、墨的发言权，就诉诸伏羲、神农的权威，据说他们比尧、舜还早若干世纪。这样一再朝后看下去，这些哲学家就建立了“历史退化论”。他们虽分属各家，但都同意这一点，就是人类黄金时代在过去，不在现在和将来。因此，要拯救人类，不在于向前看去创新，而在于往后瞧学复古。

以韩非为代表的法家，是先秦时期最后的主要一家。对于这种历史退化论，他们是非常鲜明地持着反对态度，坚持历史进化论的观点。当然，在韩非以前，法家已有三派，各有自己的思想路线。一派以慎到为首。慎到与孟子同时，他以“势”为政治与治术的最重要的因素。另一派以申不害（前385—前337）为首，他强调“术”是最重要的因素。再一派以商鞅（前395—前338）为首，最重视“法”。“势”，指权力，权威；“法”，指法律，法制；“术”，指办事、用人的方法与艺术，也就是驾驭臣民的政治手腕。

法家集大成者韩非（约前280—前233），出身韩国君主世家，为韩国公子。他喜好“刑名法术”之学，曾拜荀子为师，与李斯是同学。韩非口吃，不善言辞，但文章却写得很好。当时，韩国是小国，韩王又不励精图治，所以尽管韩非多次上书韩王，主张修明法制，驾驭群臣，富国强兵，但皆不为韩王所用。于是，韩非只好愤而著书立说。韩非的著作收集在《韩非子》（又名《韩子》）一书中，共55篇，大部分出自韩非手笔。其中《孤愤》《五蠹》《内外储说》《说林》《说难》等篇，不仅是其哲学思想精华，而且在文学史上也占有重要地位，其寓言和传说对后世颇有影响。据公木《先秦寓言概论》统计，《韩非子》全书寓言约340则，数量居先秦诸子寓言的首位。著名的有自相矛盾、守株待兔、郑人买履、买椟还珠、滥竽充数、郢书燕说、画鬼最易、狗猛酒酸、美人掩鼻、老马识途、病入骨髓等等。《韩非子》中的《显学》《解老》和《喻老》等，在学术思想史上也具有珍贵的史料价值。《史记·老子韩非列传》和《韩非子》，是研究韩非生平与思想的主要资料。

韩非的著作传到了秦国，一下子受到了秦王的赏识。秦王政读了韩非的许多著述后，感叹地说：“如果能见到这个人，并同他交游，我将死而无憾！”李斯告诉秦王，这是他的同学韩非写的著作。秦王为得到韩非，便发动了对韩国的大规模战争。韩王只好派韩非出使秦国。秦王见到韩非，十分高兴，但又不敢相信和任用他。李斯嫉妒韩非，怕他取代自己的地位，便和姚贾乘机陷害韩非。他们到秦王面前说韩非本是韩国公子，肯定不会与秦国同心同德。如果放他回去，将留下祸患，不如找个借口杀了他，以绝后患。秦王听信了他们的话，就把韩非囚进了大狱。李斯赶快派人送毒药给韩非，逼他自杀。韩非在狱中请求再见秦王，以表明心迹，却遭到拒绝。等到秦王感到后悔，派人去赦免韩非时，韩非已经死了。

以韩非为代表的法家坚持历史进化论观点，充分认识到时代发展变化的客观要求，又极其现实地看待这些要求的合理性。他们虽也承认古人纯朴一些，有德一些，但认为这是由于物质条件使然，不是由于任何天生的高尚道德。根据韩非在《五蠹》中的说法，古者“人民少而财有余，故民不争。……今人有五子不为多，子又有五子，大父未死而有二十五孙，是以人民众而货财寡，事力劳而供养薄，故民争”。由于出现了人多财少这些显而易见的全新矛盾与问题，韩非认为必须用全新的方案才能解决，只有愚人才看不出这个明显的事实。他接着用一个“守株待兔”的故事做比喻，说明这种愚蠢是要不得的。那故事说：

宋国有一个以种田为生的农人，田中有株树。有一天，他正在耕田时，突然一只兔子在奔跑中触树折颈而死。这个农民捡到死兔后十分高兴，他便从此放下手中的活计，每天守在这棵大树边，希望能够再次得到更多的兔子。日复一日，兔子始终没有再来撞树，他也无法再次得到兔子了。结果，时间久了，自己的田地也荒芜了。此人的愚蠢举动，传遍了整个宋国，变成了大家的笑柄。

故事讲完后，韩非感慨道：“今欲以先王之政，治当世之民，皆守株之类也。”就是说，社会发展到了今天，如果还要一味地以过去先王的政道、政策，来治理现在的民众，不知变化与革新，也就会犯守株待兔同样的错误。

韩非这种把历史看作不断变化发展过程的观点，在我们现代人看来，不过是老生常谈。但是从其在当时反对古代中国其他各家流行的泥古学说看来，实在是一种革命性的观点。韩非历史哲学中的进化论思想内容丰富，突出表现在两个方面。

其一，“不期修（循）古、不法常可”的社会发展观。韩非集先秦法家思想之大成，继承并发展了前期法家进步的社会历史观，作为其法治思想的理论根据。为了建立、完善和巩固封建制，当时各家在哲学上首先面临的课题是如何看待历史，如何看待古与今，如何对待社会变革等重大问题。在前期法家中，商鞅的进步历史观是比较突出的。他在《商君书·开塞》中指出，历史是一个发展的过程，所以“圣人不法古，不修（循）今。法古则后于时，修（循）今则塞于势”。“法古”就是复古守旧，“修今”就是拘于现状，都是倾向于保守落后的思想。商鞅在这里提出了“古”“今”“时”“势”等概念，“时”指时代，“势”指形势、趋势。他把是否符合时代的要求和历史的趋势，作为反对循礼守旧、坚持变法革新的理论依据。他竭力反对孟子等人提出的所谓“五百年必有王者兴”的历史循环论，在《更法》中明确提出：“治世不一道，便国不必法古。”“各当时而立法，因事而制礼。”始终坚持变法革新思想，并积极付诸实际行动，使秦国很快由弱变强。

韩非继承了商鞅等人关于古今异势、因时变法的观点，深入吸取了老子和荀子等人的哲学思想，提出应根据社会的盛衰存亡之理来“变古易常”，主张“美当今”，反对“法先王”。韩非还从认识论的角度驳斥复古主义，指出“上古”和“先王”离开当今几千年，没有可供参验的详细资料；可是有些儒者劝说人主，不去褒扬今天的治理之功，而专讲过去已治之功，不分场合地一再赞誉先王之成功，贬抑今天的明主，这简直就像“巫祝”一样骗人。所以，从进化的历史观出发，韩非强调“因时变法”的重要性。他指出当时的现实是“多事之时”，“大争之世”，历史条件与过去相比发生了很大变化，统治措施也要做相应的改革。他在《五蠹》里说，“世异则事异，事异则备变”“古今异俗，新故异备”，强调应该“备适于事”。他举例说，如果在夏朝还有人在树上筑巢而居，钻木取火，一定要遭到鲧和禹的讥笑；如果到了商、周时代还把疏导江河作为首要的事，一定要遭到商汤与周武王的讥笑；那么，现在的人们还去赞美古代圣人的治国方法，并拿到今天来实行，也一定要遭到“新圣”的讥笑。可见“法与时转则治，治与世宜则有功”。韩非的这些观点，为当时新兴地主阶级的变法活动，提供了有力的理论论证，反映了历史发展的某些实际和战国后期社会变革的客观要求，是符合历史发展的辩证法的。

其二，“法、术、势”相结合的法治思想。社会历史既然是进步的，并且要不断向前发展，也就必然要求逐渐弱化人治，而强化法治。社会统治与管理上讲求法治，并非自韩非始，在他之前的商鞅、申不害和慎到等人已开始言法治。但是，这些人或专言“法”，或偏重“术”，或仅主“势”而非法、术。韩非便在这些思想家已有成果的基础上，将“法”“术”“势”有机结合起来，形成了一套“以法为本”而兼重“术”与“势”的法治理论。因此，法之为“家”至韩非而始完成，这倒是公允的。

什么是法、术、势？《韩非子·难三》说：“法者，编著之图籍，设之于官府，而布之于百姓者也；术者，藏之于胸中，以偶众端，而潜御群臣者也。”这就是说，“法”是记录在文献中、由政府有关部门执掌并广布于百姓的赏罚条文。“术”则是暗藏于皇帝心中，用来监察群臣的言谈举止心态，以便于驾驭他们的技巧。“势”有两种，一是“必于自然”之势，即人力无法控制的客观形势；二是“人之所得设”之势，即人主本身的权势和地位，是战胜臣民的资本。后一种是韩非注视的重点。“法”“术”“势”三者各司其职，“法”定刑赏，施之于事情已发之后；“术”察忠奸，行之于事情未发之前；“势”主震慑，贯穿于人主的整个治国过程之中。同时，“法”“术”“势”三者又互相联系、密不可分。如果人主能够论功行赏、按罪施罚（“法”），意味着他就能察忠奸、知人善任（“术”），结果必然加强他的权威与地位（“势”）；反之，如果人主不能赏罚分明（“法”），意味着他不能辨正邪和恰当用人（“术”），结果必然损害他的权势与威望（“势”）。在这三者之中，“法”是最重要的，是治国之根本，“术”与“势”则是人主用以助法施行的手段，相对“法”而言是较为次要的，当然也是不可或缺的。

韩非认为，一国之主要充分发挥“法”“术”“势”的作用，最重要的是君主必须有道而不能无道。韩非所谓君之道包括了三方面的内容：一是善于明察，即人主能“身在深宫之中，而明照四海之内”，这样才能不偏听偏信。二是善于立法，即指人君能“设民所欲以求其功，故为爵禄以劝之；设民所恶以禁其奸，故为刑罚以威之”，因民之好恶而设赏罚之道，从而使功成而奸息。三是善于行法，即指人君既能“赏有功，罚有罪，而不失其人”，又要赏罚严明，令行禁止；包括人君在内，也要依法行事，而不能“释法术而任心治”，只有自己身体力行，法才能真正施行。韩非指出，人主只要做到了以上几点，就能像乐队的指挥一样，不管有多少人，只要指挥棒一动，人人都会随之而动，从而演奏出一曲奸佞不生、赏罚严明、国泰民安、本固邦强的尽善尽美之曲。当然，韩非的上述设想虽然高远而完美，但由于社会历史的局限，他的思想在理论上是矛盾的，在实际应用中也不能不变形。但他根据荀子“人性恶”的理论提出的依法治国的法治思想，却是难能可贵的。

法家集大成者韩非的思想，代表了先秦系统而成熟的法家理论。作为一个哲学家，韩非的思想倾向基本上是唯物主义的。他比较推崇对事物规律的认真探讨，也强调注重“参验”的认识论基本立场，其“矛盾之说”闪耀着朴素辩证法的思想光辉。在社会历史领域，韩非的历史哲学更是璀璨夺目，这也是他作为一个政治家的重要思想理论基础。他那套法、术、势相结合的理论，较好地适应了新兴地主阶级建立中央集权封建制度的需要，因而成了秦王朝的统治思想。但他那种暴力专制思想，也为秦王朝的最终覆灭埋下了伏笔，因此在秦始皇死后，立即爆发了陈胜、吴广领导的农民大起义。随着秦王朝的迅速灭亡，封建统治者接受了教训，否定了韩非单纯鼓吹暴力的法家思想，采取“霸王道杂之”的新的统治策略，并且重建儒家思想，开始了两汉经学的新时代。

# 稷宫祭酒

## ——荀子对百家争鸣的总结

法家集大成者韩非的历史哲学思想，除吸取了商鞅、慎到等著名法家的思想外，还直接继承了他的老师荀子关于“隆礼”“重法”等的思想。当然，荀子的哲学思想远比韩非更为广泛。学界一致认为，在战国末期，荀子是百家争鸣的批判者与总结者。鉴此，也使荀子成为我国先秦集诸子百家之成而独树一帜的伟大学者。

荀子名况，字卿，又称孙卿。他是战国后期赵国人，生卒年不详，约在公元前316—前238年之间。时人尊称荀子为荀卿，汉代为避汉宣帝讳，改称孙卿子。

荀子15岁时，开始到齐国游学。当时，由于条件的限制，各种思想的传播比较困难。而在齐国，官方所设的稷下学宫，各家各派学者云集，齐宣王末年更置列大夫，对学者们愈加尊崇。荀子慕名而来，通过听各家各派学者们的讲学，比较直接地掌握了他们的学说与思想，为以后的继承与批判打下了坚实的基础。例如，《荀子》一书对宋钘曾有不少批评，但他显然又接受了宋钘思想的影响，其书中对宋钘还特别给予了“宋子”的尊称，说明荀子曾经直接师事过宋钘。所以，在百家争鸣过程中，荀子对各家各派的学说都很熟悉，并都能抓住其中的要害。可见，荀子在年轻时期，是确实对各家各派的学说下了一番学习研究的功夫的。

荀子在齐国稷下学宫游学，经历了相当长的一段时间。正当他孜孜以求学问之时，齐国发生了变乱。公元前284年，燕将乐毅，率兵攻入齐都临淄。

为避战火，荀子便离开齐国，辗转来到了楚国，实地考察了楚国的风土人情，接受了楚文化的熏陶。公元前279年，齐国即墨守将田单，乘燕惠王用骑劫代替乐毅的机会，向燕军发动猛烈反攻，采用“火牛阵”大破燕军，一举收复失地70余城，迎齐襄王进入临淄。齐襄王在临淄，立即下令召集亡散的学士，重整稷下学宫，修列大夫之缺。这时，荀子又应召回到了稷下学宫。由于田骈等老一辈的学者都已经死去，荀子便在学宫里“最为老师”，一直到他最后离开齐国，曾经“三为祭酒”，即在稷下学宫成了岿然突出的大师，在众多的学者中三次被推为“祭酒”（学宫之长）。

后来，荀子在齐国遭到了谗害，便离开了齐国。他先去赵国见过赵孝成王，不久又去秦国，曾与应侯范雎问答，也见到过秦昭王，但都没有得志。最后荀子到了楚国宰相春申君那里，被任命为兰陵令。春申君被害后，荀子也被罢官。于是，荀子晚年定居在兰陵，专心教学和著述，最终逝于兰陵。荀子一生曾经教过众多弟子，有两个最为著名，一个是后来贵为秦相的李斯，一个便是法家思想集大成者韩非。

《荀子》的著作在汉代有300多篇，经刘向等人删除重复，编定为32篇，流传至今，基本为荀子自著。其中绝大部分是哲理文章，只有《成相》《赋》两篇为文学作品。《成相》是表达荀子政治思想的通俗文学作品；《赋》则以文学手法赞扬比喻“礼”，成为汉赋的重要渊源之一。荀子在先秦诸子中，学术视野最为开阔，他在政治、经济、军事、学术、哲学、伦理、逻辑、教育、人性乃至文学、音乐等方面，都有着与众不同的论述。其中著名的《劝学》研究教育与学习，《非十二子》分析评论诸家学说，《议兵》论述军事，《天论》研究哲学，《解蔽》研究认识，《正名》研究逻辑，《性恶》研究人性，《修身》等论述道德修养，《王制》《富国》《王霸》《强国》等论述政治经济，《乐论》阐述音乐理论及其作用，等等。因此可以说，广博的内容、独到的见解、严整的逻辑、学者的文采，构成了《荀子》一书的突出特色。

荀子的哲学思想是十分丰富多彩的，包括“明于天人之分”的唯物主义自然观，“虚壹而静”的唯物主义认识论，“制名以指实”的逻辑思想，“性恶论”的伦理观，“明分使群”的社会起源说，“厚今薄古”和“隆礼”“重法”的治世主张等。同时，荀子对百家争鸣的总结是深刻的，也是全方位的，包括儒、墨、道、法、名、阴阳等诸种学派。不少人都说荀子是儒家，但实质上他是儒、墨、道、法兼综的，也由此而使他成为春秋战国时期最杰出的唯物主义思想家。荀子通过解诸子之“蔽”，取百家之长，有效克服其各种局限性与片面性后，吸取百家之“蔽”的理论思维教训，比较自觉运用“既有见于此，又有见于彼”的两点论观点总结百家争鸣中的哲学问题，把我国古代朴素唯物主义、朴素辩证法推进到新的理论高度，建立起了集大成的唯物主义哲学体系。特别是荀子的“明于天人之分”与“制天命而用之”的论题，喊出了时代的最强音。因此，在某种意义上说，荀子对百家争鸣的问题进行全面总结，正是以天人关系问题为核心而进行和展开的。

关于天人关系问题，可以说是中国哲学史上一直存在并争论不休的基本问题，因为它集中显示了人类认识中主客观的矛盾问题。先秦诸子关于这个问题的争辩经过一段时间后，各方都逐渐暴露出其理论上的缺陷。在孔孟儒家思想中，虽大体确认了天命是一种客观的、盲目的必然性，也强调了人的主观努力，却认为它是不可把握的，同时又仅在道德修养范围内理解人的主观努力问题，这就走向了主观唯心主义。在墨家思想中，人的主观努力被视作改造客观外界的一种有效行为，却往往又把天作为一个全知全能的人格神，这无疑是倒退到有神论的立场上去了。在道家思想中，天的人格神色彩再度被抹去，但天道却被理解为宿命论，人的一切思想与行动在命运的必然性面前都显得软弱无力，毫无意义。显然，儒、道、墨各家对天人关系的认识，都各有所“蔽”和所偏。荀子则认为，诸子在天人理论上的根本缺陷，在于没有明确天与人之间的区别和联系。为了解决这个问题，他提出了两个核心命题：第一是“明于天人之分”，即明确划分天与人的根本区别；第二是“制天命而用之”，明确提出了天与人之间的联系方式。

荀子将“天”界定为两种基本含义：一是一存在着的事物，像天上的日、月、星、风、雨、雷、电等，但这不是天的主要内涵；二是产生上述事物的功能、运动或机制，即“天职”或“阴阳运动”，这是人所看不到的。无论就哪方面而言，天的特点即在其客观性，具有自身发生发展与变化的规则，这就是他在《天论》中讲的“天行有常，不为尧存，不为桀亡”的著名论断。由于天并不受人的主观意志的影响，所以人讨厌冬天的寒冷，但天并不会因此取消冬天；人不喜欢路途的漫长，但地也不会因此而减少其辽阔。人的特性却与天相反。人是有为的，可以靠自己的主观努力取得某种成功。天是不可学、不可事的，但人是可学可事的。比方说，像天时、寒暑这些自然现象就属于天；但强本节用、养备动时这些自觉活动就属于人。正因为天与人有这种区别，所以二者的职能是不同的：天生长万物，但不能治物；相反，人只能治理万物，却不能指令万物必然要生长成什么。

正是由于天与人的职能各不相同，所以荀子强调“天人相分”，坚决否认天与人之间有任何的“感应”关系。他举例说，自然界的星坠木鸣这些奇特现象，同人类社会就没什么联系，人们因为少见，便对之产生了奇怪，这是很正常的；但如对其感到畏惧，甚至以为这是某种灾难的象征，则大可不必了，因为它不过是自然界阴阳变化的一种现象而已。如果统治者明智，政治清明，天下太平，则尽管这些现象出现很多也无关紧要；反之，倘若统治者昏庸，政治混乱，则这些现象全不出现也并不意味着天下太平。同样，人类社会的治理状况也绝不会引起天的什么“感应”。比如说天下大治或大乱，与天并无关联。尧在位时，天下大治；桀在位时，天下大乱。但两个朝代的日月、星辰、历象都相同，春夏秋冬的运行也一样。人类社会的治乱只与“人妖”有关，即人为的灾祸，像耕种粗劣，征用劳力不顾农时，政治险恶，失掉民心，等等。当发生这些事情时，才会引起国家的混乱。

荀子在《天论》里肯定天和人不存在什么“感应”关系后，便进一步明确了天与人的相分性.但这并不是说天与人之间没有丝毫的联系。他认为，人是依靠自然界生成的万物来生存和发展的，面对自然规律，人类如何顺应、利用它是很重要的。“应之以治则吉，应之以乱则凶。”如果人的努力得当，就可大大减少天的灾祸，达到水旱有食，寒暑有衣。他又说，天生五谷，但经营管理善不善则大不一样：若善于经营，一亩地能产数盆粮食，一棵果树也可收到成盆的果实。一旦粮食充足，六畜就能长得很壮大，鱼鳖成群，飞鸟如云，物质生活就会很丰富。

正是在这种认识的基础上，荀子极其重视人的主观努力，《天论》用诗一般的语言，提出了“制天命而用之”的光辉思想。他说：“大天而思之，孰与物畜而制之；从天而颂之，孰与制天命而用之；望时而待之，孰与应时而使之；因物而多之，孰与骋能而化之；思物而物之，孰与理物而勿失之也；愿于物之所以生，孰与有物之所以成；故错人而思天，则失万物之情。”这就是说，与其尊崇而仰慕天，不如把天当作物来畜养和控制它；与其顺从而歌颂天，不如掌握天的变化规律而支配它；与其指望天时而坐等好收成，不如因时制宜而使其为生产服务；与其听任物类自然增长，不如发挥物的本性来促进其发生质的变化；与其空想役使万物，不如调理万物而使其不失去自己的作用；与其指望万物自然发生，不如掌握物类生长规律由人工加工将它培养成长。所以说，放弃人的主观努力而一味专门指望天的恩赐，是不符合万物发展规律的。荀子的结论是，在天“生物”的领域，人不能去干预，甚至没有必要去知道它和考察它。但在应时理物的范围内，我们不要把希望寄托于天之上，而要依靠自己的主观努力，这也是君子和小人的区别。君子重视自己的努力而不拜倒在天之下，在把握自然规律之后，知道哪些是应该做的，哪些是不应该做的，就可以“天地官而万物役”，这就叫作“知天”“制天命”。

荀子天人关系理论的贡献在于，他以一个基本原则为基础，博采众家之长，既吸收了儒、墨关于人的能动性思想，又克服了其唯心主义与有神论；既吸收了道家天道自然无为的客观精神，又克服了其学说中命定论的消极因素，建立了比较系统、全面的理论，超越了以前各家理论的明显局限。这个“人定胜天”的理论，具有坚实的哲学唯物主义根据和朴素辩证法思想，在很长一段时间，都没有人能超越他的理论。但也必须看到，荀子天人关系理论也有一些不足之处，如他对天与人相联系的一面所持的观点就缺乏理论的论证，为什么人能“制天命而用之”，从“天人相分”中不能直接推出这个结论。另外，荀子还认为天道是不变的，认为只要掌握了这永远不变之道就可“坐于室而见四海，处于今而论久远”，这种形而上学的不变论也阻碍了人们对生动活泼的自然界与社会现实的深入探究。

总之，荀子作为伟大的思想家，通过对先秦诸子百家争鸣的批判和总结，把这个时期的朴素唯物主义发展到了一个高峰，成为先秦唯物主义哲学的集大成者。他的思想对我国封建社会两千多年的哲学思想传统，也产生了十分深刻而久远的影响。

## "奉天承运皇帝诏曰"

### ——邹衍"五德终始"的历史循环论

荀子对"百家争鸣"进行理论总结，当然也应该包括阴阳家，这一"家"的代表人物是邹衍。由于邹衍的学说在当时并不属于显学，没有像儒家、墨家和道家那样的显赫地位，所以时论者较少，故荀子提到似乎也不多。以后直到汉司马谈写《论六家要旨》，才将"阴阳家"上升为6个重要学派之一。但是，以邹衍为代表的阴阳家的学说，不仅也参加了先秦的"百家争鸣"，提出了许多值得深入研究的思想观点，同时对秦及后世也产生了直接而久远的影响。因此，邹衍的学说与哲学思想，在中国哲学史上的地位也是不容忽视的。

邹衍（约前324—前240），大约与荀子同时。邹衍是齐国人，是战国末年把前期阴阳、五行学说进一步系统化的思想家，也可以说是先秦阴阳家的后期代表人物。因其学问迂大而宏辩，在天文、地理、历史诸方面都有比较丰富的知识，时人称之为"谈天衍"，又称邹子。邹衍曾游学于稷下学宫，以学问重于齐；到魏，受到魏惠王的隆重郊迎；到赵，平原君待之以宾主之礼；到燕，燕昭王亲自为他在前面扫尘，听他讲学，为他筑碣石宫，执弟子礼。可见，邹衍不仅很有学问，而且也极善论辩之术，在当时备受各诸侯国当权者的礼遇。

尽管邹衍是战国末期著名的学者，其学说在当时和秦汉有着较大的影响，但是由于各种原因，其流传下来的著作却不多。《史记》说邹衍"深观阴阳消息"，曾作《主运》《终始》《大圣》等篇10万余言。《汉书·艺文志》著录阴阳家有《邹子》49篇，又有《邹子终始》56篇，皆已亡佚。现在研究邹衍的哲学思想，主要依据《史记·孟子荀卿列传》和《吕氏春秋》中的一些资料。

由于邹衍的原著已经遗失，后世便无法全面了解他的思想。从一些佚文与旁证材料看，他主要提出了“大小九州”与“五德终始”说。前者侧重在自然科学知识方面，开阔了人们的眼界；后者属于社会历史观领域的问题，丰富了历史哲学的内容。

根据《史记·孟子荀卿列传》的记载，邹衍的“大小九州”说，是认为赤县神州的中国，只是世界上的一州。当年大禹所分的九州，只是中国内部的小九州；而中国之外，像赤县神州那样大的地方还有8个，“有裨海环之”，可以称之为中九州。而这样的中九州，世界上共有9个，可以称之为大九州。“有大瀛海环其外，天地之际焉”，大九州外有大海环绕，再往外就是天地的边际了。因此，按邹衍的推算，像中国那样的海内神州，在天地之间应该共有81个。这就打破了儒、墨、名等各家认为天地之间只有中国，并且中国是天地“中心”的封闭地理概念。

显然，邹衍的结论，虽不是经过科学实践证实的结果，但也不是完全凭空想出来的，这与当时的航海知识的积累和新的地理的发现，也大有关系。比邹衍稍后的秦朝建立后，秦始皇就曾经命令道士徐福，用大船载上500对童男和童女，出海去寻“不死药”，结果发现了许多新的岛屿。所以，邹衍的结论也还是有一定事实根据的，当然是否真像他描绘的那样，正好有“九九八十一州”，那又当别论，这也许与古人崇尚“九”字，特别是作为阴阳家的邹衍，认为它是“老阳”之数，不无干系。尽管这种牵强附会说存在着不科学的地方，但也表明了邹衍提出的“大小九州”说，一方面对于“中国名山大川，通谷禽兽，水土所殖，物类所珍”等进行了具体研究，丰富了人们当时已有的地理知识；同时也“因而推之及海外，人之所不能睹”，进而大大开阔了人们的眼界，启迪了人们对世界无比广大的新的看法。这种思想直接影响了秦代人的思想，到汉代也得到了进一步的继承和发挥，对鼓励开拓疆土，促进中国的统一，起了积极的作用。

由此不难发现，邹衍得出“大小九州”的说法，从哲学方法论上分析，他运用了推论的方法。这种推论，所依据的前提是当时已经掌握的天文、地理以及历史等方面的知识。司马迁在《史记·孟子荀卿列传》中指出：邹衍“其语闳大不经，必先验小物，推而大之，至于无垠。……先列中国名山大川，通谷禽兽，水土所殖，物类所珍，因而推之及海外，人之所不能睹。称引天地剖判以来，五德转移，治各有宜而符应若兹”。可见，邹衍所采用的方法是以小推大，在局部和当前一定的经验基础上进行类推。在地理观上，他就是从中国推到海外，一下子推到了无限，无法用事实来进行检验，便成了司马迁所评论的“怪迂之变”了，其主观臆想就在所难免了。这个方法，邹衍用在社会历史上，以今推古，以此推彼，其结果，也就出现了他著名的“五德终始”的学说。

邹衍立足于“深观阴阳消息”，在一定程度上总结了先秦的社会历史，推论建立起了“五德终始”的社会历史观。他试图运用当时的天文学知识，来说明社会的变化问题。“阴阳消息”与“变化始终”，本来是天文历法上的术语，邹衍把这些具有科学性的范畴与早期流行的阴阳、五行学说思想结合起来，提出“五德转移”的历史观。同时，这种学说的出现，也与当时的社会政治背景密切相关。在长期的游学过程中，邹衍目睹当政的诸侯们日益淫侈，而不能崇尚德行，便悉心探讨治理国家的方法，对流行的阴阳五行说加以演进，提出五德终始学说。这也带有对统治者“示警”的意味：如果不能好好治理自己的国家，天下将会“转移”到有德者手中。当然，从根本上说，邹衍提出“五德终始”说，是为当时地主阶级建立新的统一封建王朝找寻理论根据，只是由于这一学说把历史的发展完全同五行变化糅合在一起，主观性的牵强比附太强，最终必定陷入历史唯心主义。

我国早期的阴阳、五行学说，曾用水、火、木、金、土五种物质元素来说明世界的本源问题，这是一种朴素唯物主义哲学思想。战国末期，经过劳动人民长期的生产实践，人们对这五种特殊实物的现象、性质及其相互关系，有了进一步的了解。当时社会上流行的自然界的五行学说，有“五行相生、五行相克”的循环论。五行相生是，木生火，火生土，土生金，金生水，水生木；五行相克是，土克水，木克土，金克木，火克金，水克火。邹衍从理论上总结了这些积极的认识成果，概括成“五行生胜”的观点，试图用对立统一的关系来说明事物运动变化的普遍规律。他认为木生火，火生土，土生金，金生水，水生木是“五行相生”的转化形式，说明了事物之间的统一关系。而水胜火，火胜金，金胜木，木胜土，土胜水，则是“五行相胜”的转化形式，说明了事物之间的对立关系。

邹衍认为，正是由于矛盾着的水、火、木、金、土这五种特殊事物彼此之间存在着对立统一关系，才使自然界中各种事物之间具有不同的特点与联系，并使事物在运动变化中表现出规律性与阶段性。例如，“木”象征植物，具有生长的性能，当“盛德在木”时就形成了春天、东方与青的颜色；“火”具有热的性能，当“盛德在火”时就形成了夏天、南方与红的颜色；“金”能制造兵器，具有砍伐的作用，当“盛德在金”时就形成了秋天、西方与白的颜色；“水”有寒冷的性能，当“盛德在水”时就形成了冬天、北方与黑的颜色；“土”有生长万物的性能，在五种物质元素中居主导地位，当“盛德在土”时就形成了季夏、中央与黄的颜色。邹衍用“五德转移”的观点来具体说明季节、方位与颜色的转换关系，牵强附会是显而易见的；但从当时存在的原始天文历法的知识来看，其推论也并非毫无依据。如《史记·天官书》中就说：“察日月之行以揆岁星顺逆，曰东方木，主春”；“察刚气以处荧惑，曰南方火，主夏”；“历斗之会以定填星之位，曰中央土，主季夏”；“察日行以处位太白，曰西方，秋”；“察日辰之会，以治辰星之位，曰北方水，太阴之精，主冬”。《史记·历书》还特别提到邹衍，是“明于五德之传（转），而散消息之分”，都涉及了天文历法问题。可见邹衍谈天，乃天文历数之天，“五德终始”也由历法建正、立闰之终始推衍得来，并非完全附会。可见邹衍的“五行生胜”说在自然观上，是具有朴素唯物主义和辩证法思想因素的。

但是，当邹衍把这种自然观继续推演开去，以此推彼，运用来解释历史时，便陷入了纯粹的附会与宿命论，使社会历史的发展人为地抹上了一层神秘色彩。《史记·孟子荀卿列传》说邹衍讲历史时，把五行推广到政治上，提出五德终始学说，“称引天地剖判以来，五德转移，治各有宜”。他认为人类社会的历史变化，也是受土、木、金、火、水五种物质元素支配的，历史上每一个王朝的出现，都体现了一种必然性，是完全按照“五德转移”相克的次序循环的。他在《吕氏春秋·应同》中说：“凡帝王者之将兴也，天必先见祥乎下民。黄帝之时，天先见大螾大蝼。黄帝曰：‘土气胜。’土气胜，故其色尚黄，其事则土。及禹之时，天先见草木秋冬不杀。禹曰：‘木气胜。’木气胜，故其色尚青，其事则木。及汤之时，天先见金刃生于水。汤曰：‘金气胜。’金气胜，故其色尚白，其事则金。及文王之时，天先见火赤乌衔丹书，集于周社。文王曰：‘火气胜。’火气胜，故其色尚赤，其事则火。代火者必将水，天且先见水气胜。水气胜，故其色尚黑，其事则水。水气至而不知，数备将徙于土。”这就是说，凡帝王将兴，天一定会示祥瑞于下民。黄帝的时候，天先现大螾大蝼，所以色尚黄，是土德。大禹时，天先现草木秋冬不枯，所以色尚青，是木德。商汤时，天先现金刃生于水，所以色尚白，是金德。周文王时，天先现火，有赤乌衔丹书聚于周社，所以色尚赤，为火德。代替火德的将是水德，色尚黑。这种观点，论证了人类社会历史的变化，也是受着水火金木土五种自然势力支配的，每一个王朝的出现都体现了一种势力，用自然的客观规律为新政权取代旧政权提供了理论根据。

邹衍把古代历史的发展，说成是从“土德”开始，以后又重新回到“土德”阶段，否认了历史发展阶段有质的变化，显然是一种形而上学的历史循环论。所以，荀子在《非十二子》中批判子思、孟轲是“闻见杂博，案往旧造说，谓之五行”。这一批评，也完全适用于邹衍一派阴阳家，其历史的比附确实是唯心主义的“造说”。这里也可以看出，邹衍“五德终始”论，还存在着明显的“天人感应”的观点。《吕氏春秋·召类》中记载，他明确提出了“类同相召，气同则合，声比则应”的感应原理，认为自然界与人类社会存在着互相影响的关系。当自然界的某种现象作为某一“德”的象征显露出来后，就是告诉人们预示着应该改朝换代了。这实际上承认了天有意志，与原来五行说的唯物主义观点存在矛盾，也为后来董仲舒等人提倡的“天人感应目的论”，提供了直接的理论依据。

邹衍的“五德终始”论尽管存在着各种各样的问题和缺陷，但他试图用社会领域里矛盾势力的对立转化关系，来说明历史发展的规律，特别是用来论证新兴地主阶级政权建立的必然性，肯定周王朝的灭亡和“代火者必将水”，这在当时还是有其重要的现实意义的。《史记·封禅书》就说，邹衍的论著“终始五德之运，及秦帝，而齐人奏之，故始皇采用之”，以此证明秦统一天下是符合“五德之运”的，因而也是符合上天之“意”的。由于周是火德，从五行相胜来推论，“今秦变周，水德之时”，秦始皇就以水德自居，“更命河曰德水，以冬十月为年首，色上黑”。秦亡汉兴，刘邦曾斩白蛇起义，人称“赤帝子”，故开始“色上赤”。但到汉文帝时，鲁人公孙臣提出，“始秦得水德，今汉受之，推终始传，则汉当土德”。此事当时虽有不少争论，最后到汉武帝时，“汉改历，以正月为岁首，而色上黄”，也就是还是按邹衍那套五德终始说办事。所以，邹衍的学说，秦汉以后仍为历代封建皇帝所利用。人们在古书和古装戏里，经常看到或听到皇帝的“圣旨”的开头，都有“奉天承运皇帝诏曰”的话。这个“奉天”，是指秉奉上天的意志；“承运”，是指承继“五德终始”中的某一具体的“德”运，足以见到阴阳家的思想影响。

还应该看到，邹衍的阴阳五行说与儒家学说有着密切的关系，司马迁在《史记·孟子荀卿列传》中认为，阴阳家“然其要归，必止乎仁义节俭，君臣上下六亲之施”。前文所引《荀子·非十二子》在讥责子思、孟子时，说他们“材剧志大，闻见杂博，案往旧造说，谓之五行”。这表明“五行”理论，是思孟学派的一个重要组成部分。其实，思孟学派的“五行”也就是所谓的人间“五伦”。例如，《孟子·滕文公上》说：“教以人伦：父子有亲，君臣有义，夫妇有别，长幼有序，朋友有信。”显然，这是一种以“五行”为外壳的社会国家学说。这种学说也带有一定的迷信色彩，如《中庸》就说：“国家将兴，必有祯祥；国家将亡，必有妖孽。”这些思想，也是思孟学派“天人合一”论的主要内容。这些内容后来被西汉的董仲舒所继承和进一步发挥，使“天人合一”与“天人感应”说，具有了更神秘的色彩。因此也可以说，邹衍的阴阳五行学说，包括其“五德终始”的历史循环论，是先秦思孟学派与西汉董仲舒儒学之间的中间环节，起着承上启下的重要作用。

# 第三章

# 汉唐时期的哲学思想

秦王扫六合，
虎视何雄哉！
挥剑决浮云，
诸侯尽西来。
……

李白的这首五言古诗，气势磅礴，高屋建瓴，充分肯定了秦始皇的雄才大略和统一中国的辉煌业绩。公元前221年，秦始皇灭六国，废封国，立郡县，车同轨，书同文，实现了封建主义的政治统一与文化统一，建立起了中国历史上第一个专制主义中央集权的封建大帝国。秦帝国的建立，标志着春秋战国以来新兴地主阶级的夺权运动、变法运动和统一运动胜利完成，封建制度在全国范围内终于稳固地确立了起来。但由于秦的暴政，短短十多年就“二世而亡”，终被汉王朝取而代之，我国历史进入了一个新的发展时代。

我国漫长的封建社会时代，以唐末黄巢农民大起义为标志，可以划分为前期与后期两大阶段。从秦汉开始，中经三国、两晋、南北朝，直到隋唐，是我国封建社会的前期阶段。在这一时期里，社会经济、政治、文化的发展，经济关系、阶级结构和社会矛盾的演变，都历史地形成了某种阶段性的一般特征，其哲学思潮也相应地表现为一个有起有落、首尾相应的思想发展过程。这时期居于统治地位的哲学思潮，经历了汉初儒学、两汉神学、魏晋玄学、南北朝隋唐佛学等发展阶段。黄巾大起义，标志着汉代“独尊儒术”局面的结束。但儒家思想统治了几百年，其传统力量十分强大。魏晋南北朝时期，在名教领域，地主阶级仍然公认儒学为正统。不过，就整个意识形态和哲学领域来说，已不再是儒学独尊。先是盛行由儒、道相互作用而产生的玄学，以后随着道教、佛教的壮大，逐步形成了儒、道、释（佛）三教鼎立而竞芳的局势。诚如著名哲学家冯契先生在《中国古代哲学的逻辑发展》里多次指出的，到东晋时，儒、道、佛鼎立的局面已经形成。为适应统一王朝的需要，在隋、唐、五代，总的发展趋势是儒、道、佛互相影响，趋于合流。当时的许多学者已提出了“三教合一”论，皇帝也采取了调和的政策，从而造就了这一阶段哲学发展的基本趋向。

尽管如此，哲学发展仍在继续。在儒、道、佛三教鼎立及其合流的过程中，贯穿于汉唐这一重要历史阶段的哲学争鸣，主要还是围绕着“天人关系”这个中心问题而依次展开。这个问题是哲学基本问题在中国古代的表现形式之一，在先秦百家争鸣中已凸现出来。这时重新提出，却具有了新的时代内容和新的表达方式。秦及汉初的几种哲学思潮的互相激荡，乃是新兴地主阶级为了巩固中央集权统治，试图营造新的上层建筑进行的理论准备。从汉至唐，封建统治阶级的理论基础几经演变，由汉代的神学目的论一变而为魏晋的玄学本体论，再变而为南北朝的佛教因果论，其表现形式不同，而诉诸神权的思想实质却一脉相通。与此相对立的唯物主义思想，力图服务于反对封建特权的政治要求而批判神权思想，在与自然科学的联盟中力图对“天人关系”问题做出正确的回答。无论是王充的“元气”论、杨泉的“物理论”、范缜的“神灭论”，或是柳宗元的天与人“不相预”的无神论、刘禹锡的“天与人交相胜”的朴素辩证法等，都在反神权斗争中做出了一定的理论贡献。总之，儒、道、佛三教鼎立及其合流，以“天人关系”为中心所展开的维护神权与批驳神权的斗争，以及由此派生的一系列哲学问题的争论和探索，不仅构成了前期封建社会哲学发展的基本线索及主要内容，也大大推进了人们的哲学认识水平。

## “文武并用，长久之术”

### ——陆贾兼综儒道的哲学思想

在秦末农民大起义基础上，经过4年的楚汉相争，刘邦终于打败了项羽。公元前202年2月，刘邦在定陶称帝，是为汉高祖，西汉王朝由此建立。

但是，汉初的统治者对于怎样确立新的统治思想及其理论基础，尚在摸索之中。地主阶级内部不同集团之间的各种争论，也时常发生。其中著名的一次，就发生在刘邦与谋臣陆贾之间。

陆贾（约前240—前170），楚人，汉初的政论家、哲学家、辞赋家。著有《楚汉春秋》和《新语》。他跟随高祖定天下，以能说善辩而闻名。当时的岭南地区，在秦时就成了秦王朝版图的一部分，并在那里设置桂林、南海和象郡。秦亡后，赵佗统辖三郡，于公元前204年自立为南越武王。公元前196年，高祖派陆贾出使南越。陆贾向赵佗宣扬西汉“国威”，使赵佗既仰慕又畏惧，便欣然接受了高祖给予的“南越王”封号。从此“称臣奉汉约”，成为西汉王朝下的一个属国。陆贾因出使南越有功，被高祖任为太中大夫。

在朝中，陆贾经常在高祖面前讲《诗》论《书》，高祖很不爱听。《史记·郦生陆贾列传》叙述说：“陆生时时前说称《诗》《书》，高帝骂之曰：‘乃公居马上而得之，安事《诗》《书》！’陆生曰：‘居马上得之，宁可以马上治之乎？且汤武逆取而以顺守之，文武并用，长久之术也。……乡使秦已并天下，行仁义，法先圣，陛下安得而有之？’高帝不怿而有惭色，乃谓陆生曰：‘试为我著秦所以失天下，吾所以得之者何，及古成败之国。’

陆生乃粗述存亡之征，凡著十二篇。每奏一篇，高帝未尝不称善，左右呼万岁，号其书曰《新语》。”显然，刘邦开始时是不愿按照《诗》《书》中的一手来统治国家的，他觉得自己是运用武力从“马上”得到天下的，所以很有些瞧不起儒生及其道理。陆贾便劝说道：“陛下马背上得到了天下，难道也可以从马背上治理天下吗？”接着，他从周武王、吴王夫差、晋国智伯，一直讲到秦始皇，从历代兴亡之道反复向高祖说明：人们可以从马背上得天下，但不能从马背上治天下。刘邦觉得陆贾说得有理，感到惭愧，便命令陆贾写书，总结历代兴亡的经验教训，以免自己重蹈覆辙。于是，陆贾撰写了12篇论文呈送高祖。每奏一篇，高祖看后都连连称赞，这就是《新语》12篇。在这些论文里，陆贾提出了“文武并用，长久之术”的道理，意即统治者要把教化和刑罚结合起来使用，才能保持长治久安。

陆贾总结秦王朝之所以很快灭亡的原因，在于用“武”一手太多的缘故，而“虐刑则怨积，德布则功兴”，他建议用儒家的仁义道德与道家的无为柔术两者结合起来，国家才能得到治理。所谓“无为”，就是统治者要少干预人民的事情，省刑薄赋，不夺民时。他提倡的是“怀刚者久而缺，持柔者久而长”。他的理想政治境界是“块然若无事，寂然若无声，官府若无吏，亭落若无民，闾里不讼于巷，老幼不愁于庭……犬不夜吠，鸡不夜鸣”。这样，人们各司其职，各安其事，社会就会稳定发展。所以，陆贾很注重各方面的关系融洽，在实践中努力协助朝廷巩固西汉政权。

高祖死后，吕后执政，诸吕专权。陆贾见当时的丞相陈平与太尉周勃不和，便亲自上门到丞相府对陈平说：“天下安，注意相；天下危，注意将。”诚恳地希望陈平和周勃“将相和”，为巩固西汉政权服务。后来，陈平和周勃幡然醒悟，果然同心协力，除灭诸吕，巩固了汉初的政权。

在吕后当政时，汉王朝与南越的关系又紧张起来。公元前184年，汉朝禁止中原铁器和雌马、牛、羊运往南越国。南越王派人向汉朝请求“市易如故”，希望撤销禁令，但吕后不仅不准，反而将南越国派来的使者扣押起来，引起了南越国的不满。接着，赵佗又风闻自己留在中原的宗族已被汉朝诛尽，在真定的祖先坟墓也被掘烧。他一气之下，便拒汉称帝，并派兵北攻长沙国。一时间，战火笼罩着南部边境，人民涂炭。

文帝即位后，改为对周边少数民族采取安抚政策，并再次派陆贾出使南越。赵佗本不愿与汉王朝分庭抗礼，自称帝后“夙兴夜寐，寝不安席，食不甘味，目不视靡曼之色，耳不听钟鼓之音者，以不得事汉也”。可见其归汉之心，十分迫切。陆贾风尘仆仆，一到南越就对赵佗“面喻”，讲了许多民族团结的道理。赵佗立即同意去帝号，“顿首谢罪，愿奉明诏，长为藩臣”。并声明：“老夫死骨不腐，改号不敢为帝矣。”陆贾两次出使南越，为安定南方边疆和民族团结，做出了重要贡献。

陆贾的这些政治主张和治国方针，其理论依据在于他综合了儒家的“仁义”和道家的“无为”思想，又为仁义、无为的思想提出了一个简单的唯物主义理论根据。

从自然观上说，陆贾坚持“道本于天地”的朴素唯物主义思想。他认为，天地生养万物，万物是天地所生成的。人类的出现，也是天地的产物。有了人类，然后才有所谓“道术”出现。他在《新语·道基》中说：“‘天生万物，以地养之，圣人成之。’功德参合，而道术生焉。……故在天者可见，在地者可量，在物者可纪，在人者可相。……盖天地相承，气感相应而成者也。”这是说，有天有地然后才有物有人，万物和人类都是天地间“气感相应”而生成的，至于道术，乃是有了圣人之后才出现的。因此，天地万物与人类，都是可以被认识的。显然，这里在一定程度上沿袭了传统的精气说，是摆脱神学而对生命、精神现象进行解释的朴素唯物主义观点。

同时，陆贾还区别了天道与人道，并讨论了天人关系问题。他在《新语·明诫》中说：“尧舜不易日月而兴，桀纣不易星辰而亡，天道不改而人道易也。……故世衰道失，非天之所为也，乃君国者有以取之也。”这里是说，天道和人道是有区别的。社会的治乱兴衰，完全是由统治者的政治措施造成的，与天无关。这是荀子“天行有常”和“明于天人之分”学说的直接继承。但是，陆贾又认为，人事也能影响天。他说：“恶政生恶气，恶气生灾异。螟虫之类，随气而生；虹蜺之属，因政而见”。所谓恶政会引起恶气，恶气就引起灾异的说法，是不科学的，带有神秘主义的思想色彩，为后来董仲舒的“天人感应”说开辟了道路。当然，即便如此，陆贾还是比较注重强调人的政治起决定性作用的：“治道失于下，则天文变于上；恶政流于民，则螟虫生于野。”可见，他的所谓变化，只是通过“天文”表现出来，还没有形成有人格的主宰神，这和董仲舒宣扬的天人感应学说又是有所区别的。

正是从唯物主义自然观出发，陆贾批评了当时流行的求长生不死的神仙思想与宗教迷信。他在《新语·慎微》中指出，人们“苦身劳形，入深山，求神仙”和“背天地之宝，求不死之道”，都是“非所以通世防非者也”。也就是说，求仙祈长生，对于世事毫无补益。他在《新语·怀虑》中尖锐批评了那些鼓吹宗教迷信的人：“不学诗书，存仁义，尊圣人之道，极经艺之深，乃论不验之语，学不然之事，图天地之形，说灾变之异，乖先王之法，异圣人之意，惑学者之心，移众人之志，指天画地，是非世事，动人以邪变，惊人以奇怪，听之者若神，视之者如异，然犹不可以济于厄而度其身。”陆贾强调，那些“不验之语”“不然之事”都是不可讲不可听的，那些“邪变”“奇怪”的事情也都是不可信的。宣扬这些迷信，对人们不会有任何良好的结果。

在社会历史观上，陆贾强调了社会的发展问题和“无为”的政治主张。他在《新语·道基》中认为，人类的历史是不断发展的历史，经历了所谓先圣、中圣和后圣三个发展阶段。在先圣阶段，从伏羲开始，经过神农、黄帝、后稷到大禹以及皋陶等，其特点是圣人教民摆脱了茹毛饮血的原始状况，逐步“食五谷”，“作宫室”，“辟土殖谷”，为衣“蔽形体”，除洪水之害，驾马服牛，制作舟车与各种器械等。同时，圣人还规定了“人道”“王道”，皋陶更在此基础上“立狱制罪，悬赏设罚”，“检奸邪，消佚乱”。当然，这一阶段的缺点也有，主要是“民知畏法而无礼义”。所以在中圣阶段，圣人便对民进行了教化：“设辟雍庠序之教，以正上下之仪，明父子之礼、君臣之义，使强不凌弱、众不暴寡，弃贪鄙之心，兴清洁之行。”教化之后，又由于“纲纪不立，后世衰废”，就再发展到后圣阶段。这时的圣人“原情立本以绪人伦”，对人伦从理论上作了总结，“乃定五经，明六艺”，使“天人合策，原道悉备”，在这些道德伦理约束下，社会历史才能顺利发展。陆贾把人类历史的发展归结为少数圣人的创造，这是历史唯心主义的观点。但他把人类的社会生活、伦常与统治秩序区别为最初的“人道”“王道”和“法治”，进而有礼义教化，最后出现五经、六艺的理论总结，表达了人类社会、文化生活逐步发展的思想，是有其合理因素的。

既然社会的发展经过了“三圣”的调理，从理论到实践都有所遵循，那么，现今的人们就只要效法与遵守先圣的教诲就可以了。陆贾吸收了道、儒、法的思想，而以道家为主，提出了他的“无为”的政治主张和“无为”的社会。他在《新语·道基》中说：“君子握道而治，据德而行，席仁而坐，杖义而强，虚无寂寞，通动无量。”他在《新语·无为》中又说：“夫道莫大于无为，行莫大于谨敬”，“寂若无治国之意，漠若无忧天下之心，然而天下大治”。这是说明无为而治的方法和好处，也是在总结秦始皇的暴政以后提出的。他指出：在秦始皇统治时期，“事愈烦，天下愈乱，法愈滋而天下愈炽，兵马益设而敌人愈多。秦非不欲治也，然失之者，乃举措太众、刑罚太极故也”。秦代统治之所以不能维持，迅速崩溃，就是由于过分违背了无为的原则，对人民压榨太甚，乃至官逼民反，失掉了天下。

由此可见，陆贾“无为”思想的实质，就是主张朝廷和官吏对于人民的生活不要进行过多干涉，以便恢复战乱后的封建经济。他认为，这样的“无为”也就是“有为”。为了真正做到“无为”，统治者就必须讲仁义。陆贾讲的仁义也就是先秦儒家所谓的仁义，他以仁义为最高的道德准则。陆贾在《新语·道基》中，多次强调了仁义的重要：“危而不倾，佚而不乱者，仁义之所治也。……守国者以仁坚固，佐君者以义不倾，君以仁治，臣以义平。”仁义是统治者定危拯乱的方法。所以陆贾主张圣人应“以仁义为巢”，强调“仁者道之纪，义者圣之学”，“万世不乱，仁义之所治也。”他在《新语·无为》中又主张推行“德治”与教化，使“民不罚而畏罪，不赏而劝”，从思想上自觉服从统治。陆贾大力宣扬无为，与当时的黄老之学有一致之处，但他既讲无为，也讲仁义，就与道家学说不同了。陆贾是兼综儒道，以道家思想为主的哲学家和思想家。

# 秉烛夜谈

## ——贾谊政论中的社会矛盾观

如果说，陆贾是西汉前期兼综儒道、以道家思想为主的著名哲学家和政治家；那么，贾谊则是当时同样兼综儒道，而以儒家思想为主的著名哲学家和政治家。

贾谊（前200—前168），洛阳人，汉文帝时著名的政论家和哲学家。他曾多次上书朝廷，建议内削诸侯，外御匈奴，制礼作乐，革新政治，巩固西汉王朝。他的文章感情强烈，锋芒锐利，表现出高昂的政治热情与深广的忧患意识。

18岁时的贾谊，就能以诵诗书和写文章而闻名于乡里，后被河南郡守吴公召置门下。文帝即位之初，听说吴公治政第一，又曾师事李斯，便任命他为廷尉。吴公向文帝推荐年轻有为的贾谊，被任为博士。当时贾谊年仅20，是博士中最年轻者。每次参议朝政，诸博士尚未开口，贾谊便滔滔不绝发表自己的观点，并能切中要害，受到众人的称赞。文帝很赞赏他，不到一年就升迁他为太中大夫。

贾谊认为，汉朝已立国30余年，天下安定，应该改正朔、易服色制度、定官名、兴礼乐与更定法令。文帝对他的才能和建议十分赏识，准备提升他为公卿。大臣周勃、灌婴等以“专欲擅权，纷乱诸事”为借口，对他进行诋毁、排挤，遂被贬为长沙王太傅。在去长沙的途中，经过湘水，贾谊有感于屈原投江，写了《吊屈原赋》；至长沙后，他又写了《鹏鸟赋》，借屈原和鹏鸟表达了自己内心的怨愤与悲伤。

后来，文帝思念贾谊，又派人去把他召回京城。在宣室，文帝与贾谊秉烛而谈神鬼之事至深夜。贾谊旁征博引，谈笑风生，文帝听得入了神，在座席上不由自主地向贾谊靠拢过去。听罢谈话，文帝感叹地说："我久未见贾谊了，原以为自己的学识超过了他，现在才知道比不上他！"于是，命贾谊做梁怀王刘楫的太傅，刘楫经常向贾谊请教治国安邦的利弊得失。公元前169年，梁怀王刘楫不慎坠马而死，贾谊自伤失职，一年后便悲郁而死，年仅33岁。

在《史记》中，司马迁破例将贾谊与屈原合传，视为同样的"志洁行廉""忠而见放"的悲剧人物。贾谊留下的著作，除几篇赋以外，主要是政论，后人编为《贾谊新书》，班固摘编其最重要部分录入《汉书·贾谊传》（即《治安策》）。《治安策》与《过秦论》上中下、《大政》上下等论文，以及贬居长沙后所写的《鹏鸟赋》，是贾谊的代表作，也是研究其哲学思想的主要资料。

贾谊是秦汉之际远继荀、韩，取吸儒、道，主要"案之当今之务"的新兴地主阶级的思想代表。他的政论，总结秦之兴亡的历史经验，分析汉初政治得失，提出内削诸侯王势力，外抗匈奴侵扰，调整封建经济，强化中央集权等一系列改革主张，对汉初巩固封建统一、发展经济文化与建立新的法度，都起了重要的促进作用。贾谊在秦汉哲学史上的突出贡献，主要表现在面向社会现实，对汉初复杂交错的诸种矛盾，能够做出比较全面而深刻的哲学分析，从而使他对客观的社会矛盾运动所做出的朴素辩证法的概括，达到一定的理论深度，推进了先秦以来辩证矛盾观的发展。

贾谊面临当时的社会矛盾，在仔细研究历史的基础上，比较深刻地总结了秦代兴亡的历史经验，认真分析了秦亡的原因。他在《过秦论·上》中说："然秦以区区之地，致万乘之势，序八州而朝同列，百有余年矣。然后以六合为家，崤函为宫。一夫作难而七庙隳，身死人手，为天下笑者，何也？仁义不施，而攻守之势异也。"又在《过秦论·中》里说："秦王怀贪鄙之心，行自奋之智，不信功臣，不亲士民，废王道而立私爱，禁文书而酷刑法，先诈力而后仁义，以暴虐为天下始。夫并兼者高诈力，安定者贵顺权，以此言之，取与攻守不同术也。”这里除了一般地指斥秦统治者迷信诈力、单靠严刑峻法，而不施仁义、不亲士民，乃至当陈胜等领导农民起义时很快就得到了民众的响应，最终导致了秦王朝的覆灭这个失败的原因以外，还比较深入地提出了“攻守异势”与“攻取异术”的问题。贾谊认为，分析国家的政治军事形势，应当区别攻势和守势。统治阶级历史地位的变化，必然也带来处理的矛盾不同。当时秦处在进行兼并战争、夺取政权阶段，面对的是六国之君的旧统治势力，可以使用“诈力”；一旦取得天下，进入巩固政权阶段，面对的是黎民百姓休养生息的问题，就必须施“仁义”，照顾人民的生活。可是，秦统治者不懂这个道理，没有及时实行这一政治战略的转变，“其道不易，其政不改”，激化了社会矛盾，这是秦亡的真正原因。经过这样“见终始之变，知存亡之由”的分析总结，贾谊在《过秦论·下》里结论道：“是以君子为国，观之上古，验之当世，参之人事，察盛衰之理，审权势之宜，去就有序，变化应时，故旷日长久而社稷安矣。”显然，这种注重不同社会发展阶段矛盾特殊性的分析，的确是难能可贵的。

当然，借鉴秦亡历史，完全是为了观察现实，贾谊进而着重分析了汉初的形势。当时汉兴已 30 年，文帝统治时期，经过平定诸吕之乱，开始了所谓“文景之治”，社会安定，经济逐步得到恢复与发展。一般官员“皆曰天下已安已治”，但贾谊“独以为未也”。在歌舞升平繁荣的背后，他看到了西汉王朝潜伏着的严重社会危机，封建统治者犹如处在“抱火厝之积薪之下”，为此他向文帝多次上疏“陈治安之策”，一反庸人之见，敏锐观察到新兴封建政权所面临的内外矛盾和孕育着的严重危机，进而提出了一套巩固与加强中央王朝封建君主专制制度的主张。在《治安策》里，贾谊尖锐地指出：“臣窃惟事势，可为痛哭者一，可为流涕者二，可为长太息者六。若其他背理而伤道者，难遍以疏举。”他从巩固新兴封建政权的要求出发，具体分析了当时各种实际存在的矛盾，如诸侯王的分裂叛乱问题，封建经济基础的急待巩固问题，匈奴的侵扰问题，以及控制工商业、改变旧风俗、完善新制度、培养后继人、建立新法度、巩固中央集权的权威等问题。

应该看到，贾谊在分析复杂的社会矛盾时，并不是把各种矛盾形而上学地罗列起来，而是从错综交织的诸矛盾中，分出主次，并对这些矛盾的历史与现状以及发展趋势等，分别作了透彻的分析，提出了解决的方针。首先，贾谊明确指出有一个“可为痛哭”的主要矛盾，这就是封建中央集权和诸侯王分裂割据的矛盾。他具体分析了这一主要矛盾有其历史形成的过程：汉初由于“高皇帝与诸公并起”，不得不封异姓王；以后“十年之间，反者九起”，便以为封同姓王可利用血缘纽带维护集权统一。但事实不然，“今或亲弟（指淮南王刘长）谋为东帝，亲兄之子（指济北王刘兴居）西乡而击，今吴（指吴王刘濞）又见告矣”，西汉王朝可谓四面受敌。通过具体分析与揭露，贾谊指出问题的实质不在于疏或亲，完全是由于分封制及其所允许的各种特权，必然导致各封国与中央政权分庭抗礼。这是贾谊从“已然之效”的历史事变中，深入到事变产生的“所以然”，触及封建社会初期某些政治体制有待改革完善的问题。他认为，如果“不易其所以然”，这种分封制造成的“殃祸之变”，就很难根绝。当然，贾谊也进一步指出，上述矛盾的激化有一个“积渐”过程，并非一日之功；提出消除这一危机的途径可以从分散、削弱诸侯王势力入手，以创造最后铲除分封制的条件。

其次，贾谊进一步指出有“可为流涕者二”的两个重要矛盾。一是指当时豪强大地主兼并土地与小农经济急需发展巩固的尖锐矛盾。这个矛盾自秦以来就开始发展，到汉初已十分突出。当时尽管法律贱商人，但商人仍然通过各种途径“交通王侯”，得到富贵。贾谊从当时豪商地主奢靡成风，而广大农民贫困破产，以致造成农业生产危机，揭露了这一问题的严重性。他在《新书·孽产子》里指出：“一人耕之，十人聚而食之，欲天下之无饥，胡可得也？”显然，从事耕种的人少，不劳而获的人多，社会就不会安定了。贾谊从维护封建制度，稳定小农经济出发，在当时的社会经济矛盾中看到了土地兼并、工商游食可能会造成的社会危机，警示统治者注意。二是当时北方匈奴的“侵掠”、侮辱与汉王朝的尖锐矛盾。由于当时国力有限，能征惯战的匈奴骑兵经常越过长城，到汉民居住地进行抢掠。尽管自汉高祖以来，就曾经数度征伐匈奴，但往往无功而返；至文帝、景帝之时，匈奴的劫掠依然有增无减，成为西汉王朝的心腹大患。贾谊看到了这一矛盾，但他无力去解决矛盾，也只能提出些所谓“建三表”“设五饵”，以“德胜”的空想办法。

此外，贾谊还指出了有所谓“可为长太息”的一系列社会矛盾。在这些矛盾中，贾谊特别强调了“礼”与“法”的矛盾关系。他着重论述了礼与法的区别与联系。贾谊认为，法固不可不用，礼却更为重要。他在《治安策》中说：“夫礼者禁于将然之前，而法者禁于已然之后，是故法之所用易见，而礼之所为生难知也。若夫庆赏以劝善，刑罚以惩恶，先王执此之政，坚如金石，行此之今，信如四时，据此之公，无私如天地耳，岂顾不用哉？然而曰礼云礼云者，贵绝恶于未萌，而起教于微眇，使民日迁善远罪而不自知也。”在这里所谓“礼”，指道德教化，使人民从思想上服从统治。贾谊还认为，礼有保民的作用：“礼者，所以固国家，定社稷，使君无失其民者也。”礼的内容就是人与人关系的道德规范，“君仁臣忠，父慈子孝，兄爱弟敬，夫和妻柔，姑慈妇听，礼之至也”。能实行礼，封建的统治秩序也就巩固了。贾谊认为从效果上看，只用权势法制去约束人们是不行的，还需要仁义与礼的规范。先秦以来，荀子兼重礼法，但关于礼法的关系讲得不够清楚。贾谊提出了对于礼（道德教育）与法（法律制裁）的相互关系比较明确的说明。这在中国伦理学史和政治思想史上是有重要意义的，也可以说是对先秦以来“礼治”和“法治”争论的一个总结。

贾谊对社会现实矛盾的分析，最后落实到君、臣、民三者关系上。一方面，他为维护封建统治而主张君权“尊不可及”，并提倡礼重大臣、鼓励“臣节”等，来调整、巩固统治集团的内部团结；另一方面，他从我国封建社会刚统一就出现的秦末农民大起义的教训中，敏感地意识到人民的力量，提出了“民无不为本”的深刻思想，发展与升华了儒家的民本理论。总之，贾谊对当时社会一系列矛盾的揭示，构成了一个系统的社会矛盾群。他的这些分析，尽管并非都是科学和正确的，但也从一个侧面深刻反映出贾谊在方法论上自发坚持了辩证的思维途径，承认了社会矛盾有不同性质，其发展又有不同阶段，矛盾激化也有一个过程。因此，解决不同的矛盾应当采取不同的方针。这些观点对发展人们的辩证思维，分析社会矛盾，都是极有裨益的。

# 博士刺猪

## ——董仲舒“儒学独尊”的哲学思想

无论是陆贾还是贾谊，尽管在哲学思想上各有偏重，但兼综儒道及法等家的思想倾向，却是明显的。这也是秦汉之际，对先秦“百家争鸣”中各家学派的理论回应。然而，随着西汉政权的逐步稳固，地主阶级中央集权专制统治的强化，在思想领域里兼综各家的现象，就开始改变起来。其中成为这种转变“急先锋”的，自然要数西汉中期著名思想家董仲舒提出，再经汉武帝命令推行的“罢黜百家，独尊儒术”，从而使儒学达到了“一统”与“独尊”的地位。哲学思想的发展，也必然随之发生变化。

董仲舒（约前179—前104），河北广川（今枣强县广川镇）人。他是将儒家思想改造成为维护中央集权封建专制统治的思想体系的重要代表人物，也是西汉重要的唯心主义哲学家。董仲舒一生没在中央政府任过职，早年在思想界也无甚大影响，他真正走上历史舞台，是在汉武帝统治时期。董仲舒自幼勤奋好学，熟习儒家经典，后来成为用汉代通行的隶书写成的“今文经学”的大师。汉景帝时期，他曾任博士官；后又在汉武帝的哥哥江都易王刘非的封国里担任过6年国相。除此之外，董仲舒一生主要从事讲学和著述活动。讲学时，他让人在讲堂里挂上一幅帷幔隔成里外间，他坐在里间讲，学生在外间听。同时，他还经常叫他的“得意门生”吕步舒等转相传授。所以很多人跟他学习了多年，却很少直接听他讲课，甚至没有见过他的面，看来他当时声望、派头是不小的。董仲舒通过讲学，为汉王朝培养了一批人才，他的学生后来有的当了诸侯王国的国相，有的成了长吏。

尽管家境富足优裕，但董仲舒本人却不大看重金钱，对家产的经营漠不关心，成天埋首于书斋之中，据说他“三年不窥园”，专心治学，做思想理论的研究与思考，颇有学者风度。他一生著述很多，但现在流传下来的只有《汉书·董仲舒传》中的3篇“对策”，即主要讨论天人关系问题、被后人所称的著名的《天人三策》；还有一个关于《春秋》的论文集，名叫《春秋繁露》。它们是非常著名的历史文献，也是研究董仲舒哲学思想的重要资料。

在西汉王朝，儒家思想被确立为封建地主阶级的统治思想，经历了一段曲折的历史过程。汉初统治者曾提倡过“黄老之学”，所以才有陆贾、贾谊等兼综儒、道、法等家现象出现。所谓“黄老之学”，是指自战国到西汉时期道家的一个学派。该学派尊传说中的黄帝和老子为创始人，提倡清净自然，与民休息，“无为而治”，故名。随着西汉王朝统治的不断巩固，意识形态领域里的统一要求也提上了日程。自高祖之后，儒道互黜，即互相排斥（主要是以道黜儒）的事件，在文、景、武三朝连续发生，并表现得相当尖锐。司马迁在《史记·老子韩非列传》里概括道：“世之学老子者，则绌儒学，儒学亦绌老子。‘道不同，不相为谋’，岂谓是耶？”景帝的母亲窦太后，是当时流行于朝野的黄老之学新道家的突出代表。由于她的影响与作用，汉文帝、汉景帝以及大批朝臣都“不得不读《黄帝》《老子》，尊其术”（《史记·外戚世家》）。汉初主要大臣，如萧何、曹参、陈平等，也都“好黄帝老子之术”。而当时儒林博士，如申培公、辕固生等，也用儒家思想影响一批朝臣，形成了一股与新道家相抗衡的势力。这样“道不同”的两种思潮，不可避免地要发生直接的冲突。

景帝时，首先发生了新道家代表黄生同儒林博士辕固生的一场激烈争论。历史记载，辕固生由于精通《诗》《书》，孝景时为博士，与黄生争论于景帝前。黄生认为：“汤、武得天下，并非受命，是弑君而强夺天下，因此是不义的。”辕固生反驳道：“不是这样。由于当时桀、纣无道，天下民心皆归汤、武，汤、武顺天下之心而诛桀、纣，桀、纣之民乐意归汤、武统领，汤、武不得已而立国，正是受命的表现。”黄生又说：“冠虽破旧，必然戴在头上；鞋子虽新，必穿在脚上，原因就在于有上下之分。桀、纣虽失道，但总是君上；汤、武虽圣，也总为臣下。即便主子有不好的行为，臣下不能去正言使其改过以尊天子，反因过错而诛灭他们，代立为王，这就是弑君。”辕固生再驳斥道：“如果真如你所说的那样，那么本朝的汉高祖代秦即天子之位，也是不对的了？”在尖锐而敏感的问题面前，汉景帝便说：“食肉不食马肝，不能说是不知味；言学者不去讲汤、武受命，也并非愚蠢。”算是将争论暂时中断了。这位连司马谈都向他学过“道论”的黄生，服务于汉初地主阶级巩固政权的需要，按照汲取了刑名法家的新道家思想，强调不可颠倒君臣上下关系，驳斥了辕固生的儒家旧义，得到了汉景帝的支持。这场争论以儒学被屈而告结束，从此“学者莫敢明受命放杀者”，明显反映了当时儒学被压制的情况。

不久，窦太后本人也与辕固生就《老子》一书的评价问题展开了直接的交锋。有一次，窦太后召辕固生问道：“《老子》是怎样的一部书？”辕固生不识时务，猝然答道：“这不过是部平常人家读的书，没多少道理。”窦太后大怒道：“难道一定要司空城旦书吗？”话中讥讽儒教苛刻，比之于司空狱官，城旦刑法。辕固生一听不妙，便想转身就走，不料被太后喝住，要他到猪圈里去与猪搏斗。景帝知道太后发怒，又见辕固生乃一文弱书生，恐不敌猪，就投进一把十分锋利的兵器，才让辕固生把猪刺死。这次争论涉及了对黄老学派的理论基础的评论问题，所以辕固生几乎丧生。因此景帝在位 16 年，始终未用儒生。汉武帝即位时才 17 岁，窦太后成了“太皇太后”。她听说汉武帝好儒，大不以为然，常出面干预朝政。武帝也不便违逆祖母，所有朝廷政事，都随时向她请示。当时御史大夫赵绾和郎中令王臧，都是支持儒学的。他们趁武帝刚即位，策划迎其师、《诗》学专家鲁地的老儒申培公来朝，并建议仿古制，设明堂辟雍，改历易服，行巡狩封禅等礼仪，还建议今后政事“可不必事事请命东宫”。按今文经学旧说，“明堂”即大学，类似监督执政的议政机关，违反封建专制原则，系当时守旧儒生们的幻想。太皇太后听罢，怒不可遏，命武帝下令革去赵绾和王臧官职，二人被迫自杀。至太皇太后去世前，武帝不再敢重用儒生。这一系列事件表明，当时的儒学虽拥有一定势力，但由于“不达时务”而一再被黜。

汉武帝刘彻，是一位有雄才大略的皇帝，一生很有作为。他掌权后，利用汉朝开国60年逐渐恢复的封建经济力量，首先改变了“文景之治”时期推行的与民休养生息政策，着力加强专制主义的中央集权制，顺应了当时历史发展的必然趋势。在武帝统治时期，汉朝的政治、经济、军事、文化等各方面都取得了前所未有的进展，国家空前鼎盛，使我国站在当时世界文明国家的最前列。随着汉帝国封建大一统局面的形成，黄老之学不适用了。统治者迫切需要一个能为专制皇权制造理论根据的思想体系，董仲舒哲学便应运而生了。与守旧儒家不同的是，董仲舒抛弃了今文经学的一些旧义，广泛吸取了刑名法术及阴阳家言，重新营造了一套以孔子所作的儒家经典之一的《春秋公羊传》为中心的新儒学，逐步适应了巩固封建大一统的现实政治需要。从而使其倡导的新儒学到汉武帝时顺利取代新道家，跃升为封建统治思想的正宗，并对后世产生了极其深远的影响。

公元前140年，汉武帝广罗人才，举贤良文学之士，董仲舒名冠群儒，当殿对策，以贤良对策三篇，得到武帝的赏识。《天人三策》比较系统地阐明了董仲舒的“天人感应”“君权神授”“天谴论”等思想，特别是向汉武帝提出了“罢黜百家、独尊儒术”的著名建议。

针对汉武帝在第一道制书里的问题：“夏、商、周三代受命于天，其依据的符命是什么？天地间灾异的变化，是什么原因造成的？”董仲舒在对策中用“天谴论”回答说：“臣在《春秋》经中曾观察前代史事，发现上天和人事是互相关联的，天命可畏。国家治理不好，上天就会制造各种灾害来谴责、警告世人；世人不知反省，上天又会制造出各种怪异之事，来警惧人类；若再不改变，天下败亡的迹象就会接踵而来。可见上天有君王仁爱之心，希望制止人世间的祸乱。”董仲舒又指出，国家若要长治久安，必须靠儒家的“礼乐教化”治理，不能滥用刑罚。因此，他建议要在国都设立太学，在邑城设立学校，以教化百姓。接着，他猛烈抨击了秦朝以法治国的弊端，认为秦的历史从反面证明，法令愈多而奸邪愈生。秦朝以法治国的遗毒余烈，至今未灭，这是应该注意的。董仲舒的第一个对策，适应了当时西汉王朝从政治上、思想上巩固封建统治的需要，正中汉武帝的心怀。

于是，武帝又下了第二道制书，命董仲舒把自己的政见写成文章，“以称联意”。受宠若惊的董仲舒，连忙赶写了第二道对策。在第二道对策里，董仲舒进一步总结了三代以来的历史经验，特别点明秦朝以刑法治天下，“赋敛无度”，导致“死者相望而奸不息”的教训。为了培养一批维护封建统治的“德治”人才，他再次建议设立太学，作为“教化之本”。他说，皇帝若通过考问得到天下“英俊”之才，就可实现三代的至治局面，汉武帝的英名也就能够同尧、舜相媲美了。

两次对策，都深得皇帝嘉许。武帝特别欣赏董仲舒“天人感应”的观点，说：“朕听说善于谈天的必有证于人事，善于说古的人必有验于今，故朕虚心询问天人相应的关系，接受历史的教训，改正以往的所作所为。大夫既谈论了治国之道，陈述了历史上治乱的原因，请再讲得透彻点，朕将亲自览阅思考。”这样，董仲舒便陈述了自己的第三对策。

董仲舒在第三策中，及时而郑重地提出了自己思索多年的哲学观点与政治思想，表达了“道之大源出于天。天不变，道亦不变”这种形而上学的天道观。他希望汉武帝应该坚持不变的天道，让君臣、父子、夫妇、兄弟之间遵守严格有序的上下尊卑关系，使“贵贱有等，衣服有别，朝廷有位，乡党有序”，以保持永恒的封建秩序。同时，他又向武帝提出了政治上的大一统思想，“《春秋》大一统者，天地之常经，古今之通谊也”。帝王要在“大一统”的总原则下，先统一思想。凡是不符合儒家《礼》《乐》《书》《诗》《易》《春秋》六经（六艺）、孔子之术的思想学说，一律摒绝禁止，不允许其存在。这里他引申发挥了《春秋公羊传》中关于大一统的意义，将大一统说成天经地义，不可更改。他认为要保持这种一统的局面，必须有一个统一的思想来作为最高统治者的指导思想，除了儒家思想，别的都不行。他指出："诸不在六艺之科、孔子之术者，皆绝其道，勿使并进。"即对于不符合儒家思想的各种思想，都宣布为非法，予以取缔。董仲舒认为有了统一的思想，就可以做到"邪辟之说灭息，然后统纪可一，而法度可明，民知所从矣"。他从《春秋》"大一统"的原则出发，利用儒家思想，以维护皇帝至高无上的权力，维持封建统治秩序。在封建社会上升时期，这一思想原则不仅加强了封建中央集权制度，也适应了建立在宗法制基础上的封建地主经济的发展要求。这也是汉武帝能够接受董仲舒三次对策的根本原因。

由于董仲舒对策成功，汉武帝便任命他为江都相，在武帝之兄易王刘非那里做事。武帝又下诏书，命全国"推明孔氏，抑黜百家，立学校之官，州郡举茂材孝廉"。自此，"罢黜百家、独尊儒术"终于正式出笼，成为汉武帝时期思想领域里一项重大政策，对以后封建社会也产生了十分深远的影响。

董仲舒的《天人三策》不仅对西汉中期的思想政治领域产生了巨大影响，也是自先秦以来哲学上关于"天人关系"问题的新的论证。在《春秋繁露》中，董仲舒进一步阐明了自己的"天人关系"说，发挥了他天人合一、君权神授、阳尊阴卑和三纲五常的思想体系。在宇宙观上，董仲舒提出了"天人相与"的天人合一论。他认为天与人是相通的，天是有意志的，是最高的人格神，天按照自己的面貌创造了人。他还附会道，人的形体也都是按天的形体构造的。如天有日月，人有眼睛；天有山川河流，人有骨骼血管之类。人的道德品行，喜怒哀乐，国家的庆、赏、刑、罚，无不同天有密切关系。他说，人的德行是由天理变化而来，人的好恶是由天的冷暖气候变化而来，人的喜怒感情是由天的寒暑变化而来。同时，从"天人相与"的神学目的论出发，董仲舒又提出君权神授论。他说，皇帝是天的儿子，奉天的命令来统治人间，所以皇帝至高无上，掌握着人世间生杀大权，人们应无条件地忠于皇帝，服从皇帝。董仲舒还认为，君主应该集威德大权于一身，紧紧掌握刑赏之二柄，决不可分权与人，这里可看出他有些法家的味道。不过，董仲舒又感到君权太重，如不加限制将可能危害社会，因而进一步阐发“天谴论”，用阴阳灾异之说，警告皇帝。他说，君主如果滥用职权，侵害百姓，便会受到天的谴责，小者降各种旱灾、水灾之类，以示警告；大者天便会降异，如出现山崩地震之类进一步警告他们。经过灾异的警告仍不悔改，君主的大难便要临头了。这种灾异说，虽属迷信，但在皇权至高无上，且不受任何限制的封建社会里，用这种天意来警诫、谏说君主，限制皇权，也许是最有根据的，也是比较容易奏效的。

此外，董仲舒还吸取阴阳五行学说，并加以牵强附会，臆造出了所谓“阳尊阴卑论”和“三纲五常论”。中国哲学有一个显著特点，几乎所有哲学家都十分注重社会伦理道德方面的研究，董仲舒也不例外，不过他是将天与人间的伦理道德比附起来。他说，天有阴阳二气，而功能不同：阳主生，阴主杀；阳主德，阴主刑；阳主光明，阴主黑暗；阳主温暖，阴主寒冷；阳主欢喜，阴主忧郁；阳主宽厚，阴主威猛，等等。他由此判定，天好生不好杀，好德不好刑，尊阳而卑阴。从这种认识出发，董仲舒认为君臣、父子、夫妇之间的关系也是按照阴阳之道来安排的，即君为阳，臣为阴；父为阳，子为阴；夫为阳，妇为阴。这样，董仲舒便逻辑地得出君尊臣卑、父尊子卑、夫尊妻卑和“君为臣纲、父为子纲、夫为妻纲”的“三纲论”。他说：“王道之三纲，可求于天。”这就把人世间的封建伦理关系和政治关系神学化、神圣化，赋予它们不可侵犯的权威性。为了调整君臣、父子、夫妻的关系，董仲舒强调“仁义礼智信五常之道，王者所当修饬也”。统治中国社会几千年的“三纲五常”的政治伦理学说，经过董仲舒的阐释而构成了完备的思想体系。

以后，董仲舒又曾经多次上书，并通过著述与讲学，建设起了一个以儒家思想为主干，兼收其他派别中适合封建专制主义统治的学说的思想体系，经过几代统治者的提倡，最终发展成为整个封建社会的正统思想。具有讽刺意味的是，董仲舒连同他的思想学说，一开始并不为最高统治者看重和赏识，因此险些送掉了性命。那是在汉武帝刚登极后不久，辽东和长陵两地的庙殿遭到雷击后发生了火灾。于是，董仲舒便大肆借题发挥，用这些事件来论证他的“天”有意志，能用灾异谴告人君的学说。他在家中写了份奏章，文稿刚写成，被一个名叫主父偃的人看到了。此人看不惯董仲舒的所作所为，同他有矛盾，就把这份奏章偷出去奏报了朝廷。汉武帝立即召集儒生学者来评议这份稿子，董仲舒的学生吕步舒不知是自己老师写的，看过后大批了一通，“以为大愚”。武帝大怒，董仲舒被掌管刑法的部门定为死罪。后来，多亏了吕步舒联合朝中许多大臣，在武帝面前苦苦哀求，董仲舒才得以赦免。以后，董仲舒回家以写书为事，再也不敢以灾异去比附政治了。

董仲舒是中国哲学思想发展史上一位非常重要的人物。他提出的以“天人感应”神学目的论为核心的哲学思想体系，完全是为巩固和强化汉王朝中央集权封建专制主义统治服务的，因此既有其顺应历史发展要求的积极的一面，也有毒害麻醉人民意识的一面。特别是随着封建社会由上升发展逐渐走向停滞和衰落，封建社会制度日益成为束缚社会前进的障碍时，统治阶级大力提倡董仲舒思想，它的反动与保守作用也就越来越明显。同时，从董仲舒开始，将儒家经典进行了不断加工改造，着力将创始人孔子神化，孔子被推崇为“素王”，在封建社会里具有“教主”的意义。与此相适应，儒家学说也逐渐演变成了“儒教”，对中国社会产生了多方面的影响，乃至到辛亥革命后的1912年10月，还由陈焕章等人在上海成立了以提倡尊孔复古为中心的社团——孔教会，一直到“五四运动”后才日趋瓦解。

# 站着读书的人

——王充的元气自然论

在汉代，同以董仲舒为代表的“今文经学派”相对峙的是“古文经学派”。这一学派推崇一批用战国时期的篆文（古文）书写的经书，是谓古文经学。与今文经学派把儒家经典当作圣典并力加神化的做法不同，古文经学派最初大都只把这些儒家经典看成是一种历史资料，迷信成分也比较少。王充的唯物主义无神论哲学思想，可以说正是承借古文经学之力发展起来的。其中的“元气自然论”思想，更是直接批判汉代的谶纬迷信，特别是董仲舒的“天人感应”神学目的论而发展起来的，从而把先秦元气本源论思想推进到了一个新的高峰。由之，也使王充成为中国哲学史上一个伟大的唯物主义无神论者。

东汉初年，在京师洛阳的书肆上，人们经常见到一布衣少年站在那里专心读所卖之书。他有惊人的记忆力，一阅即能背诵，后来成为一个博通古今、才识不群的著名学者。这个家贫买不起书、经常站着读书的少年，就是东汉时期最杰出的唯物主义思想家王充。

王充（27—97），字仲任，会稽上虞（今浙江上虞）人。他出身寒门庶族，其先祖虽以军功受封于会稽阳亭，仅一年后，便被削去官爵，“以农桑为业”，后来又做过商贩。王充的家庭有任侠豪气的传统，祖辈与父辈都曾因为乡邻打抱不平，同豪门富户结下怨仇，两次被迫迁居他乡，生活窘迫不安。王充年少丧父，在乡里以孝著称。他自幼聪颖过人，8岁后，受诵儒家的经典《论语》《尚书》，日诵千言，显露出非凡的才华；后游学京师洛阳，求学于太学，师从著名学者班彪，也常去书肆读书，知识根底牢固、坚实。

由于王充出身寒微，他从事政治和理论活动，便屡遭统治阶层和论敌的讥笑、攻击，王充却毫无愧色，据理反驳，并从理论上探讨了社会不平等现象的原因。他的思想活跃，眼界开阔，喜欢发表各种议论，谈吐锋芒毕露，所言看似隐秘怪异，其实深含哲理。他极不满于那些一生只知咬文嚼字、烦琐考证，白首于儒家典籍之中的孤陋寡闻的读书人。所以，王充喜好博览群书，“不守字句”，着重领会其精神要旨，在青年时代就成为通晓众流百家之言的渊博学者，为他后来建立起战斗唯物主义的思想体系，打下了雄厚的知识学问基础。

王充一生淡漠功名富贵，甘守清贫，正气凛然。为坚持真理，他从不肯向权贵折腰，历史上一直传为美谈。他从洛阳游学回乡，隐居教书。后入仕做过小县吏，还在州府里做过主管文书的小官。任职期间，总是“贫无一亩庇身”，从未置过什么产业。居官期间，他多次提出治政建议，均为太守拒绝，于是弃官而去。回家后，王充“居贫苦而志不倦”，闭门潜思，断绝各种交往，屋中插满刀笔，奋力写作著书。他的重要哲学巨著《论衡》，分为85篇，现存84篇，共20余万字。此外，王充还写过许多著作，据他自己在《论衡·自纪》中记叙，有《讥俗》《政务》《养性》等，可惜都早已散失了。他的思想全靠《论衡》这一力作保存了下来，成为后来唯物主义者所借鉴和继承的宝贵财富。

王充晚年时，他的同乡友人谢夷吾，曾上书向朝廷推荐他，对他的评价很高，认为就是前世的孟轲与荀卿，近世的扬雄、刘向与司马迁，都超不过王充的才识和德行。于是，汉章帝派公车来征召他，但此时王充已贫病交加，又值垂暮之年，终未成行。王充自感心力衰耗，便撰写《养性书》16篇，节制嗜欲，颐神自守，最后病逝于家中。

王充所生活的时代，正是两次农民革命高潮之间的间歇时期。由于西汉末年绿林、赤眉农民大起义猛烈地冲击了当时封建生产关系中最腐朽的部分，新建立起来的东汉王朝采取了一些缓和阶级矛盾的措施，使生产关系得到一定调整，社会出现了相对稳定的局面。农业、手工业和商业等都得到了一定程度的发展，由此也推动了自然科学，特别是天文、历法、农学、医学等方面都有较大进步。这就使王充的哲学思想能够大量利用当时自然科学的新成果，显示了唯物主义自觉与自然科学联盟的新特色。例如他在《论衡·治期篇》中说："在天之变，日月薄蚀。四十二月日一食……食有常数，不在政治，百变千灾，皆同一状，未必人君政教所致。"在汉代天人感应思想支配下，日月食被认为是大的灾异，皇帝要下诏"罪己"，甚至策免三公。王充却根据天文学的知识证明，日月薄蚀是一种自然现象，并且有规律可循，根本与人的行为、政教的得失无关。他不仅根据自然科学的知识来破除迷信，还对当时的自然科学从理论上加以总结概括，上升到世界观的高度，建立了唯物主义的天道自然观与无神论思想。在此意义上可以说，王充哲学是中国古代唯物主义同自然科学知识结合的典范。

同时另一方面，封建统治的相对稳定，也孕育着尖锐的社会矛盾。东汉初期，随着经济的恢复和发展而来的是土地兼并现象的加剧。作为东汉政权主要支柱的地主豪强势力的迅速发展，垄断特权，兼并土地，促使东汉政权及其官僚机构日趋腐化，酝酿着新的社会危机，加剧了统治阶级内部的分化和对立。东汉王朝为了强化思想统治，经汉光武帝刘秀提倡，不仅早已"宣布图谶于天下"，大肆培植僧侣，鼓吹神学，让谶纬神学成为官方的统治哲学，并且在汉章帝建初四年（79），召开了一次空前盛大的神学会议——白虎观会议。由章帝亲自主持，"讲论五经同异"，让儒林僧侣们"高论白虎，深言日食"。会后，班固奉命整理讲议记录，编辑成书，即为《白虎通义》。此书为董仲舒以来今文经学派经义的总汇，标志着东汉经学与神学的进一步结合，也实际上是把天人感应的神学更直接地应用于封建特权政治，使谶纬迷信变成了钦定的法典。

王充"细族孤门"的社会际遇，使他能够广泛与下层人民接触，多少反映出在封建等级制度下被压抑、被屈辱的"卑贱者"的反抗意识。他明白地把"贱室"和"贵家"对立起来，并宣称"达者未必知，穷者未必愚"，

“处尊居显未必贤，位卑在下未必愚”，这就使他能眼睛向下，从劳动人民的生产和生活实践的经验中去吸取智慧，利用与概括当时的生产技术和自然科学的知识，对当时居于统治地位的正宗神学，“订其真伪，辨其虚实”，展开坚决的进攻。王充对天人感应目的论的批判，是两汉时期自然科学反对宗教神学斗争的哲学总结，也是两次农民革命斗争之间广大人民群众对封建特权强烈反抗的理论表现。王充自己曾经在《论衡·对作篇》中指出，《论衡》的写作动机是“起众书并失实，虚妄之言胜真美也。故虚妄之语不黜，则华文不见息；华文放流，则实事不见用。故《论衡》者，所以铨轻重之言，立真伪之平；非苟调文饰辞，为奇伟之观也。其本皆起人间有非，故尽思极心，以讥世俗。世俗之性，好奇怪之语，说虚妄之文。何则？实事不能快意，而华虚惊耳动心也。”他强调，《论衡》总的精神就是“实事疾妄”。这里的“实事”，就是从实际出发，实事求是；“疾妄”，就是反对一切虚妄与浮夸。王充又在《论衡·佚文篇》里，谈到这部著作特有的批判精神时说：“《诗》三百，一言以蔽之，曰：‘思无邪。’《论衡》篇以十数，亦一言也，曰：‘疾虚妄。’”所以，王充写下了《书虚》《变虚》《雷虚》等“九虚”和《语增》《儒增》《艺增》“三增”，着力批判了天人感应的神学目的论及神仙方术、长生不死之说，也批判了五经、书传等文章中的夸饰之词。《论衡》所破的是神学迷信以及虚妄不实之言，所立的是唯物主义的实事求是之论。

王充在中国哲学史上最突出、最重要的理论贡献，在于他继承了先秦以来的“精气说”，创造性地提出了唯物主义的“元气自然论”学说。王充哲学思想的锋芒所向，直指以董仲舒为代表的神秘主义“天人感应”说，因为这种学说是泛滥于两汉思想界的谶纬迷信的理论基础。针对董仲舒的最高哲学范畴，即有意志的人格神——“天”，王充在《论衡·谴告篇》中明确指出：“天道，自然也”，认为天和地都是毫无意志目的的“合气之自然”，进一步指出“元气”才是天地万物的始基与根本。“元气”是中国古代哲学史上最重要的概念之一，是指产生和构成天地万物的原始物质，或指阴阳二气混沌未分的实体。在王充的学说中，“元气”被解释为同云烟相似的原始物质，它是天地与万物的最初本原。“元气”的聚散分合，造成了自然万物的生灭变化；“气”的厚薄精粗的差异，构成了各种不同的自然万物。董仲舒以及汉代唯心主义者极力推崇的有意志、有目的的“天”，王充认为只不过是元气构成的自然无为的物质实体，“天道”就是“气”的自然运动变化规律及过程，与人类社会的事物并不存在相互感应的关系。为了证明自己的观点，王充还列举了人们许多的日常经验与常识，说明“天”有意识地创造人类和万物的理论是荒谬的。他在《物势篇》里得出结论道：“天地合气，物偶自生矣。”自然界万物的生成死灭，都是物质元气自己变化的结果，事前根本没有什么神意的安排。这样，王充就把董仲舒强加于自然界的那个有意志的人格神的“天”，从自然界的客观运动变化中驱逐了出去，对神秘的天人感应思想进行了尖锐批判。

既然万物都是由“元气”自然产生的，王充便进一步认为，人是自然界的一部分，也是禀受天地元气而生成，批判了天人感应说关于上天创造人的观点。他在《物势篇》中指出：“儒者论曰，天地故生人。此言妄也。夫天地合气，人偶自生也。犹夫妇合气，子则自生也。”这是说，儒者所说天地是有目的产生人类的，完全是胡说八道。天地的气相交合，人类自然而然就产生出来了；就像夫妇的气相交合，孩子就自然生出来一样。这也就是说，天不能有意志地创造人，因为天地都是气，气是无意志的。他在《辨祟篇》里说：“人，物也，万物之中有智慧者也；其受命于天，禀气之元，与物无异。”在《道虚篇》里，王充进一步说明：“人，物也，虽贵为王侯，性不异于物。”在两汉，唯心主义目的论者为了论证“天人感应”，把人说成是天的副本，说天与人具有同样的感情和意志，二者可以互相感应，因此人在万物中是最高贵的。王充则认为人和自然界的其他东西一样，在其自然属性上并没有本质的差别，都是由气构成的，就是贵为王侯也是一样，这就从根本上否定了天与人之间有什么神秘的感应关系。

王充还以唯物主义的元气自然观为武器，对建立在唯心主义天人感应目的论基础上的“君权神授”等谶纬迷信进行了尖锐的批判，发展了无神论思想。两汉以来，皇帝和豪强地主都用谶纬迷信之类来论证“君权神授”，企图以此巩固封建专制统治。皇帝的后代都是“龙子龙孙”，但开国皇帝又怎样从血统上进行解释？当时便有刘邦是因其母与龙交合而生的传说。王充在《奇怪篇》中批驳道：“《高祖本纪》言：‘刘媪尝息大泽之陂，梦与神遇。是时雷电晦冥，太公往视，见蛟龙于上，已而有身，遂生高祖。’其言神验，文又明著，世儒学者莫谓不然。如实论之，虚妄言也。”王充分析说，只有同种同类的动物才能互相交配，龙属于兽类，怎么能和人交配？他说：“今龙与人异类，何能感于人而施气？”他还根据自然常识，指出“子性类父”，如果刘邦是龙的儿子，传说“龙能乘云”，刘邦也应当会腾云驾雾，事实上并非如此。刘邦是汉代统治者的祖先，关于他的神话传说，王充都敢加以批驳，这在当时是有重要政治意义的，显示了对“君权神授”进行的公开挑战。

针对天人感应论者提出的人君的喜怒，能够影响到气候的寒温，即所谓“人君喜则温，怒则寒”的观点，王充在《寒温篇》里反驳道：寒温气候属于自然季节的有规律的变化，不是人事所能决定的。他指出：“寒温，天地节气，非人所为。”如果说人君的喜怒决定气候的寒温，那么自然界的规律就无法解释了。如战国时期，秦汉之际，诸侯互相攻伐，可是当时天下并未常寒；唐虞之时，天下太平，人君常喜，可当时天下也并未常温。因此“寒温之至，殆非政治所致”，天道自然无为，寒来暑往是自然规律，根本与人君的喜怒无关。

针对天人感应论者宣扬的“善有善报，恶有恶报”的观点，王充也一一进行了批驳。如“善有善报”论说，宋景公时荧惑守心，火星出现在宋国上空，这是不吉利的，宋国的太史子韦便劝宋景公嫁祸于宰相或百姓，宋景公不干，说了三句好话，因此上天给宋景公延寿21年。“恶有恶报”论说，有人曾给别人不洁净的食物吃，上天就差来雷公进行惩罚，使其中雷身死。王充在《变虚篇》等中批驳道，火星在宋国上空出现，纯是自然现象，与宋国的政治没有关系，如果宋景公说三句好话就能延寿，那么“尧舜宜获千岁，桀纣宜为殇子”。其实不然，因为“天道当然，人事不能却也”。火星的出现，不会因为人君说了好话就自动消失的。对于雷公击死人的说法，王充亲自观察过被雷击死的人，“须发烧焦”，“皮肤灼焚，临其尸上闻火气”，因此断定人被雷击死是被天火烧死的，根本无所谓雷公的惩罚。

此外，王充对董仲舒以来所宣传的“谴告”说也进行了批判。他在《谴告篇》中说“血脉不调，人生疾病；风气不和，岁生灾异”，阐明灾异同人生病一样，都是自然现象，与政治无关，灾异现象背后没有神秘的主宰，何来“谴告”之说？王充对于一般的社会迷信如卜筮、祭祀、相信鬼神等，也进行了批判，否定了灵魂不灭、人死为鬼的说法。他指出，人的精神依靠身体，精神不能脱离身体而单独存在，因此人死后不会变成鬼。他在《论死篇》中说：“人死血脉竭，竭而精气灭，灭而形体朽，朽而成灰土，何用为鬼？”即是说，人死而血脉枯竭，形体腐朽变成一堆灰土，哪里会成为什么鬼呢？王充还从认识论上指出鬼的观念的产生是由于假象，如人生病的时候会胡思乱想、神志不清，就容易见鬼。他在《订鬼篇》中说：“凡人不病则不畏惧，故得病寝衽，畏惧鬼至。畏惧则存想，存想则目虚见。”可见，人生病时害怕有鬼，时常想着有鬼，反而容易见到鬼，这种鬼实际上是脑子里胡思乱想形成的假象，并不是真有什么鬼。

王充的这些思想，不仅直接否定了鬼神的存在，体现了战斗的无神论思想；更为重要的是，王充对“形神”关系，即物质形体与精神活动的关系，作了唯物主义的阐述，坚持了无神论立场，成为后来南朝时无神论者范缜的理论先驱。形神关系问题，实际上是哲学基本问题，即关于物质和精神何者为第一性的重大原则问题，是在中国古代哲学中的鲜明表现之一，历来为哲学家们所高度重视。稍早于王充的唯物主义无神论者桓谭（前23—56），曾用“烛火之喻”来说明精神对物质形体的依赖关系，就好比火光之于蜡烛，没有蜡烛，火光也就会熄灭。王充接过这个比喻，在《论死篇》中进一步加以发挥，提出了“天下无独燃之火，世间安得有无体独知之精”

的哲学命题，指明世界上没有能离开蜡烛而独自燃烧的火，怎么可能有离开形体而独立存在的精神呢？尽管这个解释仍然存在着一定的漏洞与破绽，但是王充在当时自然科学所能达到的水平基础上，力图坚持唯物主义路线，为人的精神作用寻找一个物质基础，是难能可贵的，也是对中国哲学史上关于形神关系问题的重要理论贡献。

当然，王充在哲学上的贡献是多方面的，除了围绕“天人关系”的论争而着重阐发的“元气自然论”，在认识论上王充还强调“学之乃知”，学用一致，尤其注重实行的效果，自始至终贯彻了一条唯物主义的认识路线，提出了“不徒耳目，必开心意”的著名论断；他的关于“殊气相革”的朴素辩证法思想，关于“汉盛于周”的历史进化论思想，等等，也都闪烁着理性的光芒。通观王充的哲学思想，鲜明的特点是充满了批判战斗的精神。他高举“疾虚妄”的旗帜，对横行于两汉时期的“天人感应”目的论与谶纬神学，从各方面进行了猛烈的抨击，表现了大无畏气概，给后来的唯物主义者以极大的激励和良好的影响。王充在中国哲学史上是一位里程碑式的人物，不仅是汉代唯物主义阵营的旗帜，而且开创了朴素唯物主义的一个重要发展阶段——元气自然论。王充以后，中国哲学的发展常常离不开“气”这个范畴，他的后继者范缜、柳宗元、张载、王夫之、戴震等人，几乎都是“气”一元论者，他们发展了王充的朴素唯物主义和无神论思想，在中国哲学史上形成了唯物主义的优良传统。

# 以无为本

## ——王弼的玄学思想

东汉时期的王充在“疾虚妄”的斗争中，于《论衡·谴告篇》中明确指出：“夫天道，自然也，无为。如谴告人，是有为，非自然也。黄老之家，论说天道，得其实矣。”王充敢于“违儒者之说”，“依道家论之”，继承、运用与发挥了老子哲学中的“自然”之旨，以批判两汉盛世在意识形态领域居统治地位的神学目的论，从而也为后世道家的复兴开辟了道路。尽管他充满了理性精神的不朽著作《论衡》被沉埋了一个多世纪，但到魏晋时期，王充依道家而发挥的“自然之义”，却在皇权衰落的形势下，被一跃而起的玄学所继承。玄学否定了两汉经学从万物的最初来源考察万物现状与变化的宇宙生成论，大讲“本末体用”，借揭示万物的本体给出万物存在的根据。在把“道”作为万物的本原与根据的同时，又以“天地生于自然”再一次否定了“天”的神灵性，进一步高扬了“人”及其光辉的理性。

玄学，是以解说、阐述和发挥《老子》《庄子》《周易》为主要特征的一种学说，也是中国哲学史上最富于哲学思辨性的思想形态之一。因为当时处在公元三四世纪、三国之后的魏晋时代，是以适应门阀士族夺取统治权力和维护身份等级制的需要而兴起的哲学思潮，所以人们又称之为“魏晋玄学”。在中国古代的人们看来，《老子》《庄子》和《周易》是三部深奥奇妙的书，其内容之奥妙，简直可以说玄之又玄，所以称之为“三玄”，而把研究和发挥“三玄”的学问称为玄学。“玄”，即是深奥奇妙的意思，《老子》中有“玄之又玄，众妙之门”，其内容包括谈天说地以及议论人生之事，无所不及。当然，并非任何时代对《老子》《庄子》《周易》的解说、阐述与发挥的学说都可称为“玄学”，而仅仅限于魏晋时期，因为这时社会上掀起了一股高谈阔论三玄妙理的风气。

玄学的主要开创者王弼（226—249），字辅嗣，山东巨野人，汉末著名士族王粲的侄孙。在一定意义上可以说，王弼是中国古代最早熟的哲学家。他少年即享高名，死时年仅24岁。晋人何劭为其作传称：“弼幼而察慧，年十余，好老氏，通辩能言。”颇为时人所看重。他十几岁时，去拜访当时声望很高的吏部郎裴徽，在一起畅谈玄虚的哲理。裴徽问他：“你说‘以无为本’，即虚无是宇宙和万物的本原，可是孔子却不肯深入探讨它，为什么倒是老子在论述阐发它呢？”王弼当即答道：“孔子真正体会和认识到了虚无，可是这种虚无却无法用言语来描述表达，因此孔子不谈论它；老子也还是停留在‘有’这个阶段的人，虽然总是谈论比‘有’更高的虚无，却不能完全表达它。”裴徽听后，对这个少年的新奇见解大为惊讶。

当时，曹操的养子、文学家兼哲学家何晏也是一位地位很高的吏部尚书，同时也是玄学的重要代表人物。何晏比王弼大好几十岁，却非常钦佩与器重王弼的才学，曾感叹地说：“仲尼称后生可畏，若斯人者，可与言天人之际乎！”极力称赞孔子所说的后生可畏，就是指王弼这种人，认为同他可以一起探究宇宙及社会人生的道理。确实，王弼是一位后来居上的玄学家，他的思想大大超过了何晏的水平，唱出了魏晋一代的天（自然）人（名教社会）新义。据史书记载，正始年间，曹操的儿子曹爽与何晏擅政，黄门侍郎这一官职累缺。何晏有意要提拔王弼，但曹爽手下有人却与何晏争衡，向曹爽推荐高邑的王黎充当了黄门侍郎，而以王弼为补台郎，在王黎手下供职。王弼通达超拔，才识卓出，善谈玄理，不治名高，然而事功却“雅非所长，益不留意”，表现出玄学家远离事务的风度。王弼曾去拜见曹爽，曹爽也早已听到王弼的名声，本来对他寄予了很大希望，以为他能提出治国安民的好办法来。于是，曹爽在接见王弼时，特地把左右的侍从和大臣们都屏退了，独自与他交谈。可是没想到，王弼高谈阔论了很长时间，仍然只讲些玄奥空洞的哲学道理，根本不涉及实际生活中的问题。曹爽大失所望，认为王弼不过是一个书呆子气十足的清谈家而已，从此就很轻视他，以后尽管有何晏的极力引荐，却始终未让王弼担任重要职务。王弼倒也大度，不大留意官职问题，还是照样大讲他的玄虚哲理。待王黎病亡之后，曹爽便用王沈代替王黎做了黄门侍郎，王弼也就不再继续留任补台郎的官职了。

王弼短暂的一生主要从事玄学理论的研究，阐发自己的玄学思想。他善于论辩，曾先后与刘陶、钟会、荀融、何晏等人往复论难，发挥玄理。然而他常以所长笑人，所以为士君子所嫉恨。最初，王弼与王黎、荀融友善，待到王黎夺其黄门侍郎之职后，又怨恨起王黎来，他与荀融的交往也未能始终如一。正始十年（249），司马氏实际控制了曹魏政权，曹爽、何晏被杀，王弼也受到株连，“以公事免”。同年秋天，王弼遇疠疾而亡。他在短暂的生命中，写下了《周易注》《周易略例》《老子注》《老子微旨例略》《论语释疑》等大量著作，阐发了他的“贵无”本体论，成为玄学理论的奠基人，在我国哲学发展史上产生了深远的影响。

王弼为玄学奠定的主要理论基石，一是贵无，即什么是宇宙的本体问题；二是主静，即研究发展观范围的问题；三是圣人体无，言不尽意，即讨论人的认识与表达能力以及世界的可知性问题。他善于坚持“天人相与”的唯心主义理论，又巧于利用前代唯物主义的理论缺陷与流行的思想资料，通过对有与无、动与静、言与意之间关系的抽象论证，构造了一套系统的玄学世界观。王弼的玄学理论集中表达了魏晋时期门阀士族的政治需要，把两汉以来流行的宣扬“王道之三纲，可求于天”的神学目的论，精炼成论证“名教本于自然”的玄学本体论，使我国中世纪唯心主义哲学的思辨水平大大提高了一步。因此，王弼在哲学上同老子一样，主张“贵无”，其主要贡献正在于把两汉的宇宙本源论发展为“以无为本”的本体论。他提出的本与末、体与用两对范畴，集中表现了王弼的哲学成就。

王弼把《老子》哲学中“有生于无”的论题，作为自己思辨的逻辑起点。《老子》中所说的“无”或“常无”，是对作为世界本原的“道”的一种规定，它区别于有形、有名的具体事物，是“无形”“无名”的，但并非“无物”“无有”；所以“道”又可规定为“常有”，是“先天地生”的混成之“物”。《老子》对世界本原的看法，含有发展为唯心宇宙观与唯物宇宙观的两种胚芽。以后庄子把《老子》中的“道”唯心主义化，认为“先天地生”的“道”，是在“未始有物”之前出现的，而生成为物的东西必然是非物质性的精神，即“物物者非物”。秦汉之际的黄老之学，则对“道”作了唯物主义的阐述，发展成为“元气自然”化生万物的宇宙生成论。王弼便沿着庄子的路线，把“道”直接说成是“无”，并以“无”作为现象世界背后的本体，把它当作一切事物产生和生成的根据。他在《老子·一章注》中，开宗明义地指出：“凡有皆始于‘无’，故未形无名之时，则为万物之始；及其有形有名之时，则长之育之，亭之毒之，为其母也。言道以无形无名始成，万物以始以成而不知其所以，玄之又玄也。”王弼在这里所说的“无”，不是一般的有无之无，而是指物质世界的气、物、声、光、形、色及人的肉体、精神等一切现象赖以存在的本体，这个“无”超言绝象，不具有任何具体属性，是一种抽象化了的绝对。一切有形的具体事物，都是这个本体的表现，因此“无”也可称之为“道”。王弼在《老子·二十八章注》说：“道以无形无名成济万物。”正由于它无形无名，才能生成万物，主宰一切。这样王弼就将《老子》中包含着“有”与“无”两种属性的“道”，改造变成了“无”一种名称。他在《论语释疑》里明确指出：“道者，无之称也，无不通也，无不由也，况之曰道。寂然无体，不可为象。”可见，“道”也是“无”，“无”才是最根本的范畴。

对于作为本体的“无”的性质与作用，王弼又作了具体阐述。他在《老子微旨例略》里说：“无形无名者，万物之宗也。不温不凉，不宫不商，听之不可得而闻，视之不可得而彰，体之不可得而知，味之不可得而尝。……故能为品物之宗主，苞通天地，靡使不经也。”王弼认为，“无”作为“品物之宗主”，不具有任何具体性质，它听不到、看不到、摸不到，也嗅不到。因此，它才能“苞通天地，靡使不经”，即主宰天地万物的存在及有规律的运动变化。对此，王弼进一步解释道，“有形则有分”，如音如果表现为声，那它不属于商，就属于宫，或者别的什么声调；象如果表现为形，那它不是方的，就是圆的，或是别的什么形状。也就是说，音与象一旦表现为声和形，就必然具备某种具体属性，即“有分”；而“分则不能统众”，受到一定范围和性质的限制，就不能成为众多事物的根据了。所以，只有无声之音才能形成各种声音，无形之象才能形成各种形状。本来，一般与个别既相互区别，又相互联系。作为一般的“无声之音”，也与作为个别的各种“有声之音”既相区别又相联系。王弼看到了两者的区别，却抽象地把这种区别绝对化，并把一般看作独立的存在物，形成唯心主义关于本体的虚构。王弼正是坚持以“无”为本，以“有”为末，提炼成自己“贵无”哲学之纲，并以此来构造自己的哲学体系。

王弼把“无”和“有”的关系，首先说成是本与末、体与用的关系。王弼的“本”与“末”一对范畴，正是为了区别万物的内在依据与外在不断变化的形态而提出来的。他在《老子·四十二章注》中说：“天下之物，皆以有为生。有之所始，以无为本。将欲全有，必反于无也。”他认为，万物的生成、变化都有其根本依据——本，只要把握了这个本，就能认识和支配万物。所以，无和有的关系，又被看作是本和末的关系。所以他在《老子微旨例略》中说：“老子之书，其几乎可一言而蔽之，噫！崇本息末而已矣。”所谓“崇本”，即是“贵无”。本末关系，被他比作母子关系。他在《老子·三十八章注》中说：“以无为用，得其母，故能已不劳焉而物无不理。”相反，如果“弃本舍母而适其子，功虽大焉，必有不济，名虽美焉，伪亦必生”。王弼把“无”看作天地万物之“本”，但是，“夫无不可以无明，必因于有”，并且“必有之用极而无之功显”，即“无”是体，“有”是用，“无之功”表现为“有之用”，把“有之用”发挥到极致，“无之功”也就显现出来了。所以，他进一步明确了体用关系，指出“故虽盛业大富而有万物，犹各得其德，虽贵以无为用，不能舍无以为体也”。这是说，客观世界尽管丰富多彩，都不过以无为体，表现了无的功用。“不能舍无以为体”，就是要抓住根本，即他在《老子·二十八章注》中强调的“从事于道者，以无为君”的观点。具体说就是要求统治者应该“尊以自居，损以守之，故人用其力，事竭其功，智者虑能，明者虑策，弗能违也，则众才之用尽矣”。统治者依据身份特权，支配天下“众才之用”，这就是王弼由“以无为本”导出的“崇本息末”的政治哲学思想。

同时，王弼把有与无的关系，又看作是多和一、众和寡的关系。他在《老子·四十二章注》中说：“万物万形，其归一也。何由致一？由于无也。由无乃一，一可谓无已。”在《周易略例》里又说：“品制万变，宗主存焉，……夫少者，多之所贵也；寡者，众之所宗也。”一定意义上说，王弼看到了差别性的万有具有统一性的本质。他认为有与无、本与末的关系也就是一与多、众与寡的关系，即世界的统一性与多样性的关系。在纷繁复杂的现象世界，虽然有各种各样的具体存在物，它们之间有着多种多样的差别，但最后都统一于独一的本体“无”。这个“无”也是支配着万事万物的总的原理，也可以叫作“一”，而复杂多样的现象世界就是“多”或“有”。“一”之所以能统御万有，在于它是本体与派生万物的本原，世界也之所以“繁而不乱，众而不惑”，就在于有“一”的主宰与制约。可见，在解释世界的统一性与多样性的关系问题上，王弼也像解释“本”“末”关系一样，割裂了事物统一性与多样性的联系，把统一性当作脱离了多样性的存在，反过来又支配世界的多样性。王弼的目的，还是在于要论证本体高于现象世界，“无”或者“一”是万物的主宰。

王弼这样的唯心主义思辨，完全是为了引申出“名教出于自然”的政治结论。所以，他干脆把众寡、一多之间的关系，说成是统治与被统治的关系。他在《老子·四十二章注》中说：“百姓有心，异国殊风，而得一者，王侯主焉。”王侯为百姓之主，就是一多、寡众关系之理所规定的。他在《论语释疑》中借注释孔子的“吾道一以贯之”时，更是一语道破：“贯，犹统也，……譬犹以君御民，执一统众之道也。”从“有无、本末之辩”，到“执一统众之道”，这也可以看作是王弼“以无为本”哲学的思辨实质。

当然，无论王弼“崇无”的玄学理论多么思辨，也存在着诸多缺陷，但其所探讨的中心问题，仍然是天人关系问题。不过，这里的玄学思想在形式上有效摆脱了两汉经学的笺注烦琐，在内容上也抛弃了两汉神学对“天人相与之际”的粗俗目的论的论证。王弼的玄学思想，采取了思辨哲学的形式，提出了有无、体用、本末、一多、言意、动静以及名教与自然等范畴，对天人关系问题赋予了新的含义，开辟了一代哲学新风。因此，从总体上看，玄学在反对汉代的神学目的论和烦琐的学风方面，是起过一些积极作用的。在以后的发展中，沿着王弼开辟的思辨之路往下走，玄学的另一位重要代表人物郭象（252—312），却由“无”返“有”，成就了“贵有”的本体论及“独化”说，同时也造就了从玄学中分化出来的以嵇康为代表的玄学“异端”。所有这些玄学理论，对中国哲学及文化的发展，都产生了十分重要而深远的影响。

# “救世”与“出世”

## ——葛洪的道教理论

魏晋时代思辨的、理性的玄学，取代两汉荒诞、迂腐、烦琐的经学，这是专制皇权衰落与新旧思想交替在哲学思想领域内的深刻反映。但从理论渊源上说，玄学的出现却是直接继承了先秦道家的传统，因而这个时代，道家思想广为流行，《老》《庄》几乎像汉代的“五经”一样，成为士大夫的必读之书；一般士大夫都通晓《老》《庄》，而名流学士更以能解《庄》注《老》、谈玄说道而名重一时。这不仅促进了玄学的发展，也为后世道家哲学即新道家的复兴开辟了道路。古文学派清除了儒家中的阴阳家成分，这些成分后来与道家混合，形成一种新型的杂家，叫作道教。道教是在新道家理论和玄学思潮等的作用激荡下，到汉朝末年才正式产生，并到魏晋南北朝时有了长足的发展。在这个过程中，孔子由神的地位还原为师的地位，老子则变成了教主，成了至尊天神的“太上老君”。

道教是我国自创的以“道”命名的一种民族宗教。毫无疑义，它与先秦道家哲学、与老子之“道”有着千丝万缕的“剪不断，理还乱”的渊源关系。《老子》的道，是天地万物的根源，又是不能为人视听感知的虚无。作为宇宙原始状态与基本规律的“道”，颇有含糊不清之处。这种超越时空的本体，具有神秘主义的色彩。道教理论家继承“道”的范畴，夸大其神秘的一面，并使之与阴阳五行思想结合，成为其理论体系中玄妙莫测的最高精神实体。道教又将《老子》的“静观”“玄览”“含德”“抱一”等观点，发展为内心修养方法，汲取《老子》清静无为思想，阐发超人间性的一面，使其“长生久视之道”的养生论，同神仙方术串联起来。此外，道教的产生与发展，还广泛吸取了阴阳、儒、墨、佛等诸家以及巫祝方术的某些内容，从而构成了十分庞杂的思想体系。

不过，道教亮出“道”的旗号，这便在认识论和哲学观上同西方的宗教文化大相异趣，从而使得道教文化在世界各种宗教历史文化群落中独具魅力，大放异彩。在西方基督徒们看来，宇宙万物是神创造的，即连宗教本身也是神缔造的。道教不同，它以“道”为宇宙的本原与主宰，这就有可能使其带有某种朴素唯物主义的认识论。当然，这种认识论并未完全用于社会生活的各个领域，从它拥有自己的尊神、主神、群神这一庞大的神仙群落，有着关于神在万事万物中的作用的宗教理论看，其唯心主义的实质仍是不言而喻的。可是，道教毕竟是以道家之“道”立世的——这是它区别于其他宗教的一个不同凡响之处。因为作为一种宇宙观和自然观，道家之“道”至今仍不失科学与辉煌，也是中国传统文化或中国传统哲学的得意之笔。这也使得道教在具有架构恢宏之势的同时，又显出十足的土气、十足的中国气。诚如鲁迅先生所说，中国的根柢全在道教，……以此读史，有许多问题可迎刃而解。这是中国道教区别于佛教、伊斯兰教、基督教等外来宗教的一个显著特点。

道教是从古代原始宗教的巫术和战国秦汉以来的神仙方术发展而来。最早的道教组织，为东汉顺帝时（126—144）的张陵所创立的“五斗米道”，以及稍后的张角、于吉所创立的“太平道”。五斗米道规定，信教的人要交纳五斗米作为入教费用，其内容主要为宣传民间应该进行互助、互济。张陵死后，他的儿子张衡、孙子张鲁，继续传授这种宗教，使之广泛流行于汉中、巴郡一带（今四川北部、陕西南部）。太平道的传播者是张角，即黄巾起义的主要领导者和组织者。太平道流行于我国山东、河北、河南各地，十余年间，发展众徒数十万，并设有各级首领。它有着明确的政治目的，当时黄巾起义时，张角等人提出的革命口号就是：“苍天已死，黄天当立；岁在甲子，天下大吉。”意思是说，代表刘姓王朝的上帝（“苍天”）

已经死掉了，将出现另一个代表农民利益的“黄天”来主持世界。汉灵帝中平元年（184）是甲子年，三月五日是甲子日，张角等便约定在这一天，各地教民同时起义推翻刘家王朝，天下就太平了。

原始道教经典《太平清领书》，也就是后世所说的《太平经》。它内容庞杂，虽有大量维护统治阶级的言论，但也有一些反映劳动人民利益的思想。如反映劳动人民反对富人剥削的思想说：“积财亿万，不肯救穷周急，使人饥寒而死，罪不除也。”《太平经》还认为天地间的财物，不应让个人私有：“此财物乃天地中和所有以共养人也。此家但遇得其聚处，比若仓中之鼠，常独足食。此大仓之粟，本非独鼠有也。”即是说天地间的财物本是用来供养众人的，不应该让少数人独自占有。与这种反对剥削的思想相联系，《太平经》还有一些主张人人劳动的思想：“天生人，幸使其人人自有筋力，可以自衣食者。”这种强调人各自衣食共力的思想，正是劳动者、特别是农民群众的呼声。此外，还有一些要求生存权利的公平而又均等的思想，等等。

到东汉末至三国时期，原始道教多活动于下层劳动者中间，往往与农民革命相结合。封建统治者害怕农民联合起来进行革命，禁止道教的活动。曹操曾招许多方士集于魏国，目的是为了防止农民利用道教来组织起义。东吴也对道教采取了限制措施，相传太平道的创立者于吉，在张角领导的黄巾起义军被镇压下去后，仍活动于吴国。《三国志·孙策传》注引《江表传》说，于吉当时“立精舍烧香，读道书，制作符水以治病，吴会人多事之”。有一次，吴主孙策在郡城门楼上会宴诸将宾客，于吉盛服由下走过，“诸将宾客三分之二下楼迎拜之，掌宾者禁呵不能止”。于是，孙策十分恼怒，下令把于吉抓了起来。可是，诸将信道者都指使其眷属去见孙策的母亲，请救于吉。孙策坚持认为，“此子妖妄，能幻惑众心，远使诸将不复相顾君臣之礼，尽委策下楼拜之，不可不除也”。即使信道诸将再联名求救，但孙策仍坚决地把于吉处死了。

晋以后，道教进一步从理论上反对民间的原始道教，创立为门阀士族地主阶级服务的道教。其代表人物有葛洪、寇谦之、陶弘景等。尤其是哲学家葛洪，更是对道教理论的发展有着十分重要的贡献。

葛洪（284—364），字稚川，自号抱朴子。他是丹阳郡句容县（今江苏省句容县）人，既是一位哲学思想家，又是笃信道教的学者，其家族属于江南著名的士族。他从小好学，性寡欲，无所爱玩；为人木讷，不爱交游。16岁时就熟读《孝经》《论语》《诗》《易》等儒家经典，“以儒学知名”。但是由于贪求博览群书，致使他无暇去聚徒讲学，传授经义。他的主要著作，有《抱朴子》内外篇、《神仙传》《隐逸传》等多种。由于葛洪早年参加过镇压石冰领导的起义军，得到了统治阶级的封侯食禄。《抱朴子》内外篇是用神仙宗教思想，为封建门阀士族政权服务。

尽管葛洪曾被封侯，但动荡的社会，没落的家世，特别是司马氏政权对江南士族抱有歧视与戒备心理，所以他的后半生也并不怎么得意。这就使葛洪感到仕途坎坷，“立功”无望；而个人的特性，也表明他“才非政事，器乏治民”，于是以“不仕为荣”，转向“立言”方面发展。对于国家政事的得失，风俗的良莠，教化的兴替，他都进行评论。葛洪在《外篇自叙》篇说：“洪少有定志，决不出身”，“念精治五经，著一部子书，令后世知其为文儒而已”。发愤精治五经，立志为文儒以“救世”。这是他前期奋斗的目标。他在这时显示了积极入世的人生态度，明白揭示以振兴儒教为宗旨，其基本思想是以儒家为主导。这一阶段的思想，集中反映在《抱朴子外篇》中。

到了后一阶段，社会客观形势变得更坏，葛洪对于精神上的刺激和感受也更悲更深。于是，他便从前阶段拯世救时的“救世”思想，转变为出世绝俗的“出世”思想。葛洪在《内篇·论仙》中说，“吾徒匹夫，加之罄困”，“入无绮纨之娱，出无游观之欢，甘旨不经乎口，玄黄不过乎目”，“百忧攻其心曲，众难萃其门庭，居世如此，可无恋也”。整个世间，忧难交加，对他来说，已经没有什么可以留恋的，完全应该悬崖撒手了。他并且说明，仙道的“出世”与世间的“入世”“救世”之事，是不能并行的。在《内篇·金丹》中，他认为仙道“与世事不并兴，若不废人间之务，何得修如此之志乎”，因此，他决心舍儒从“道”而出世，以使自己能够专心致志、寻求长生之道，做一个宣扬神仙道教的忠实信徒。

葛洪认为，追求长生之道，不在祭祀鬼神，也不在导引与屈伸，而在熔炼金丹大药。以金丹大药求神仙不死，这是一种宗教迷信。但从迷信长生出发，所从事的炼丹术研究，却使葛洪成为一个有丰富自然科学经验的学者和划时代的道教人物。神仙道教，就其社会意义来说，远不及儒家学说更为切近现实问题；但炼制金丹本身，就其科学技术的历史价值来说，则又远胜儒家修齐治平的迂阔议论了。葛洪这一阶段的主要研究成果，集中表现在《抱朴子内篇》里。

当然，如果从葛洪的一生来看，其思想是比较复杂的，前期的绝非纯儒，后期的也并非纯道。在他前一阶段以儒家学说为主导的思想里，渗透着道家和法家的思想。在后一阶段的神仙道教思想里，却也没有容纳老庄所有的理论。作为飘零没落的士族分子，葛洪前后思想变迁的脉络，大体就是从入世“救世”而遁世“出世”，从儒家而皈依神仙道教，但也始终没忘怀儒家与道家。这是与葛洪的阶级出身、所处时代以及个人遭遇息息相关的。

葛洪的道教理论，主要反映在《抱朴子内篇》里。他在这里大肆鼓吹神仙道教，宣扬“道”，也就是“玄”。这个“玄”是葛洪道教哲学的核心，也是神仙道教在理论上的最高概括。同时，也包含了葛洪一生中最后的精神归宿。

葛洪把“玄”这一概念，作为天地万物的总根源。他在《抱朴子内篇·畅玄》中说：“玄者，自然之始祖，而万殊之大宗也。”“玄”本身深微奥妙，难以捉摸，“来焉莫见，往焉莫追”。“玄”的作用也神通广大，“乾以之高，坤以之卑。云以之行，雨以之施。胞胎元一，范铸两仪。吐纳大始，鼓冶亿类”。“玄”可以产生天地和万物，所以它并不是某种物质性的实体，而是绝对神秘的精神性实体。同时，“玄”又是超越时间的永恒不变的东西，“其唯玄道，可与为永”。这样的“玄”，客观上并不存在，它只是从内心里虚构出来的："夫玄道者，得之乎内，守之者外，用之者神，忘之者器。"即是说，对于"玄"，只能从内心里认识和掌握它，而一旦掌握了它，它就有无穷的妙用。

葛洪把"玄"作为"道"的同义语。他在《抱朴子内篇·道意》中说："道者，涵乾括坤，其本无名。论其无，则影响犹为有焉。论其有，则万物尚为无焉。"这样的"道"，恍恍惚惚，迷离于有、无之间，也是囊括天地万物的东西，成为万物的总根源。他又在《抱朴子内篇·明本》中说："道也者，所以陶冶百氏，范铸二仪，胞胎万类，酝酿彝伦者也。"显然，葛洪所说的"道"，跟他所说的"玄"并无什么区别。"玄"和"道"一样，都是天地人万物生成的最初根源，也都是超物质的精神实体。

然而，"道"和"玄"又与"一"相通。葛洪在《抱朴子内篇·地真》里说："道起于一，其贵无偶。""一能成阴生阳"，四时寒暑的变化推移，都完全依赖于"一"的作用。有了"一"，春生夏长，秋收冬藏，都不在话下了。而"一"本身，是"视之不见，听之不闻；存之则在，忽之则亡；向之则吉，背之则凶"。可以说是无比神通广大。因此，葛洪将其归结为一句话："人能知一万事毕。"只要把握"一"就足够了。不过，就表现类型来说，"一"分为"真一"和"玄一"，二者都是神秘莫测的东西。"真一"之道和"玄一"之道，都是通神求仙的重要方法，二者功能相同。但似乎"玄一"比"真一"容易达到些。所以葛洪又说："玄一之道，亦要法也。无所不辟，与真一同功。吾《内篇》第一名之为《畅玄》者，正以此也。守玄一，复易于守真一。"

葛洪还认为，"知一不难，难在于终"，即修道之难正在于坚守"真一"而不失。为什么"守真一"如此之难呢？他在《抱朴子内篇·道意》里分析原因说："患乎凡夫不能守真，无杜遏之检括，爱嗜好之摇夺，驰骋流遁，有迷无反。情感物而外起，智接事而旁溢；诱于可欲而天理灭矣，惑乎见闻而纯一迁矣。"这就是说，世俗之人所以不能守住"纯一"即"真一"，那是由于物欲嗜好过多，而又没有杜绝、遏制的"检括"这种矫正邪曲的工具的缘故。为了守住"真一"，葛洪认为："人能淡默恬愉，不染不移，养其心以无欲，颐其神以粹素，扫涤诱慕，收之以正，除难求之思，遣害真之累，薄喜怒之邪，灭爱恶之端，则不请福而福来，不禳祸而祸去矣。”一句话，“割嗜欲所以固血气，然后真一存焉”。这也就是说，只有通过宗教禁欲主义的潜心修养，才能达到“守真一”，求得神仙境界。由此也可以进一步看清，葛洪所谓的“玄”“道”“一”，完全是一种宗教神秘主义的精神本体。

在形神关系上，道教一般都主张炼形以养神，比较注重炼形，以成神仙。葛洪《抱朴子内篇·至理》里论述有无、形神的关系时说：“有因无而生焉，形须神而立焉。”显然，这表明“有”依赖于“无”而产生，“形”依靠“神”而存在。因此，“有”与“形”，就都是第二性的东西，“无”与“神”倒是“有”与“形”所赖以存在的前提。这种唯心主义观点，同他的“玄”“道”“一”的神秘主义理论，是完全一致的。

葛洪提倡的道教，大力宣扬服食丹药以求升仙。所以，他很注意研究医药学和炼丹术。他对医学和炼丹术的研究目的，完全是出于宗教迷信，希望炼出神药、金丹，使人服食后长生不死，肉身成仙。他利用医药能养生除病的事实，把它绝对夸大，在《抱朴子内篇·金丹》里做了主观的推论：“夫五谷犹能活人，人得之则生，绝之则死。又况于上品之神药，其益人岂不万倍于五谷耶？”他还认为丹药这种东西，熔之愈久，变化愈妙。黄金入火，百炼不消，永远不朽。服食金丹，“炼人身体，故能令人不老不死”。他说：“小丹之下者，犹自远胜草木之上者。”因为一般草木熔了就变成灰烬，可丹砂烧了变成水银，积变又还成丹砂，“其去凡草木亦远矣，故能令人长生”。在这里，他犯了混乱比附的错误。黄金入火百炼不消，和人的长生不死完全是两种截然不同的事。医药可以却病延年，和服药长生不死也是完全不同的两回事。葛洪这种论证，不论在事实上或在推理方法上，都是错误的。不过，葛洪对医药学和炼丹术的研究，对我国古代医药与化学的发展，还是有一定贡献的。

葛洪对道教进行的哲学理论概括，标志着这种民族的宗教发展到了一个新的阶段。以后至隋、唐、五代，根据形势的需要，也出现了道教与佛教、儒教合流的趋势，对宋明理学也产生了重要的影响。但是，以葛洪为重要代表的整个道教理论，一方面认为世界是由“道”即“玄”演变出来，另一方面又认为是由道教的最高神创造出来的。当然，创造也未离其道，而创造神也未离其道——老子就是“道”的化身，“道”也便成了主宰一切的“原神”。这种奇妙的创世论决定了它的鬼神谱系的怪异性，即神灵崇拜或信仰的多元性、不拘一格性。其实，这也是东方宗教区别于西方宗教的一大特点。古代世界的基督教、伊斯兰教和佛教三大宗教，都是典型的“一神教”，都只有一位最高神，即上帝、真主与释迦牟尼。道教则不同，它的最高神层出不穷，代代变化，宛如走马灯闹得人眼花缭乱，无所适从。以道教初创时的最高神老子为例，南朝齐、梁时代出现了道教的第一部神谱——陶弘景的《真灵位业图》。它以上清派的眼光排出了道教的七个层次计 837 位神，一下子把老子从“道”的化身与创世纪神的领头地位，降到了第四个层次的中位，成了仅仅下临万民的太清道主而已。到了唐代，出于李姓皇帝的政治需要，老子又着实威风了二三百年，宋以后便渐显下世光景。到了明清时期，老子竟被降至玉皇大帝的臣子地位，在《西游记》里龟缩于兜率宫替玉帝烧八卦炉炼仙丹，被孙悟空骂为“老东西”了。老子地位的大起大落，曲线式微，反映出中国人以我为主，随心所欲造神敬神的世俗眼光，以及实际的、现实的功利性原则。

# 林泉处士

## ——杨泉自然哲学的气一元论

正当玄学家们在北方的魏晋统治中心"大畅玄风"，道教也遥相呼应，掀起唯心主义"玄"学思潮的时候，在南方的东吴却有一个唯物主义哲学家，以一种崇尚实际的学风，结合当时的自然科学知识与生产实践经验，举起了深究"自然之体"和"自然之理"的唯物主义旗帜，顶着"玄"风前进。直接与玄学思潮相对立的这个唯物主义哲学家，就是杨泉。

杨泉，字德渊，三国时吴人，具体的出生地已不可考。他的活动地域大概主要在吴越（江苏东南部、浙江东北部）一带。后人研究，说杨泉是梁国人，恐怕主要是由于杨泉的著作在梁代被收聚起来所引起的误解。杨泉一生没有做官，不求闻达，史书上也没有他的传记，因而他的生卒年代及家庭身世，都无从查考。大体说来，杨泉的活动年代是在三国西晋之际，他原是吴国会稽郡的"处士"。有关史书记载，公元280年，晋灭吴以后，杨泉入晋，大约栖居在会稽一带。当时，会稽相朱则曾经向晋武帝上书，推荐杨泉为官，称"杨泉清操自然，征聘终不移心"。晋朝廷诏拜杨泉为郎中，不就，隐居著述。可知杨泉是一个不愿出仕、隐居林泉的知识分子。东吴朝廷与西晋朝廷，都是士族大地主集团专政的政权。杨泉那种"征聘终不移心"的坚定态度，表明了他与当时的门阀士族统治集团不合作的政治立场，是江南地方一个在野的庶族知识分子。

杨泉继承、发展了当时荆州和江南一带的新学风，曾仿扬雄著有《太玄经》14卷，又著有重要的自然哲学著作《物理论》16卷，另有集2卷，录1卷，宋时均已散失。至清人孙星衍始辑成《物理论》1卷，尽管十分零碎，但保留了杨泉思想的梗概，也成为其主要的代表作。由该书所辑，足可推定它是一部中世纪优秀的自然哲学著作。它以对天文、历法、地理、物候、农学、医学以及手工业工艺等自然知识的广泛研究，认真总结，丰富和推进了当时与玄学相对立的唯物主义及无神论思潮。由于杨泉是个兴趣十分广泛的人，他除了探究“自然之体”和“自然之理”，从事哲理性论著外，还以文学的形式作赋。他作赋的题材比较广泛，其中有些题材具有明显的现实性和人民性。例如，为颂扬“五湖”地区“有大禹之遗迹，疏川导滞之功”，他作了《五湖赋》；他认为“古人作赋者多矣，而独不赋蚕，乃为《蚕赋》”，以赞美“蚕之为物，功巨大而弘优”；为歌颂工匠的劳动智慧，他作《织机赋》；杨泉对书法也有研究，特别喜爱草书，并作《草书赋》，说“惟六书之为体，美草法之最奇”，赞美草书“众巧百态，无不尽奇”。

杨泉身处林泉，始终不愿意出来做官，但他并不是一个超脱政治、不关心政治的隐君子。他生活在黄巾起义之后，由豪强地主武装集团分裂割据，逐步走向全国统一的时期。三国鼎立是全国统一的准备步骤，西晋政权则是全国统一的实现。这种统一，标志着以司马氏集团为代表的门阀大士族取得了全国统治权。杨泉作为一个在野的庶族地主阶级知识分子，对豪强地主的武装割据和门阀士族专政，采取了批判的态度，提出了自己的一些政治主张。他在《物理论》中反对豪强凭借武力宰制一方，同时认为“人主以政御人，政宽则奸易禁，政急则奸难绝”。他强调“人主务在审官择人”，“夫清忠之士，乃千人之表，万人之英。得其人则事易于反手，不得其人则难于拔筋”，“黄金累千，不如一贤”。所以对“人主”来说，选择人才是最重要的。因此，他对于当时适应门阀士族统治需要的用人制度，提出了尖锐的批判和深刻的揭露，认为在士族大地主掌握统治权的条件下，自然只能形成“望冠盖以选用，任朋党之华誉”的用人制度，结果就是“上品无寒门，下品无势族”。这种尚虚浮、凭爱憎的风气，不可能发现“清忠之士”和“敦实人”，而只能使那些“冠尧之冠，行桀之行”“雄声而雌视”的“虚伪人”得势。这不仅对当时为门阀士族大地主的统治服务的用人制度进行了无情的批判与揭露，也透露了杨泉不愿出仕，而宁愿留居林泉当“处士”的原因。对黄巾起义，杨泉表现了一种赞赏的态度。黄巾起义军提出的“苍天已死，黄天当立”口号，杨泉记述道：“黄巾被服纯黄，不将尺兵，肩长衣，翔行舒步，所至郡县无不从。是日天大黄也。”这实际上是用黄巾军的活动以及所取得的胜利，来解释和证实黄巾起义口号的合理性。

在意识形态领域，杨泉对为门阀士族政治和经济利益服务的清淡玄学，采取了蔑视与批判的积极态度。他在《物理论》里揭露貌似玄远幽深的清淡玄学，是“解小而引大，了浅而伸深”，用玄虚掩饰其浅薄。他指出：“夫论事比类，不得其体，虽饰以华辞，文以美言，无异锦绣衣掘株，管弦乐土梗，非其趋也。”认为讨论事物，运用逻辑，如果抓不住根本，尽管用华辞美言加以文饰，那也仍然是脱离实际，违背逻辑，没有意义的空谈。这是对玄学家们崇尚虚玄学风的一种深刻批判。当玄学家们高傲地“大畅玄风”，高谈阔论越来越热闹的时候，杨泉却以极其蔑视与厌恶的语言来评论说，这不过是“虚无之谈，尚其华藻，此无异于春蛙秋蝉，聒耳而已”。正因为如此，杨泉同清谈玄学的玄风相对立，走的是另一条学术道路，遵循的是另一种学风。他十分注意从实际生活中，特别是注意从观察自然、总结自然科学知识与生产实践经验中，深究“自然之体”和“自然之理”。所以，当时农业和手工业的生产实践经验，自然科学知识，特别是天文历法方面的研究成果，都是杨泉哲学思想的坚实基础。杨泉以根本不同于清谈玄风的务实精神，不仅关心当时的自然科学和生产经验，而且特别注意从哲学理论的高度进行研究总结，从而建立和发展了他的“气一元论”的自然哲学学说。

关于宇宙天体的构造问题，汉代就存在着三种理论。一是以《周髀算经》为代表的“盖天说”。它是一种古老的宇宙结构模型的设想，认为天是一个穹形的盖子，地是一个拱形的平面；天像磨石一样盖在地上，向左旋转，这就使得附在天上的日月星辰也随之由东向西转动。二是以张衡为代表的“浑天说”。它认为天是个圆的球体，“浑天如鸡子，天体圆如弹丸，地如鸡［子］中黄，孤居于内”，“天之包地，犹壳之裹黄”。三是以郗萌为代表的“宣夜说”。它认为：“天了无质，仰而瞻之，高远无极，眼瞀精绝，故苍苍然也。……日月众星，自然浮生虚空之中，其行其止，皆须气焉。”从而否定了有形质的固体的天球概念，认为正是“气”构成了无限的宇宙。

对这三派学说，杨泉在《物理论》中进行了认真的比较研究。他认为，盖天说与浑天说在日月星辰的运动问题上，都有解释不清的地方，也都有不符合实际之处：“就浑天之说，则斗极不正；若用盖天，则日月出入不定。”所以，杨泉倾向于宣夜说。他还从理论上综合了宣夜说的积极成果，修正了王充的天体说，发展了元气一元论，做出了“地有形而天无体”的明确论断。他指出：“夫天，元气也。”“元气皓大，则称皓天。皓天，元气也，皓然而已，无他物焉。”他进一步指出：“所以立天地者水也，成天地者气也。水土之气，升而为天。……夫地有形而天无体，譬如灰焉，烟在上，灰在下也。”杨泉明确指明了在整个宇宙空间，充满了元气，别无他物。“天”就是“元气”。可以说，这是他对“宣夜之理”的朴素唯物主义的哲学概括。尽管他用灰烟之喻说明天地是比较粗糙的，却区别了固体与气体两种不同的物质形体。

在此基础上，杨泉还进一步用阴阳二气的不同形状与相互作用，说明各种天象的形成及其原因。他认为，自然界的各种事物和现象，都是由“元气”构成的，都是“元气”不同形态的具体表现。因为“元气”是自然的本体，万物都统一于“元气”，而“元气”又有不同的形态和属性，比如“气”有阴阳、刚柔、清浊之分，就会形成各种不同的物体与现象。杨泉说：“天者，旋也，均也。积阳为刚，其体回旋。”不仅天地如此，日月星辰也是如此：“日者，太阳之精也。”“月，水之精。”“星者，元气之英也；汉，水之精也。气发而升，精华上浮，宛转随流，名之曰天河，一曰云汉，众星出焉。”

风雨雷电也是这样："激气成风，涌气成雨。""风者，阴阳乱气激发而起者也。""积风成雷。""风清热之气，散为电。"总之，在杨泉看来，日月星辰、风雨雷电，宇宙中的一切天体、气象，都是由"元气"形成的，都是"元气"的不同形态。这就从根本上否定了把日月星辰、风雨雷电神灵化的神学唯心主义，在对当时自然科学知识高度综合的基础上，发展了朴素唯物主义观点。这也是杨泉的历史贡献，就在于论证了杂多的自然现象，统一于物质性的"元气"，明确提出了"气一元论"的思想。

杨泉的气一元论，还吸取了当时流行的关于天地"乘气载水"的思想。例如，张衡曾认为"天表里有水……天地各乘气而立，载水而浮"。汉晋时流行的一部《黄帝书》中，也有类似的说法："天在地外，水在天外，表里皆水；两仪运转，乘气而浮，载水而行。"受其影响，杨泉也曾将水作为蒸吐元气的具体来源："夫水，地之本也。吐元气，发日月，经星辰，皆由水而兴。""九州之外，皆水也。"但杨泉并不是水一元论者，在他看来，"地发黄泉，周伏回转，以生万物。地者，天之根本也。"水由地生，是由元气凝成的。正如《黄帝书》所说："地乘气载水，气无涯，水亦无涯。水，亦气也。"强调了水是由气转化而来。杨泉还通过实际观察，论证云气能变成水。他说："余昔在会稽，仰看南山，见云如瀑练，方数丈，其声如硠磕。须臾，山下居民惊骇，洪水大至。"杨泉的判断虽然具有推测性，但他注重直接观察与吸取自然科学成果的精神，是应该充分肯定的。

杨泉还用气一元论的原则去解释形神问题。他认为，万物以气而生，因此"人含气而生，精尽而死。死犹澌也，灭也"。他用火来比喻人的生死，认为"薪尽而火灭，则无火矣"。既然人死如火灭，而火灭则无光，因此，那种认为人死之后灵魂不灭的说法，就完全是谎言了。他指出："故灭火之余，无遗炎矣；人死之后，无遗魂矣。"杨泉关于形神问题的论述，继承了王充的形神关系学说，打击了灵魂不灭的神秘主义思想，为后来唯物主义无神论思想家们在反对宗教神秘主义的斗争中，提供了宝贵的思想材料，也使他成为王充到范缜之间的重要的中间环节。

当然，杨泉的气一元论思想，还充满了自然辩证法精神。他反复强调自然界的一切事物和现象，都以“气”为体，“元气”就是自然的本体或本原，各种具体的事物或现象，都是“元气”的不同形态或表现。所以，杨泉的自然哲学结论是：“盖气，自然之体也。”把“气”当作自然的本体，是“元气”自然本体论，也是朴素唯物主义的本体论，同玄学家宣扬的以“无”为本的唯心主义本体论截然不同。“元气”自然本体论用“元气”来说明世界统一的物质基础，毫无疑问在整体上是科学的，对后世的影响也是不言而喻的。

# “释迦”东来

## ——僧肇的佛教理论

中国哲学发展到了汉魏两晋时期，除了儒道合一的玄学曾一度占据统治地位外，从“西天”印度向东传来的佛教，也逐渐渗透进人们的思想意识形态领域，并在以后几百年间成为我国哲学思想发展的主要潮流。

与道教、儒教不同，佛教是一种外来的宗教。它的发源地在今印度、尼泊尔一带，创始人是乔达摩·悉达多，后人尊称其为释迦牟尼，意为“释迦”族的“圣人”。他是北天竺迦毗罗卫国净饭王的儿子，大约生活于公元前5世纪，与我国的孔子同时而略早。据说他放弃了继承王位的权利，29岁时因寻求解脱之道而跑进深山老林中，经过6年苦行，终于得道成佛，并创立了佛教。

“佛”的含意是“觉”，即觉悟了人生真谛之意。佛教以人生问题为中心，其基本教义有“四谛”“十二因缘”等。“谛”是真理的意思，四谛即指“苦、集、灭、道”，它们是人生的绝对真理。佛教宣称，人的一生充满了痛苦，主要包括四苦、八苦等多种类别。造成人生“苦”的原因是由于本身的愚昧、不懂佛教真理的缘故。若能够懂得佛教真理，按佛的教导修行，就能脱离苦海，达到不生不灭，永恒寂静的境界。“十二因缘”是说人的一生可分为无明、行、识、名色、六入、触、受、爱、取、有、生、老死等十二个部分，又称“十二缘起”，佛教认为人生一切现象都是互相联系、互相依存，并互为因果的。人有生老病死等现象的产生，归根结底是由“无明”引起的，假如灭除无明，则生老病死现象就不会产生。因此必须从根本上灭除无明，才能摆脱十二因缘的束缚，脱离苦海，解脱轮回。

大约公元前3世纪，印度孔雀王朝的阿育王时，佛教开始向印度以外的国家和地区传播，并逐步发展成为一个世界性的宗教。传入中国前，在印度已经历了三个发展阶段。从释迦牟尼创立佛教到公元前3世纪，是原始佛教时期。公元前3世纪到公元1世纪，是部派佛教时期。这时，由于佛教徒对释迦牟尼原始教义解释的分歧，分成了18部。从公元1世纪开始进入大乘佛教时期。“乘”是运载的意思，大乘这一派认为自己的教义可以运载最大多数的世人渡过苦海，到达佛教的理想境界；同时贬它以前的佛教为“小乘”，说小乘自私自利，不顾他人，只能渡个人或者少数人过苦海。当然，小乘佛教也不甘示弱，不仅以正统自居，还说大乘佛教是伪造杜撰的异论邪说。两大派别视若仇敌。后来，大乘佛教内部又分裂为两派：一派是大乘“空宗”，即主张一切皆空，不仅客观的物质世界是虚假的空的，连自我本身的存在也是虚假的空的；另一派是大乘“有宗”，他们虽也认为物质和思维都虚假不实，却肯定佛教的最高精神本体是唯一真实的存在。传入中国并得到发展的，主要是大乘佛教中的这两派。

据文献记载，佛教在公元1世纪时传入中国。公元67年（东汉明帝永平十年）开始有了汉译佛经。当时从西域来了两个佛教僧侣，用白马驮来了许多佛经，在洛阳建立了第一座佛寺——白马寺。不过，佛教传入中国初期，人们把它看作同中国社会上流传的神仙方术差不多，无论在政治上还是在哲学思想上，都无多大影响，难以同中国封建儒家正统思想相匹敌，东汉王朝曾规定汉人不许出家。但到魏晋南北朝时期，由于民族大分裂、社会大动乱等社会原因，导致人民生活痛苦不堪，佛教也得到了迅速传播。这是由于现实生活的黑暗，正是宗教大放光明的基石。

公元316年，西晋王朝覆亡后，整个北中国陷入落后部族武力割据、互相残杀的局面。经过“五胡十六国”的长期混战，最后由鲜卑族奴隶主建立了北魏王朝。在封建化过程中，鲜卑贵族与汉族大地主联合，形成了以鲜卑贵族为首的士族分九品、平民分七等的门阀等级制。在重重压迫下，广大人民的苦难生活，成为佛教传播的温床。当时入主中原的部族首领，也以“佛是戎神，正所应奉”为名，大肆提倡。后赵极端残暴的石勒、石虎，却十分礼敬竺佛图澄，建佛寺800余所；前秦皇帝苻坚攻下襄阳，获得竺佛图澄的弟子道安及友人习凿齿，他得意地说：“朕以十万师取襄阳，所得唯一人半：安公一人，习凿齿半人。”公元382年，苻坚出兵征西域，想得到龟兹（今新疆库车一带）高僧鸠摩罗什，未果；公元401年，后秦姚兴再次出兵西域，夺得鸠摩罗什，不久迎至长安，待以国师之礼。至北魏时，佛教传播更为可观，建寺3万多所，僧尼达200万，译经近2000卷，迄今保持的云冈、麦积山、敦煌等石窟，都开凿于此时。当然，不仅北方如此，南方由逃亡士族所建的偏安王朝，也大抵如是，到梁朝时，佛教势力膨胀到顶峰。

之所以出现这种情况，除了社会的政治、经济、战乱等原因，也有思想文化上的原因。西晋以后，佛教的大量经论被翻译过来，其中主要是大乘般若空宗的哲学论著，以其唯心主义思辨同玄学本体论的思辨有相似、相通之处，可以互相嫁接和结合。当时传译的僧侣学者们，也大都利用老庄玄学的概念来译解般若空宗的理论，由文字“格义”到思想会通，适应了士族统治集团的需要，得到了大批玄学名士的欢迎。因而佛教哲学，特别是大乘空宗的般若学，由依附玄学，进而与之合流，以其思辨超过了玄学，终于代替了玄学，并在玄学思潮准备的土壤中生根发展起来，成为中国古代哲学园地中的一片茂林。

汉魏两晋时期传入中国的印度佛教，虽然大小乘都有，但真正在中国扎下根来并得到长足发展的，是以《般若经》为中心的大乘空宗学说。《般若经》原是印度大乘佛教中一个学派编集的一部大丛书，其宗旨就是论证现实世界的一切都是虚幻不实的，都是“空”的。显然，这是一种唯心主义哲学思想。魏晋时期佛教为了谋得自身的发展，用玄学去解释附会佛教理论，把《般若经》的学说玄学化。道安和慧远是东晋时期佛教般若学的两个主要代表，从他们开始，中国佛教才真正有了哲学的意味。而到了南北朝时期，僧肇成为最重要的佛教哲学家，也是中国化的佛教哲学体系的奠基人。

僧肇（384—414），本姓张，京兆（今陕西省西安市）人。他出身低贱，很小就靠替别人抄书来维持生活，从而使他得以博览群书，接触了大量文化典籍，为他后来进行理论活动与著述准备了基础。他在早年时，醉心于老、庄，深受道家思想的熏染，但他觉得《老子》书仍有缺憾，曾感叹道："写得确实好啊！可是在阐明玄妙神奇的道理方面，还没有真正说透彻。"后来，他读到了佛教典籍《维摩诘经》，"欢喜顶受，披寻玩味"，认为自己这才找到了思想的真正归宿，从此落发为僧，皈依佛门，专心致志于佛教理论的研究和宣扬。由于僧肇聪颖好学，思维敏捷，很快熟习了大乘佛教的学说，有了较深的造诣，青年时代便声名大噪于陕西关中地区。同时，僧肇又善于谈说，精于雄辩，有的人慕名从千里之外背着干粮赶到关中，与他抗辩，结果均被他挫败，表现出非凡的机智和辩才。

僧肇真正从事佛教理论活动，是在著名佛经翻译家鸠摩罗什来到长安之后。鸠摩罗什在中国佛教史上的地位十分显赫，与玄奘、真谛并称为三大佛经翻译家。僧肇不辞辛苦，战胜种种困难，拜鸠摩罗什为师，向他系统地学习了佛教大乘空宗的理论。僧肇与道融、僧睿、竺道生同为鸠摩罗什的高足，被称为"四圣"。鸠摩罗什对僧肇的聪明好学大加赞赏，同时僧肇也以自己深厚的汉族文化修养，影响和帮助了鸠摩罗什，为后来鸠摩罗什大规模地译出忠实于印度佛教本义的汉文佛经，创造了先决条件。公元403年，后秦皇帝姚兴把鸠摩罗什接到长安当国师，僧肇也一同来到长安。姚兴命鸠摩罗什偕同弟子僧肇、竺道生等人，率领近3000人，在长安城内"逍遥园"，开始了中国历史上一次规模空前的佛经翻译活动，为以后佛教在中国的繁兴，准备了大量的思想资料。

在长安，僧肇一边协助鸠摩罗什从事繁重的译经工作，一边积极地进行著述活动，相继写出了《不真空论》《物不迁论》《般若无知论》等一系列具有高度思辨性的哲学著作，准确而精练地阐发了大乘空宗的理论，后人将这些论著汇编在一起，名曰《肇论》。同时，僧肇还给《维摩诘经》做过注释，给许多译出的佛经撰写了序文。《肇论》后来广为流传，远播日本、朝鲜等国，直到今天仍为佛教理论界和学术界人士所重视。由于长年劳累，僧肇体质下降，突然染上瘟疫，暴卒于长安，年仅 30 岁。

《不真空论》是僧肇的代表作，集中体现了他对客观物质世界的看法。他的观点与以前中国唯心主义的物质观有显著的不同，也与中国早期佛教大乘空宗般若学各派的理论存在着明显的分歧。他是用最彻底的唯心主义本体论，来论证客观物质世界是不真实的，仅是虚妄的幻象。僧肇在《不真空论》中，提出了在本体上“即万物之自虚”的根本观点。即是说，他所理解的般若学的空观，既不承认万物之外有一个虚无的阶段，也不承认万物之外有一个虚无的本体。他认为就万物的现象而言，不能说无；但其本身却是依缘而起，也就是从其存在的条件而言，则是虚假不真的。所以他指出，人们应该“契神于有无之间”，用非有非无、亦有亦无的般若学中观把握客观事物。

僧肇对主张空心不空物，即认为只要清静本心便可达到成佛境界的“心无”宗，对明了物质不是自己形成的，故只是幻相而非真实体的“即色”宗，以及对否认事物的有，认为有离不开无而又否认事物的无的“本无”宗三派，都进行了认真的评论，指出它们的失误都在于把“有”与“无”对立起来，因此不能领悟“诸法不有不无者，第一真谛也”。也就是说，不能理解般若空观中“虽有而无，所谓非有；虽无而有，所谓非无。如此，则非无物也，物非真物”的道理。实际上，三派都是分别用玄学的观点来解释佛理的。其中，“本无”宗尚“无”，承接了玄学“贵无”论以无为本的余绪；“心无”宗以万物为有，即受了玄学“崇有”论的影响；“即色”宗认为“色不自色，故虽色而非色”，则是玄学“崇有”派中郭象“独化”理论的发展。

鉴于“心无”宗、“即色”宗、“本无”宗三家的偏颇，僧肇便在《不真空论》中反复申明：“物从因缘故不有，缘起故不无。”即万物都由因缘条件产生，故并非实有；但它们又是依据因缘条件存在，故不能说它是无。

为了说明这种佛理，僧肇举例形象地指出：“诸法假号不真。譬如幻化人，非无幻化人，幻化人非真人也。”他认为万事万物的所谓“存在”都是假的，不是真的。犹如幻化人，不是没有幻化人这回事，只是说不是真实的人罢了。这样，僧肇便以“不真”故“空”的中观理论，会通佛学与玄学，从而终结了玄学在本体论上的“贵无”与“崇有”之争。

僧肇的《物不迁论》，又以般若学的中观理论，解释玄学家们长期纠缠的“动静”关系问题。僧肇既不同意“贵无”派割裂动静，以静为本、以动为末的见解；也不同意“崇有”派特别是郭象等人只见绝对变化，不见相对静止的说法。僧肇取即动而求静，视动静为不二的论点。他明确指出：“夫生死交谢，寒暑迭迁，有物流动，人之常情。余则谓之不然。”在否定了常人的看法后，他的结论是“虽动而常静”。在此基础上，他进一步从分析人们的常识入手，阐释佛理道：“夫人之所谓动者，以昔物不至今，故曰动而非静；我之所谓静者，亦以昔物不至今，故曰静而非动。动而非静，以其不来；静而非动，以其不去。然则所造未尝异，所见未尝同。”尽管大家都承认“昔物不至今”，过去的事物不会延续到现在，根据没什么不同，何以双方的见解却大相径庭？他对此解释说，这是由于人们的常识认为万物都是变动的缘故。对此僧肇指出，既然过去的事物不曾延续到现在，这就只能存在于过去；同样，现在的事物也只能存在于现在，不会延续到将来。过去、现在与将来的事物都各自留驻于各自的时代，那怎么可以说它是运动变化的呢？

于是，僧肇进一步写道：

旋岚偃岳而常静，
江河竞注而不流，
野马飘鼓而不动，
日月历天而不周。

当然，僧肇不是在此描绘自然景色，而是在论述一个形而上学的哲学命题。如果将它们译成现代语言，大意为：

狂吹着的暴风异常安静，
奔腾着的江河凝固不流，
飘游着的微尘毫无移动，
运行着的日月未尝巡回。

这一哲学命题的宗旨是在讲自然界的一切运动和变化，实质上都是永恒静止不变的，运动即静止，变即不变。僧肇所阐述的观点，与中国传统的唯心主义运动观迥然不同，大大震动了当时的中国思想界。在这里，僧肇片面夸大了运动的间断性，否认了运动的不间断性，从而得出了“物不迁”的错误结论。当然僧肇的论证，在哲学上虽然归结为形而上学，但比董仲舒的“天不变道亦不变”这种简单的比附，理论上要精致得多了。

此外，僧肇的《般若无知论》，还着力论证佛教的般若智慧（圣智）与通常人认识（惑智）的不同。它仅2000余字，专讲认识论，涉及玄学关于圣人有知还是无知的问题。僧肇指出：“夫有所知，则有所不知。以圣心无知，故无所不知。不知之知，乃曰一切知。”他利用人们认识的某种局限性，认为凡“有所知，则有所不知”，这本来是对的。因为从每个具体的人来说，不可能是全知全能的。但僧肇的目的，却在于论证成佛的智慧，不同于凡人的认识，因而其所谓圣人，是“无知”而又“无所不知”的。这样，在圣人那里，知就是无知，无知即是知，两者是统一而不可分的。他强调，人们必须去掉关于客观世界的各种知识，认清整个世界只是虚假的幻象，根本没有必要去进行所谓的认识。领悟了佛教的这个真理，就得到了最高的“圣智”，即达到了佛教的最高精神境界，进入了极乐的彼岸世界。此文一写出，立即受到他的老师鸠摩罗什的赞赏。鸠摩罗什感叹道：“我对佛教理论的理解不比你差，但在文辞优美与论述的明晰上，却不如你啊！”

当时有个叫刘遗民的著名隐士，看到了僧肇的这篇文章，也称赞他说：“想不到在佛门的僧侣中，也有像何晏一样的玄学大师啊！”刘遗民把这篇文章呈送给居住在庐山上的佛教领袖慧远，慧远读后，抚桌慨叹道：“真是没有见过这样好的文章！”

僧肇的一生是短促的，但其学说在中国哲学史上却占有重要的地位。当玄学流行、佛教初盛、“六家七宗”纷纷以玄解佛之时，僧肇却自觉地运用思辨性较强的印度龙树等人开创的大乘中观学，以有无双遣、不落两边的理论姿态，既取玄学“贵无”与“崇有”两派的命题，又比两者高出一筹，成为两晋南北朝时期佛教般若学派的一代理论大师。僧肇不仅从理论上成功地融会了中国传统的哲学范畴、概念，适应了中土文化的需要，又没有改变佛教理论的本来面目，这实在是慧心独具的。从《肇论》与玄学的关系来看，僧肇可算得是将玄学加以佛学化的代表，他所阐发的佛理超出了当时的玄学水平，达到了一个新的阶段，对中国佛学从玄学的附庸逐步走上相对独立的发展道路，起了理论上的开拓和准备作用，并成为以后隋唐时期佛教重要宗派之一的“三论宗”的理论奠基人。因而僧肇在佛教理论思维发展上，在佛学中国化的过程中，都占有不容忽视的地位。

# “皇帝菩萨”

## ——范缜反佛的战斗无神论

佛教传入中国后，不仅在北朝得到了迅速发展，而且由逃亡士族在南方所建的南朝，也不甘示弱，更是不遗余力地崇佛与拜佛。至梁朝武帝时，佛教势力发展到顶峰，僧众日多，寺庙林立，仅京都建康一地，就有寺院五百余所，僧尼十余万众。唐代诗人杜牧，曾在著名的《江南春绝句》里描写当时佛教隆兴的盛况而叹道：

南朝四百八十寺，
多少楼台烟雨中！

在一派礼佛声中，又以梁朝武帝萧衍（464—549）最为“虔敬”，他因登峰造极地扶持佛教而被称为“皇帝菩萨”。梁武帝出身于侨居南兰陵（江苏武进区）的寒门，曾为齐竟陵王萧子良的门客，擅长文学，与当时文人名士沈约等相交甚好。齐时曾被任命为雍州刺史，后乘齐内乱时起兵攻入建康，并于502年代齐而立，建立梁朝。

萧衍曾信奉道教，与当时著名道士陶弘景关系密切。当他准备篡夺齐朝政权时，陶弘景曾派弟子投送书信表示支持，还援引图谶以示梁朝代齐是上应天象，合时运之变，因此当萧衍即位后，对陶弘景“恩礼愈笃”，还常派人向他请教国家大事。可是不久，萧衍即改奉佛教。公元504年，他下诏宣布舍道事佛，要求王公贵族、公卿百官等“返伪就真，舍邪入真”。

在他不遗余力的倡导之下，南朝佛教很快进入全盛时期。寺院、僧尼数量迅速增加，他亲自敕建的就有大爱敬、大智度、光宅、解脱、开善、同泰等寺。

萧衍融合儒佛道三教，着重宣扬佛教的神不灭论与因果报应思想。他本人是个博学的学者，通晓儒佛道三家经义，曾著《孔子正言》《老子讲疏》，还作有《大品般若经》《净名经义记》等一些佛教注疏，写了许多重要的佛学论文，并组织和参与了关于神不灭问题的辩论。他又创水陆大斋、无遮大会等法会，亲自讲经说法，制定了《大般若忏》等，相传由他所制的“梁皇忏法”，至今仍流传在世。他为了表示对佛教戒律的重视，曾明令全国禁断肉食。在他亲撰的《断酒肉文》中，反复阐明禁断肉食的必要性与重要性。这就使得汉地佛僧很快改变了原来食三净肉的习俗，使蔬食习惯成为汉地佛教的一个特色。

最滑稽的也是最有戏剧性的是，梁武帝萧衍“舍身”同泰寺，使其崇佛达到了高潮。据《南史》记载，萧衍曾先后四次舍身同泰寺为奴。第一次是公元527年，他舍身同泰寺，在寺4天。第二次是公元529年，由群臣出10亿钱“赎”回。第三次是公元546年，他再去同泰寺舍身，并宣称他连宫人及全国都“舍”了，结果群臣花20亿钱“赎”回。最后一次是公元547年，在同泰寺“出家”37天，又由群臣花10亿钱“赎”回。萧衍前后四次“舍身”，使同泰寺得钱40亿钱，变相地从经济上支持了佛教的发展。

寺院、僧侣的迅速发展，不仅占有大量土地和劳动力，耗费了大量的物质财富，而且由于僧侣人数的增多，又享有免税、免役的特权，致使“天下户口几亡其半”，使一般劳动人民的负担急剧增加，造成了严重的经济危机与政治危机。为了反对佛教唯心主义的泛滥，不少有识之士奋起抗争，加入了反佛的行列。南朝时期著名的唯物主义无神论理论家范缜，就是当时勇敢站在反佛最前列的坚强斗士和代表人物。

范缜（约450—515），字子真，南阳舞阴（今河南泌阳县西北）人，出生于一个寒微的家庭里。他刚出生不久，父亲就去世了，依靠寡母过着孤苦伶仃的生活。贫苦使范缜逐渐养成了勤奋好学的习惯，约在18岁时，因仰慕当时的大学者刘瓛，就去那里求学。刘瓛很器重范缜的才华，不嫌弃他的贫穷。范缜的同学大都是有钱有势的豪门子弟，衣饰华丽考究，出门有车马接送。范缜却穿着粗布衣裳和破烂的鞋子，步行往来，丝毫不感到有什么惭愧和耻辱。险恶的社会环境，更磨炼了范缜正直豪爽的性格，他不惧怕权威，喜欢发表“危言高论”。在中国封建社会的哲学家中，范缜的骨头是最硬的，为了坚持真理，就是神圣不可侵犯的皇帝，他也敢于当面抗争，从而使范缜成为我国历史上继王充之后，最重要的唯物主义与无神论者之一。他一生著述不少，其主要的著作是《神灭论》。该书在南北朝佛教发展炽盛的时期，勇敢地对佛教的理论基础——神不灭论进行了无情的批判，进一步发展了唯物主义和无神论哲学思想。

范缜一生的反佛斗争，主要可分为两个阶段。第一阶段，是范缜在齐朝与宰相竟陵王萧子良的论辩。据《梁书·范缜传》记载：当时，年约30岁的范缜正做太守，由于不信佛，遭到了笃信佛教的竟陵王萧子良的嫉恨，他便对范缜进行了诘难。萧子良问范缜道：“你不信佛教所说的因果报应，那为什么人世间有富贵、贫贱之分呢？”范缜回答说：“人生譬如一树上的花朵，同发一蒂。大风起时，随风坠落，有的花朵穿过帘幌坠落于房中的茵席之上，也有的花朵却飘过篱墙坠落于粪池之侧。落在茵席之上者，就好比殿下您是也，高贵无比；落在粪池之侧者，就好比下官我是也，贫贱得不行。贵贱道路虽然不同，但是因果报应在哪里呢？”以上争论，针锋相对，萧子良认为贫富贵贱，是由因果报应引起；而范缜则否定报应论，认为人的贫富贵贱犹如一树之花，花皆相同，只是由于随风落于不同之地的结果。这完全是一种偶然，与因果毫无关系。由于因果报应的基础是“神不灭”，要批倒报应论必须抽掉它的思想基础。看来范缜在与萧子良争论之后意识到了这一点，于是“退论其理，著《神灭论》”。《神灭论》一出，“朝野喧哗”，萧子良便召集了许多精通佛理的名僧，对范缜进行了围攻，却不能使范缜屈服。萧子良就私下派了个官员去劝诱范缜，对他说：“以你的才华和能力，还怕做不到中书郎这样的官吗？为什么一定要坚持反佛，放着大官不做而自我毁弃呢？”范缜大笑道：“假使我靠出卖真理去换取官位的话，恐怕现在已当上宰相了，何止是中书郎这样的小官职呢！”范缜坚持真理，不“卖论取官”的高尚品质，一直为后代所景仰。

第二阶段，是范缜在梁朝与梁武帝萧衍的论辩。梁武帝萧衍夺得齐朝政权后，便于天监三年（504）颁诏宣布佛教为国教，范缜却针锋相对地于天监六年发表了《神灭论》。由于神灭论的思想危及了佛教存在的根本基础，所以梁武帝急忙写就《敕答臣下神灭论》。敕中说：“有佛之义灭既蹶，神灭之论自行。”反过来说就是，神灭论自行了，那有佛的根据就会倒台。于是，皇帝萧衍亲自出马，大僧正法云挂帅，纠集了东宫舍人曹思文及当朝权贵萧子良等66人，先后写了75篇文章，轮番围攻《神灭论》。但是，范缜据理力争，“辩摧众口，日服千人”，始终没有屈服。在激烈的论战中，一帮趋炎附势的崇佛者，讲不出多少道理，便给范缜强加了一些“背经”“乖理”“灭圣”等大而空的“帽子”，毫无名理的价值。范缜对此不屑一顾，概不作答。他仅针对曹思文“上启”皇帝并得到嘉许的代表作，即曹思文写的《难神灭论》一文，写出《答曹舍人》，予以重点反驳。在这篇反驳有神论的文章中，有理有据，慷慨陈词，表现了范缜无神论者的坚定立场。最后，论敌曹思文只好向皇帝报告说，范缜“犹执先迷”，“思文情识愚浅，无以折其锋锐”，不得不承认失败。这除了表明范缜顽强的战斗精神，还说明了在中国中世纪这场不寻常的大论战中，范缜以其唯物主义神灭思想，在理论上取得了辉煌的胜利。

在反佛斗争中，范缜的《神灭论》对唯物主义的形神论，做出了划时代的理论贡献。当然这一贡献，也是在他的先驱者的基础上而取得的。形神关系的问题，本质上是物质与精神的关系问题。形神问题所说的“形”，是指人的形体；与之相对应的“神”，则指人的精神现象。形神之争，是如何解释人的生理机能乃至思维活动与其躯体之间关系的争论。早在先秦时期，就已经提出了形神问题。如《管子·内业篇》说：“凡人之生也，天出其精，地出其形，合此以为人。”庄子则认为：“精神生于道，形本生于精。”这些都说得比较含糊。到荀子的《天论》才明确提出“形具而神生”的命题，肯定精神对形体的依赖关系。但他对这个命题没有充分论证，在当时也没有引起争议。到了汉代，司马谈在《论六家要旨》中，也论及了形神关系；西汉末年，桓谭为了论证形神关系，提出了著名的“烛火之喻”。东汉初，王充在《论衡·论死》里进一步发挥了桓谭的观点，指出：“人之所以生者，精气也；死而精气灭。能为精气者，血脉也；人死血脉竭，竭而精气灭。”人的精神源于血脉，人死血脉枯竭，精神便无从谈起。这是以医学知识为依据的形神论。然而，王充承认精气是一种游离的物质实体，因而又有所谓“粟囊之喻”。王充认为，就像囊破而粟米会露出来一样，人死精气也就会散失。所有这些命题与比喻，都在坚持唯物主义前提下，说明精神依赖形体，否定神（灵魂）不灭，成为范缜“神灭论”思想的先驱。但是，这些命题与比喻也都存在着共同的弱点，主要是不懂精神与物质（形体）的作用、属性，把精神看成了一种特殊的物质，没有把二者看成是本原与派生的关系，陷入了形神脱节的二元论。“神不灭论”者正好抓住这个漏洞，也以烛火或薪火喻形神，说既然火可以寄居于烛体、薪体等一切可燃的物体之中，那么当个体物体消灭时，火就可由这一物体传于另一物体保存下来，永不熄灭。由此“神不灭论”者就进一步引申，当人死时，其精神（灵魂）就会“出窍”，脱离原来的肉体而进入另一个肉体。可见，精神是永远不会灭的。这也为佛教的“因果报应”“三世轮回”等说教，找到了中国式的理论根据。“神不灭论”者利用“神灭论”者命题的漏洞，又巧妙地反对了神灭论。范缜正是吸取了前人形神论的经验与教训，并在同神不灭论的斗争中，从对方吸取了有益的思想资料。在此基础上，范缜的《神灭论》以刀刃与锋利的关系为喻，提出了“形神相即”“形质神用”的新命题，第一次明确地将形神统一起来，并把精神看作是形体的作用与属性，比较正确而系统地解决了形神关系。

首先，《神灭论》提出了“形神相即”的基本哲学命题。范缜针对神不灭论者“形神相异”的命题，开宗明义地指出：“神即形也，形即神也。是以形存则神存，形谢则神灭也。”这里的“即”，是不分离之意。它们是同一实体的两个方面，也就是“名殊而体一”。这也就是说，人的精神与物质形体不可分离，虽然它们的名称不同，实际上是一个互相依存的统一体。精神和形体绝非像佛教所说的那样，是由两种不同东西拼凑而成的。在形神关系问题上，范缜不仅坚持了形神一元论，而且进一步解决了形体与精神何者为第一性的问题。范缜对唯物主义的贡献正在于，他提出的“形存则神存，形谢则神灭”观点，在形神不可分离的统一体中，肯定了物质形体是精神活动的基础，物质形体第一性，从而形成了明确的唯物主义的形神一元论。这也从哲学世界观的高度，致命地打击了佛教的神不灭论。

由于当时生理学与医学还不发达，人的许多精神现象尚无法得到科学解释，尤其是梦幻，更是唯心主义者绝对统治的领地，成为其抵抗唯物主义无神论最顽固的桥头堡。范缜的外弟萧琛，笃信佛理，曾引用中国史籍中著名的庄周梦蝶的寓言故事，来作为形体与精神可以分离的论据同范缜辩论。萧琛说，庄周在梦中化为蝴蝶，可见灵魂可以离开他的躯体而单独存在。范缜便机智地利用萧琛这个论据中的矛盾，反诘道：庄周梦为蝴蝶就真的变作蝴蝶了吗？如果是真的话，那么，人在梦中变成牛马，醒来后身边就应该有死牛死马，可是实际上有谁见过这些死牛死马呢？可见梦幻是精神混乱的结果，不能用梦中的虚假幻象来证明人的精神可以离开形体而独立存在。受当时科学水平的限制，范缜还不可能对梦幻等精神现象做出符合科学的解释，没有正确揭示神不灭论产生的认识论根源，但他所坚持的唯物主义的基本原则和对神不灭论的批判，仍不失为一种先进的理论。

其次，《神灭论》进一步提出了“形质神用”的新学说。范缜在坚持“形神相即”基本哲学命题基础上，对形体与精神的特点、作用又进一步作深入的研究，提出了“形质神用”的新学说，为中国古代哲学的形神关系问题做出了新的理论贡献。范缜指出：“形者神之质，神者形之用，是则形称其质，神言其用。形之与神，不得相异也。”他从精神不过是肉体这种特殊的物质的功能或作用的角度，用“质”“用”范畴来解释形神关系，这便明确地区分了形为实体（质）与神为功能（用）的不同，说明了功能虽非实体，但又必须依赖于实体，而不能单独存在的深刻道理。也就是说，范缜证明了精神只是形体这一具体物质的属性，不再能异体相传。为此，范缜扬弃了“烛火之喻”而提出了著名的“刃利之喻”，用以说明形神一元论。他说：“神之于质，犹利之于刃；形之于用，犹刃之于利。……未闻刃没而利存，岂容形亡而神在？”人的精神对于形体，好比“利”属于“刃”一样，刀刃不存在了，其刀的锋利是不能转移到别的刀刃上去的。这就形象而深刻地说明，精神不能离开原来形体而转移到别人身上，形尽必然神灭，有力驳斥了佛教徒及“神不灭论”的观点。

在这里，范缜的“形质神用”学说，揭示了人的物质形体是一切精神活动的基础与主体，精神则是形体的一种属性和作用。“形质神用”理论的提出，在中国哲学史上具有很重要的意义。尽管在范缜之前的唯物主义者也把精神看作是一种极精细的物质，坚持了唯物主义的立场，却仍然给唯心主义留下了可乘之机。根据物质不灭的理论，精神如果真是一种极精细的物质的话，那它就可以离开形体而独立存在。唯心主义者也曾多次利用这一破绽来反驳唯物主义的神灭论，论证精神能够离开人的形体而单独存在的神不灭论观点，给唯物主义反对唯心主义的斗争造成了困难。范缜则彻底地堵实了这个理论漏洞，深刻地提出了精神是物质的一种特殊属性的观点，坚持和发展了唯物主义的神灭论。

此外，范缜还区分了“人”的质与“物”的质，提出了“心”的功能等问题。他指出：“人之质，质有知”，“木之质，质无知”。也就是说，精神现象是人这一特殊的质所具有的功能与作用，特别是复杂的思维判断能力，尤属人类所特有；树木等物质实体，是没有思维能力的。这为驳斥佛教徒有意混淆不同质的实体，进行各种有神论诡辩奠定了基础。关于“心”的功能问题，范缜强调“心为虑本”。他认为，人的“心”器官是“思虑”这种精神现象的物质基础，这为破除有神论者对人的精神现象所散布的种种神秘观念，特别是驳斥佛教徒由“虑体无本”与“思虑无门”，推演出人死神不灭，将会承受轮回报应的谬论，是有重要的启迪意义的。

当然，范缜的《神灭论》也有其局限性，如质用范畴的运用范围比较狭小，主要为解决形神关系问题，唯物主义在他那里并未构成体系；他的以心脏为思虑器官，又承认圣人与凡人的差别仅是由于形体的不同，以及肯定神道设教的所谓教化作用等观点，也是错误的。但是，范缜毕竟在中国哲学史上第一次比较成功地解决了形神关系问题，并确立了唯物主义的形神一元论，达到了中国古代朴素唯物主义的最高峰。这不仅有力地批驳了当时佛教徒等有神论者，同时由于形神关系的正确解决，也为在哲学基本问题上更好地坚持唯物主义立场，做出了重大的理论贡献。因此，范缜的《神灭论》在中国哲学史和无神论史上，都应该占有重要的地位。

# 风动·幡动·心动

## ——慧能“自心即佛”的禅宗学说

尽管佛教的“神不灭论”在南北朝时遭到了范缜等唯物主义哲学家的批判，但佛教思想仍在华夏大地广泛传播和发展着。进入隋唐时期，佛教作为封建统治阶级统治思想的一个重要支柱，在理论上进一步体系化与中国化，更得到了空前的发展。这一时期，中国佛教各宗派的创立与发展，一方面以当时封建等级结构的变化作为现实的基础，另一方面也有中印思想会合、发展的历史渊源。

公元581年，隋文帝杨坚建立起了统一的隋帝国，结束了南北对峙的局面。由于隋王朝的残酷剥削和压迫，隋末爆发了以李密、窦建德为首的秦汉以来最大的一次农民革命战争，严重打击了封建统治阶级。以李渊为首的封建贵族集团，在镇压农民起义军的基础上建立起唐王朝。唐朝统治者为了麻痹农民的斗争意识，防止农民革命再起，竭力扶植各种宗教迷信，并把儒、释、道三教都看成是官方的正统思想，采取三教并用的统治政策，有整个统治思想由所谓“儒、释、道”三教相争逐步走向三教融合的趋势，企图以神权论作为巩固地主阶级专政的精神武器。唐太宗李世民自己并不信佛教，可他却认为佛教对“治国”有利，竭力扶植佛教。他下诏说：佛教教义“慈悲为主”，可以“膏润群生”；讲因果报应，可以教人“积善”；“丧乱”（指农民起义）之后，应令天下寺院，“度人为僧尼”。这种企图利用佛教来消除农民反抗意识的思想行为，也得到了以后的封建贵族和门阀世族集团的大力支持。所以唐代的信佛者日增，寺院经济也空前发达起来，寺院垄断了大量土地和劳动力，拥有庄园、水磨、当铺和奴婢，享有免税和免役的各种特权。贵族、士族与僧侣大地主勾结在一起，在政治上、经济上剥削和压迫着人民。寺院经济成了贵族们掠夺社会财富和巩固自己封建特权的工具，而唐代的佛学又对我国古代封建文化的发展产生了很大的影响。

由于贵族阶级的提倡和寺院经济的发展，在唐代，佛教内部形成了许多不同的宗派，互相竞争，造成了佛教神学空前繁盛的时期。这时流行的佛教宗派有三论宗、律宗、净土宗、天台宗（又称法华宗）、华严宗、唯识宗（又称法相宗）、禅宗、密宗等。其传播较广的有净土、天台、华严、唯识和禅宗。这些宗派有的在唐以前便存在了，到唐朝又得到了发展。每一大的宗派都有自己的后台，依附于某一贵族集团势力。到武周一代，新崛起的华严宗、禅宗更得到了朝廷尊崇，武则天自封为“慈氏越古金轮圣神皇帝”，用佛教金轮的灵光圈来装饰自己，并宣称要“添性海之波澜，廓法界之疆域”，为这些新创的佛教扩展思想阵地。不过，在各种因素综合作用下，佛教在发展过程中，中国独创的禅宗更是后来居上，在唐中叶至唐末五代达到极盛，成为中国佛教最重要的宗派。它有力地支配了宋以后中国佛教的发展，还远播朝鲜、日本，至今仍然绵延不绝。

禅宗的思想可推源于唐初的“五祖”弘忍（601—674）。他在湖北黄梅开创“东山法门”，改讲《金刚经》，其弟子神秀在武则天时期做了“两京法主、三帝国师”，被称为禅宗的“北宗”。弘忍的另一弟子慧能以佛教改革者的姿态，把中国传统哲学中诸如孟子、庄子等人的思想融入佛教，使宗教唯心主义进一步精练化、哲学化，摆脱了烦琐的修正过程与经论词句的解释，由思辨推理转入神秘直觉。他主张不读经、不礼佛、不坐禅，采用“直指人心”的通俗说教来宣扬佛教的基本精神，扩大了佛教的群众基础，也为中国化的佛教哲学开拓了新的领域。由于慧能主要在广东一带活动，被称为禅宗的“南宗”，影响也迅速遍及全国，从而也使慧能终于成为禅宗的“六祖”。所以，禅宗的实际创始人正是“六祖”慧能。禅宗也只是到了慧能的时候，才开始真正形成并逐步兴旺发达。

慧能，也叫惠能（638—713）。俗家姓卢，祖籍河北范阳（今涿州）。他的父亲曾在范阳做官，后因事被贬至岭南（今广东、广西的部分地区），因此全家南迁，到达广东新会定居。慧能3岁丧父，少年时就常随母亲入山砍柴，生活艰辛贫苦，母子相依为命。公元661年，24岁的慧能在一次卖柴回来时，忽然听人诵念佛教的《金刚经》，听后有所感悟，于是决心皈依佛门。他便向人打听得知，五祖弘忍在黄梅东山讲经授法，门下弟子有千余人，乃往黄梅参礼五祖。慧能本人并不识字，但在当时佛教盛行的社会条件下，他可能得到环境的熏陶，耳濡目染，从而对佛教产生了兴趣，并对佛教思想有所理解。

慧能去黄梅拜见五祖弘忍。见面后，弘忍起初对慧能很冷淡，瞧不起这个山野村夫。于是，一开始就向慧能提出了一个关于佛教的根本问题，很有些为难他的意思。弘忍问："你是什么地方人？到我这来干什么？"慧能答："弟子是岭南人，到这来是为了成佛。"弘忍又问："你既是岭南穷乡僻壤里的野蛮人，怎么能成佛呢？"慧能答："人有南北之分，佛性并无南北之别。我山野村夫虽然跟您这尊贵的法师身份不同，但你我的佛性又有什么区别呢？"这个回答很符合弘忍的心意，因为他也主张人人都有平等的佛性。这样慧能就得到了弘忍的赏识。但由于慧能初来乍到，又无文化，只好先做行者，从事担水舂米等杂役，做一些体力杂活，这样经过了8个月。在体力劳动之暇，才能闻经听法。

有一天，弘忍想物色衣钵传人。他把众学徒召集起来，让每人写一个偈，写得最好的就被定为继承人。当时弘忍的弟子中，学业最佳、声望最高的是神秀。他满以为继承人非自己莫属，便作了一偈写在墙壁上：

身是菩提树，心如明镜台；
时时勤拂拭，勿使惹尘埃。

慧能听人诵念此偈，认为神秀并没有彻底领悟佛教的真谛，于是自己也作了一偈，请别人代自己写在神秀那首偈的旁边：

菩提本无树，明镜亦非台；
本来无一物，何处惹尘埃。

弘忍看了他们两人的偈，认为慧能的偈比神秀高出一筹，觉得是真正学到了佛教真义，可以做自己的衣钵传人。因为“菩提”“明镜”都是“觉”的象征，而在慧能看来，“菩提”无树，“明镜”无台，连这类东西都是空的，足可见他对佛教所说的“空”理解的彻底性了。当夜，弘忍悄悄把慧能唤到自己的禅房内，亲自给他讲授《金刚经》。慧能听后，豁然大悟。弘忍还把代代相传的法衣（袈裟）传授给慧能，用以作为嫡传的凭证，立为禅宗六祖。弘忍还嘱咐慧能：“善自护念，广度有情，流布将来，无令断绝。”当时佛教宗派内部，争夺正统地位的斗争十分激烈。慧能得法后，弘忍为防神秀一派加害慧能，便叫慧能连夜离开黄梅，秘密回到南方，长期隐居在民间，仍以体力劳动为生，秘而不宣得法之事。

大约过了十多年，弘忍也故去了，慧能觉得已到了自己出来拯救佛法的时候了，才开始公开参加佛教活动。有一天，慧能到广州法性寺，正赶上有个从内地来的名叫印宗的法师在那里讲经，慧能便杂于众人中听讲。忽然刮来一阵清风，吹动着寺院旗幡飘荡。于是有两个小和尚便争论起来，一说是风动，一说是幡动。慧能插话说：“既不是风动，也不是幡动，是你们二位的心动啊！”慧能的这番议论，当即引起了众人的注意。印宗法师更感到能说出这番话的一定不是凡人，便走下讲坛，跟慧能谈论佛法。慧能讲得头头是道，深得众人的钦佩。印宗进一步询问慧能的身世、师承。慧能便将弘忍传授的法衣拿给大家看，这样，他禅宗的嫡传身份便公之于众。此时慧能也就由印宗法师剃度，正式落发出家。

公元677年左右，慧能移住曹溪宝林寺，在那里讲法30多年，影响越来越大，他门下形成禅宗南宗一派。武则天、唐中宗诏谕他入京，慧能都婉言谢绝。两个皇帝诏他入京不成，“遂送百纳袈裟及钱帛等供养”，一直在曹溪去世。由于慧能所说的教法标榜不立文字，见性即悟，即身成佛，用不着累世修行，又不用烦琐的哲学思辨，因此深受中国古代士大夫、文人学士的欢迎。再加上他的弟子们在各地大力宣扬，使慧能为代表的禅宗南宗逐渐成为禅宗的正统。后来，慧能本人曾应韶州刺史韦璩之请，在城内大梵寺演讲佛法，由其弟子法海等记录，成为后世流传的《坛经》。这也是后人研究慧能哲学思想的重要著作。

慧能的哲学思想很独特。他将某些印度佛教思想和中国的传统思想熔铸一炉，再造新意，形成一种不同于其他任何佛教宗派的学说，表现出了明显的中国作风与中国气派。

在本体论上，慧能主张“自心即佛”。他明确指出：“心生，种种法生；心灭，种种法灭；一心不生，万法无咎。”这就是说，“心”即本体，“心”外别无本体，现实世界的一切，都依存于人的“心”中。由此出发，他强调，自心是佛：“万法尽在自心，何不从心中顿见真如。”“汝今当信佛知见者，只汝自心，更无别佛。”所以，“依此修行，西方只在眼前。”这就鲜明地揭示了禅宗的思想主旨为“本性是佛，离性无别佛”，认为一切众生皆有佛性，人人皆能成佛。慧能禅宗所说的“佛性”，是指人人内心生来俱有的主观精神本体。它既是宇宙万物的本原，又是每个人成佛的内在根据和佛教理想的最高境界。慧能认为，每个人只要通过主观努力，认识到根植于自己内心的佛性，立即就可成佛，摆脱世间的一切苦难。慧能将成佛途径，全部转移到对自己“本性”的觉悟上来，提倡内求于心，这是他“顿悟成佛”说的出发点，也是其主观唯心主义的立足点。

在方法论上，慧能提倡“顿悟成佛”。既然自心是佛，那么成佛的途径和方法就不在身外，而在身内，每个人本性中都具有成佛的根据，人们只要到自己的内心去追求，去掉蒙蔽在人心上的邪念，“一悟即至佛地”，肉体虽然还在尘世中，主观信念却已到达了佛的境地。成佛的道理与方法，不需要到人心以外去寻找，也不需要借助于坐禅念经等外在的宗教形式才能达到。慧能所创造的禅宗的思想，确实是对佛教的一次革新。在印度佛教中，没有禅宗。禅，梵语为禅那，意思是坐禅与静思，是印度各宗教共同的修行方法。佛教也把禅定作为修行的方法。这种方法是打坐静思，使心中任何念头都不发作，最后进入一种如同死人一样的境界。佛教认为，“坐”到了这种精神境界，就能恢复和认识自己心中的佛性，死后灵魂也可超脱生死轮回。可是，慧能的禅宗认为这太复杂太烦琐了，一般人也很难做到。因此，他认为佛在自心中，只要简单而直接地通过刹那间的“顿悟”，便可使精神进入佛的天国。所谓“顿悟”，是说凭自己的智慧“单刀直入”，马上悟出佛理来。慧能解释说：“一闻言下便悟，顿见真如本性（指佛性）。”这是一种神秘主义的修行方法，也是慧能禅宗在中国佛教思想史上的一大发明。

佛教大小乘都讲禅定。南北朝时，有一个天竺僧侣达摩来中国传教，大讲禅学，提倡修壁观，使心安静得像墙壁一样坚定。据说他把这套禅学传给了中国的僧侣慧可，以后传到第五代弘忍。从达摩到弘忍，都讲禅定，读经，认为人生来就有“清净心”（即佛性），如太阳一样，只是被乌云遮蔽，显露不出来，通过禅定等修炼的功夫，断去情欲与烦恼，“本心”便显现出来了。他们都注重“渐修”，即不断地修炼，甚至累世地修行。神秀所倡导的北派禅宗，推行的就是这种禅学，慧能所创建的南派禅宗则与此不同。它不追求烦琐的宗教仪式，不讲累世修行和布施财物，不主张念经拜佛，不研究经典，甚至不讲坐禅，仅主张专靠精神的领悟把握佛教义理。总之，提倡“顿悟”，认为念经、拜佛、坐禅都妨碍领悟佛理。在慧能倡导下，禅宗开始放弃坐禅、礼拜佛祖等宗教仪式。比慧能稍后，唐朝有个马祖禅师，最初也看重坐禅，每日在南岳山打坐，谁都不理睬。他的老师怀让见此人不凡，想开导他真正掌握禅宗的真谛。有一天，怀让拿来一块砖，在端坐的马祖面前研磨，马祖起初不加理会，仍闭目坐禅。怀让磨了很长时间，马祖才问道："磨砖做什么？"怀让答道："把砖磨成镜子。"马祖听了十分诧异，忙问："磨砖怎能成镜？"怀让乘机反问道："磨砖既不能成镜，那么坐禅怎能成佛呢？"于是，马祖起身询问老师其中的道理，终于从老师的教诲中明白了坐禅只是执着某种虚假的外相和形式，并没有从内心真正领悟"佛性"。马祖从此放弃坐禅，并到处奔走，传播禅宗的这套领悟佛性的方法。后期禅宗在这方面走得更远，不仅不坐禅，不念经，不拜佛，甚至把佛像劈了当柴烧，表示悟到了"一切皆空"的真理。

慧能提出了一套解释这种背叛佛教正统行为的理论，认为语言文字，包括阐发佛教教义的经典、注释及论著，都不能表达最高的真谛——"佛性"。禅宗借阐述"佛性"与经典、语言文字的关系，来说明与证实人类不可能通过正常的认识途径去认识真理。从表现形式上看，禅宗的理论大有反佛的意味，但从本质上剖析，禅宗同样坚持佛教唯心主义的根本立场，丝毫没有放弃对客观世界真实性与人类正常认识能力的否定，目的仍然是为佛教的宗教信仰、宗教感情以及神秘主义直觉方法铺陈道路。在哲学认识论上，慧能禅宗表现为唯心主义的不可知论，希望通过一种神秘的契机而达到认识能力的突变，"一念相应，便成正觉"。同时，慧能阐发的宗教理论问题，也比较集中地接触到了哲学上的主观与客观、存在与意识的关系问题，引起了后人对认识论问题的重视和兴趣。

不过，慧能提倡的人人内心皆有佛性的思想，尽管消除了宗教的彼岸世界与现实社会的界限，扩大了佛教的影响，却也在无形中降低了至高无上的"佛性"的尊严。随着"佛性"的人性化、世俗化，后期禅宗还提出了万物皆有"佛性"的观点，更具有了宗教所排斥与厌恶的泛神论色彩，从一定意义上讲，对佛教反而起了破坏作用。以后宋、明、清时期的一些唯物主义者与进步思想家，都不同程度地利用过禅宗的反叛精神及个别论点来诘难神学；而号称儒学正宗的宋明理学，特别是其中的陆王"心学"

一派，更是直接承袭禅宗的主观唯心主义，构造出糅合儒释的唯心主义的心学体系。甚至到了清末，资产阶级改良派的领袖和著名代表人物，也从禅宗思想中吸取有用的成分，来伸张主观精神的力量。可见，慧能的禅宗理论，在中国哲学史和思想史上，都占有重要地位，有着不可忽视的影响。

# 谏迎“佛骨”

## ——韩愈反佛兴儒的哲学思想

隋唐五代时期，在统治阶级的大力提倡与促成下，尽管儒、释、道三教由鼎立逐渐走向合流，但佛、道思想的存在与发展，尤其是唐代佛教的再度兴盛，严重动摇了儒家在各教领域的支配地位。从哲学的发展来看，那些自称儒家的如王通等人，并无多大的贡献。只有到韩愈开始打着反佛旗号而援佛入儒，才在振兴儒学的活动中，切实提出了一些新见解，成为宋代理学的先驱。

韩愈（768—824），字退之，河南河阳（今河南孟州市南）人。河北昌黎是韩愈家族的原籍，人们又称他为韩昌黎。韩愈出生在一个普通官僚地主家庭里，其父韩仲卿曾为武昌县令，官至秘书郎；其叔韩云卿曾为监察御史，以文章闻名于当世；其伯兄韩会官至起居舍人，后贬为韶州刺史，会写文章，是早期古文运动的活跃人物之一。韩愈 3 岁父母双亡，便寄居于伯兄韩会家中，由嫂郑氏抚养。韩愈 10 岁随韩会远赴韶州，韩会死后，又随嫂扶柩数千里归葬其兄于中原，一直依寡嫂照顾而成人。他对这一段极艰苦的生活有着凄凉的回忆，曾追述说，那时候家里穷得简直无法维持下去，自己又无一技之长可以赚钱谋生，只好发奋读书，穷究儒家经典、《史记》及诸子百家的学说，苦学 20 多年，中了进士，31 岁时才得到了官位。他一直称自己为“布衣之士”。

早年的这种穷困经历，使韩愈能切身体会到下层人民生活的艰难，同情劳动人民的苦难。在做官后也一直保持着清廉的品德，并在自己职权范围内力图给人民减轻一些负担。他担任监察御史时，有一年陕西关中大旱，造成严重饥荒，韩愈立即上书皇帝请求减免关中地区的租赋，因此被贬官。即使在晚年的流放生活中，韩愈也尽力为当地人民做一些好事。韩愈和柳宗元虽分属两个不同的政治集团，在哲学思想上也是对立的，但在同情人民这一点上，两人却有共同之处。他们个人交谊十分深厚，彼此敬佩对方的高尚人格与文章，两人同为唐代古文运动的倡导者，抨击六朝以来的骈偶文风，提倡散体。韩愈的散文在继承先秦、西汉古文的基础上，加以创新与发展，气势雄健，被列为“唐宋八大家”之首。韩愈死后的谥号，也称韩文公。他的著作合编为《韩昌黎集》，其中重要的哲学著作有《谏迎佛骨表》，以及被称为“五原”的《原人》《原道》《原性》《原鬼》《原毁》等。

韩愈清正廉洁的作风，为已腐化的贵族地主阶层所嫉恨，屡屡遭到诬害；但他又是一个富于正义感的知识分子，不愿违背清白做人的道理，所以他终究还是为当时权贵所不容，致使他在官场中几经沉浮。韩愈与贵族地主阶层的矛盾，常常反映到他的社会政治思想和哲学思想中来。韩愈的哲学思想十分丰富，但概括起来，比较有特色和贡献突出的是两个密切联系着的方面：排斥佛老，复兴儒学。

韩愈生活的中唐时代，“安史之乱”刚刚结束不久。大乱虽已平息，但藩镇割据势力并未彻底消除，社会的主要矛盾仍然是大一统的中央集权势力与地方割据集团之间的矛盾。在武力镇压之外，如何从意识形态上进一步巩固封建集权制度、保持社会秩序的相对稳定，从而休养百姓、发展生产，是当朝统治者竭力思索的问题。当时，作为封建社会官方意识形态的儒学，先是受到魏晋玄学和道教的冲击，后又有隋唐佛教的排挤，到韩愈时代，其至高无上的地位已不复存在，正如韩愈在《原道》里指出的，已经到了“后之人虽欲闻仁义道德之说”，也无从求之的地步。老学与佛学则不然，自孔子去世之后，“黄、老于汉，佛于晋、魏、梁、隋之间”甚嚣尘上，唐代更是如此。

唐宪宗李纯不仅信奉道教，而且极力提倡佛教。公元819年，李纯为崇兴佛教，举行了很隆重的仪式，把陕西凤翔法门寺里的一块据说是释迦牟尼的指骨，虔敬地迎进宫中供奉。一时“王公士庶，奔走施舍，唯恐在后”。被煽起宗教狂热的人有的甚至断臂献佛，下层百姓为了在迎佛骨的路上施舍，有的变卖掉房产土地而搞得倾家荡产。对此，韩愈十分痛心和憎恶。他奋笔疾书，写出了名震古今的《谏迎佛骨表》，直接上书唐宪宗，反对迎取佛骨。他在表中大胆陈言，佛骨是“枯朽之骨，凶秽之余”。并指出，历代崇信佛教的帝王，不是国灭家亡，就是身死名裂，“事佛求福，反更得祸”，没有一个有好下场。他要求唐宪宗下令把佛骨“付之水火”，以彻底断绝这种迷信活动，言辞直率而又激烈。唐宪宗见表大怒，要处韩愈死刑。后经宰相崔群等权贵大臣竭力劝谏，韩愈才免于一死，被贬到离京城万里之遥的南方沿海，做潮州刺史。其时他已经50多岁了，须发斑白，却始终不悔。他到潮州后还在《左迁至蓝关示侄孙湘》的诗中说：“欲为圣明除弊事，肯将衰朽惜残年”，表现了自己排斥佛教的坚定立场。韩愈的学生曾劝他不要同佛老学说进行针锋相对的斗争，以免别人攻击。他回答说：我不是好辩论，而是要“行道”。他指出，上至皇帝，下至“公卿辅相”，都崇信佛老，佛老的流毒深远，必须进行艰苦的斗争，真理才能发扬光大。他认为，自己同佛道二教的斗争是一场你死我活的斗争。他在《原道》中强调说：“不塞不流，不止不行”，在当时佛教势力极盛的情况下，这种反佛的战斗精神，是十分可贵的。

为了引起人们对反佛斗争的重视，韩愈还算了一笔经济账。他在《原道》中指出：“农之家一，而食粟之家六；工之家一，而用器之家六；贾之家一，而资焉之家六，奈之何民不穷且盗也。”这就是说，由于佛教与道教的流行，除士农工商外，又增加了僧侣和道士两种不从事生产的人。这些人都要靠农人与工人来养活，加重了百姓的负担，民众自然要穷困甚至起来造反了。这笔账，韩愈显然是从庶族地主阶级利益出发来算的。因为寺院经济的发达，侵犯了他们的经济利益，逃避赋役的人增多，必然加重庶族地主的纳税负担。所以他在《太原王公墓志铭》中，攻击僧侣和道士是“以其诳丐渔利，夺编人（民）之产”。同时，韩愈还认为，由于寺院经济的发达，造成了王朝的财政危机，最终要引起农民大暴动。可以说，韩愈是新起的官僚地主阶级在思想上的代言人，虽然其反对佛教和道教的言论并不直接代表劳动人民的利益，但在封建制发展过程中，反对寺院势力对社会生产力的破坏，反对僧侣和道士的寄生生活，仍然是有利于社会向前发展的，也是有进步意义的。

韩愈在中唐时期佛教弥漫整个社会的气氛中，敢于奋起反佛，坚决排斥佛老，的确是一大历史功绩。但韩愈的根本目的是复兴儒学。他在反对佛教时所使用的武器，并不是无神论，而是儒家的各种学说，即韩愈是站在儒家立场上，用儒家学说去抗衡佛教，以达到振兴儒学目的的。这从其《谏迎佛骨表》中的主要论点就可以窥见一斑。首先，他认为，佛教是外来的“夷狄之法”，与中国传统的先王学说背道而驰。佛教不讲仁义道德，蔑视君臣之礼，隔绝父子之情，不遵从封建的伦理纲常。其次，韩愈用佛法传入中国以来的历史证明，凡崇信佛法的政权与帝王，都不能获得长久统治；而佛教传入之前的尧、舜、禹、汤和周文王、周武王时代，百姓康乐，国家兴盛，由此可见佛教不能崇信。最后，韩愈还用本朝的现实进行说明，指出唐高祖在位时，为了社会的繁荣与国家的长治久安，不准许人民出家为僧，不准许建立寺院，而今却大力弘扬佛教，违背了高祖的遗愿。

很显然，韩愈的这些看法仍未脱前人批判佛教的窠臼，也未能从哲学上触及佛教唯心主义的实质。但是，韩愈借对佛教的严厉批判，来致力于复兴儒学的目的，是清楚的。韩愈的哲学思想中道德伦理的成分极重，比较缺少抽象思辨。他绝少谈论宇宙形成这类远离社会生活的哲学本体论问题，却把眼光紧紧盯在人生与社会现实上。他善于用生动流畅的文学语言表达政治见解和哲学思想，使人易于接受，这与其浓厚的文学兴趣和深厚的文化素养有很大关系。他特别注重文学的教育作用，主张“文以载道”，用文章向人们头脑中灌输“先王之道”，他自己也身体力行，组织和领导了声势浩大的古文运动。因此，韩愈以“障百川而东之，回狂澜于既倒”之志，坚决“攘斥佛老”，于举国醉心于佛老的氛围中再次提倡独尊儒术，创立了其独特的儒家“道统”论，作为反对佛教和道教神权的理论武器。

佛教和道教，都把自己的神权论与唯心主义奉为绝对真理，并均为自己那套神学体系编制了一个传授的系统——“道统”，认为这是由他们的历代祖师爷一脉相传下来的。韩愈为了对抗佛教和道教的神学体系，就模仿佛、道的传法世系，说儒家也有自己的“道统”。他在《原道》里说：“斯吾所谓道也，非向所谓老与佛之道也。尧以是传之舜，舜以是传之禹，禹以是传之汤，汤以是传之文武周公，文武周公传之孔子，孔子传之孟轲。轲之死，不得其传焉。”这个“道统”说，从儒家一贯津津乐道的尧、舜、禹开始，一直到孔、孟，其理论渊源在于《论语·尧曰》和孟子“五百年必有王者兴”之说。韩愈正式提出了这样一个儒学的传授系统，把荀子与扬雄排除在外，说“荀与扬也，择焉而不精，语焉而不详”，并俨然以孟子的直接继承者自居。韩愈在《原道》里认为历史上的一切制度、文化及“相生养之道”，都是圣人创造的，“如古之无圣人，人之类灭久矣”。而圣人的作为，他在《争臣论》中又认为是出于“畏天命而悲人穷”。显然，“道统”说的理论根据是天命史观。后来，宋明许多理学家都讲“道统”说，这是韩愈的理论中对宋儒最有影响之点。

那么，韩愈所谓的“道”是什么呢？韩愈在《原道》中，把“道”作为最高范畴。但又明确地说，他所倡的这个“道”，既不是老子绝仁弃义之道，也不是佛教舍君臣父子、外天下国家、灭人伦天常之道，而是孔孟子所传的儒学之道。他说：“凡吾所谓道、德云者，合仁与义言之也。”同时，他又进一步阐释说：“博爱之谓仁，行而宜之之谓义；由是而之焉之谓道，足乎己无待于外之谓德。”这也就是说，仁义与道德是同一的。“仁”就是儒家所倡导的植根于人的心中，而又能够由亲及疏、由近及远地推达出去的“博爱”；“义”就是合乎这种“有差等之爱”的合宜的行为；“道”就是顺这种“仁”与“义”而前进的道路；“德”就是“仁”“义”与“道”充足于内心，不需外求的精神状态。韩愈坚信，这种“道”，如果用来服务自己，就会诸事顺利祥和；如果用来待人接物，就能做到仁爱公正；如果用来修心养性，就可达于柔和宁静；如果用来治理天下国家，就会放之四海而皆准。可见，韩愈这里所阐述的“道”，完全是儒家维护封建秩序的仁义道德学说。

与此同时，韩愈还区别了“道”这个名称（概念）的特定内容，同其抽象形式（虚位）的关系。他在《原道》中指出：“仁与义为定名，道与德为虚位。”通过这种内容与形式的明确区分，韩愈认为“道”与“德”作为抽象范畴形式，儒、道、释三家都是共同使用的。但三者各“道其所道”“德其所德”，各自所说的“道”和“德”的实际含义是不同的。“凡吾所谓道、德云者，合仁与义言之也，天下之公言也。老子之所谓道、德云者，去仁与义言之也，一人之私言也。”他认为，讲“道”“德”要以“君臣之义”“父子之亲”为内容，这才是为国家与社会的“公言”；而佛老弃君臣、去父子、禁生养之道，只求“清静寂灭”的境界，这是为自己的“私言”。用“公”与“私”来区分儒家和佛老，这也是后来理学家的共同观点。当然，韩愈所谓的“公”，也不过是维护地主阶级的统治罢了。他把君臣、父子关系看成是“天常”，批判了佛老对纲常的毁灭，认为只有在伦理关系中才能培养理想人格，这也是儒家思想的根本特征。因此围绕这一问题，韩愈发挥了儒家的人性论思想，也对后世产生了重要的影响。

韩愈既是“道统论”的创立者，又是古文运动的先驱者，苏东坡曾盛赞他“文起八代之衰，道济天下之溺”，并非不切实际的阿谀之词。特别是韩愈的“道统论”影响十分深远，也是多方面的，为宋明的道学（理学）理论开了先河。尽管他的“道统论”建立于反对佛老的基础之上，其所持的理论依据是孔孟儒学，其目的是毁佛老而扬儒术并为封建社会服务，但他的这种行动本身在客观上促进了社会生产力的发展，从哲学思想上加强了社会的稳定和国家的统一，淡化了当时的宗教迷狂，所以是具有一定积极意义的。

# “好佛”的无神论者

## ——柳宗元的“元气自动”观

历史常常就是这样有趣：坚决反佛的斗士韩愈，在哲学上是一个唯心主义者；而唯物主义无神论者柳宗元，却又自称“自幼好佛”。更绝的是，韩愈与柳宗元分属于中唐时期不同的政治集团，相互之间政见大相径庭，完全可以说是“政敌”；但是韩愈和柳宗元又是极好的朋友，在倡导古文运动方面，韩、柳齐名，又完全是实实在在的“挚友”。不过在哲学上，柳宗元不赞成韩愈以儒排佛，也不赞成其唯心主义。当然，韩愈对柳宗元的元气一元论思想，也不苟同；但当柳宗元病逝后，韩愈的一篇《柳子厚墓志铭》，情真意切，读后令人荡气回肠，也足可使韩、柳二人之交，名垂千古！

柳宗元（773—819），字子厚，是唐代著名的文学家和哲学家。原籍河东县（今山西运城市），出生于长安，并在那里度过了青少年时代。他出身于一个世代的官僚地主家庭，是北魏扬州大中正、尚书右丞柳僧习的第八代孙。其父柳镇，在唐玄宗天宝末年曾做过太常博士，“安史之乱”后，又继续为官。其母卢氏，是涿郡（今河北省）的大族女子。柳宗元的家庭在当时正是所谓书香官僚门第，柳宗元早年受儒家思想的影响是很深的，也是为争取仕途发展而积极努力的。

柳宗元于公元793年20岁时中进士，公元796年任秘书省校书郎，管理国家经籍图书。当他正式参与社会政治活动时，唐王朝的黄金时代已经过去了，昔日强大鼎盛的统一局面，已为“安史之乱”的十年兵戈所摧毁，代之而来的是藩镇拥兵割据的局面。同时，宫廷内部宦官专权，甚至连皇帝的废立、生死，都由他们来决定。统治阶级大量兼并土地，劳动人民大量沦为奴婢，阶级矛盾日益尖锐起来。为了挽救唐王朝的没落，公元805年（唐顺宗永贞元年），统治阶级内部出现了以王叔文、王伾为首的革新派，借太子李诵即位之机，发动了历史上著名的“永贞革新”运动。柳宗元因与王叔文政见相同，积极参与了这场政治革新运动，并格外受器重，升为礼部员外郎，负责起草政令文件，其时柳宗元才32岁。他的朋友、著名的文学家和唯物主义哲学家刘禹锡，也积极参与了这次政治革新运动，同柳宗元等一起成为其中的中坚力量，被时人称为“二王、刘、柳”革新集团。他们在执政期间，大刀阔斧地进行各项改革，实施了许多有利于发展生产和改善人民生活的举措，严重打击与削弱了宦官、藩镇的势力。但由于发动这次改革的政治集团的社会基础比较薄弱，很快遭到宦官和贵族大官僚集团的联合反扑，革新运动进行不到半年，便以失败告终。

“永贞革新”失败后，王叔文被杀，柳、刘等遭贬谪。柳宗元先被贬为永州（湖南零陵）司马，历时10年，再被贬为柳州（广西柳州）刺史。两州在当时均属荒僻偏远、人烟稀少之地。长期的政治迫害，严重摧残了柳宗元的身体与精神，但他始终坚守着自己的政治信念，宁折不弯，保持了清白高洁的个人情操。在柳州任职期间，柳宗元目睹了下层人民生活的穷苦，常常借诗文抒发感怀，寄以深切的同情，并尽力为当地百姓做了不少有益的事情。他带头开垦荒地，提倡打井，兴办学堂，释放奴婢，深得当地人民的爱戴，被敬称为“柳柳州”。据说他去世后，当地人民修了祠堂庙宇纪念他，这种崇高敬意是十分难得的。

柳宗元的个人品德也颇值得敬重，他与刘禹锡的动人友谊，在历史上一直传为佳话。他们两人同时被贬谪后，不断通过书信诗赋往来，相互勉励，固守政治气节，不向贵族保守派屈膝。当两人同被召回京城，后又再度遭贬，柳宗元听到刘禹锡被贬到更加荒僻遥远的播州（贵州遵义西）时，极度悲愤地说：“禹锡家有80岁的老母，若一同前去播州，老人家经受不住路途的颠沛折磨；若不能同去，禹锡和他老母的这次分别便成了永诀，我怎能忍心目睹这种惨状呢！”柳宗元立即上书朝廷，要求与刘禹锡对换，自己去播州，让刘禹锡去较近的柳州。当时柳宗元自己也体弱多病，明知此去播州，便永无活着回来的希望，然而他仍毅然地做出了这种抉择！因此，当时的政敌韩愈听到这件事后，曾无限感慨地说：“穷困危难中，方显出一个人的德行节操。现今许多人，当朋友得志时，可以对人家指天起誓，说要生死不相背弃，简直像真的一样；而一旦遇到涉及自己利害的事，即使像毛发一样细微之事，也会翻脸绝交，形同路人。更可耻的还有人在朋友遭遇不幸时，非但不帮助，反而落井下石，干出连禽兽都做不出的事来，竟还自以为得计。你们这种人，听到柳宗元的义举后，总该多少感到一些羞愧吧！”后来，朝中有位大臣自告奋勇地替刘禹锡在皇帝面前求情，刘禹锡才被改贬到连州（今广东连州市）。公元 816 年，柳宗元与刘禹锡在湖南衡阳洒泪而别，各赴贬地，从此再没相见。公元 819 年，柳宗元病逝于柳州，年仅 47 岁。

柳宗元病重期间，明知自己将不久于人世，便遗书给挚友刘禹锡：“我不幸，卒以谪死，以遗草累故人。”他遂将自己著作的全部草稿，托交给刘禹锡。柳宗元去世后，刘禹锡立即将他的 4 个未成年的子女接来自己家中抚养，并把其遗著编纂为《柳河东集》，共 30 卷，亲自写了序言。柳宗元的哲学著作，主要有《天对》《天说》《贞符》《封建论》《非国语》《时令论》《天爵论》《答刘禹锡天论书》《与韩愈论史官书》《与吕道州论非国语书》《答吴武陵论非国语书》等。这些著作中的哲学思想是非常丰富的，包括“元气自动”的自然观，“天人不相预”的无神论，重“势”（客观必然趋势）的进步历史观，等等。特别是他的战斗无神论和元气一元论思想，使中国古代的唯物主义思想在中唐时代，重新登上了哲学的“王座”，实在是难能可贵的。这既同柳宗元个人的政治实践和比较了解民间疾苦有关，也同他比较重视科学的发展有密切联系。

天人关系及其理论前提的宇宙起源问题，世界统一的基础以及宇宙是否无限的问题等，是我国古代哲人所探讨的主要问题。战国末期，楚国诗人屈原在其著名的哲理诗《天问》中，曾就此以一个“曰”字起首，一口气提出了172个问题，上至宇宙的起源和构成，下及人类社会生活的方方面面，都提出了大胆的怀疑和质问，但是屈原自己并未作答。数百年来，人们惊叹迷茫，一直无人去回答。柳宗元便以回答《天问》的形式，写出了《天对》，逐条进行了答辩，明确地阐发了自己的唯物主义宇宙观。

屈原在《天问》的开头就写道：请问，关于远古的最初情形，是谁传述出来的呢？那时候，天地尚未形成，根据什么来考察它呢？那时候，白天黑夜还是混沌一片，又有谁能彻底弄清楚它呢？那时只有盛满的大气，这无形的象怎么认识？后来昼夜分别了，明明暗暗地交替运行，那又是谁造成的？

柳宗元在《天对》里回答说：“本始之茫，诞者传焉。……庬昧革化，惟元气存，而何为焉？”他认为，宇宙是悠远渺茫的，关于宇宙起源的许多荒诞的传说，都不足以征信。昼夜、明暗的交替，万物从混沌中发生、发展，都是元气的运动所致，哪里是什么造物主所为？只有元气才是唯一的存在，是世界统一的物质基础。柳宗元的回答，鲜明地表达了他的朴素唯物主义的自然观。在这里他提出了一个重要哲学命题：“惟元气存”，坚持了气一元论的唯物主义立场，肯定了世界的物质统一性，同时也是对东汉唯物主义者王充的“天地，含气之自然”思想的直接继承与发展。

紧接着，屈原追问道：阴、阳、天三者互相结合，什么是本原，又如何变化呢？

柳宗元回答：“合焉者三，一以统同。吁炎吹冷，交错而功。”他认为，阴、阳、天三者的结合，受着元气的统一与支配。元气缓缓地吹动，造成炎热的天气；元气迅速地吹动，造成清凉的天气。冷热交替，阴阳结合，从而具有推动万物发展变化的功用。因此，在柳宗元看来，所谓“天”或“地”都是元气的不同表现形态，事物的运动变化则是由元气自身中阴阳两个矛盾着的对立面的统一而造成的。他在《天说》里还指出：“彼上而玄者，世谓之天；下而黄者，世谓之地；浑然而中处者；世谓之元气。”他在《非国语》中还进一步认为：“天地之无倪（无边），阴阳之无穷。”所谓“九天”，“无中无旁”，“东西南北，其极无方”；至于时间，也是一种客观存在，人们计时以太阳运转为标准，日“当焉为明，不逮为晦”，全是一个自然过程。这些思想，虽然还只是对宇宙起源和本质的一些朴素论证和猜测，但肯定宇宙在时间与空间上都是无限的思想，却超过了前人。

柳宗元在朴素唯物地论述了宇宙统一的物质性及其无限性之后，对元气自身运动的规律又作了探讨，具有明显的朴素辩证法色彩。他在《非国语·三川震》中，对伯阳父认为三川震是亡国预兆的观点批评道：“山川者，特天地之物也。阴与阳者，气而游乎其间者也。自动自休，自峙自流，是恶乎与我谋？自斗自竭，自崩自缺，是恶乎为我设？”这是说，山和川只不过是存在于天地之间的自然物，阴和阳是流动于天地之间的元气。元气分成的阴、阳二气，它们自己运行、休止、凝结、流动、冲突、枯竭、崩裂、塌陷，绝不以人类的主观意志为转移。那么，这类为元气的自动、自斗所产生的物质运动的各种复杂形态，其根源完全在于阴阳二气的对立统一，因此统一体中对立项的互相“交错”就是物质形态变化的根本原因。这里，他猜测到了物质运动是根源于内部矛盾性的原理。柳宗元这个关于元气“自动”“自斗”及其多种运动形式的观点，丰富了我国古代社会的唯物主义内容。

柳宗元在肯定整个自然界是一个运动着的物质过程的基础上，进而得出了自然界的一切现象变化，既无神意的支配，也与人事无关的结论，从而批判了有神论说法，发展了天人“不相预”的无神论思想。作为当时一个要求在政治上进行改革、反对门阀世家和宦官藩镇势力的庶族地主的代表，柳宗元不仅在其政治思想和社会历史观方面反映出来，而且在自然观方面也反映出来了。当时的门阀世家为了维护其政治与经济上的特权，往往用“天人感应”“君权神授”等有神论思想做工具。柳宗元对这些观点在《断刑论·下》里明确指出：“古之所以言天者，盖以愚蚩蚩者耳”，揭露出抬出“天命”完全是为了欺骗愚昧的人，而那些鼓吹“天命”的人，又往往要利用它达到抬高自己的目的。所以，柳宗元在《非国语·料民》中提出："圣人之道，不穷异以为神，不引天以为高。"他认为，国家兴亡、人们的吉凶祸福和"天"没有关系，人们的社会是由人自己来主宰，而不是由"天"来主宰。他在《贞符》中批判了"君权神授"的说教，明确地提出了国家兴亡是"受命不于天，于其人"；人们的吉凶祸福是"休符不于祥，于其仁"。这是他反对有神论的基本思想。

柳宗元对"天"的批判，不仅仅在于提出这样一个否定"天"有意志能够主宰人事的结论，而且他和王充一样，对自己的无神论思想有所论证。他认为，天、地、元气都是没有意志的物质，它们同瓜果草木一样，本质上都属同一物质存在，根本不能对人施行赏罚。他在《天说》中指出，"功者自功，祸者自祸"，人事的功、祸都是人们自己造成的，"非天预乎人尔"。所以，人们呼天怨天都是"大谬"的。他进而区分了自然与人类社会的不同，在《答刘禹锡天论书》指出："生植与灾荒，皆天也；法制与悖乱，皆人也。二之而已，其事各行不相预。"在柳宗元看来，生植、灾荒都是自然现象，而法制、悖乱则是社会现象，这是两个不同领域，各有自己的变化发展法则，因而两者之间不能互相干预。这就把人类社会从自然界中划分了出来，并否认了超自然力的天命、神权的存在。

在此基础上，柳宗元以天与人"不相预"的无神论为理论武器，对有神论进行历史的清算。他针对"受命之符"的神学说教，专著《贞符》一文，并对《国语》中一些神学观点进行了总结性的批判。他在《非国语》中举出许多历史事例，论证自然的变化与人事的祸福、国家的兴亡没有关系，说明"天罚"之类都是无稽之谈；论证鬼神、妖怪、占梦等迷信都是些"世之余伎""害于道也多"的胡说八道。在《伐宋》一篇中，针对当时宋人杀昭公，晋侯应示以"天罚"的谬论，柳宗元指出，宋人杀君，晋可以盟主之地位去讨伐，但说这是什么"天刑""天罚"，就没有道理了。这是由于，"古之杀夺有大于宋人者，而寿考佚乐不可胜道，天之诛何如也？"特别值得注意的是，柳宗元在批判"天人感应"有神论中，接触到了这种思想产生的某些深刻原因。他认为，求之于神的原因在于人们感到自己力量的不足，如果人们有力量去解决自己的问题，那就不会去求之于神，而求于人就行了。这就是他在《非国语·神降于莘》中所说的，“力足者取乎人，力不足者取乎神”的名言。柳宗元的这些思想，在认识论史上是对董仲舒以来“天人感应”论的一个突破，也是对荀况的“明于天人之分”思想的继承、发展与复归。

诚然，柳宗元作为一个唯物主义和无神论者，并不反对佛教，他在《送巽上人序》中明确表白道：“吾自幼好佛，求其道积三十年”，可见时间还不算短。他甚至还推崇禅宗，称赞它里面蕴藏着“宝玉”。这似乎颇令人费解，也引起了人们见仁见智的各种看法。如果联系当时的社会风气、柳宗元个人生活经历以及他基本的哲学观点，就既不会感到奇怪，也是容易理解的了。唐朝中叶，佛教盛行，其势力渗透到了社会的各个角落，从皇室到贫民，信仰佛教的大有人在。处在那个时代的人，要想摆脱佛教影响是很困难的，特别是中唐以后盛行的禅宗，对苦难深重的下层人民有很大吸引力，它代表了佛教中平民革新派的利益与要求，同世俗地主阶级中庶族阶层的利益也有一致之处，因此得到一部分庶族地主的倡导和支持。柳宗元自幼“好佛”，也在情理之中。

但同时也应该看到，正是由于柳宗元的“好佛”，也恰好形成了其无神论思想的另一重要特点，就是对宗教神学采取具体分析的态度。在中唐时期，随着中国化了的佛教在理论上的大发展，儒、佛、道在思想上的大融合，柳宗元以“诸子合观”的态度，对佛教研究了30来年。他对于佛教有所肯定，但并不是肯定其宗教欺骗，主要是指佛教中某些合理的东西，某些与他所坚持的儒家思想相通的理论，以及某些佛教徒良好的品德学风。

正是基于这种认识，柳宗元不同于韩愈只把《诗》《书》《易》《春秋》定为一等，对不同于儒家的佛、老之说简单否定，而主张对佛教的理论进行具体分析和科学扬弃。他在《送僧浩初序》中说：“浮图诚有不可斥者，往往与《易》《论语》合。诚乐之，……不与孔子异道。”表明他喜好佛学，是在于欣赏其有合于《易》《论语》的地方。他认为，佛教关于“人皆有佛性”等说教，无疑合于《论语》的“仁”说。同时，佛教哲学思辨中包含的辩证思维，也合于《易》关于变化发展的思想，就是他在《答韦中立论师道书》里所说的“本之《易》以求其‘动’”。显然，这类关于变化发展的思想，也是“合”于柳宗元的自然观与历史观的。虽然佛教同孔子之道也有抵触之处，“诚有不可斥者”，但柳宗元之于佛教，仍然是把它作为“百家”之一来平等对待的。他提倡对各家各派，都应该“悉取向之所以异者，通而同之”，并“咸伸其所长，而黜其奇邪”。这种对各家之“长”兼收并蓄的主张，不但丰富了柳宗元的唯物主义无神论思想体系，同时也是对中国哲学发展史优良传统的发扬。这对于推动哲学思维的历史发展，也是具有积极意义的。

# “晴空一鹤排云上”

## ——刘禹锡天人“交相胜、还相用”的朴素辩证法

柳宗元和刘禹锡是好朋友，两人的政治命运是紧密联系在一起的。他们都是“永贞革新”的骨干，主张抑制兼并，反对藩镇割据和宦官专权，以维护唐王朝的中央集权。“永贞革新”失败后，两人都经受了长期的贬谪生活，对人民的疾苦有所了解。因此，他们的文学爱好、哲学思想也基本一致。柳宗元的重要哲学著作《天说》写成后，刘禹锡认为“非所以尽天人之际”，乃作《天论》三篇，“以极其辩”。柳宗元在他的《天对》《天说》里，着重论述了天的自然客观性，未更多地涉及天与人的关系。对此，刘禹锡的《天论》，便进一步探讨了天与人、客观与主观的关系，对柳宗元的唯物主义宇宙观进行了补充与发挥，闪耀着朴素辩证法的思想光辉。

刘禹锡（772—842），字梦得，洛阳人，是唐代中叶进步的政治家、著名的诗人和哲学家。他出身于世宦家庭，父亲刘绪，是天宝末年的进士。刘禹锡自幼学习勤奋认真，学习的内容宽广，除认真研读儒家经典外，对诸子百家也广泛涉猎，兼收并蓄。不仅如此，他对天文、医药等自然科学方面的知识，也有相当的研究，精通天文学的僧人惟良，同他讨论天文，竟“语至夜艾”。至于医药，刘禹锡从少年时代起就开始留心，先后读过《小品方》《药对》《本草》《素问》等书，搜集了各种单方验方，中年后还编著了《传信方》一书。广博的知识，对他哲学思想的形成，无疑有很大影响。

公元793年，不满20岁的刘禹锡与柳宗元一起考取了进士，同年又考

上博学宏词科。公元795年，刘禹锡经吏部取士科的考试合格，授太子校书。太子校书是东宫属官，负责校勘崇文馆书籍，这使刘禹锡有机会接触大量图书，进一步丰富了他的知识。由于他知识丰富又有才华，因此在读书人中颇负盛名。后经人举荐，于公元803年授任监察御史。他参加的“永贞革新”失败后，被贬为连州（今广东连州市）刺史，行至途中又改贬为朗州（今湖南常德）司马。在这段时间里，刘禹锡有过苦闷，但总的情绪还是乐观向上的。他在《秋词二首》中写道：

自古逢秋悲寂寥，
我言秋日胜春朝。
晴空一鹤排云上，
便引诗情到碧霄。

不仅如此，他甚至满怀喜悦，在《壮士行》诗里还期待着“明日长桥上，倾城看斩蛟”的胜利场面。所以，他把这种感情倾注在创作中，写了大量寓意深切、战斗性很强的讽刺诗歌和针砭现实的政论文章，如《辨迹论》《华佗论》《昏镜词》《聚蚊谣》《学阮公体三首》等。这些作品，有的用比喻的手法，对宦官权贵的丑恶形象进行无情揭露和鞭挞，指出他们只能横行一时；有的引古喻今，斥责当政者的奸佞、昏庸和残暴；有的则凝结着作者政治斗争的经验，以及不屈服于邪恶的顽强斗争精神。他宣传唯物主义，批判唯心主义天命论的著名哲学著作《天论》，也是在这时写成的。

公元814年12月，刘禹锡接到回京的诏书。第二年2月，刘禹锡到达长安，恰好柳宗元也在这时应诏回到了长安，故友重逢，抚今追昔，感慨万千。他们都盼望着阳春三月长安牡丹盛开的时节，等待着新的工作。谁知，一场新的迫害也正等待着他们。这年3月，刘禹锡同柳宗元等到长安玄都观看花。刘禹锡触景生情，百感交集，写下了脍炙人口的《元和十年自朗州承召至京戏赠看花诸君子》的绝句：

紫陌红尘拂面来，
无人不道看花回。
玄都观里桃千树，
尽是刘郎去后栽。

有人获得这首诗后，立即添油加醋，说是“语涉讥刺”，伤害了唐宪宗和权贵。不久，柳宗元被贬为柳州刺史，刘禹锡被贬为播州刺史。经柳宗元上书和裴度说情，改刘禹锡为连州刺史。以后几经磨折，刘禹锡又被数次改任，但始终忧国忧民之志未变，为民众办了不少实事和好事，深得民众的感戴。

公元835年，刘禹锡因患足疾回到洛阳，改任太子宾客。晚年加检校礼部尚书、秘书监头衔。他常同裴度、白居易一起，饮酒赋诗，作文唱和。这期间，刘禹锡写有《子刘子自传》，公开申明王叔文“其所施为，人不以为当非”，改革没有错，参加革新的其他人也是无辜的。他自己则是“人或加讪，心无疵兮”。《自传》还指出，永贞改革的失败和顺宗内禅、宪宗继位，是宦官集团运用权势造成的。这不仅澄清了一桩历史冤案，也是他对唐后期宦官专权的抨击。刘禹锡的著作被编为《刘宾客集》，又叫《刘梦得集》。其哲学著作有《天论》《问大钧赋》《何卜赋》《鉴药》《儆舟》等。其中《天论》三篇，为其哲学代表作，对宇宙万物的形成以及天人关系等一系列哲学问题，都有深刻的论述。

在刘禹锡之前，先秦时期的荀子曾提出过“天人相分”与“制天命而用之”等命题，不仅肯定了天的自然客观性与发展变化的规律性，同时也高度赞扬了人的主观努力，这使荀子成为那个时代在天人关系理论方面最确当的总结者。此后，许多唯物论者如王充、范缜等，虽对天的自然客观性阐述有不少发展，如讨论到了天的生成问题，神的起源问题，但对人的能动性的关注却少了，有的甚至陷入了偶然性或者命定论的怪圈，从而也表明这些唯物主义哲学家对“人”并未有足够的认识。直到中唐，韩愈、柳宗元、刘禹锡三人在天人关系问题上发生了一场论辩，刘禹锡鲜明地提出了天人“交相胜、还相用”的命题后，才使这种情况有所改观。

中唐关于天人关系的这种争论是由韩愈发起的。他在给柳宗元的一封信中说：天和人的利益是相反的，人们进行生产如开垦田地、采伐山林，就是对天的破坏，因此那些残害人民而对天地有功的人，天必然会对其进行褒奖；而对天地有害的人则会受到天的惩罚。韩愈的唯心主义的“天命观”，立即遭到了柳宗元的反驳。柳宗元劝说韩愈，不要因为自己运气不好就发出怪论，但他对韩愈的反驳也具有明显的缺陷，如他把天地比作大果蓏，元气为大痈痔，阴阳是大草木，就其坚持世界的物质性而言是值得肯定的，但这种朴素的证明也并不十分高明。正如刘禹锡自己所说：“余之友河东解县人柳子厚，作《天说》以折韩退之之言，文信美矣，盖有激而云，非所以尽天人之际，故余作《天论》以极其辩云。”看来刘禹锡认为，柳宗元的《天说》对天与人的关系问题，是解决得不透彻的，所以他作了《天论》，以期进一步加以理清。

在《天论》开头，刘禹锡就提出了一个唯物主义的基本观点：“大凡入形器中，皆有能有不能。天，有形之大者也。人，动物之尤者也。天之能，人固不能也。人之能，天亦有所不能也。故余曰：天与人交相胜耳。”他明确把天规定为“有形之大者也”，显然发挥了柳宗元的自然观。自古以来，说人是形器是可以理解的。那么，天也是一种形器吗？刘禹锡认为，天固然是无形的、空的，但空不是无。“空者，形之希微者也。”古人说的无形，只是无常形，要依靠他物才能显示其形状。例如，造了房屋，高厚之形就表现出来；制成了器皿，规或矩的形状就可以发现。这说明，空绝不是空无，它仍是实有的，只不过是人们的肉眼看不见它而已。刘禹锡以“入形器中”界说天，又以“形之希微者”界说空，目的都在于确认：“天”，这种与人相对的外界是一种客观的、自然的物质存在。至于刘禹锡对“人”的解释，则认为“人”是动物发展的最高阶段，指出了人在世界万物中的特殊地位，而并非说人与其他万物的完全不同。同时，“大凡入形器中，皆有能有不能”，也阐明了“交相胜”思想赖以建立的直接基础，说明天与人各有“能”也各有“不能”，二者各有其超胜的方面。

确立这一基本前提后，刘禹锡开始作进一步的分论，具体说明天和人各有所能。他认为，“天之道在生植，其用在强弱”。如春夏生长，秋冬肃杀，水火会破坏物，木是坚硬的等，这些都属天之所能。那么人呢？“人之道在法制，其用在是非。”如，春夏种植，秋冬收藏，用河水抗旱，分别长幼，崇拜贤者，这都是人之所能。实际上，刘禹锡讲的“天之所能”，显然是指自然物的生长及其规律；“人之所能”，则指对自然规律的利用及人的社会活动。所以他概括道：“天之所能者，生万物也；人之所能者，治万物也。”

按照天与人各有所“能”这一理解，刘禹锡本来应该进一步阐明：在人活动的领域里，是人胜天；在天活动的领域里，是天胜人。如树上长叶，是天胜人，因为在人间，即使是巧匠也只能三年为一叶；但除恶劝善，却是人胜天，因为只有借助法制才能做到达一点，靠天雷去劈死恶人是很难的。但他并未直接做出以上推论。他只是比喻说，旅行的人成群到郊外去，想找茂盛的树荫休息，或是渴了到溪边饮泉水，那一定是身强力壮的人占先，虽圣贤不能与之争，这叫天胜人；而在城市中，在讲礼义的地方，要想住华美的房屋，吃精美的饭菜，那一定是贤者占先，身强力壮者也无济于事，这是人胜天。刘禹锡的这一比喻，当时柳宗元就觉得不是很恰切，因为这里涉及的都是人的活动领域。实际上，刘禹锡是把用礼义法制治理好社会叫人胜天。在他看来，天之所能主要在自然生植，人之所能主要在社会治理，二者不相干预、互不相干。过去，“天人相分”论者遇到的一个最大麻烦是，如天无意志，不能赏善惩恶，那么人的道德修养还有没有价值？人的行为以什么为依托？刘禹锡认为应诉诸法制，以法制来取代天去赏善罚恶，这也正是人超过天的地方：“是为公是，非为公非，天下之人蹈道必赏，违之必罚。”这种重视法制的观点，是有意义的。

为了深入论证其天与人各有所能的思想，刘禹锡指出：“吾固曰：万物之所以为无穷者，交相胜而已矣，还相用而已矣。”他进一步研究、分析了“天人合一论”产生的认识论根源，也深刻批判了有神论思想。他以操舟为例来说明这一点：船在小河里走，快、慢、停、航都由人掌握，大风掀不起波涛，漩涡也形不成险阻，无论顺利还是翻船，全靠人自己的掌握。在这种条件下，“舟中之人，未尝有言天者，何哉？理明故也。”反之，在大江大河里航行，快、慢、停、航人很难掌握，狂风暴雨会严重影响航船的安全。在这种情况下，“舟中之人未尝有言人者。何哉？理昧故也。”这里的“理明”和“理昧”的不同条件，说明有神论产生的直接根据，在于人不能认识客观规律，不能掌握自己的命运，便不可避免地把一切归之于有意志的“天”，即“人不宰，则归乎天也”，这是很有说服力的。

那么，船行于小河，快慢停驶都决定于人，人何以有这种主动性呢？刘禹锡说：“夫物之合并，必有数存乎其间焉。数存，然后势形乎其间焉。一以沉，一以济，适当其数，乘其势耳。”两物发生关系有“数”，即指事物相联系的规律；有规律起作用，事物便会沿一定方向发展，这是“势”，即指由规律主导引发的必然趋向。行舟于小河之所以可“济”，是因为人能够“适数”而“乘势”，使人具有某种主动性，也能够在某方面可以胜天。刘禹锡“数”与“势”两个概念的提出，以及对人的主动性作用这种深入具体的分析，显然比荀子“制天命而用之”的笼统口号更符合辩证法，也更有科学意味。

刘禹锡创立的“天与人交相胜、还相用”的系统哲学思想，是当时群众生产斗争经验和自然科学成果的新概括，也是对天人关系问题的唯物主义无神论思想的新发展。尽管他在开展其理论论证时仍有着种种局限性，但相对于那个时代来说，其在中国哲学史上所达到的成就，无疑是十分光辉的。

# 第四章

# 宋明清时期的哲学思想

公元960年，赵匡胤利用“陈桥兵变”，黄袍加身，夺取了后周政权，建立了宋王朝。

北宋建国到清代中叶鸦片战争以前，是中国封建社会的后期，前后约八九百年（960—1840），经历了宋（同时还有辽、金）、元、明、清等几个朝代。后期封建社会的基本矛盾，是封建地主阶级与广大农民的矛盾，其特点是佃租的封建剥削形式取得了支配形态，农民对地主的人身依附相对减弱了，反对封建土地占有制度成了农民革命的主要要求。在这段时期内，封建地主阶级加强了束缚人民的四大绳索——政权、族权、神权、夫权，而农民的革命斗争也最为频繁。与此期间农业、手工业和工商业高度发展相适应，科学技术也有进一步发展。在明末，西方自然科学也开始输入。这些历史条件对我国封建社会后期哲学思想的发展有着重要的作用，使其以更典型的形式，表征着我国中世纪哲学思维的特点及其逻辑发展的曲折性。

就我国哲学形态的特点说，两汉儒林的神学目的论，魏晋以后玄道、佛教空无本体论，作为前期封建社会统治思想的理论基础，虽曾分别起过一定历史作用，但儒学重于伦理实践而疏于哲学论证，佛、道精于哲学思辨而流于寂灭空虚，农民革命思潮的猛烈冲击与唯物主义思想的理论批判，迫使宋以后的统治阶级重新营造适合于新形势需要的哲学体系。但对儒、道、佛这些曾发生过重大影响的先行思想资料，既不能简单地抛弃，也不能现成地搬用。历史发展的客观进程，是通过三教合流，较量其得失，在新的理论基础上加以熔铸改造。这就是吸取佛、老思想营养而建立起来的，以儒家的纲常伦理为核心内容、以精巧的哲学思辨为理论基础的唯心主义理学理论。

理学，也称道学，是宋明儒家的哲学思想。理，原指玉石之纹理，后被引申为准则、法则和规律。理学之“理”，除了有些地方保留法则、规律之义外，更多的地方是作为哲学最高范畴来使用的。理学产生于宋代，宋儒治经多以阐释封建的伦理纲常等义理，兼谈性命为主，故有此称。元朝人在编《宋史》时，于《儒林传》之外，把这些英明高妙、博大精深、备受尊崇的一群哲人列入《道学传》，使“理学”与“道学”通用了起来，成为一个有影响学派的名称而沿用至今。理学的实际创始人为北宋的周敦颐、邵雍、张载、二程兄弟，至南宋朱熹始集大成，建立了一个比较完整的‘理一元论”的客观唯心主义体系。在朱熹同时，理学内部产生了陆九渊一派的“心一元论”的主观唯心主义；至明，王守仁更发展了陆九渊的学说，使“心学”光大起来。无论是“理一元论”者还是“心一元论”者，都是“同植纲常，同扶名教，同宗孔孟”，即都是宋明时期儒家哲学思想的主要流派，所以世人也将理学合称为“程朱陆王”。理学作为“正统”哲学理论，统治中国思想界长达七百年之久，并一直延续到近代，其基本原则浸透了社会各阶层，成为后期封建社会判断是非、臧否善恶的标准。

当然，宋明清时期的“理学独秀”，并未能完全窒息哲学的争鸣与发展。这不仅包括理学内部的流派之争，更包括理学外部许多思想家的诘难，从而也在一定程度上推动着这一时期哲学思想的进一步繁荣与发展。这种学术争鸣活动，围绕着理气观、知行观、义利观、历史观以及“实学”思潮而广泛进行着，出现了许多诸如张载、程朱陆王、陈亮、叶适、李贽、王廷相、黄宗羲、方以智，以及王夫之、颜元、戴震等名贯古今的哲学家。不过，尽管争鸣的范围十分广泛，内容也非常丰富，但其主线应该是“理与气”和“心与物”的关系问题，这也是哲学基本问题在宋明清时期的具体表现形式。

# 孔颜乐处

——周敦颐的“无极而太极”说

隋唐时期，佛、道二教大盛，儒学尽管在制度文化层面上居于主导地位，但在精神文化层面上却不敌二教。中唐时，韩愈等曾力图复兴儒学，排斥佛、道，但所和者寡。至北宋，儒学在吸收佛、道二教的基础上，才真正得以重建，谓之“新儒学”。而周敦颐、张载，便是新儒学的重要开创者。周、张两人，与邵雍、程颢、程颐，被称为“北宋五子”。

周敦颐（1017—1073），字茂叔，道州营道县（今湖南道县）人。他的父亲名辅成，官至县令，于周敦颐15岁时去世；母亲郑氏便携周敦颐由营道去京师开封，投靠舅父龙图阁直学士郑向。周敦颐24岁时，因其舅父的关系，被朝廷任为洪州分宁县主簿。他在任时，善于断狱，受到邑人的称赞。据《宋史·周敦颐传》说，公元1045年，他调任为南安军司理参军。南安狱中有一囚犯，法不当死，转运使王逵要严加惩办，无人敢去争辩。周敦颐据理力争，认为是错案，应该改正。由于王逵不听，周敦颐准备弃官而去，并说：“如此尚可任乎？杀人以媚人，吾不为也。”王逵终被感动，免去囚犯死刑。后来推荐周为郴州郴县令。周敦颐30岁左右，已在社会上开始有了名声。程颢与程颐的父亲程珦，当时任大理寺丞，知虔州兴国县，兼管南安，认识了周敦颐，以为“知道者”并结为好友，即令二程受学于周敦颐。后来，程颐在为其兄程颢所作的《明道先生行状》中回忆说：“先生自十五六时，闻汝南周茂叔论道，遂厌科举之业，慨然有求道之志。”这时的周敦颐，在学术上已有了自己的见解，并开始向人们宣传他的学说了。

周敦颐曾长期做州县小吏，但不卑小职，处世超然自得。他尘视名利，雅好山林，有很高的精神境界。他在一首诗中写道：

> 闻有山岩即去寻，
> 亦跻云外入松阴，
> 虽然未是洞中境，
> 且异人间名利心。

传说他住所的窗前杂草丛生，他却从不去锄。有人问他，答道："与自家意思一般"，体现出一种要与生生不已的大自然融合为一体的人生胸怀。他的人格境界拔出流俗，对时人很有感染力。周敦颐曾作脍炙人口的优美散文《爱莲说》，称"予独爱莲之出淤泥而不染"。他认为，"菊，花之隐逸者也"；"牡丹，花之富贵者也"；而"莲，花之君子者也"。周敦颐历来被看作在人格上、思想上与道家有较深联系的思想家，而从《爱莲说》可见，道家的隐逸与世俗的富贵，都并非他的人生理想。他所称颂的莲的中正清直的"君子"品格，实际上寄托了自己儒家人格的高尚理想。他自己终生保持的高洁的人品境界，也就是他实践自己人生理想追求的结果。

公元 1054 年，周敦颐改任大理寺丞，知洪州南昌县。过了两年，年已 40 岁的周敦颐又改任太子中舍，佥书署合州判官事。晚年任广东转运判官、广东提刑、知南康军，其工作作风精细严毅，历来为人称道。周敦颐晚年定居庐山，山麓有发自莲花峰的一条小溪，周敦颐便仿其乡里的"濂溪"之名命之；又在溪上构筑书屋，命名为"濂溪书堂"。因此，后人又称周敦颐为濂溪先生。他的论著被编为《周敦颐集》，主要哲学著作是《太极图说》和《通书》。由于理学的创立者程颢、程颐曾向他问学，故周敦颐被后来学者视为道学开山之祖，在《宋史·道学传》中被列为首位。

周敦颐被后人推为理学宗师，其实不仅仅因为他曾做过二程的老师，从理学的发展来看，他确实提出了一些对理学有重大影响的思想。《论语》

中记载，孔子的弟子颜回生活贫困不堪，但并未影响他内心学道的快乐，孔子曾对此十分赞叹。程颢后来在《二程集》里回忆早年周敦颐对自己的教诲时说："昔受学于周茂叔，每令寻颜子仲尼乐处，所乐何事。"此后，"寻孔颜乐处"，就成了宋明理学的重大研究课题。这表明周敦颐提出的寻求、了解颜回为什么会在贫困中保持快乐的情绪问题，对于二程以及整个宋明理学，确实都产生了重大的影响。

"孔颜乐处"，是个人生理想，也是一个理想境界的问题。颜回之乐根本不是因为贫贱本身有什么可乐，而是指颜回已达到了一种超乎富贵的人生境界。有了这种境界的人，即使是人们不堪忍受的贫贱也无法影响和改变他的"乐"。这种乐是他的精神境界带来的，不是由某种感性对象引起的，因此是超越了人生利害而达到的内在幸福和愉快。人生应当追求的最高境界，就是这种境界。儒家学说中本以孔子为圣人，是理想人格的典范。但自韩愈以来，成圣成贤逐步成了儒家士人的最高理想。周敦颐在《通书·志学第十》中也提出"圣希天，贤希圣，士希贤"，认为一个"士"应把成圣成贤作为自己一生希望达到的理想。具体地说，就是要"志伊尹之所志，学颜子之所学"。伊尹代表了儒家致君泽民的榜样，颜回代表了儒家自我修养的典范。周敦颐不仅提倡儒者要以伊尹为效法的楷模，致力于国家的治理和民众的幸福；而且也提倡像颜回一样去追求圣人崇高的精神境界。前者是"外王"，后者是"内圣"。这个说法在基本精神上，与当时的"明体达用"是一致的，并且在"明体"方面更强调了人的精神修养的重要性。这些思想都为后来二程的理学所加工改造，并作了进一步阐发。

周敦颐进一步指出，"孔颜乐处"之"乐"，来自"见其大"。这个"见其大"，也就是"见道"或"体道"。他在《通书·富贵第三十三》中说："君子以道充为贵，身安为富，故常泰无不足，而铢视轩冕、尘视金玉，其重无加焉尔。"指出人若能真心体会"道"，自然会超越对功名富贵的庸俗追求和计较，获得一种高度、持久的精神愉悦。程颢青年时闻周敦颐论学，"慨然有求道之志"，表明周敦颐已指出了求圣人之道的学问方向，隐含了“道学”的主题。周敦颐那种超越富贵利达，可又与隐退不同的人格风范，极高明而道中庸，开了儒家一代新风。由于求得这种境界，既不需出世修行，也不需遁迹山林，只是在伦理关系中奉行社会义务的同时就实现了，因而是对佛、道思想的批判改造。周敦颐的这种“寻孔颜乐处”的思想，也使儒家以博施济众和克己复礼为内容的仁学，增添了人格美与精神境界的内容，对后来理学的人生追求，产生了极其深远的影响。

“孔颜乐处”的追求及其实践，使周敦颐从人格及精神境界上成了理学理论的先驱。同时，他作为宋明时期理学的开创者，其突出之处还在于他在学术上引进了道家—道教的许多基本观念，使先秦儒家的伦理、政治学说，真正摆脱了汉唐时期神学的粗俗理论形式，获得了一种哲学本体论的架构。这首先表现在，周敦颐袭用了五代末、宋代初著名道士陈抟所传的《先天图》，更易为《太极图》，使其为儒家的仁义学说提供哲学依据。周敦颐在《太极图·易说》中说：“自无极而为太极。太极动而生阳，动极而静，静而生阴，静极复动。一动一静，互为其根。分阴分阳，两仪立焉。阳变阴合，而生水、火、木、金、土。五气顺布，四时行焉。”这就是说，“无极”是宇宙的最高本源—本体，“无极”生“太极”，“太极”一动一静而生阴阳（两仪），阴阳变化组合而生五行（五气），五行流行变化而成四时；而后，阴阳五行四时交感妙合而有人有物。这一过程，是本源化生万物的过程。接着，周敦颐又说：“五行，一阴阳也；阴阳，一太极也；太极，本无极也。”这里他阐明的是万物、五行向终极本源复归的过程。周敦颐在这里设定的由本源到万物的生化过程，虽然直接采自汉代的宇宙生成论，但二者其实都是从《老子·四十二章》中关于“道生一，一生二，二生三，三生万物”的提法衍化出来的。特别是周敦颐不以《易传》所讲的“太极”而以“无极”为终极本源，把“无极”置于“太极”之先、之上，更显示了周敦颐本源—本体论的道家色彩。“无极”的提法，也直接出自《老子·二十八章》：“知其白，守其黑，为天下式。为天下式，常德不忒，复归于无极。”这里的“无极”，也就是虚、无。周敦颐在本源—本体论上取“无极”说，这是明显的援“道”入“儒”。

周敦颐在《太极图·易说》中继续说：“无极之真，二五之精，妙合而凝，乾道成男，坤道成女。二气交感，化生万物，万物生生而变化无穷焉。惟人也，得其秀而最灵。形既生矣，神发知矣，五性感动而善恶分，万事出矣。圣人定之以中正仁义而主静（自注云：无欲故静），立人极焉。”乾坤即阴阳，阴阳各聚而男女有别。周敦颐认为，人由于禀受了阴阳二气中的精华，所以成为万物中最有灵性的生物。人禀气而生，同时也就获得了智慧（“神发知”），获得了仁、义、礼、智、信“五性”；“五性”再发展开来，使人对待万事万物便有了善恶之分。而“中正仁义”等道德规范，正是圣人根据宇宙的生化原则制定出来，成为人行为的准则（“立人极”）的。可见，周敦颐援“道”入“儒”的结果，是从宇宙生化的高度揭示了人德行修养的根本依据，即为儒家的伦理思想建构了本源—本体论。周敦颐作为理学创始者被二程兄弟及朱熹所推重，其原因也就在这里。当然，程、朱虽充分肯定了周敦颐的努力方向，但后来也对他的观点作了一定的修正和改造，他们直接把“理”（仁义礼智）提升为最高本体，道家的色彩被冲淡，儒家的伦理思想获得了客观、绝对的意义。但毫无疑问，以哲学的形而上学架构儒学的努力，是周敦颐借重道家—道教而率先开出的。

周敦颐借助道家—道教基本观念，重建儒学的努力，还表现在如何进行修养功夫的“主静”“无欲”主张上。前引《太极图·易说》的一段话中，他已明确主张“圣人定之以中正仁义而主静”，并注称“无欲故静”。在《通书·圣学第二十》中，周敦颐又说：“圣可学乎？曰：可。有要乎？曰：有。请问焉。曰：一为要。一者，无欲也。无欲则静虚动直。静虚则明，明则通。动直则公，公则溥。明、通、公、溥，庶矣乎。”这是说，圣人是完全可以学到的，关键在专一，即把意念集中在精神境界的提升上，就可做到不为物欲所干扰。由于“无欲”，又可达到内心无私念遮蔽，行为无彼我、亲疏的分隔。从而使其智慧无不察照，德行无不润泽。如果能这样，也就与圣人相差不远了。这里的关键在于“无欲”，它是人的整个修养过程的逻辑起点。可是，“无欲”的主张也恰恰发源于道家—道教。《老子》中就曾多处提到，要做到“少私寡欲”，“去知去欲”，才可以回归于道。可见，周敦颐不仅在本源—本体论上，而且也在修养—功夫论上，援“道”入“儒”。这为理学的创立和发展，重视以“无欲”为复归“天理”的根本条件，奠定了直接的思想基础。

周敦颐以其“孔颜乐处”的理想追求及亲身实践，以其“无极而太极”之新的解说，在本体论和修养论上，都吸纳了道家—道教等学派的思想，成为宋明理学的开创者。而程朱理学，也正是沿着周敦颐开出的路子，不断构建和发展起来的。

# 仲淹之“警”

## ——张载的“气本论”

被称为“北宋五子”之一的张载，同周敦颐一起，是“新儒学”的重要开创者。与此同时，张载也是中国古代唯物主义发展史上继往开来的关键性人物，对以后哲学思想的发展产生了较大的影响。尽管他被朱熹及其以后的理学家们尊为宋明理学的创始人之一，但实际上他只是以二程和朱熹为主流的宋明理学思潮的同路人，或者说是理学中的非主流派人物。他的唯物主义哲学思想，被后来的理学主流派所抛弃；而他所作的《西铭》及由他首创的“性二元论”的人性学说等，却被纳入到了理学主流派的理论体系之中。

张载（1020—1077），字子厚，祖籍大梁（今河南开封），生于长安（今陕西西安）。祖父张复在宋真宗时任给事中，父亲张迪在宋仁宗时任殿中丞、知涪州事，都是中小官吏。张迪在涪州任上病故，当时张载与弟均尚年幼，没有返回老家大梁，全家便侨居在陕西凤翔府的横渠镇。张载曾在横渠镇讲学，学者多称其为“横渠先生”。张载的弟子大多是关中人，所以后来称他的学派为“关学”。这一学派的特点是注重实际，讲究实用。学者们大都能够继承古代笃实的学风，身体力行，不尚空谈。张载做学问的范围很广，也很重视自然科学，对天文、历法、医学等，都有一定的研究。

1057年，37岁的张载举进士，做了几任地方官吏。他在做云岩县令时，十分重视改变社会风俗，培养社会道德，树立尊老事长的优良风尚，深得各方的赞扬。后调任崇文院校书，晚年被宋神宗任命为同知太常礼院。不久，因故辞职归家。在回陕的途中，路过洛阳，张载曾与程颢、程颐晤谈，其《洛阳议论》记载在《程氏遗书·卷十》中。张载的主要哲学著作有《正蒙》，此外还有《易说》《经学理窟》及《语录》等，后人编为《张子全书》。

张载生活的北宋中期，宋王朝与北方少数民族的矛盾十分严重，他生长于西北，对西北边患自然很关注。在张载的少年时代，西夏常常骚扰西北边境，宋朝政府派兵抵抗，互有胜负。当时由于内忧外患，人民群众的生活极端贫困，这些对于“慨然以功名自许”的张载来说，是一个很大的激励。因此，他在青少年时代，曾拜焦寅为师学习兵法，以致后来想组织兵力对西夏作战，收复失地，解除西夏对边境的侵扰。因此，《宋史·张载传》说他“少喜谈兵，至欲结客取洮西之地”。张载21岁那年，宋王朝任命范仲淹为陕西招讨副使兼延州知州。于是张载上书谒范仲淹，陈述自己关于对边境用兵的谋略与计划。范仲淹“一见知其远器，乃警之曰：‘儒者自有名教可乐，何事于兵！’”因劝读《中庸》。可以说，正是由于这难得的“仲淹之‘警’”，改变了张载一生的人生道路，也成就了他伟大思想家和哲学家的光辉历程。

根据范仲淹的警示和嘱托，张载放弃了从军报国的志向，转向做学者之路，立志以自己渊博的学识开化黎民，报效祖国。他认真研读了《中庸》，虽然十分喜爱，但还很不满足。于是他又读了许多“释老之书，累年尽究其说，知无所得，反而求之‘六经’”。可见，张载在研究哲学、探求知识、寻找真理过程中，所走的道路是迂回、曲折的。他一直是在儒、道、佛三教中转来转去、摸索寻找着，所以在张载的思想中，受儒、道、佛三教的影响也是非常明显的。其中对他影响最大、最深的是《周易》，这点后世学者多有评价。从张载的著作，特别是从《横渠易说》中，也可以看到他受《易》的影响是多么深刻。

张载在研究与探索哲学理论的过程中，常常废寝忘食，如醉如痴，其治学态度也十分严谨而刻苦。自视甚高的二程，对张载的才学也推崇备至，以为“自孟子后，儒者都无他见识”。时人称他“以命世之宏才，旷古之绝识，参之以博闻强记之学，质之以稽天穷地之思”，这个评说并不过分。张载自己也曾作《芭蕉》一诗，表明自己一生思学并进，德智日新的体会。诗曰：

芭蕉心尽展新枝，
新卷新心暗已随。
愿学新心养新德，
旋随新叶起新枝。

张载的弟子们为他作的《行状》中，记述他治学行止道："终日危坐一室，左右简编，俯而读，仰而思，有得则识之。或中夜起坐，取烛以书。其志道精思，未始须臾息，亦未始须臾忘也。"这正是张载一生呕心沥血、穷神知化的写照。他所提出的儒家学者的使命和人生理想，代表了新儒家学者的终极关切与志向，在理学发展历史中有十分重要的意义。

张载的哲学思想闪耀着智慧的光彩，其贡献是多方面的。这包括"太虚即气"的唯物主义自然观，"一物两体"的朴素辩证法，"内外之合"的认识论，以及"天地之性"和"气质之性"的人性二元论的道德学说等。其中最重要也是最具特色的学说，是张载在批判佛老中提出的关于"气本论"的理论，这一理论是他整个哲学体系的思想基石。

在我国古代哲学史的研究中，评判各家各派的理论性质，一般说来，主要看其是否承认"气"是构成万物的基本要素，而且用它来解释世界；还是在"气"之上另设一个更为根本的东西，并给它附加精神的、伦理的属性，从而肯定造物主的存在。这后一种情况，属于明显的唯心主义，如《庄子》以"先天地生"为规定性的"道"，二程以"仁义礼智"为内涵的"理"，均具造物主的意味。张载的"气本论"与他们不同，他把"道"看作是阴阳二气运动的过程，在《正蒙·太和篇》中他指出："由气化，有道之名。"同时他又把"理"看作是"气"运动变化的规律，"天地之气，虽聚散，攻取百涂，然其为理也顺而不妄"。这就是说，天地之气，虽有凝结聚合，又有分裂解散；既有相互排斥，又有相互吸引，途径虽十分复杂，但都有一定的规律，因此事物的变化都遵循着一定的规律而不乱。

因此，张载肯定宇宙万物的本体是气，认为一切现象都是由气生成的，从而提出了“太虚即气”的命题。他在《正蒙·太和篇》中明确指出：“太虚无形，气之本体；其聚其散，变化之客形尔。”“太虚不能无气，气不能不聚而为万物，万物不能不散而为太虚。”又说：“气之聚散于太虚，犹冰凝释于水，知太虚即气，则无无。”根据张载的思想，宇宙的构成分为三个主要的双向运动和作用的层次：太虚、气、万物。太虚聚而为气，气聚而为万物；万物散而为气，气散而为太虚。这两个相反的运动及其相互作用，构成了宇宙发展演变的基本过程。在张载看来，太虚、气、万物都是同一实体的不同状态，这个物质实体“气”在时间与空间上都是永恒的。根据这种思想，一方面，气的每种有规定的形态都是暂时的，因而道教追求的“肉体长生”就只是一种幻想。另一方面，宇宙并没有真正的虚空，人们一般所说的头顶之上的虚空也是气的具体存在形态。气作为实体，永远同一，不会有消灭，因而佛教宣扬的“空无”与“虚无”的教义，不过是一种迷妄。张载“太虚即气”这一学说的建立，明显针对佛道二家的荒谬，而着力建立一种新儒家的本体论哲学。

“太虚”一词，古已有之，它的本意是指太空或虚空，即广阔的宇宙空间。张载认为，虚空并非像普通人觉得的那样，只是个中间一无所有的大柜子，而是在它中间充满着一种无法直接感知的极为稀薄的气。他认为，无形无状的太虚实质上是气的本来存在状态，这种本然状态为“本体”，而气不过是这种清稀微细的太虚之气凝聚而成，并可看到象状的暂时形态。虚与气是统一的，万物与气之间是一种同样的聚散关系，因此宇宙并不存在什么真正的虚空或虚无。有形有象的物质形式可以为人通过感官直接感知，这是“有”；气散归于太虚，人无法看到它，但这并非真正的“无”。所以宇宙是一个无限的实在，其中只有“幽明之分”，并没“有无之别”，传统所谓有与无都是气，这就叫作“有无混一”。显然，张载的自然哲学无疑是气一元论的唯物主义哲学，也是中国古代“气论”思想的一个相当完备的本体论形态。

张载的“虚空即气”说，主要是用来阐明“空”与“形”的相互联系，与此同时他还提出了“象”与“气”的关系。他在《正蒙·乾称篇》中认为：“凡可状，皆有也。凡有，皆象也。凡象，皆气也。”即是说，一切可以被形容、摹状的东西，都是实有存在的现象；一切现象又都是气的不同表现。中国古代哲学的“象”，与现代哲学中的“现象”有所不同，系指形象及一切有形象者。张载在《正蒙·神化篇》中进一步指出：“所谓气也者，非待其蒸郁凝聚、接于目而后知之。苟健顺、动止、浩然、湛然之得言，皆可名之象尔。然则象若非气，指何为象？”他认为，凡有状态可以形容，有动静可以分别，浩然广大与湛然清澈的一切现象，都是气；这些“象”都是气的现象，气的表现。这也就是说，一切可感知的现象都是气。这样，“气”的意义就更为广泛了，它已接近于人的意识之外的物质存在的含义了。

张载不仅看到了“空”与“形”“象”与“气”之间的相互联系，明确提出了“物无孤立之理”的命题，而且看到了这些事物的发展变化。为此，他提出了“著变”与“渐化”说，并论述了二者的区别和联系。他在《横渠易说·乾卦》里指出：“变言其著，化言其渐。”“变”和“化”的区别在于，“变”是显著的变动状态，“化”是隐微的渐进状态。他还指出，这两种状态又密切联系着。在《正蒙·神化篇》里，张载说：“变则化，由粗入精也；化而裁之谓之变，以著显微也。”前一句话已经接近质变必然引起量变的原理了，“粗”“精”之分似乎包含有从低级发展到高级的含义；后一句话是指渐变引起的突变，“裁”即裁断，指渐进过程的中断。“以著显微”，是说隐微的变化还必须通过“著变”显示出来。张载关于事物发展变化两种形式与状态的学说，已经猜测到了“质量互变”的辩证法思想。此外，张载还探讨了事物运动变化的根源，坚持物质“自己运动”的原理，认识到了事物发展变化的最深刻的根源在于事物内部的矛盾性。他在《正蒙·参两篇》里，提出“动非自外”的命题，认为“一物两体”“不有两，则无一”，对矛盾的对立和统一关系作了比较全面的论述。这些也是张载对中国古代哲学的重要贡献。

这里还要指出的是，作为新儒家的重要开创者，张载想用他的“气本论”观点来说明人性问题。他认为，万物都是气凝聚而成的，人当然也不例外。气的本性，也就是人的本性。他在《正蒙·太和篇》里说：“合虚与气，有性之名。”“虚”指“太虚”，即气的本来状态；“气”指阴阳二气，有清有浊。“太虚”本性与阴阳二性的结合，便构成了人性。张载认为，每个人都具有“太虚”本性；但当人生成以后，由于禀受的阴阳二气不同，身体条件不同，每个人又有其特殊形体和特殊本性。前者叫“天地之性”，后者叫“气质之性”。他认为，人有了形体以后，才有气质之性。“气质之性”是恶的来源，“天地之性”是善的来源。人们只要善于反省，就可认识“天地之性”了。做一个“君子”，应该“变化气质”。这种“人性二元论”，是张载的气一元论的自然观在人性问题中的表现。但他企图用“气”来说明人性问题，又是错误的，这也反映出张载的历史观是唯心的。这种唯心史观突出反映在他的一篇伦理著作《西铭》中。张载在文中极力阐发抽象的人性论，宣传超阶级的人类之爱，希望人们安常处顺、乐天知命。他在《西铭》中所讲的“仁孝”之理，受到了理学家们和封建统治阶级的一致赞扬。二程、朱熹都认为张载的学说“有功于圣门，有补于后学”。所以，理学家一致崇拜张载，也在情理之中。

当然，尽管张载同古代的前贤们一样，其哲学思想存在着或多或少的局限性，但其对中国古代哲学发展的重要作用，则是不容忽视的。尤其是他提出的“太虚即气”的“气本论”学说，在我国哲学唯物主义思想发展史上占有十分突出地位。我国古代朴素唯物主义的气一元论，经历过两个重要发展阶段。第一阶段是由王充开其端，经过范缜到柳宗元、刘禹锡告一段落的“元气自然论”；第二阶段则是由张载开创的元气本体论，经过王廷相、罗钦顺等，至王夫之而达到高峰。张载的这种关键作用，正是他的可贵之处。

# 程门立雪

## ——程颢、程颐的“理本论”

作为宋代新儒学的重要开创者，无论是倡导“太极说”、当过程颢与程颐老师的周敦颐，还是倡导“气本论”、是二程表叔的张载，都没有直接将儒家所提倡的人伦道德提升为宇宙的本体。从程颢、程颐兄弟开始，才真正以“理”取代了“太极”与“气”，完成了“理本体”的升格与论证，从而为理学的发展奠定了最现实的基础。程朱理学代表了宋明理学的主流学派，这一学派的直接奠基人是二程，集大成者是朱熹。

程颢（1032—1085），字伯淳，后人称明道先生，河南伊川人。他和自己的胞弟程颐并称“二程”，由于他们长期在洛阳讲学，传统称他们的学派为“洛学”。程颢年轻时举进士，后任过县主簿、县令、著作佐郎。神宗时王安石变法，程颢任太子中允、权监察御史里行，后改签书镇宁军节度判官、太常丞、知扶沟、监汝州酒税等职。元丰末哲宗即位，召程颢为东正寺丞，未到任，以疾终，死后葬于伊川。

程颐（1033—1107），字正叔，后人称伊川先生。作为弟弟的程颐，只比其兄程颢小一岁。程颐年少时，同兄一起受学于周茂叔；18 岁时上书仁宗，劝以王道为心，并要求召对，面见皇帝一陈所学，没有实现。当时，著名学者胡瑗在太学主教，以“颜子所好何学”为题试诸生，程颐也作了一篇，胡瑗阅卷后大为惊奇，立即聘程颐为学官。程颐 27 岁时廷试未如愿，从此不再参加科举考试。他的父亲几次得到保荐儿子做官的机会，程颐都让给了族人。后来，到了治平、熙宁年间，大臣屡荐程颐，可他自以为学不足，不愿为官，只是决心在家乡办教育，把从政的希望寄托在学生身上。所以一直到了50多岁，程颐仍然没有做过官，只是一介“布衣”，亦称“处士”。

程颢平生没有著过书，只有一些“讲学录”；程颐在世时间长些，著述颇丰。他们二人的言论与著作，后人合编为《二程全书》，其中包括《二程遗书》《二程外书》《明道文集》《伊川文集》《伊川易传》《程氏经说》《二程粹言》等。最富有哲学意义的，是他们的门人记载的他们的语录，但有一些语录已经分不清是他们中哪一个所说的了。二程兄弟的学术思想尽管也存在一定的明显差异，但基本方面却是一致的。特别是他们“自家体贴出来”的“天理”理论，最足以说明其哲学的共同本质特征。所以二程同为“理学”（道学）的创始人，他们认为自己学说的地位在于，将孟子以后中断了1400年之久的儒学道统真正承接起来了。他们以“理”为最高哲学范畴，强调道德原则对个人与社会的意义，注重人的内心生活和精神修养，形成了一个代表新风气的哲学学派，并成为两宋理学的主流。

程颐的个人性格与程颢不同，程颢温然和平，程颐则严毅庄重。二程的弟子曾说，大程“饶有风趣”，而小程“直是谨严”。称道古今的“程门立雪”，不仅说明其弟子杨时的敬师之诚，也与程颐平日的严厉有关。二程在家讲学时，来求学者不绝，甚至有不远千里而至的。程颐讲学自有特色，庄重有体，冠襟必整，沉静肃穆，非常严谨。来听讲的学生，不论尊卑长幼，坐下听讲，都是毕恭毕敬，肃然无声。程颐十分讲究师道尊严，认为这是使学生认真学习的必要前提。有一次，门人杨时、游酢往见，正值天下大雪。程颐正瞑目而坐，养神自闲。二人既至，便侍立不去，也不敢惊动其师。等到程颐觉察时，当时门外下雪已一尺多深。对学生，程颐又能诲人不倦，教育他们在学习上必须持之以恒，善于学习，“默识心通”，贵在“自得”。要“自得”，就要对学习的东西，“深求玩味”，反复深思，从中得到自己的体会。由于程颐教育得法，故学者多出其门，逐渐深入，皆为名士。如杨时、游酢、吕希哲、谢良佐、刘绚、吕大临、张绎、周孚先、邵伯温、朱光庭、邢恕等一大批门人，在学术、教育、从政诸方面，多有贡献，形成一个庞大的学术流派。程颐本人的学术成就也超过乃师，“学冠濂溪（周敦颐）”，最后成为洛学的首领。据程颐的门人说，他在晚年“乃更平易”，但终究赶不上程颢的气象从容。

程颐比程颢晚去世 20 多年，其学术思想的影响也要大一些。兄长死后，程颐才出仕，元祐元年（1086）“以布衣被召”，任崇政殿说书。无论是做学问还是教授学生，程颐的要求都十分严格。当时哲宗初即位，还是个 10 岁多一点的孩子，程颐为他做讲书的老师。程颐从一个平民一下子充任皇帝讲官，这在当时是一件很有影响的事。程颐任崇政殿说书后，即上疏要求增加讲课的次数，减少休假；并要求皇帝听课的时候，太皇太后在后垂帘监督，可使讲官直接把自己的一些意见向太皇太后陈述。同时，程颐还要求改变仁宗以来讲官站着辅讲的规定，准许讲官坐讲，他认为这可以培养皇帝“尊儒重道”之心。否则，他将自行辞职。程颐在为皇帝讲书时，板着面孔，一副十分主严的态度。有年春天，小皇帝靠着栏杆折柳枝玩，程颐看到后就训教皇帝说：“方春发生，不可无故摧折。”类似的事情，还经常发生，这使得皇帝很不高兴。程颐当时以皇帝老师自居，一切无所顾避，这在旁人看来未免狂妄，所以程颐疏中所说的那些要求，都没有被理睬；同朝之士与他关系也日趋紧张。程颢活着的时候，曾对程颐说，将来能使人“尊严师道”的是你，不过因材施教，培养后学，我不得让焉！元祐二年（1087），程颐回到洛阳，主管西京国子监。

程颐长期居住于洛阳，同在洛阳的反对新法的政治集团联系很深。在他的晚年，新党把他送到四川涪陵管制，直到宋徽宗即位，程颐才回到洛阳。他从涪州顺长江而归，到峡江一处，水流湍急，风作浪涌，满船人都惊愕号哭，只有程颐正襟危坐，凝然不动。岸上有老人问他道：你是“达后如此？舍后如此”？即是说，你是精神境界很高，自然临危而心不动呢？还是自己强制自己不动心呢？据门人说，程颐归自涪州，境界气象皆胜于往昔，看来他在晚年的精神境界确实修养得很高了。这也是与他对“理”的理解分不开的。

二程的哲学思想，内容是多方面的，包括“惟理为实”的本体论，“格物致知”的认识论，“物必有对”的辩证法，以及关于“性即理也”的人性论和道德说教等，都对后世产生了诸方面的深刻影响。当然，其突出的和核心的问题，是深化与提升了“理”这一基本哲学范畴，作为宇宙永恒存在的最高本体，建立了“理本体”的思想体系。二程兄弟都深通义理，学识渊博，对于《周易》经义尤其讲得明白显豁。据说，他们的表叔张载曾在洛阳讲论《周易》，学冠群儒，位居首席，弟子们在他的座位上铺设了一张虎皮。有一天，二程兄弟也来到这所讲堂里讲《周易》，讲得非常出色，张载听罢不禁十分钦佩。次日，张载命人撤去了虎皮。这个情节也许是二程的弟子们有意编造的，但也约略可见二程精于义理、娴于讲演之一斑。

其实，“理”作为一个哲学范畴，在先秦时期就已经被提出来了。如《庄子·天下》中说：“判天地之美，析万物之理。”《荀子·解蔽》中说：“凡以知，人之性也；可以知，物之理也。”《韩非子·解老》中也说：“万物各异理。”这里的“理”，已经具有事物的规律与常则的含义了。在理事关系问题上，唯物主义认为，“理”是从具体的、特殊的事物当中抽象出来的一般的东西，是从现象中升华出来的本质；如果把一般与特殊割裂开来，把“理”当作是离开具体事物而独立存在的本质，就必然要导致唯心主义。二程正是继承与发挥了佛教华严宗的唯心主义“理事”说，把“理”看成是先于宇宙万物而存在的实体与本根，认为天地人物“都自这里出去”，即都由它派生，这个“理”实际上只是一个纯粹的抽象概念，但它在二程的哲学体系中却具有至高无上的地位。

在二程那里的“理”这一范畴，大致有四种可以互相贯通的哲学含义：

第一，“理”是构成宇宙万物的终极本体，它是永恒存在、不以人的意志为转移的精神实体。《二程遗书》卷十八说：“天下只有一个理”，“理也者，实也，本也”。它不但具有永恒的普遍性，推至四海而皆准，质诸天地而不易，并且不依人的意志为转移。所以，《二程遗书》卷二上说：

“天理云者，这一个道理，更有甚穷已？不为尧存，不为桀亡。人得之者，故大行不加，穷居不损。这上头更怎生说得存亡加减？”这就是说，天理是永恒的、无穷无尽的。二程虽借用了《荀子·天论》中“不为尧存，不为桀亡”的话来说明天理的性质，但他们强调的是天理作为一种客观精神，不依赖于任何人而独立存在，也不因人的顺利与困顿而有所损益，对它根本就谈不上存亡加减。可见，二程所谓“天理”是高高在上、君临万物、万古长存的精神主宰。

第二，在理与气、道与器的关系上，理在气先、理派生气，道在器先、道决定器。关于理气关系，《二程粹言》卷一认为：“有理则有气”，“有理而后有象，有象而后有数”。“象”和“数”，是指事物的具体形象及其在数量上的变化。事物的“象”“数”是由气产生的，而气则是由理产生的，理居于最高的层次。所以，他们断言“气”是“形而下”的物质性的东西，“理”才是“形而上”的精神本体。关于道器关系，《二程遗书》卷一说：“形而上为道，形而下为器。……但得道在，不系今与后，己与人。”就是说，无论古今，也无论彼我，道都是决定器的。可见，二程的“理”或“道”，是派生物质、构造法象、支配物质衍化的精神性本原。这两个关系确定，其他诸如即物穷理、人性论以及修养方法等问题也就迎刃而解，因为在二程的哲学体系中，理与气、道与器的关系问题，直接决定着其系统的逻辑发展。

第三，在“一理”与“万理”的关系上，提出了“理一分殊”的命题。在二程看来，理还是具体事物的准则及其发展的必然趋势。他们认为，宇宙之间有一个至高无上的统一的“理”，同时也还存在着由此派生出的众多的“诸理”。这种“诸理”，是特殊的“理”，如在自然界中有“天地之理”“动静之理”“药性之理”等；在社会方面有“生死之理”“盛衰之理”“进退出处之理”等；在人伦关系方面有“仁者之理”“中庸之理”“敬以直内”之理等。总之，“人理”“物理”各不相同，一物有一物之理，一事有一事之理，每一件事物“各循其理”，就使该事物成其为该事物了。

《二程遗书》卷十九说：“凡眼前无非是物，物物皆有理，如火之所以热，水之所以寒。”触目所及都是物，每一物都有其所以如此的理，如火热有火热的理、水寒有水寒的理。二程注意到理的特殊性与多样性，这是对的，但他们却把“诸理”归结为“一源”,《二程遗书》卷十八等处多次明确地说:“天下只有一个理”，“一物之理即万物之理”；“所以谓万物一体者，皆有此理，只为从那里来。”万物诸理都不过是最高之理的分别显现，天下万物当然也都是“一理”的衍化而已。可见，这种“理一分殊”说歪曲了一般与个别的正常关系，颠倒了精神和物质的真实关系，后来的理学家朱熹对此有着更加详细的发挥。

第四，在社会领域里，理是指一种应然的法则，体现在人身上就是“性理”。二程把“理”客观化和对象化为所谓“天理”，再下降至地变成人身上的“性理”。因此，“理”就是对三纲五常的封建等级原则的最高哲学概括，从根本上说，所谓的“天理”只不过是封建道德伦理纲常的普遍化、绝对化、永恒化和神圣化。二程认为，同自然领域有其必然的规律一样，人类社会也有其应然的法则，这些法则即“理”就构成了人们行为的规范和标准。《二程遗书》卷五、卷十九说：“父子君臣，天下之定理，无所逃于天地之间”，“至于君臣父子间皆是理”。这就把“君君、臣臣、父父、子子”的封建伦理关系说成是宇宙的最高原则，以至世界的最后根源了。二程甚至认为，就连自然界的事物也不可避免地要体现封建伦常关系，例如“蜂蚁知卫其君，豺獭知祭礼”，同人世的忠君孝亲并无两样。正是基于这样的认识，他们提出了“顺天理，灭私欲”的口号，为巩固封建统治制度服务。程颐就宣扬禁欲主义，提出了“饿死事小，失节事大”的说教。有人问他，如果有孤苦的寡妇，家境贫穷，无依无靠，可以再嫁吗？在《二程遗书》卷二十二里，程颐回答说：“只是后世怕寒饿死，故有是说。然饿死事极小，失节事极大。”这就是说，宁肯饿死，也不能违背“天理”。这里暴露了封建礼教的残酷性，也暴露了理学的虚伪性。二程的理学对后世有深刻的影响，宋代以后，所谓“天理良心”成为一般地主阶级统治者压制人民造反、维护日趋没落的封建统治的口头语。当然，它也同时受到了进步思想家们的批判与抵制，清代的唯物主义哲学家戴震，就认为理学的说教是“以理杀人”；鲁迅先生也指出，理学家们提倡的“仁义道德”是“吃人”！

当然，在二程“理”的观念中，也包含着某些合理性的因素，尤其是朴素辩证法思想，更为精彩，这个方面是值得重视的。他们在许多论断中都把“理”当作事物的法则与规律，认为“理”就是事物“所以然”的道理。《二程遗书》卷十八认为，“有物必有则，一物须有一理”。要认识天下的事物，重要的是要把握其所以然之理。例如，天高地深，这是事物浅近的现象。在天高地深的背后，自有其所以高深的道理存在，倘若只言其高深，而不言其为什么会高深，那就是只停留在表面现象上，不足以窥见事物更深刻的本质。在这个意义上，二程的“天理”同“必然”“常则”又有着相同的含义。例如，《伊川易传》卷一说：“平者陂，往者复……天理之必然。”《二程遗书》卷十一也认为，“阴阳之道，日月寒暑昼夜之变，莫不有常”。《二程遗书》卷十五还认为，“有生必有死，有始必有终，此所以为常也”。这些论述，说明二程比较重视对自然事物的观察和探究，有时甚至到了殚精竭虑的地步。《二程遗书》卷十一记载，有一天，程颢在深夜里忽然悟出“天地万物之理，无独必有对”的辩证原理，竟高兴得手舞足蹈起来。

二程的朴素辩证法思想，归纳起来，大致有以下方面：一是他们提出了“万物莫不有对”“天地间无一物无阴阳”等命题，认为一切事物都包含着相互矛盾的对立方面，举凡事物的上与下、彼与此、阴与阳、善与恶、是与非等，都是矛盾的两极。这实际上肯定了矛盾的普遍性原则。二是他们提出的“理必有对，生生之本也”的命题，肯定矛盾对立乃是事物发展变化的动力与源泉。他们认为，正是由于对立物的屈伸、往来、盛衰、消长，才形成了事物的运动变化，其原则就叫作“易”，即“易之道”，也就是“生生之谓易”的道理。只有矛盾对立，“两物不齐”，才能产生事物的生生变易。三是他们对“常”与“变”的范畴也有所揭示，既承认自然界变化的急速无休止，同时也承认变中之常，这样才能使人们把握“道”。当然，在二程合理因素中，仍然存在着一定的局限性，使其辩证法思想不可能得到充分发展。他们在矛盾双方关系上，过分强调“中和”的作用；在动静关系上，过分强调静止是更为根本的法则；在常变关系上，过分强调“定理”可以左右万变，等等。从而也使他们朴素的矛盾观，最后获得了“中庸之道”的形而上学的归结。

这里还要看到的是，二程的哲学思想基本上是相同的，但也有一些差别，可谓大同而小异。特别是在本体论方面，程颢和程颐虽都把“理”当作最高范畴，但二人对“理”的阐释却不尽相同。程颐把“理”阐释为一种客观精神，程颢则把“理”有时阐释为主观精神。这就使二程的理学具有客观唯心主义与主观唯心主义的歧义。由于程颐在世的时间比程颢长许多，所以程颐的客观唯心主义的“理本论”影响更大、更远一些。后来宋明道学分化为“理学”与“心学”两大派别，就思想渊源及继承关系说，同二程兄弟的思想歧义是分不开的。南宋的朱熹全面继承、发展了程颐的思想，建立了一个庞大的客观唯心主义哲学体系；而陆九渊与王守仁的主观唯心主义心学，则更多地继承、发展了程颢的思想。当然，主观唯心主义和客观唯心主义之间，本来就没有一道不可逾越的鸿沟，我们对二程思想歧义作如实分析研究是必要的，但如过于夸大这种分歧，将会模糊其哲学的共同本质。

# “中国十一世纪时的改革家”

## ——王安石“三不足”的社会改革论

当北宋理学唯心主义思想家们正在各自经营自己的体系，提出各种各样的见解时，由于生产的发展，科学的进步，以及民族矛盾与阶级斗争的推动，唯物主义的新思潮也在不断总结思想遗产、参加政治斗争和学术争论的过程中酝酿成熟，并发展到了一个新的水平。新思潮的主要代表者除了坚持“气本论”的著名哲学家张载，还有著名的社会改革家、文学家和哲学家王安石。

王安石（1021—1086），字介甫，号半山，抚州临川（江西抚州）人。1080 年，王安石被宋神宗封为荆国公，后人又称他为王荆公、王文公、王临川等。王安石幼年时，好读书，作文下笔如飞，见者皆服其精妙。其父王益为官，辗转各地，他随父到过韶州（广东韶关）、开封、江宁（江苏南京）等地，开阔眼界，看到不少社会问题，这使他不同于一般的官宦子弟。17 岁时，他立志读书，谢绝一切社会应酬，以“经世致用”为鹄的，打算为国干一番事业。19 岁时，父亲病故，王安石度过了一段“贫苦患难”的生活，这使王安石比较接近下层人民，对他后来坚持变法有很大影响。王安石的著作有《王临川集》，其哲学思想往往是直接为其政治活动服务的，主要散见于该文集的《杂著》中；《洪范传》和《道德经注》（辑本），是王安石的哲学代表作。

1042 年，22 岁的王安石考中进士，开始步入仕途。他当过十多年的地方官吏，在任区里实行过一些局部的改革。1058 年，王安石写了著名的《上仁宗皇帝言事书》，系统地提出了变法主张。当时，大官僚大地主利用特权大量兼并土地，西北边防屡遭西夏贵族侵扰，阶级矛盾和民族矛盾日益尖锐，出现了“天下之财力日以困穷，风俗日以衰坏”的“积贫积弱”局面。因此在书中，王安石对于由土地兼并引起的农民起义深怀隐忧：“汉之张角，三十六方同日而起，而所在郡国，莫能发其谋；唐之黄巢，横行天下，而所至将吏，无敢与之抗者。汉、唐之所以亡，祸自此始。”他还在书中指出了当时吏治腐败，财政危机等种种问题，并提出了解决办法。其理财的方针是：“盖因天下之力，以生天下之财，取天下之财，以供天下之费。”在王安石看来，自古以来的治世，没有感到财政不足而为患的，患在理财无道。就宋朝而言，财力困穷，患在风俗衰坏，不知法度，不能效法古代先王之政。因此，他认为必须改革，着力吁请统治者实行变法，以尽快摆脱内忧外患的局面。但是，由于朝中守旧势力的阻挠，王安石的革新变法主张未被采纳。

1067年，宋神宗即位。这时，宋王朝的危机更为加深。宋神宗即位不久，便向臣下提出“本朝所以享国百年，天下无事之故”的问题，让臣下发表自己的看法。这表明宋神宗已担心宋王朝百年基业，弄不好会在自己手上断送。对前途的担心，使他感到不能再照老样子统治下去，必须进行一些改革。王安石由于主张变法，因而受到神宗的重用，两次被任命为宰相。当然，历史上任何一次重大改革，都不是偶然发生的，而是社会基本矛盾发展的必然结果。但是改革的担子落在谁的肩上，却和一个人的出身、经历、才干、社会地位等具体条件有一定关系。王安石的出身与经历，使他能够反映北宋中期中小地主阶级知识分子普遍存在的改革要求，同时，近30年的地方官吏生活，也磨炼了他的才干和魄力，卓著的政绩与学问又给他带来很高的声望及地位。以致诚如司马光所说：“远近之士，识与不识，咸谓介甫不起则已，起则太平可立致，生民咸被其泽矣。”这些因素综合起来，使王安石成为一个适应时代要求的改革家。

王安石出任宰相后，为了抑制大官僚大地主各种特权，稳定中小地主社会地位，解决国家财政危机，抵御西夏侵扰，达到“富国强兵”的目的，进行了大胆的革新变法运动。同时，他也认真总结了北宋以来范仲淹、李觏等的变法经验和变法思想，不仅在中央成立了一个保证变法得以顺利进行的新机构，也在全国陆续制定并颁布了一系列的新法。他所推行的青苗、免役、均输、市易、方田、水利以及将兵、保甲、保马等诸法，都是考虑有利于民，合理分担赋税、劳役，限制高利贷剥削与市场囤积居奇的弊病，以缓和社会矛盾为目的的。这些改革从性质来说虽然是改良主义的，却不能否认它在当时历史条件下，有着显著的进步意义。它在一定程度上打击了地主豪强兼并土地、免税逃税和隐瞒田产的特权，增加了国家的财政收入，增强了国家的防御力量。尽管王安石变法最终在以司马光为首的“旧党”势力的阻挠与破坏下宣告失败，但他却不愧为封建统治集团中较有远见的人物，故被列宁称为“中国十一世纪时的改革家”。

王安石所提倡的新法一开始推行，就遭到了以司马光为代表、以曹太后(仁宗后)和高太后(英宗后)为后台的守旧大官僚大地主集团的强烈反对。但是，集政治家和哲学家二任于一身的王安石，响亮地提出了三句名贯古今的改革口号：“天变不足畏，祖宗不足法，人言不足恤。”这脍炙人口的“三不足”的革新精神，从思想理论上有力地支持了当时的改革运动，也体现了王安石的变法革新理论有着深刻的哲学底蕴。尤其是“天变不足畏”的口号，更表达了王安石的朴素唯物主义及无神论思想，表现了其哲学理论直接为现实斗争服务的“经世致用”性特征。

天命论与非命论的争论，历来是唯物主义和唯心主义、无神论和有神论争论的重要内容。历史上的保守落后势力，为了维护腐朽的社会制度和自己的特权利益，总是坚持唯心主义的天命论。王安石刚刚开始实行改革的时候，也遇到了这方面的挑战。一些大官僚大地主阶级的代言人，纷纷拿“天变”“天意”来蛊惑人心，企图以此阻挠变法工作的进行。凑巧的是，熙宁五年（1072）十月，华山崩。旧党人物立即利用此事造谣，说什么华山崩完全是王安石推行“市易法”所致。熙宁七年，天大旱，旧党人物又借机煽动说："旱由安石所致，去安石，天必雨。"对于这些论调，王安石依据子产"天道远，人道迩，非所及也"，以及荀子"天行有常，不为尧存，不为桀亡"的著名观点，从理论上予以坚决驳斥。他说，水旱灾害是自然界中常有的事，即使在古代圣王唐尧、商汤的时代也不能避免。他在《周礼详解》卷十中明确指出："日月之薄蚀，阴阳之进退，乃时行之消息。虽天有所不能违，人事何与其间哉！"说明日月的盈亏，事物的进退消长，都是自然界中符合规律的变化，谁也违背不得，这与人事有什么相干呢？王安石在《即事三首》之三的诗中也表达了同样见解：

日月随天旋，
疾迟与天谋。
寒暑自有常，
不顾万物求。

这就是说，太阳与月亮在天空中运行，其转速快慢是由天体自身运动规律所决定的，天气冷热变化也是受自然界自身规律所制约的，并不因人们的好恶而有所增减，表现了王安石"天人相分"的朴素唯物主义思想，同"天人感应"的神学目的论划清了界限。

同时，王安石在"天变"现象和自然灾害面前，强调"修人事""信人事"。熙宁八年（1075），天空中突然出现了"彗星出轸"的天变现象，连主张变法的宋神宗都感到害怕了，他下诏说："比年以来，灾异数见，山崩地震，……敢不惧焉！"保守势力也乘机进攻，再次请废新法。《续资治通鉴长编》卷二百六十九记载了王安石的回答："天文之变无穷，人事之变无已，上下傅会，或远或近，岂无偶合？此其所以不足信也。"又说："盖天道远，人道迩，……所信者人事而已！"表明王安石在坚持"天人相分"思想基础上，突出强调了相信人事，相信人的主观能动性，克服天灾，改造自然，达到人定胜天的思想。他还针对孔子的"命定论"，在《文集》

卷六十七《行述》中反问道："苟命矣，则如世之人何？"说明尽信天命，还要人事做什么？显然，王安石"天变不足畏"的天道观，是以朴素唯物主义的自然观为基础的。他继承了道家的天道自然无为的观念，并给老子的"道"以唯物主义的解释，如在《道德经注》中说："一阴一阳之谓道。……道者，天也，万物之所自生。"即认为道就是天，天就是阴阳二气，它们都是物质性的东西，根本没有什么神秘可言。他进而认为，物质性的气产生出金、木、水、火、土五种物质元素，"五行"的运动变化又产生出包括人在内的万物。这种朴素唯物主义世界观虽然还比较简单，基本上也没有能够超出先秦以来物质元素论与精气说的水平，但在王安石那里却成为其唯物主义非命观有力的理论根据。

与"天变不足畏"的唯物主义口号相呼应，"祖宗不足法"的口号则表达了王安石"天道尚变""新故相除"的历史进化观。王安石为了坚持变法，针对现实社会中"变"与"不变"的争论，又从哲学上提出了"天道尚变""新故相除"的思想，进一步为自己的变法革新提供理论支持。王安石在《文集·进洪范传表》中曾经指出，自己作《洪范传》的目的，是"考箕子之所述，以深发独智，趣时应变者也"。这就是说，他之所以利用箕子《洪范》来加深、发挥原始五行说的朴素辩证法思想，归根结底是为自己的变法革新思想提供理论依据。在这方面，王安石根据五行运行不息的自然观对一些哲学范畴赋予"新义"，丰富了人们关于历史发展的辩证认识。诸如在"常与变""因与革""新与旧"等关系问题上，王安石都有许多重要的论述。当守旧派利用董仲舒"天不变，道亦不变"的形而上学观非难变法革新时，王安石在《文集·河图洛书义》中说："尚变者，天道也。"明确指出变就是道，离开了变，就无所谓道。他认为，一切自然现象，都处于变动不居的状态中。举凡阴阳的更替，四时的往来，"五行"的变化，都"往来于天地之间而不穷"，否认自然界中有什么万古长存、僵死不变的东西。在著名的《九井》诗中，王安石写道：

山川在理有崩竭，
丘壑自古相虚盈。
谁能保此千世后，
天柱不折泉常倾。

这里的意思是说，巍峨的高山也有崩摧的时候，滚滚的江河也有枯竭的时候，高岸为谷深谷为陵的巨大变动自古就有，所以千秋万代永恒不变的事物是根本不存在的。

当然，王安石的变法思想也有坚持“常”的方面，对于封建统治的根本原则，他是主张维护的，所以他认为“有本以保常而后可立也”。但同时，对于封建制度的某些不适应社会发展需要的具体环节，他主张变革，认为“有变以趣时而后可治也”。因此，王安石认为，变与常是两者兼顾、互相统一的。但当历史发展到如不改革旧的制度就无法维持统治时，他看到了变与常的矛盾。在这种情况下，究竟守常而拒变，还是趣时而应变？王安石在《洪范传》中说：“中者，所以立本而未足以趣时；趣时则中不中无常也，唯所施之宜而已矣。”他认为，如果守常立本，就违背历史潮流；如果应变趣时，就违背常道旧规；比较之下，还是以趣时应变为好。这种强调趣时、打破常规以进行变革的思想，与道学家们强调所谓“不偏不易”的中庸之道是有明确的界限的。

这种变与不变的哲学论争，一涉及社会历史领域，就更具有直接的现实性，因此也更加激烈尖锐。旧党人物坚持儒家“祖述尧舜，宪章文武”的旧训条，把“法祖”“守成”作为其因循保守、反对革新的理论武器。王安石针锋相对地指出：有阴有阳，新故相除者，天也；有处有辨，新故相除者，人也。说明新陈代谢不仅是自然界的普遍规律，同时也是社会历史发展的普遍规律。所以推陈出新，除旧布新，以进步代替停滞，以变革剔除陈腐，就完全是合理的、符合事物发展规律的事情。他还用“因与革”的辩证关系来说明历史的变迁。他认为，历史发展各阶段之间，必然同时存在着因袭和变革两种关系，而历史发展和社会生活总会发生某些变化的。他的这种观点突出强调了变革的绝对性和必然性，以这种观点看待“礼义”，他认为古代的礼义可能适合于当时的情况，却未必适合于今天的情况，如果现在有人不懂得“权时应变”的道理，盲目效法古人，表面上好像是尊崇古人，实际上恰恰是违背古人。因此他在《非礼之礼》中断言：“圣人所以贵乎权时之变者也。”指出真正聪明有为的人，就是那种根据时代的发展变化而不断变革的人。王安石用“权时应变”的观点，给“法先王”的口号以新的解释，指出所谓“法先王之政”，就是要“视时势之可否，因人情之患苦，变更天下之弊法”，使之适合于当前的“所遭之变”与“所通之势”。所以，那些过了时的祖宗的训条，是“不足法”的。这些见解都是相当深刻的。这也可以看出王安石“天道尚变”“新故相除”的辩证法思想是建立在朴素矛盾观的基础之上的。

此外，“人言不足恤”的口号，表现了唯物主义者和改革家王安石所具有的不妥协的斗争精神。在整个变法革新过程中，王安石都遭到了旧党人物的攻击，有人甚至称他为“拗相公”。他对于这些“人言”，也是持认真的分析态度的。凡属赞助改革的言论与建议，王安石不仅积极听取，而且身体力行，认为“兴利除弊，非合众智不能尽天下之理”。所以在变法期间，他不仅注意吸收有志改革的士大夫参与新政，还常把“市井屠贩之人皆召至政事堂”，共同议事。但对于那些反对与攻击改革变法的守旧派言论，王安石是坚决予以反击的，并对强加给他的诸如“侵官”“生事”“征利”“拒谏”的罪名，逐条进行反驳，阐明了自己的立场。可见他“不足恤”的“人言”，并不是堵塞言路；恰恰相反，完全是专对那些旧党人物抵制变法、阻挠改革大计的“流俗之见”而说的。

王安石的“三不足”社会改革论，反映了其朴素唯物主义和辩证法思想在历史领域里具体运用的一个侧面，对后世的改革产生了十分深远和积极的影响。当然，他的哲学思想非常丰富，也非常注重具体应用。无论在宇宙观、辩证发展观和进化历史观上，王安石都有许多值得进一步研究的思想。特别是在认识论上，王安石更有着独特的见解，较好地坚持了唯物主义认识论的反映论原则。他认为人的知识只有在同外界事物的接触过程中，才能逐渐丰富起来，因此十分重视后天的学习和经验积累。他以一个叫方仲永的“神童”的故事，说明后天学习和经验对于人的认识发展的重要性：北宋时江西金溪有个名叫方仲永的孩子，五六岁时就能“指物作诗立就”，被乡里人看作是神童，有人甚至花钱来买他的诗。仲永的父亲贪图这点蝇头微利，就让他到处拜客赚钱，“不使学”，结果丧失了学习深造的大好机会。等到仲永到了十几岁时，他的诗再也不被人看作是神童之作了。结果到20岁时，已“泯然众人矣”。王安石在《伤仲永》中沉痛地指出：“仲永之通悟，受之天也。其受之天也，贤于材人远矣，卒之为众人，则其受于人者不至也。彼其受之天也，如此其贤也，不受之人，且为众人。”王安石通过这个例子说明，个人即使天赋甚高，如不注重后天的学习，结果也只能成为一个平庸的人罢了。显然，这是符合唯物主义认识论的基本原则的。

# “天的上面还有什么？”

## ——朱熹的“天理论”及其集大成的理学体系

程朱理学是宋明理学的一个主要派别。这一学派的奠基人是北宋的程颢、程颐兄弟，其体系的集大成者为南宋的朱熹。

当程颐去世23年后，朱熹（1130—1200）出生了。他字元晦，一字仲晦，又自称晦庵；别号考亭、紫阳，人称朱子。朱熹祖籍徽州婺源（今属江西），因其父朱松仕于福建，朱熹出生于福建南剑州尤溪县。朱松曾任秘书省正字、度支员外郎兼史馆校勘、吏部侍郎等职。朱熹14岁时，父亲病死。根据父亲的临终嘱托，朱熹便随母亲移居建州崇安县，依附父亲的好友刘子翚生活，并受学于胡宪、刘勉之等。朱熹后来长期居住在崇安、建阳讲学，因此传统称他的学派为“闽学”。朱熹是我国封建社会后期知识渊博、影响深远的学者，也是中国学术史上最著名的思想家之一。他确立的完整、精密、独特的理学思想体系，不仅是我国古典唯心主义哲学思想发展的巅峰，也最终使其成为元、明、清时代占统治地位的官方哲学。

朱熹自幼聪颖过人，凡事喜欢追根究底，具有好学深思的品格。史传记载，小朱熹刚会说话时，其父朱松指着天空告诉他：“上面就是天。”朱熹听后马上问道：“天的上面还有什么？”使朱松很惊异于他的想象力。后来读书时，老师教以《孝经》，朱熹读后在书上题字：“不若是，非人也。”休息时，孩子们都在沙地上玩耍嬉戏，朱熹却独自一人在沙地上用手指画来画去，旁人一看，原来是《周易》八卦的图像。尽管这些记载不免有夸大渲染的成分，但透过它们也多少可以看出，朱熹从小就关心宇宙和人生的问题，这与他后来的研究方向与学术成就，恐怕也并非毫无关系。少年时的朱熹，博览群书，广泛涉猎各种知识，禅、道、文章、楚辞、诗、兵法无所不学，性理、经义、史学乃至天文、地理、历法等，无所不研究，但他最留意的还是儒家经典和佛学。朱熹青年时赴进士考试，临行前他的老师检查行李，发现朱熹的全部行装中唯一的书竟是当时一个著名禅师的语录《大慧语录》。这说明青年时代的朱熹，对佛教有着热心的追求。

朱熹19岁时中进士第，任泉州同安县主簿，后来又曾任枢密院编修官、秘书省秘书郎。他还先后在江西的南康、福建的漳州、湖南的潭州（在今长沙）做过最高行政长官，有过不少实绩。每至一处，兴政之余，从不忘聚徒讲学，成为当时最有声望的学者。绍熙五年（1194），64岁的朱熹因宰相史浩的推荐，被召入京都，除焕章阁待制兼侍讲，可是为时很短。此后，由于他被卷入当时的政治斗争，被当权者夺职，他和他的学派被诬称为“伪学”，受到了很大压制，因此朱熹的仕途很不得志。也正因为这样，朱熹平生不喜做官，常屡召不至，以各种理由辞免。他的最大乐趣在于讲学和著书。朱熹少时家贫，后因很少做官，生活比较穷窘，学生远近来学，自负粮食，常无肉菜，仅“脱粟饭”而已。尽管如此，他和他的学生们都不以此为意，仍然执着于学问的研讨。为了宣扬理学，他寻访到唐代李渤的庐山白鹿洞书院遗址，建立了“白鹿洞书院”，制定了学规。各地学子慕名而至，拜在朱熹门下。白鹿洞书院很快便成为当时著名的四大书院之一。朱熹的思想也得以广泛传播，形成了自己独立的学派。

朱熹的社会政治思想是要求正君心，立纲纪，亲忠贤，远小人，移风易俗，改变社会不良风气，认为这是富国安民、恢复被当时金人占领的中原的根本。《宋史》记载，有一次朱熹奉召入都，路上有人对他说，皇帝不喜欢什么“正心诚意”，你见了皇帝切勿以此为言！朱熹听后严肃地回答：“吾平生所学，惟此四字，岂可隐默以欺吾君乎？”宋孝宗晚年对朱熹的意见还是重视的，有一次朱熹上封事，论天下“六大急事”，疏入时孝宗已就寝，也“亟起秉烛，读之终篇”。

在热衷于讲学的同时，朱熹也特别勤奋地学习与著述。他曾从学于自己父亲的好友、程颐的嫡传弟子李侗，李侗的老师是罗从彦，罗从彦的老师是杨时；而杨时是二程的及门弟子，“程门立雪”的故事就与杨时直接有关。所以，朱熹的理学是通过李侗等人直接上承二程的。也正由于如此，朱熹经常以二程的直接传人自诩，认为自己才真正获得了理学思想的精髓。在长期的学术活动中，朱熹的著作等身，是封建时代最多产的作家之一。他把《论语》《孟子》《大学》《中庸》合编为“四书”，使其成了宋以后高于“五经”的经典体系。朱熹一生着力于四书的选释，具有很高的造诣，所以后来把他对四书的解释奉为科举考试的标准。他的著作极为繁富，其中重要的有《四书集注》《四书或问》《诗集传》《楚辞集注》《周易本义》《太极解义》《西铭解义》《伊洛渊源录》等；他的讲学语录《朱子语类》就有140卷。后人编辑的《朱文公文集》（又称《朱子大全》）共120卷。朱熹的主要哲学著作有《四书集注》《周易本义》《太极图说解》《伊洛渊源录》以及《通书解》等。

朱熹一生始终以继承伊洛传统为己任，以二程哲学思想为基础，充分吸收北宋其他理学思想家的思想营养，并融会佛学理论，建立了一个庞大的客观唯心主义的“理学”体系，在理与气、一与多、理与欲、知与行的关系问题上，全面贯彻了二程的“理本论”；同时又发展了二程的哲学思想，他以“三纲”“五常”释“理”，使封建伦理获得了哲学“本体”的意义，其理学又深为封建统治者所赏识，成为元、明、清时期钦定的官方意识形态。

朱熹的理学是客观唯心主义的理一元论哲学，其思想体系的核心是以“理本论”为基础的“天理论”，并以“理气说”为中心内容。朱熹所说的“理”是直接从二程那里继承来的，理与天理、太极是同义语，也是朱熹理学思想的最高哲学范畴，但它也不过是“其张之为三纲，其纪之为五常”的封建道德原则的绝对化而已。朱熹坚持的“理本论”与唯物主义的“气本论”虽然是根本对立的，但他又“巧妙”地融合、吸收了唯物主义“气本论”的若干思想资料，给“气”以一定的地位，形成其别具一格的“理气说”。他认为理气是相依而不可分离的。在《语类》卷九十四中朱熹说：“既有此理，便有此气”，“天下未有无理之气，亦未有无气之理”。在《孟子或问》卷三中说：“理之所以行又必因气以为质也”。其实，这都是针对具体事物而言的。他认为对于任何一个具体事物来说，都是以理作为本质，以气作为质料，二者的结合才构成事物。然而如果要究问理气的先后、本末，朱熹就毫不犹豫地断言：理先气后、理本气末、理主气从。他在《语类》卷一中指出：“未有天地之先，毕竟也只是理”，明确提出“有此理便有此天地”，“万一山河大地都陷了，毕竟理却只在这里”。因此，“有是理便有是气，但理是本”。归根到底，朱熹还是认为“理”是一个无始无终、永恒存在、不生不灭的绝对本体。他在《答黄道夫》的书信中，更明确地展示了其理本论思想的全貌。他说：“天地之间，有理有气。理也者，形而上之道也，生物之本也。气也者，形而下之器也，生物之具也。是以人物之生，必禀此理，然后有性；必禀此气，然后有形。”可见，在朱熹的思想中，理气之间有“形而上”与“形而下”、“道”与“器”以及本体（“本”）与质料（“具”）的不同区别。他认为形而上之“道”是决定形而下之“器”的，本体对于质料来说是更为根本的，因此理是决定气的第一性的存在。

朱熹在阐述理气关系的过程中，又借用佛教“月印万川”的说法，来解释宇宙间有个最高的总本体“理”，这也是直接继承与发展了二程的“理一分殊”思想。朱熹的“理一分殊”的含义，从哲学认识论来说，就是讲的“一”与“多”、“一理”与“万理”的关系问题。所谓“理一”，是就万事万物的本原来说，只有一个道理；所谓“分殊”，是指分散于各个事物之中的“诸理”。这个“理一”，朱熹将它称作“太极”。“太极”与“万理”的关系是太极包含万理，而万理则分别完整地体现了太极的全体，而不是它的某一部分。在政治伦理上，朱熹的“理一分殊”说是为封建社会“尊卑大小”“各得其宜”的等级制度作论证，而具体事物的分殊的理，只是最高的封建伦理道德这个“天理”的不同表现。这里也包含着一定的辩证法的因素。他肯定张载“一物两体”的说法，在《语类》卷六十二中指出：“凡事无不相反以相成”，并对《周易》中说的“化而裁之谓之变”的命题作了新的发挥，认为事物运动的形式有“化”和“变”两种，“化”指渐渐消化的量变，“变”指“顿断有可见处”的质变。朱熹解释“裁而化之”的“裁”是裁衣服的裁，指事物变化过程的中断。因此，在《语类》卷七十五中他指出：“化而裁之存乎变。只在那化中裁截取便是变。”认为质变是在渐变发展的基础上产生的。朱熹的这种观点，是对古代辩证法思想的一个新贡献。但他又在《文集·甲寅行宫便殿礼一》中说：“君臣父子，定位不易，事之常也。”在《语类》卷九四中强调“循环物事”，即周而复始的循环运动，存在着明显的形而上学痕迹。

决定事物发展的当然之“理”如何去认识呢？朱熹利用《大学》“格物致知”的古老命题，探讨了认识领域中的几个主要问题，发展了唯心主义的知行学说。朱熹格物之“物”，并不等于“物质”。他在《语类》卷十五中说：“物，犹事也”，“天下之事皆谓之物”。所以他讲的“事”“物”包括的范围很广，既包括外物，又包括仁、义、礼、智等人心中的观念形态，这实际上混淆了物质和意识的界限。同时，朱熹还认为“物”只不过是“理”借以表现自己的外在形式。他在《语类》卷十五中说：“物者，理之所在，人所必有而不能无者。”这正贯彻了他的“理”决定“事”的客观唯心主义哲学前提。另外，朱熹格物之“格”，也不等于探索研究。他解释“格”为“至”“尽”。所谓“格物”就是即物穷理，要达到理之“极至”，通过格外物之理而把“吾心固有之理”启发、诱导出来。从目的来说，“格物致知”主要是引导人们穷天理，明人伦，讲圣言，通世故，即认识封建道德的合理性，实现对封建伦理道德的深切认识、体察与实行。通过“格物”，才能达到“致知”或“豁然贯通”的认识的高级阶段。朱熹在《语类》卷十二中指出，只有“今日格一物，明日格一物”，“积累既多，则胸中自然贯通”，就能达到《大学章句·补格物章》所说的“众物之表里精粗无不到，而吾心之全体大用无不明”的地步，实现“穷理”与“尽心”的统一。

朱熹强调“格物致知”，又认为知先行后，“知行相须”，比较注意“行”在认识中的作用。他在《语类》卷九中指出：“论先后，知为先。论轻重，行为重。”不过朱熹的“知”，主要是指关于封建伦理道德的认识；“行”，主要是指关于封建伦理道德的实践。封建伦理道德的认识是指导封建伦理道德的“践履”的，所以知在行先。对封建伦理道德的实践，又是巩固、完成对封建伦理的认识的，所以行比知重。可见朱熹的知行观，是封建伦理化了的唯心主义知行观。

“性命之说”也是朱熹理学的重要内容之一。关注道德伦理问题，是中国传统哲学的一个基本特点，程朱理学更是如此。朱熹认为“性”是一切有生命的生物所具有的天理，人类由于禀受天理的因素，因而有仁义礼智的道德，然而人也是物质的形体（“得天地之气为形”），但各人禀受的气有清浊之不同，故有智愚善恶之分，朱熹从先天气禀的不同来论证人间的贤愚善恶，从而说明封建社会善恶是非的先天根据。由此，也就展开了关于“理”与“欲”问题的研讨。实际上，《礼记》中天理与人欲对立的提法，是宋明理学“存天理，灭人欲”口号的滥觞。所不同的是，《礼记》中的天理不是本体化了的天理，而是指人与生俱来、静而无欲的天性。同时，《礼记》并没有自觉地把“灭人欲”看作“存天理”的必要条件，并加以绝对化。可是，朱熹却在继承和发挥前人提法的基础上，把天理看作是封建的“三纲五常”，明确提出了“存天理、灭人欲”的主张，并把“灭人欲”看成是“存天理”的必要条件。他在《语类》卷十三中提出“天理存，则人欲亡；人欲胜，则天理灭。”强调“学者须是革尽人欲，复尽天理，方始是学。”朱熹认为，凡超越于封建道德原则规定的人欲，则是与“天理”对立的。他认为两者不能共处，在《语类》卷十三指明：“人只有固天理人欲，此胜则彼退，彼胜则此退，无中立不进退之理。”因此朱熹在此卷反复阐明只有“革尽人欲”，才能“复尽天理”的必要性。在历史观上，他认为尧、舜、禹等“天理”流行，体现为“王道”政治；三代后“人欲横行”，体现为“霸道”政治。他在《文集·答陈同甫书》中哀叹：由于“王道”失传，

“道统”断线，“两千年之间，有眼皆盲”，人们都在“利欲胶漆盘中”，滚来滚去，愈陷愈深，因此必须在尊王贱霸中恢复天理主宰的王道政治。朱熹是用理学家的天理标准过滤历史，统率历史。这种退化的“天理”史观，对后世产生了消极影响。

朱熹从事教育活动50余年，以传统的儒学经典为主要内容，其目的是整顿封建道德伦理即“明人伦”。他的教育实践以及大量的著述，从本体论、知行观、历史观等多方面，建立了比较系统的客观唯心主义的“理学”体系，完成了自二程所奠基的理学思想的集大成。程朱理学在与陆王心学及张载、王夫之等唯物主义哲学流派的论争中，也提供了一些可供批判、改造、吸收的思想资料，客观上使中国哲学摆脱了宋明以前较粗糙的特点，而向更抽象、更具有哲学思辨特征的方向发展，这一点是应该肯定的。

# 鹅湖之会

——陆九渊的“心本论”

朱熹以“理本论”为基础的客观唯心主义的“天理论”理学思想，自提出时起就曾受到了各方面的诘难。这既包括反对理学的思想家们，也包括宋明道（理）学内部各派别之间的争论。而最具代表性者，从理学外部来说，是与朱熹同时的陈亮、叶适；从理学内部来说，则是与朱熹同时的陆九渊。由于陆九渊不满于朱学的“支离”破碎，便通过与朱熹的论辩，开创了主观唯心主义的“心本论”，形成了宋明道学的另一影响深远的重要派别。

宋明道学自北宋周敦颐开创，中经程颢、程颐兄弟至南宋的朱熹，其中理学一系已获得了完整而细密的发展，建构起了庞大的“理”本论体系。但是，以程朱为代表的理学在理论上碰到了两个不可克服的矛盾：

一是在本体论上，程朱都主张“理”是“无情意，无计度，无造作”“无方所形状”的“形而上之道”，它是“迥出常情”、超群绝象的“万化之根本”；“器”则是形而下者，“其道器之间，分际甚明，不可乱也”。那么，作为“万化根本”的形而上之“理”，是如何产生出“形而下之器”即万物来的呢？这是一个难题。为了解决这一难题，程朱在“理”与“器”之间设立了一个“气”，认为由于“理”推动“气”的发用流行，才产生了“器”，亦即万事万物。但按程朱的意思，气是“形而下”者，这就使气与理依然分属于各不相同又互不相关的两个世界。而且，“气”一旦发用流行起来，便按照自己的性质与规律运动变化，如《朱子语类》卷四所说，“气虽是理之所生，然既生出，则理管他不得！”这样，又动摇了“理”的本体地位与主宰作用。

二是在认识论上，程朱既主张天地万物都由“理”所生，要认识理就必须认识具体的事物，只有经过不断的“格物”，才能“致知”“识理”；但程朱同时又认为，既然理“只是此一个理，万物分之以为体”，并且每一事物都分得全体之理，那么作为万物之一类的人必然也具有此理，如《朱子语类》卷九所说：“心包万理，万理具于一心。”既然如此，认识“理”就只须认真体察本心就行了，有什么必要费力劳神地去“格物”呢？程朱本体论的矛盾导致的认知方式上的这种歧义，往往使理学家们难以自圆其说。为了消除程朱理论的矛盾性，真正解决道、器关系问题，陆九渊开始建立自己的“心”本论学说。

陆九渊（1139—1193），字子静，号存斋，江西抚州金溪人。他曾讲学于贵溪象山，自称象山居士，学者称为象山先生，传名于世。陆九渊个性较强，读书不迷信，敢于疑经惑古。他在少年时初读《论语》，便怀疑有子之言支离，稍长后又不满于程颐的言论，在十几岁时写读书笔记道：“宇宙便是吾心，吾心即是宇宙。”这句名言成了他后来的哲学宗旨。陆九渊的思想虽然早熟，但直到34岁才通过进士考试。据史书记载，这一年他参加省试，主考官是当时知名的历史学家吕祖谦。当吕祖谦阅到陆九渊答卷时，始而击节称赏，继而赞叹不已，对同官说：“此卷超绝有学问者，必是江西陆子静之文。”陆在淳熙中除国子正，迁敕令所删定官。淳熙十三年（1186）转宣义郎，改主管台州崇道观，于是回到江西，在象山筑精舍讲学。宋光宗即位后，陆九渊被朝廷起用，担任知荆门军（今湖北荆门市）。在荆门仅一年余，颇有政绩，因病卒于任上。现在荆门市建有“象山”“象山公园”及“象山大道”等，都是为了纪念他。陆九渊不注重著书立说，基本上是通过讲学对学生发施影响。他言辞锋锐，善于辩说，有一种天赋的即席阐发义理的能力，吸引了许多优秀学生聚集在其门下。在他的身后，只留下了一些讲学的《语录》和《文集》，由其子和后人加工汇编成《象山先生全集》。陆九渊和他的哥哥陆九龄，因同在家乡讲学，合称“江西二陆”。

陆九渊学术活动的时期与朱熹基本相同，但他的学说与朱熹学说之间存在着较大的分歧。为了调解这种分歧，1175年夏，吕祖谦特邀请朱熹和陆九渊、陆九龄兄弟及其他一些学者，聚会于当时的信州铅山鹅湖寺，讨论学术异同。这就是哲学史上著名的“鹅湖之会”。

在鹅湖之会上，陆九龄首先作诗一首，说明了自己的观点。其诗曰：

孩提知爱长知钦，古圣相传只此心。
大抵有基方筑室，未闻无址可成岑。
留情传注翻榛塞，著意精微转陆沉。
珍重友朋相切琢，须知至乐在于今。

诗刚刚念了一半，朱熹就对吕祖谦说“子寿（九龄字）早已上子静船了也”，即陆九龄上了陆九渊“心学”的船，与其弟是同一观点。诗罢，双方进行了激烈的辩论，各自坚持自己的观点。这时，陆九渊又和了其兄陆九龄诗一首：

墟墓兴衰宗庙钦，斯人千古不磨心。
涓流滴到沧溟水，拳石崇成泰华岑。
易简工夫终久大，支离事业竟浮沉。
欲知自下升高处，真伪先须辨只今。

朱熹听了陆九渊的诗，大不高兴。双方继续讨论了3天，不欢而散。他们回到家后，继续以书信进行辩论，始终没有统一思想。

经过了认真思考，三年后，朱熹和了陆氏兄弟一首诗。那诗写道：

德业流风夙所钦，别离三载更关心。
偶携藜杖出寒谷，又枉蓝舆度远岑。

旧学商量加邃密，新知培养转深沉。

只愁说到无言处，不信人间有古今。

可见，朱熹仍然坚持自己的观点，并未对二陆的理论进行任何的让步。

历史上这次著名的“鹅湖之会”，是一次重要的哲学研讨会。辩论的中心是“为学之方”的问题，其实是属于认识论范畴的问题。陆氏兄弟认为自己坚持的是“易简工夫”，讥笑朱熹为“支离事业”。陆九渊在《全集》卷三十六中指出：“此心此理，我固有之”，认为，人们的认识途径，就是个“发明本心”的过程。所以，会上陆氏强调认识中应是先发明人之本心，而后使之博览；朱熹的认识途径，则欲令人泛观博览，而后归之约，即通过“格物”、读书，然后达到对“理”的体认。陆九渊攻击朱熹“教人为支离”，即太烦琐；朱熹也攻击陆九渊“教人为太简”，即似“禅学”。其实，朱陆治学的方法不同，并非本质的歧义，只是在如何去认识先验的“理”的途径上略有不同而已，说到底是唯心主义（客观与主观）内部的争论。对这次辩论，清代的黄宗羲在《宋元学案·象山学案》评论道：“先生（陆九渊）之学，以尊德性为宗，谓先立乎其大，而后大之所以与我者，不为小者所夺，夫苟本体不明，而徒致功于外索，是无源之水也。同时紫阳（朱熹）之学，则以道问学为主，谓格物穷理，乃吾人入圣之阶梯，夫苟信心自是，而惟从事于覃思，是师心之用也，两家之意见既不同。……继先生与兄复斋会紫阳于鹅湖，复斋倡诗，有留情传注翻榛塞，……紫阳以为讥己，不怿，而朱陆之异益甚。”他在这里讲“朱陆之异”的评论，是比较中肯的。

这次朱、陆双方辩论的“为学之方”，是与他们的世界观和方法论密切联系着的，表现了朱、陆之间的基本分歧。在陆九渊兄弟看来，“心”是一切事物的基础与出发点，这就是“先立乎其大”。自古以来圣人相传的“道统”只是“此心”。“此心”千古不磨、亘古皆同。离开“心”犹如“无址”而“成岑”，即没有地基而筑房屋。陆九渊说自己的主观唯心主义的“心学”，终究要长久流传，并能发扬光大；而朱熹的理学客观唯心主义，则是“支离事业”，毕竟要沉没，这当然要使朱熹不满意。朱熹经过三年的思考，坚持了自己的学说，“旧学商量加邃密，新知培养转深沉”；并且以无言之说，讥讽陆氏兄弟为“空门”。这场辩论虽没有涉及更多的哲学本体论问题，也没有达到吕祖谦“盖虑朱与陆犹有异同，欲令归一”的初衷，但两派都明确了他们之间的分歧，正如黄宗羲所说：“朱陆之异遂显”。这也为后来双方进行“无极”与“太极”的第二次直接辩论，即关系到以“理”还是以“心”为本体的论争，开了端始，同时对此后理学的发展产生了重要而深远的影响。

陆九渊的心一元论的世界观，简单地说起来，主要表现在两个命题上，一个是《杂说》中讲的“宇宙便是吾心，吾心便是宇宙”；再一个是《与李宰书》中指出的“人皆有是心，心皆具是理，心即理也”。这两个命题，正是陆九渊整个主观唯心主义哲学思想体系的出发点。陆九渊认为，人的主观意识——“心”总摄了天下一切。无论是上下四方，古往今来，天地万物之“器”，包括封建道德原则，统统不过是“心”的产物，“心”的显现。他在《语录下》中说：“万物森然于方寸之间，满心而发，充塞宇宙。”又在《杂说》中说：“皇极之建，彝伦之叙，……根乎人心，而塞乎天地。”都是讲的这个意思。

陆九渊反对朱熹将人心分为天理与物欲两部分，认为心与理是完全合一的。他在《与曾宅之》中强调：“心，一心也；理，一理也。至当归一，精义无二。此心此理，实不容有二。”陆九渊所谓的“心”，并非指人心所各自具有的感觉、知觉、分析、综合等认识能力及其内容，而是指“万人心所固有”的伦理实体及宇宙本原。因此他在《语录下》里宣称：“心，只是一个心。某之心，吾友之心，上而千百载圣贤之心，下而千百载复有一圣贤，其心亦如是此。心之体甚大，若能尽我之心，便与天同。”他认为无论是“某之心”“吾友之心”，乃至东西南北、上下古今的圣人之心，就其能认识事物之理的能动性来讲，都只是“一个心”。这就是心所共有的具有思维能力的特点。陆九渊正是抓住这个特点，才以一心通万理、以一理通万物，从而得出了“宇宙内事乃已分内事，已分内事乃宇宙内事”“宇宙便是吾心，吾心即是宇宙”的天人合一论，将朱熹以“理”为本的客观唯心主义，发展到以“心”为本的主观唯心主义。

因此，陆学中最重要最基本的观念就是“本心”。他从“心即理”“万物森然于方寸之间”这个基本前提出发，在认识论上提出了一条“发明本心”的主观唯心主义先验论路线。陆九渊认为“本心”就是真理，认识的源泉就是“吾之本心”，认识的目的在于“发明本心”。他在《与侄孙濬》中一再强调：“此心此理，我固有之，所谓‘万物皆备于我’，昔之圣贤先得我心之所同然者耳。”他在《语录下》中也说：“汝耳自聪，目自明，事父自能孝，事兄自能弟，本无欠阙，不必他求，在自立而已。”这就是说，我的“心”本来就是完美无缺的，要了解事物的真面目并不需要苦苦地向外去探求，做学问的道理就在于到自己心中去求得知识。当他的学生问“先生之学当来自何处入”时，他在《语录上》回答说：“不过切己自反，改过迁善。”即反省内求，去掉不善，发明本心固有之善，这就是陆九渊认识论的基本内容。所以，陆九渊认为伦理道德修养是学习的唯一内容，他说：“今所学果为何事？人生天地间，为人当尽人道。学者所以为学，学为人而已，非有为也。”他不赞成朱熹“格物致知”的学习方法，认为“古人教人，不过存心、养心、求放心”。因而主张优游读书的“简易工夫”，提倡认识“本心”，即禅宗“顿悟”式的内省道德修养。学者用不着寻章摘句、博览群书，只要学习动机端正，能格除物欲，从整体上把握和认识了自己的“本心”，便能使“‘六经’皆我注脚”，最终达到“明理”“立心”“做人”的目标。

陆九渊“心本论”的理论来源可以追溯到孟子，正是孟子关于仁、义、礼、智四种道德观念的“四端”说，为他提供了内容上的素材。同时，禅宗的“众生皆有佛性”和“见性成佛”的理论，也为陆九渊搭起了本体论与认识论的框架，使他的儒学内容轻而易举地就能够放进这种框架之中。从孟子到陆九渊，“本心”都是指先验的道德意识，这个说法强调道德意识是每个人心的本来状态，它存在于任何时代、任何人身上，是永恒和普遍的。陆九渊有个弟子叫杨简，当时在富阳县任主簿。陆九渊路过富阳，杨简问道："如何是本心？"陆九渊答道，孟子讲的四端就是本心。杨简又追问，四端是本心，我自幼时就晓得，究竟什么是本心？这时正值有一桩卖扇子的纠纷告到县衙，杨简随即当庭断其曲直。事毕，陆九渊便对他说，刚才你断此讼，是者知其为是，非者知其为非，这就是你的本心。杨简闻此忽大觉悟。又有一次，陆九渊正打坐，弟子詹阜民陪侍；陆九渊突然站起，詹阜民也赶忙站起。陆九渊对他说："还用安排否？"意思是说，你这个举动，完全是出于一种自然具有的尊师之心，不须任何外在强迫，也无须经过思考，每个人都现成具有这种内在的道德意识。其实，认真研究起来，无论是非曲直，还是尊师重教，都是后天教育与学习的结果。

陆九渊提倡的认识方法除了"发明本心"外，还有"格我穷理"和"操存涵养"等。按照陆九渊的意思，由于"理"就在我的心中，所以只要反省内求、自我体认，就能认识心中本有之理。但是，由于人又要与外界接触，经常也会受到物欲的蒙蔽，所以又要"格我穷理"与"操存涵养"。在《语录下》中记载了一事，可说明"格我穷理"意思。一个名叫伯敏的学生，向陆九渊请教认识方法。陆九渊说："格物是下手处。"伯敏问："怎样格物？"他说："研究物理。"伯敏又问："天下万物不胜其繁，如何尽研究得？"陆九渊断然答道："万物皆备于我，只要明理。"即是说，天下万物之理皆备于我一心，因此不需要到我心外去"格物"，只要格我之心即可明理。显然这是由心到物的主观唯心主义认识路线。

至于"操存涵养"，更表现了陆九渊认识方法上的某种神秘主义色彩。陆九渊认为，只要静坐冥想，日夜操存，涵养心性，就会在某个时刻突然达到一种无所不明的认识境界。在《语录下》中，记载了一个离奇的故事："先生（指陆九渊）谓曰：'学者能常闭目亦佳。'某（陆的学生詹阜民）因此无事则安坐瞑目，用力操存，夜以继日，如此者半月。一日下楼，忽觉此心已复澄莹中立，窃异之，遂见先生。先生目逆而视之曰：'此理已显也。'某问：'先生何以知之？'曰：'占之眸子而已。'因谓某：'道果在迩乎？’某曰：‘然。’”在这里，陆九渊师生认为，人们不要接触外物，不要参加任何实践活动，而只要闭目安坐，修炼精神，“剥落”物欲，就能达到“澄莹中立”的认识境界，这与佛教的“顿悟”说有相似之处。

尽管陆九渊作为中国哲学史上典型的主观唯心主义哲学家，片面夸大了精神（心）的能动作用，但如果全面分析其理论，仍可发现许多合理的因素。特别是他的道德修持论，强调了人对道德规范的遵守必须依靠人对这些规范的自觉，而不能靠人对它们的被动服从，可谓认识到了道德的自主性这一本质特征。同时，在陆九渊的思想中，也充满着怀疑精神，《语录下》等多次指出：“为学患无疑，疑则有进。”“小疑则小进，大疑则大进。”把怀疑同深化人们的认识联系起来，这是难得的。陆九渊的思想中还充满自立自重的精神，反对盲从依傍，他在《语录下》中说：“自立自重，不可随人脚跟，学人言语。”他反对迷信权威，主张“凡事看其理如何，不要看其人是谁”。陆九渊常说，人生在世，应当“奋发植立”“激励奋进，冲破罗网，焚烧荆棘，荡夷污泽”，敢于驱虎斗龙，不屈不挠。他的这些思想中蕴含的独立思考、蔑视权威、敢于斗争的精神，是值得肯定的。

同时也应该看到，陆九渊与朱熹的分歧和争论，虽然对以后哲学思维的发展有一定启发意义，但无论是朱熹的“理”还是陆九渊的“心”，都是超时空的绝对精神，都把先验精神作为认识的泉源，把仁、义、礼、智等封建伦理道德绝对化、永恒化。所以二者都是主张精神第一性，目的都是在为封建统治寻找理论根据。黄宗羲说：“二先生（指朱、陆）同植纲常，同扶名教，同宗孔孟，即使意见终于不合，亦不过仁者见仁，智者见智。”其子黄百家也说：“二先生之立教不同，然如诏入室者，虽东西异户，及至室中则一也。”既然他们的哲学思想在目的和归宿上一致，其意见分歧也是非原则性而可以相容的。事实上，当时朱熹认为在哲学路线上真正与他对立的，是以“事功”主义为其思想特征的唯物主义思想家陈亮和叶适，而不是主观唯心主义者陆象山。

# 王霸义利之辨

## ——陈亮、叶适的“功利之学”

在唯心主义道学统治的南宋时期，朱熹悬理于“器”外，陆九渊容理于“心”中，他们共同的本质都是在物质世界之外，虚构一种精神本体。“浙东学派”的陈亮和叶适，是两位“自处于法度之外，不乐闻儒生礼法之论”的具有某些“异端”倾向的唯物主义哲学家。他们以自己的“功利之学”同朱熹等的“义理之学”，在一系列问题上展开了争辩。

陈亮（1143—1194），字同甫，世称龙川先生，浙江永康人。他性情豪爽，才气横溢，喜欢谈兵，议论风生。陈亮在十八九岁时，研究古人用兵的成败，写出了《酌古论》。陈亮在文学上也有突出的成就，其政论文笔锋犀利、气势磅礴，而词作则情感激越、豪迈洒脱。他在淳熙十二年（1185）为章森出使金国所作的《水调歌头》一词，可视为其代表作：

不见南师久，
漫说北群空。
当场只手，
毕竟还我万夫雄。
自笑堂堂汉使，
得似洋洋河水，
依旧只流东？
且复穹庐拜，

会向藁街逢！

尧之都，
舜之壤，
禹之封。
于中应有，
一个半个耻臣戎！
万里腥膻如许，
千古英灵安在，
磅礴几时通？
胡运何须问，
赫日自当中！

陈亮生性倔强，不畏权势；自恃才高，不甘居人之下；力主抗金，直言不讳。淳熙十五年（1188）春，陈亮特意前往建康一带实地考察军事地形。回临安后，他再次向宋孝宗上书，重申北伐主张。但宋孝宗却不予答复。陈亮义愤填膺，在朝堂上大发雷霆，结果被朝中官员指斥为“狂怪”。因此他在政治上不断受到迫害，不仅科举考试屡次落第，还因受人诬陷，几次被捕入狱，遭受酷刑折磨，几被置于死地。但他出狱后不改初衷，仍留心功名，倡导功利主义，主张抗金。直到临死前不久，还写出了“复仇自是平生志，勿谓儒臣鬓发苍”的诗句，表达了高昂的爱国志向。1193 年，51 岁的陈亮参加进士考试，被宋光宗定为第一名。同年七月，陈亮被授予承事郎、签书建康府节度判官厅公事。但在赴任途中，他却一病不起，1194 年春逝世。其著作有《龙川文集》《龙川词》等传世，后被编为《陈亮集》。

叶适（1150—1223），字正则，世称水心先生，浙江温州永嘉人，自幼家贫。宋孝宗淳熙五年（1178），中进士第二名。他历任镇江府观察推官、武昌军节度推官、浙西提刑司干办公事、太学正、太常博士兼实录院检讨官等职。叶适志向远大，有经国安邦的抱负，早年即从这一立场出发，对南宋的政治、经济、军事等诸多具体问题进行了长期广泛、深入的研究，写出了一系列的专题论文，对宋代的法律、驻军、举荐、科举、学校、役法、外交等弊端提出了尖锐的批评及改革意见，形成了自己的一套系统的政治改革理论，受到了朝廷的重视。他力主抗金，立有战功，后因事遭人弹劾，被免职归乡。他在永嘉城外的水心村潜心著述和讲学，对传统哲学的许多问题进行了深刻反思与系统的研究。叶适著作颇丰，主要有《习学记言》《水心先生文集》《水心别集》传世，后被编为《叶适集》。

陈亮和叶适是至交好友，两人同怀爱国热忱，同抱报国大志，学术思想与政治主张都非常一致。陈亮死后，叶适为他编辑遗著，抚养遗孤，所以李贽称赞说，“终始知公（指陈亮）者叶”。以陈亮为代表的“永康学派”与以叶适为代表的“永嘉学派”，合称“浙东学派”。这一学派因倡导功利主义而闻名于世，陈亮与叶适的学说也被称为“功利之学”或“事功派”。“浙东学派”与朱熹的“闽学”、陆九渊兄弟的“江西之学”，在南宋形成了鼎足之势。陈亮与叶适的“功利之学”的出现，是南宋社会经济政治矛盾发展的结果。

陈亮、叶适生活的江浙地区，是南宋经济、政治、文化的中心，商品经济相当发达。当时有相当一部分中下层地主兼营手工业与商业。这批人在社会上有一定的经济实力，但受到享有特权的大地主、大官僚、大商人“三位一体”的垄断性商业的束缚。特别是在宋金对峙、南北分裂的情况下，他们的经济利益受到了严重损害。而以刘豫、秦桧为代表的上层官僚地主奉行民族投降主义，残酷镇压民族自卫斗争。由于民族矛盾激化，和战问题突出，“事功派”与道学家展开了激烈争论。当时一些“宗朱”“杂陆”的道学家，“安于君父之仇”，只是“低头拱手，以谈性命”，不讲究实际事功，不关心人民疾苦与国家安危，形成了一种腐败的社会风气，国家积贫积弱，在内忧外患中苟延残喘。以陈、叶为代表的“事功派”，反映工商业地主的利益，政治上主张改革内政，联合抗金；经济上主张“农商一事”“扶持商贾”；思想上则高举“实事实功”的唯物主义旗帜，鲜明地提出了“务实”的口号，强调学术理论应该“着实而实用”，以功用作为衡量一切事物的根本标准。因此，事功派“左袒非陆，右袒非朱”，对于朱熹、陆九渊等“皆谈性命而辟功利”的道学唯心主义，进行了勇敢的理论斗争，成为宋明哲学发展的一个重要环节。

因此，陈亮与叶适“功利之学”的哲学思想，也是在反对道学唯心主义斗争中建立和发展起来的。当然，他们两人研究的侧重点稍有不同，陈亮较多地在社会历史观方面，阐发自己的唯物主义功利思想；而叶适侧重于阐发唯物主义的认识论。他们的理论活动，正好互相补偿，形成了一个反对道学唯心主义强有力的思想流派，二人在斗争中取得了虽不尽相同，但大体不相上下的学术成就。正是由于这样，在与朱熹的争论中，陈亮一马当先。

1182 年春天，为了使自己的学说能在学术界占据一席之地，陈亮先后到衢州等地专程拜访了著名的理学家朱熹，两人尽管相差十多岁，仍然成了好朋友。当时由于吕祖谦的从中周旋，陈亮与朱熹由相识、互访、畅谈、书信往来，进一步增进了友谊。朱熹很看重陈亮的才华，在《寄陈同甫书》中称陈亮为“奇伟英特”，“今日所未见”之人；陈亮也很尊重朱熹，在《又丙午秋书》中称之为“一世大贤君子”。但是，由于思想学术上的歧见，相互公开争辩的事在所难免。此后数年，双方书信往返，就“王霸义利”问题展开了激烈的辩论，这就是思想史上有名的“王霸义利之辨”。

这次辩论，从公元 1184 年到公元 1186 年，达 3 年之久，涉及哲学许多方面的重要问题。陈亮的思想，由军事而政治，由政治再进到哲学，日趋深沉、成熟。在辩论中，陈亮着重批判了理学的唯心主义。理学自北宋程颢、程颐倡导之后，在南宋高宗期间，得到迅速发展。高宗在制书中称赞程颐是“老师大儒”，“自得于正心诚意之妙”，是“高明自得之学，可信不疑”，并“诏赠程颐直龙图阁”，崇信程学的儒生也得到了重用。

此时的理学，不仅是一种学术思潮，而且成了可以左右舆论的政治势力，士大夫要做官得利禄，不得不托其说以自售。对于理学发展的这种状况，陈亮在《送王仲德序》中作了生动描述："二十年之间，道德性命之说一兴，迭相唱和，不知其所从来。后生小子读书未成句读，执笔未免手颤者，已能拾其遗说，高自誉道。"这种人人说"理"的社会状况，反映了当时理学流传的深广程度。面对这种汹涌而来的思潮，陈亮自青年时代起，就不肯盲目附和。他在《复吴叔异书》中说："亮少之时颇不自量，盖尽与一世豪杰角其短长。"经过长时期的分析、思考，陈亮发现，似乎远离社会空谈心性的理学，恰恰与南宋统治者对金的妥协投降政策，有着十分密切的联系。他在《上孝宗皇帝第一书》中指出："始悟今世之儒士，自以为得正心诚意之学者，皆风痹不知痛痒之人也。举一世安于君父之仇，而方低头拱手以谈性命，不知何者谓之性命乎！"明确表示了自己对理学的批判态度。

不过，陈亮真正与理学交锋，对理学进行系统的批判，还是他在与朱熹的辩论当中。公元1184年，陈亮第一次冤狱结束后出狱回家，发现了朱熹给自己的《寄陈同甫书》。看到了老朋友的书信，陈亮自然十分高兴。哪知开阅后，陈亮始则大失所望，继而怒发冲冠。原来朱熹对陈亮的这次被迫害入狱，并无丝毫的同情，反而指责陈亮由于"平时自处于法度之外，不乐闻儒生礼法之论"所致；信中要求陈亮"绌去义利双行、王霸并用之说……以醇儒之道自律，……免于人道之祸"。于是，陈亮对此信立即作答，在《又甲辰秋书》中明确表示："亮虽不肖，然口说得，手写得，本非闭目合眼，朦胧精神以自附于道学者也"，明白表示了自己反对道学和坚持功利之学的态度。于是，"王霸义利"的辩论自此开始。

在这场辩论中，陈亮反对朱熹提出的所谓"道"是脱离人和物而独立存在的理论，坚持"事功派"哲学关于"明于事物之故"，以奏"实事实功"之效的立场，从道与器的关系、认识的标准、认识的来源、认识的目的等方面，同以朱熹为代表的理学家展开了争论。特别是陈亮从实事实功的原则出发，还围绕理欲关系问题同朱熹在社会历史观方面展开了激烈争辩。朱熹用理欲绝对对立的观点，宣扬“革尽人欲，复尽天理”的禁欲主义；陈亮则从自然人性论观点出发，认为人是“受形于天地”的物质体，既然“百骸九窍具而为人”，就不应“赤立”“露处”，就天然具有追求“衣”“食”“室庐”等的物质欲望，并由此产生“喜怒哀乐爱恶”等思想感情。因此陈亮认为，万物必皆备，人欲不可除，把对物质利益的追求肯定为人的“不可去之性”。在他看来，没有什么禁绝人欲的王道。他在《勉强行道大有功》中说：“夫道岂有他物哉？喜怒哀乐爱恶得其正而已。行道岂有他事哉？审喜怒哀乐爱恶之端而已。”同时又认为，根本没有什么超功利的仁义：“禹无功，何以成六府？乾无利，何以具四德？”王道就是处理人欲，仁义就是实现功利。如果大兴功利来满足人们的物质要求，使“贤者在位，能者在职，而无一民之不安，无一物之不养，则大有功之验也”。陈亮对于朱熹把自己关于理欲、王霸、义利之辨的观点，归结为“义利双行，王霸并用”八字，大不以为然，强调自己的主张乃是王霸一元论和义利一元论。

相反，朱熹用他的理欲对立观解释历史，认为夏商周三代以前是“天理流行”的“王道”盛世，三代以后是“人欲横流”的“霸道”衰世，希望有“得不传之绝学”的圣人出来尊王助霸，改变局面。陈亮对这种倒退历史观进行批判。他认为，三代帝王并不是什么了不起的“金中之金”，他们死后，天地照样运转，人类照样前进。他在《与朱元晦秘书书》中说：“天地常运而人为常不息。”在陈亮看来，“道”不是悬空独存之物，它就存在于天、地、人的历史发展过程中。如果离开了天地的运转和人为的创造，“道于何处而常不息哉”？因此，他对历史充满了信心：“天地之间，何物非道？赫日当空，处处光明，闭眼之人，开眼即是。”只要“开眼”看世界，就会“处处光明”。所以，陈亮希望宋朝也像汉唐那样强盛，能够抗金雪耻，救国救民。尽管陈亮的历史观中也掺杂着许多神秘和不科学的观点，但他用运动发展观来概括历史，反对今不如古的倒退论的思想，是应该肯定的。

陈亮通过与朱熹这场有名的“王霸义利之辨”，经过一条艰难曲折的道路，终于建立了与理学相抗衡的永康学派，在社会上产生了巨大的影响。为此，朱熹曾惊呼："陈同甫学已行到江西，浙人信向已多，家家谈王霸，不说萧何张良，只说王猛；不说孔孟，只说文中子，可畏，可畏！"这场辩论不仅震动了当时的学术界，更激怒了朱熹的门徒。陈亮在《又丙午秋书》中说：朱熹的门人"每读亮与门下书，则怒发冲冠，以为异说；每见亮来则以为怪人，辄舍去不与共坐；由此言之，此数书未能免罪于世俗而得罪于门下士多矣"。不光朱熹的门人把陈亮及其学说当作"怪人"和"异说"，不与来往；就连朱熹本人，也基本断绝了与陈亮的交往，甚至在陈亮逝世时，竟毫无表示，所以陈亮的祭文由叶适、辛弃疾所作。当然，即使两人公开辩论之后，每逢朱熹生辰，陈亮仍派人问候，并致寿词、送礼品等，显示了陈亮通情达理、心胸开阔的一面。

其实，王霸、义利的关系，在中国哲学史上曾是一个古老的问题。但是，自从战国时期荀、孟学派之间有过一场大的辩论之后，就基本销声匿迹了。汉武帝独尊儒术，董仲舒的"正其义不谋其利，明其道不计其功"的鄙视功利思想，成为不可动摇的教条，人们如果言利，就成了一条大逆不道的罪状。到了南宋，鄙视功利、空谈性命，更加风靡一时，理学家们断言北宋的灭亡，是由王安石"兴利而忘义，尚功而悖道"所致。朱熹的老师李侗认为，"义利不分，故自王安石用事，陷溺人心，至今不自觉"。朱熹不仅把董仲舒的说教作为他的白鹿洞书院的学规，而且攻击宋孝宗和宰相王淮的理财、整军、备战，是"悦于功利之卑说"。他又针对陈亮、叶适的功利之学，说什么"今世文人才士，开口便说国家利害，把笔便述时政得失，终济得甚事！只是讲明义理以淑人心，使世间识义理之人多，则何患政治之不举耶！"因此，在义利关系问题上，陈亮反对重义轻利，反对把仁义道德与功利对立起来，他还公开标举功利主义的旗帜，认为道德和功利是统一的："功到成处，便是有德；事到济处，便是有理。"道德义理并不在事功之外，而正是在事功之中。

在这个问题上，叶适的观点与陈亮完全一致。他也注重实际功效，反对重义轻利。当时的道学家们，对董仲舒的反功利主义思想极为推崇，认为这是“处事之要”。叶适在《习学记言》卷二十三中针锋相对地驳斥道：“‘仁人正谊不谋利，明道不计功’，此语初看极好，细看全疏阔。古人以利与人，而不自居其功，故道义光明。后世儒者行仲舒之论，既无功利，则道义者，乃无用之虚语尔。”这就是说，有道德的人，并非完全不要功利，而是谋求其利，并将利益给予他人。这种人讲求功利，但又不自己恃功伐能，这才是道义光明；相反，当今的道学家们，拾取董仲舒的余唾，满嘴仁义道德，而不能给人以丝毫实际利益，这才真是虚伪到极点了。叶适不仅对与他同时的朱、陆道学进行批判，而且探本求源，对历史上非功利的唯心主义流派也进行了总结清理。对于陈亮、叶适的“功利之学”，朱熹在《朱子语类》卷一二二中批判道：“陆氏之学虽是偏，尚是要去做个人；若永嘉、永康之说，大不成学问！不知何故如此？”看来，被朱熹攻击为“大不成学问”的唯物主义“功利之学”，以其一定的理论深度，击中了道学唯心主义的某些要害，其在哲学认识史上的地位是值得重视与研究的。

陈亮、叶适的哲学思想，是十分丰富的，也是多方面的。尤其是他们提倡的“功利之学”，是以富国强兵、“中兴”“复仇”为目的的，也是一切以对当时的抗金斗争是否有利来衡量的，其进步意义是明显的。同时，他们对朱熹等人理学非功利主义思想的批判，又是比较深刻的，含有一定的唯物主义因素。陈、叶的功利主义学说，对明清之际唯物主义“经世致用”之学的发展，也有着直接的影响。

# 隔河看花

——王守仁对“心学”的全面发挥

宋明理学，既包括程朱的客观唯心主义哲学思想，也包括陆王的主观唯心主义哲学思想。由陆九渊开创的以“心本论”为基础的“心学”，到明朝中叶，经过王守仁对“心外无物”“心外无理”等命题的论证，以及“良知”说、“知行合一”说的确立，全面发挥了陆九渊的“心本论”，对明代中叶及其以后的哲学思潮，产生了巨大的影响。

有一天，风和日丽。上午处理完公事的王守仁，兴致很高，便约了一位老朋友，早早吃罢午饭，不带随从，微服到一个叫南镇的地方去游玩。

这南镇依山傍水，风景秀丽，是个理想的休憩之所。王守仁同朋友来到河边，找到一块较为平坦的空地，一边散步，一边闲谈。

朋友指着河对岸盘根于岩石上盛开的桃花，问道：“按先生所言，世界上没有心外之物，万物都是由心所生。那么，这深山中的桃花，自开自落，与我的心有什么关系呢？”

王守仁回答说：“意之所在便是物。这是世界上共通的道理，深山中的桃花也是如此！我问你，今天上午你有这桃花的印象吗？”

朋友说：“没有。这是由于我没有看到它啊！”

王守仁说：“不对。你上午由于忙别的事情，心里根本不可能想到桃花，也就不会看到什么桃花了。当你没有看到这些花时，此花与你的心都处于寂静虚无状态；你来看花时，花的颜色才在你的感觉之中逐渐显现出来，并且愈来愈清楚明白。这是因为你的心中已经开始有了‘桃花’的缘故。可见，这些花并不是在你的心外而独立存在的东西，其实它们早就存在于你的心中，只不过你没有想起来罢了。总之，世界上的万事万物，无不包藏于我的心中。岂不闻南宋陆象山夫子所言：‘宇宙便是吾心，吾心即是宇宙！’”

朋友听着，似懂非懂，又略有所悟。两人边走边聊，继续朝前走去。

按照常人的理解，当然花树是独立于人的思维之外的客观事物，人们可以感觉它，认识它。但是，主观唯心主义者不是这样。他们认为世界上的任何事物，都只存在于自己“心”中，心外不存在任何客观的事物，自然也包括岩中花树。作为中国古代心学唯心主义集大成者的王守仁，必然更是如此。

王守仁（1472—1529），字伯安，浙江余姚人。因创办“阳明书院”，世称阳明先生。他的主要哲学著作为《传习录》和《大学问》，后人将他的思想材料编为《王文成公全书》，共38卷。他是明代理学中最有影响的思想家和哲学家，也是明代哲学“心学”运动的代表人物。明武宗、世宗时，曾任南京兵部尚书。由于他以机智的谋略，带兵以少胜多地平定了宁王叛乱等事件有功，被封为“新建伯”。尽管如此，他本人却遭受和经历过“百死千难”的政治危机，晚年其学说也受到压制。他倡导的心学复兴运动，不仅继承了宋代陆九渊心学的发展方向，而且针对明中叶政治极度腐败，程朱理学逐渐僵化的现实，具有时代意义。同时，他的思想也努力在儒家思想基础上吸取佛教思想营养，把北宋以来理学扬弃佛老的过程推向了一个高峰。

从总的倾向上看，王守仁所坚持的哲学思想，由于片面夸大了人的意识的能动作用，是一种主观唯心主义理论。他不仅认为“心外无物”，也认为“心外无理”，其整体上也是对理学客观唯心主义的一种否定。

青年时代的王守仁，曾在朱熹的影响下尝试从事“格物穷理”的功夫。有一天傍晚，王守仁与他的朋友钱友同在自己屋中，点着灯兴趣盎然地一起讨论关于怎样才能做圣贤的事。他们不约而同地想到，南宋著名理学家朱熹说过：天下万事万物、一草一木，都有“理”在。要做伟人和圣人，就应该认真去格物，即认真研究和认识具体事物，从其中悟出一般的道理，以此逐步达到圣人的境界。

谈到投机处，两人放声大笑。窗外院中的竹子也许受到了感染，在晚风的吹拂下“沙沙”作响，仿佛在点头赞许似的。

王守仁站起身来，推开了窗户，默默地注视着黑暗中摇曳着身姿的竹子。钱友同来到了他的身边，他也浑然不觉。只听钱友同悄声问道：“伯安兄，你在想什么？”

“我在想，既然朱子说世界上一草一木都包含了理在，那么这‘岁寒三友’之中的竹子当然也不例外喽！”王守仁头也不回地答道，语气中充满了虔诚。

“那当然！”钱友同认真地说道，也略有所思起来。

突然，钱友同拉开大门，轻步走到了庭院里。他来到一丛郁郁葱葱的竹子前，借着从窗户中透出的光亮，仔细端详起来。王守仁也跟了出来。

“伯安兄，请你给我去拿件衣服来。我想借你的宝地开始格竹子了，看看其中究竟有些什么理？”钱友同说着，便坐在了地上，面对竹子仔细格起来了。

就这样，一连3天，钱友同竭其心思，专注地格着竹子。结果，3天下来，钱友同病倒了，仍然未能悟出其中的理来。

王守仁一边照料着钱友同，一边思忖着：也许是他行动太仓促了些，准备工作没有做好，以致中途精力不足而染病。对了，一定是这样。等他好了后，我要认真做点准备，然后再亲自去格竹子，肯定能够领悟出朱子所说的理。

过了数日，钱友同的病完全康复，便辞别王守仁回家了。

送走朋友后，王守仁开始做格竹子的准备工作了。他再一次认真阅读了朱熹的有关“理学”的著述，同时也准备了一些干粮和水。确信自己准备比较充分后，王守仁关上了自家的院门，端坐于竹前，认真穷格起来。

开始几日，王守仁精力尚可。然而，尽管他冥思苦索，夜以继日，仍然不知道竹子中的理在哪里。但是，王守仁是个意志力十分坚定的人，他平时最反对做事半途而废，所以没有丝毫的犹豫，坚持格着竹子。就这样，一直坚持到第7日，自己也劳思成疾，不得不中止了格竹子，无可奈何地躺到了病床上。

钱友同知道王守仁格竹子也生了病，便带着礼物来看望老朋友。两人见面后，谈及格竹子的事，相视大笑起来。他们慨叹道："圣贤是做不得的，因为我们没有什么大的力量去格物了。"由此开始，王守仁逐渐产生了对格物的困惑，也开始怀疑起朱熹的格物穷理、理在物中的学说来。

后来，王守仁由于生活的变故，使其在著名的"龙场大悟"中，彻底与朱熹的格物穷理说决裂，由相信"理在物中"转向"理在心中"。从哲学上说，就是从客观唯心主义转向主观唯心主义了。王守仁主观唯心主义世界观的基本命题是"心外无理""心外无物"。他继承了从孟子到陆九渊的主观唯心主义传统，把"心"作为万事万物和万理的本体，认为"心之本体无所不赅"，举凡自然界、人类社会，一切事物的法则，乃至各种道德伦理规范等，无一不是由心所派生的。所以他在《与王纯甫书》中指出："心外无物，心外无事，心外无理，心外无义，心外无善。"这是和陆九渊一模一样的主观唯心论，所不同的是，王守仁在论证"心外无理""心外无物"命题时，比陆九渊的"理论性"更强一些罢了。

公元1505年，明孝宗死，武宗即位，时年15岁。太监刘瑾用声色犬马引诱小皇帝，把持朝政，弄得朝纲紊乱。许多大臣联名上疏，请求罢免刘瑾，却反被刘瑾陷害而罢职或入狱。时任兵部主事的王守仁，不顾当时严峻的政治局势，冒死抗疏救援这些大臣，提出"宥言官，去权奸"，将攻击的矛头直指刘瑾。结果，又被刘瑾于12月矫旨、廷杖后下狱。

王守仁入狱后，始终保持坚强而平静的精神状态，没有丝毫的气馁。他除了叹息政局的黑暗状况，有时也想到家庭和自己对现实政治的无能为力，流露出"思家有泪仍多病，报主无能合远投"的悲愁心态。但他不畏打击，决心继续研究和追求儒家的道路，探索个人微妙的命运。后来，在许多朋友的说情与斡旋下，王守仁总算保住了一条命，被判处谪贬龙场（贵阳西北修文县）。

在远谪龙场的途中，由于前段时间的牢狱生活，王守仁的肺病复发，身体更虚弱了。然而，这种身心交困的遭遇并没有使他怨天尤人。一路上，他一方面庆幸自己的死里逃生，同时也利用住下养病的机会欣赏自然界清新的各种美景，借以调适自己的心态。但刘瑾一直没有放过王守仁。1507年3月，刘瑾将王守仁等53人列为奸党，榜示朝堂，随后又密遣心腹赴流放途中刺杀他。王守仁为了摆脱刺客的追杀，便假装投江自杀，秘密躲进武夷山中隐居。过了一段时间，惊险的风浪过去后，王守仁又像游方僧一样飘向人间，再赴龙场。他曾在《泛海》的诗中，写下了表达自己越过极端艰苦处境后的超脱心情：

险夷原不滞胸中，
何异浮云过太空。
夜静海涛三万里，
月明飞锡下天风。

这种情绪的获得，不能说与他平常注重自己内心世界的磨砺无关。这也必然成为王守仁日后坚持彻底的主观唯心主义的重要实践基础。

公元1508年3月，历经千辛万苦，王守仁终于到达了龙场驿。原来，此驿规模很小，仅有驿丞1名，吏1名，马23匹，铺陈23副。他刚到时，没有住所，就自搭了一个草棚。不久，王守仁的随从三人由于水土不服而相继病倒，他只能亲自做饭，并照顾随从。这里的居民大都是苗彝等少数民族，语言难通。王守仁放下架子，不断学习，与这些人相处也比较好。不久，人们帮助王守仁盖了几间砖木房屋，整修石洞，后来这些建筑被称为“龙冈书院”，王守仁便在此收徒讲学。

在这种孤寂处境里，王守仁已能超脱世间一般的荣辱得失，只有生死一念仍在心中徘徊。他日夜端居默坐，向心中格物求理。这时王守仁已把“格”解释为“正”，即将不正纠正为“正”；“物”则定义为“意之所在”。因此，“格物”就是纠正意之所在，防止自己的思想被外物引诱而偏离“圣人之论”。从而也使他悟出了“格物致知”的道理，就是自己心中有生来就具备的“良知”和做人的准则，没有必要向外寻求真理，只在自己心中寻求就“自足”了。经过龙场这一“悟”，即一种神秘体验的获得，王守仁终于建立了知行合一的新学说，解决了朱熹的学说在他心中长期存在的疑惑。

公元1510年，王守仁3年谪迁期满，升任江西庐陵县知县。不久，刘瑾伏诛，王守仁于1512年又调回南京。相对稳定的生活环境，使王守仁有了较多的时间从事学术活动。他在南京城结交了许多当代的名人学士，经常在一起研讨哲学问题，收徒讲学的规模也扩大了。从而使他的“知行合一”论的思想特色，也得到了进一步的展开和发挥。

王守仁的学生曾经问他：许多人都知道对父母应当孝顺，对兄弟应当友爱。但是，在实际中却并非如此。世界上不孝顺父母、不友爱兄弟的人有的是，知与行明明是分离的，怎么先生说是“合一”的呢？

王守仁回答说：“这种情况确实存在。但是，这些人的知行合一已经被自己的私欲隔断，不是知行的本体了。实际上，没有哪个人知道了一件事的道理而不去实行的。那种标榜自己知道了某些道理，却并不去自觉地实行这些道理的人，实际上并未真正明确这样的道理，仍然对这些道理处于未知的阶段。”所以，他在《传习录》里反复强调：“真知即所以为行，不行不足谓之知”，“知是行之始，行是知之成”，“知是行之主意，行是知之功夫”等，不厌其烦地说明知与行是不可分离的，劝诫人们“一念发动处便即是行”，以使自己的不良思想泯灭在萌芽状态。

公元1527年，王守仁被任命为两广总督及江西湖广军务兼都察院左都御史，奉命镇压广西思恩、田州少数民族的起事。他在离开浙江老家出征前八月，让长期跟随自己帮助指导新来弟子的钱德洪记录下全面阐述自己哲学思想的《大学问》。这年9月8日，钱与其他两人访问同门张元冲于舟中，在讨论学术宗旨时发生了分歧，于是晚上去天泉桥请教王守仁。王守仁便以“四句教”对自己的学术宗旨加以说明。这四句诗是：

无善无恶心之体，
有善有恶意之动。
知善知恶是良知，
为善去恶是格物。

这四句诗的阐发，史称“天泉证道”，尽管后人对此事见仁见智，争论不休，但它仍然集中体现了王守仁的“知行合一”的心学思想，也是显而易见的。

王守仁的心学，虽然是主观唯心主义的东西，但是其重视人的主观能动性的思想，又是有一定积极意义的。同时，王学作为道学唯心主义逻辑发展的终点，在社会矛盾空前激荡的晚明时期，以无法自解的内在矛盾孕育着自我否定的契机，也就预示着王学的分化必将出现新的哲学启蒙。

# “石龙书院学辩”

## ——王廷相的“气无灭息论”

宋、明道学唯心主义的空谈，对社会的发展与学术的繁荣，都带来了多方面的负面影响。经过南宋“事功派”陈亮、叶适和明代罗钦顺等思想家反对道学唯心主义两大流派的斗争，唯物主义者积累了经验，不断地提高了自己的理论水平。王廷相与罗钦顺一样，通过对唯心主义成熟形态作比较深入的研究与中肯的批判，成为明代中叶后反道学的著名前驱启蒙人物。

在明代，为了培养大批学生，出现了一些书院。嘉靖年间的一天，在南京黄绾先生主持的石龙书院里，新出现了一篇名为《石龙书院学辩》的学训。这条学训制作在书院门口的壁障上，引起了师生们的极大兴趣，纷纷围观并议论着。只见那“学训”上写道：

> 世有闭户而学操舟之术者，何以舵，何以招，何以橹，何以帆，何以引笮，乃罔不讲而预也。及夫出而试诸山溪之滥，大者风水夺其能，次者滩漩汩其智，其不缘而败者几希。何也？风水之险，必熟其机者然后能审而应之，虚讲而臆度，不足以擅其工矣。夫山溪且尔，而况江河之澎汹，洋海之渺茫乎！彼徒泛讲而无实历者，何以异此？

仔细看来，“学训”的内容是批判当时颇为流行的程朱、陆王唯心主义治学态度与方法的，对道学家们提倡的闭门读书，“虚讲而臆度”，没有经历“风水之险”却又空谈“操舟之术”者，提出了尖锐的批评。同时教导大家要“脱其禅定支离之习”，弃其“空寂寡实之学”，树立“经世致用”的良好学风。“学训”的结尾，署名“仪封浚川子”。这篇仅数百字的文章，立即打破了书院的宁静，人们交口称赞，竞相传抄，使其名重一时。

这“浚川子”不是别人，正是明代著名哲学家王廷相的别号。王廷相（1474—1544），字子衡，号浚川，河南仪封（今河南兰考）人。他的先祖是山西人，不是豪门名族。王廷相十分聪慧，“幼有文名”，是明代文坛著名的“前七子”。他22岁中举，28岁中进士，开始步入仕途。正德初年受到刘瑾迫害，遭到贬谪。后又任御史、右副都御史、山东副使、南京兵部尚书、左都御史等职，多是负责管理学校教育方面的工作。晚年，因事受牵连，罢归家居。

王廷相正直刚毅，敢于同邪恶势力斗争。他除被刘瑾谪贬外，还因反对宦官廖鹏而被逮捕下狱。嘉靖年间，他挺身而出，抨击严嵩专权，在当时朝廷士大夫中，气节卓然，威望很高。王廷相重视现实，提倡“经世之学”，对自然科学也有深刻的研究，曾写过天文、音律方面的著作，对农学、生物学等也十分关心，曾为北魏贾思勰的《齐民要术》作过序。政治上的进步倾向，自然科学的知识，是王廷相的唯物主义哲学思想形成的重要基础。他一生勤于著述，硕果累累。著作有《王氏家藏集》和《内台集》。其中《慎言》《雅述》《太极辩》《横渠理气辩》《答何柏斋造化论》《答薛君采论性书》等，为其哲学代表作。

王廷相的哲学成就是多方面的。他不仅以不妥协的批判精神对道学唯心主义进行了深刻揭露，同时也继承和发展了张载的元气本体论，较好地坚持了“气本”与“气化”相结合的唯物主义宇宙观，阐明了“见闻”与“思虑”相结合的认识论，等等。尤其是他在“元气实体”的基础上提出的“气无灭息”的观点，大大丰富和发展了物质不灭理论。

王廷相同张载一样，充分肯定元气是构成天地万物的唯一物质实体。

他在《慎言·道体》中说："天内外皆气，地中亦气，物虚实皆气，通极上下，造化之实体也。"又说："二气感化，群象显设，天地万物所由以生也，非实体乎？"他肯定上天下地、虚空和实物，整个宇宙，都充满了物质性的气，都是由气所构成的。气作为造化万物的"实体"，是整个宇宙统一的基础。显然，气为实体的观点，是王廷相唯物主义世界观的理论基础。

万物不论虚实，都是气，离开了气这个实体，事物都无从产生。这表明王廷相也继承了张载哲学中关于虚空的理解。他认为，世界上并不存在什么绝对的虚空，虚空不离气，气也不离虚空。气是虚空中固有的、永恒的物质实在。正是由于元气的作用，才化生出万物。王廷相在《答何柏斋造化论》中指出，元气有两种：一种叫"太虚真阳之气"，另一种叫"太虚真阴之气"。"真阳"与"真阴"两种气互相感应，互相触发，就产生了日、月、星辰。然后，"日月之精交相变化，而水火生矣。……土者，水之浮滓，得火而结凝者；……金、石、草、木，水、火、土之化也"。他还指出，不仅自然界的无机物是元气交感的产物，而且有机体也是元气交感的结果，包括人类社会、人伦关系、道德名教等，也都是元气演化的结果。在《慎言·道体》中，王廷相有一段话概括地阐明了这一思想："有太虚而后有天地，有天地而后有气化，有气化而后有牝牡，有牝牡而后有夫妇，有夫妇而后有父子，有父子而后有君臣，有君臣而后名教立焉。是故太虚者，性之本始也；天地者，性之先物也；夫妇父子君臣，性之后物也。"他在这里所说的"性"，是标志元气本体的范畴。王廷相认为太虚元气是万物的本原、始基，天地是由元气本体首先形成的事物，而人伦关系是由元气本体后来才形成的事物。尽管万物形成有先后，但从根本上说，还是太虚元气。王廷相的这一理论，从客观世界本身来解释客观世界，排除了超自然、超社会的神秘的精神主宰的存在，含有粗略的进化论观念，这些都属于朴素唯物主义和辩证法的思想因素。

气的结聚，导致了万物的生成；而气的弥散，则使气返回到了它自己的本来状态"太虚"。王廷相认为，元气与万物都处在永恒的变化之中，气有聚散，物有成毁，但元气本身却是不会产生和消失的，它不会增加，也不会减少，其总量永恒不变。他在《慎言·道体》中强调："气有聚散，无灭息。雨水之始，气化也，得火之炎，发蒸而为气。草木之生，气结也，得火之灼，复化而为烟，以形观之，若有有无之分矣，而气之出入太虚者，初未尝减也。"在这里，王廷相明确提出了"气无灭息"的物质不灭观点，并举例进行了论证：雨水在烈日下蒸腾，会变成云烟状的气体，雨水是元气聚结的一种状态，蒸气则是元气分散的一种状态，就如同冰可以化为水，冰是聚集状态，水是分散状态一样。同样，生长茂盛的草木，是元气凝结而成；而被火燃烧后，变化成了云烟。这些都绝不能说聚集的状态才是"有"，分散的状态就是"无"；而只能说从形体来看，万物似乎存在着"有""无"之分，但从实质上看，聚和散不过是物质的不同形态，它们都是"有"，也都是元气的不同表现形态。王廷相还从具体万物的产生、发展、衰落、消亡的过程，来论证元气永恒存在，认为万物的实体元气，无论聚散，自化、育、大、久、衰、散到"无"，它都未尝息灭。这些都显然是指物质的具体形态可以相互转化，但宇宙的物质总量是不会减少的。这也就进一步发展了张载的元气本体论思想，因为张载曾经提出过太虚元气是万物的本体，元气和万物的关系是聚散关系，但他还没有明确提出物质运动其总量不减的思想。后来，明清之际的王夫之又对这个思想作了接近于近代自然科学新的论证和说明。

王廷相依据自己的"元气一元论"，对宋明以来长期争论不休的理与气的关系问题，做出了唯物主义的回答。在反对程朱理学的斗争中，他鲜明地提出了"理根于气""理生于气""理载于气""万理皆出于气"的命题。王廷相认为，气分为元气和生气，元气无形，生气有形。元气相当于张载说的太虚之气，生气相当于张载说的游气。不论生气、元气，其中都具有理，理即寓于气之中。他在《慎言·道体》中说："理载于气，非能始气也。世儒谓理能生气，即老氏道生天地也。"又在《慎言·五行》中说："气也者，道之体也。道也者，气之具也。"他指出，宋儒以为理能生气，完全是错误的，理不能离气，气是宇宙的唯一实体，理是气所固有的秩序、规律与条理。王廷相讲的理“载”气，表明理不是独立存在的实体，理以气为受载的实体，理本身只是“虚而无著”的，既无形体迹象，又无动静运动，它是不可能产生气的。理不能悬空独立存在，必须以气为本，气在理先。如果以为理在气先，那就与老庄没有什么区别了。王廷相认为，既然理不是实体，没有运动，气才是有运动的实体，所以气是第一性的，理是第二性的。他甚至还提出，气与理的这种关系，有如人有耳目才有聪明一样。

王廷相还针对理学家提出的“道一而不变”的形而上学观点，提出了“道在气中，气变道亦变”的理论。他认为，气是永恒不灭的，但经常处在变化之中；理在气中，气有变化，理也不能不变。气的不同形态，就会表现不同的理。程朱学派强调理永恒不变，对此王廷相在《雅述》上篇批评说：“元气即道体，有虚即有气，有气即有道，气有变化，是道有变化。气即道，道即气，不得以离合论者。或谓气有变，道一而不变，是道自道，气自气，歧然二物，非一贯之妙也。”就是说，理在气中，如说气变而理不变，就割断了理与气的联系。王廷相又指出，理并不是永恒的，而是具有历史性的，不同时期即有不同的理。他在《雅述》下篇说：“儒者曰：天地间万形皆有敝，惟理独不朽。此殆类痴言也。理无形质，安得而朽？以其情实论之，揖让之后为放伐，放伐之后为篡夺，井田坏而阡陌成，封建罢而郡县设，行于前者不能行于后，宜于古者不能宜于今，理因时致宜，逝者皆刍狗矣，不亦朽敝乎哉！”明确指出，理是没有形质的，无所谓朽或不朽；但在人类历史上，不同的时期有不同的具体情况，也就表现不同的理，古代的理到了后世就不起作用了。所以，理不是永恒不变的。汉代董仲舒提出的“天不变道亦不变”的形而上学唯心主义观点，程朱理学大加发挥，到王廷相才从唯物主义的观点加以有力批判。王廷相提出的“道有变化”，理“因时致宜”的命题，是对唯物主义的一项重大贡献。

对于程朱强调“万物一理”说，王廷相也对之进行了分析批判。他指出，不能专讲理一，也应当讲理万。他在《雅述》上篇说：“天地之间，一气生生，而常而变，万有不齐，故气一则理一，气万则理万。世儒专言理一而遗理万，偏矣。天有天之理，地有地之理，人有人之理，物有物之理，幽有幽之理，明有明之理，各各差别。”在王廷相看来，各类事物有各类不同的理，所以有统一的理，也有分殊的理，仅仅笼统地专讲理一，那是非常片面的。这实际上也是对理学家把封建的伦理纲常关系永恒化、绝对化的观点，从哲学上进行了否定。

由于王廷相较长时间从事学校教育工作，使他比较重视实践，也比较重视“行”在认识中的作用。他认为“讲”与“做”要相结合，在做中才能获得“真知”。如果只能说不能做，只能叫作“想象”，想象距离“真知”还遥远得很。王廷相将“行”有时又叫作“实历”“履事”，他已经提出了“实践”的概念。他在《与薛君采二》中，告诫人们要认识事物，光凭口耳讲说不行，还要于“实践处用功，人事上体验”。他所说的“行”“履事”“实践”，包括日常活动、道德行为等内容，虽然还不是指科学的社会实践，但仍不失为一种朴素唯物主义的实践观。这里，王廷相比较准确地抓住了程朱、陆王唯心主义认识论的基本特征，都是主张闭门静养，因此都是以脱离实践为特征的。他在《石龙书院学辩》中认为，程朱学派的认识论好似“闭户而学操舟者”，关起门来，侈谈操舟之术，如何使舵，如何用橹，如何操桨，如何挂帆，每一个细节都讲论到了，自以为懂得操舟之术了。可是一到江河湖海里去实际操舟时，不是“风水夺其能”，就是“滩漩汩其智”，没有不失败的。这个批判对程、朱、陆、王之学是十分中肯的。

在明代，王廷相哲学的唯物主义特色是最鲜明的。尽管他的思想中，也存在着某些不完善和局限性，但他在自然观方面继承与发展了张载的元气本体论，在认识论上对程朱、陆王的唯心主义先验论进行了比较深入的批判，这在宋明理学占据统治地位的情况下，是有重要意义的。从哲学发展史来看，王廷相也是唯物主义哲学发展链条中不可缺少的一环，他上承张载，下启王夫之，成为我国封建社会后期一位承上启下的重要哲学家。

# “冷风热血，洗涤乾坤”

## ——黄宗羲历史哲学中的早期启蒙主义思想

史称：“阳明先生之学，有泰州、龙溪而风行天下，亦因泰州、龙溪而渐失其传。”“泰州”指王守仁的门徒王艮所创立的“泰州学派”，“龙溪”指王守仁的高足弟子王畿。王守仁的“心学”理论，因泰州、龙溪的发挥与到处传播，而大受世人推崇；但又同时因这些学派与人物的思想已超出了儒学的范畴，而使王守仁的“心学”走向了反面。其中，明末清初著名哲学家和早期启蒙主义者黄宗羲的思想，即体现了这一趋向。

晚明时期，继泰州学派出现的东林及其稍后的复社，以书院讲学或结社会讲的形式，讽议朝政，裁量人物，“兴复古学，务必有用”。他们认真清理宋明道学的理论，坚持反对当朝权贵的斗争，直接影响了明清之际早期启蒙思潮的发展。黄宗羲在《明儒学案·东林学案》有一段表彰东林志士的话：“数十年来，勇者燔妻子，弱者埋土室，忠义之盛，度越前代，犹是东林之流风余韵也。一堂师友，冷风热血，洗涤乾坤。”这掷地有声的“冷风热血，洗涤乾坤”八个大字，是黄宗羲对思想先驱的高度评价，也是他的自诩之词。

黄宗羲（1610—1695），字太冲，号南雷，学者称其为梨洲先生，浙江余姚人。他的父亲黄尊素为明朝御史，也是“东林党”著名首领，遭阉党首领魏忠贤所害，死于狱中。崇祯帝即位后，年轻的黄宗羲赴京为父申冤，等他赶到北京时，阉党垮台，魏忠贤已死。黄宗羲上疏请诛魏忠贤爪牙曹钦程、李实。在廷审时，黄宗羲与许显纯、崔应元对簿公堂。突然，黄宗羲从衣袖中拿出藏着的铁锥，猛刺许显纯，使许血流全身；又殴打崔应元，拔下他的胡须归祭父亲神主。闭廷后，黄宗羲又去追杀牢卒叶咨、颜文仲，因其父黄尊素在狱中曾遭他们的迫害。此时曹钦程已因阉党逆案而下狱，李实疏辩原案非出于他手，还偷偷差人送给黄宗羲 3000 两银子，求他私下了之。黄宗羲立即上奏说："李实今日犹能贿赂公行，他所辩之词可信乎？"在与李实对簿公堂时，黄宗羲又拿出铁锥刺去，当即被看守官兵阻止。黄宗羲同那些曾经遭到阉党陷害致死的诸家子弟，在牢狱门前设祭亡灵，哭声传遍四周。崇祯帝闻知此情形后叹息说："忠臣孤子，甚恻朕怀。"黄宗羲被免罪归家。他同阉党余孽的斗争，名闻全国，他也成为"复社"领袖。

黄宗羲回家以后，勤奋读书，他痛恨科举制度禁锢人们的思想，发愤要改变为应付科举而读书的不良风气。凡诸子百家的书他全读，兼收并蓄，博览群书。读完家中的藏书，他就去远近的藏书楼抄书，集各楼堂的抄本和自己家中祖传藏本，建立了"南雷续钞堂"藏书楼，勤学苦读不倦。这时候，山阴（今浙江绍兴）人刘宗周讲学名声很大，黄宗羲便来到山阴从学于刘宗周。浙东一些高才名士皆集于山阴，尤以黄宗羲和他的两位弟弟黄宗炎、黄宗会最具异才，有"浙东三黄"之称。

明朝灭亡后，清兵入关南下，在浙东的孙嘉绩、熊汝霖拥立明朝宗室鲁王朱以海监国，建立政权，依钱塘江天险抵抗清军。黄宗羲激于民族义愤，集乡里子弟数百人，号称"世忠营"，上四明山抗清。鲁王封黄宗羲为御史。后来鲁王抗清失败，逃亡海上，黄宗羲即乘舟赴海与鲁王会合，被授左副都御史。他在海上坐舟讲学，还注《授时》《泰时》《回回》三历书。鲁王漂流至日本海岸，仍不得志，黄宗羲认为复明已经绝望，便于 1656 年返归故里，重入书院进行讲学，从事学术研究和著述。四方从学之士也纷至沓来，听他讲学论道。黄宗羲反对空谈，注重"实学"，他的学问非常渊博，通天文、算术、乐律、经史百家，以及佛、道诸书，尤精史学，他与当时的孙奇逢、李颙并称三大儒。黄宗羲著有《明夷待访录》《孟子师说》《明儒学案》《宋元学案》等，其学术著作的特点侧重在史学研究上，开创了清代史学的新风气；其哲学思想也比较注重社会历史领域，发展了我国的历史哲学思想。

清初，康熙皇帝几次要召黄宗羲进京供职。他认为既然自己曾以复明为宗旨抗清，便坚持民族气节，决不任清朝官员，所以都被他婉言谢绝。他隐居讲学后，首先总结“东林”“复社”同封建特权势力斗争的经验，阐述自己的社会改革思想。1662 年（康熙元年），他写出了光辉著作《明夷待访录》。书中对封建专制主义作了深刻的批判，充分反映了早期市民运动影响下地主阶级改革派的政治、经济、文化主张和早期启蒙思想，是一部反映黄宗羲政治思想的力作，也可以看作是他的一部重要的历史哲学著作。

《明夷待访录》有个重要特点，就是接受儒家的思想传统，把唐虞三代描述为理想的治世。黄宗羲在该书的小序中说：“三代之盛犹未绝望也”，表现出浓厚的复古思想。与他同时代的顾炎武反复研读后，称赞其为“百王之敝可以复起，而三代之盛可以徐还”。清末的梁启超也极力称赞此书，在《清代学术概论》等书中认为，它“最有影响于近代思想”，“对于三千年专制政治思想为极大胆的反抗”。同时指出，梁启超与“谭嗣同辈倡民权共和之说”，通过对该书的宣传，“于晚清思想之骤变，极有力焉”，“我自己的政治运动，可以说受这部书的影响最早而最深”。简直把这本书当作“十七世纪的中国民权宣言”来看待了。这里看似有矛盾，但实际上是一致的。黄宗羲在该书中，常以“古者”与“今也”作对比。所谓“今”大体指三代以后，即秦汉直到明代；所谓“古”，不能简单说就是向后看。因为书里所说的“三代”，实际上讲的是儒家“大同”社会的理想。在近代中国资产阶级革命的历史进程中，无论是主张君主立宪的康、梁，还是领导民主革命的孙中山，都把“大同”世界和“天下为公”作为最高的理想，这是西方民主革命历史中未曾有过的。所以我们透过黄宗羲貌似“复古”的外衣，可以看到其中折射出的他所憧憬的某些新时代曙光，以及由此交织而成的一幅具有中国特色的社会变革的理想图景。这一点对近代资产阶级改革家们，是有所启迪的；同时似乎也可说，这也可成为中国传统思想文化走向近代的接合点。

的确，在黄宗羲的历史哲学思想中，明显地带有近代启蒙主义思想的意味。他不仅认为人的“自私”和“自利”是正当的，而且触及“自私”和“自利”个体之间的互相关系等问题。尤其是他反对君主专制，主张提高宰相的地位和学校参与议政，强调废私法而立公法等观点，是十分出色和影响巨大的。

在封建时代，儒家的正统思想基本上认为君民或君臣是绝对的隶属关系，臣民对于君主只有服从的义务。黄宗羲批判了这种看法，指出秦汉以后的君民或君臣关系都是不合理的。他在《明夷待访录·原君》中认为，在上古时代，君主的最初设立是因有人能为天下兴“公利”，除“公害”，“不以一己之利为利，而使天下受其利；不以一己之害为害，而使天下释其害”，于是受到人民的拥护，推戴以为君主。在这种情况下，“以天下为主，君为客”，即天下人民是主，君是客，君所做的工作是为了天下人民。但后来君主要独占一切利益，把害处都推给别人，颠倒了主客关系，“今也，以君为主，天下为客，凡天下之无地而得安宁者，为君也”。君主强迫天下人民为他一人服务，也标榜“大公”，但所谓“大公”只是他一个人的大私而已。“以我之大私为天下之大公。”于是君主就把天下看作“莫大之产业”。他举例说，汉高祖刘邦取得政权以前，他父亲曾埋怨他不如老二会挣家业；当他当了皇帝以后，就骄傲地对他父亲说：“我所得到的产业，比二哥谁多？”这就把君主以天下为“大私”的心情完全表露出来了。君主既把天下看作自己的产业，“其未得之也，荼毒天下之肝脑，离散天下之子女，以博我一人之产业，曾不惨然，曰我固为子孙创业也”；得到以后，便“敲剥天下之骨髓，离散天下之子女，以奉我一人之淫乐，视为当然，曰此我产业之花息也”。君主过着荒淫无耻的生活，而天下人民被敲骨吸髓，陷于痛苦的深渊。这样，君主实际上是天下人民的大害。所以，黄宗羲指出，有这样的君还不如无君。“向使无君，人各得自私也，人各得自利也”，为什么让君主一人独占一切利益呢？他还指出，秦汉以后的君主，被臣民看作“寇仇”，称为“独夫”都是应当的。黄宗羲严厉排斥了秦汉以后君权至上的专制主义制度，其“以天下为主，君为客”的主张是相当鲜明的初步民主思想。

黄宗羲在《明夷待访录·原臣》中，对君与臣的关系也进行了阐述。他认为，“缘夫天下之大，非一人之所能治，而分治之以群工。故我之出而仕也，为天下，非为君也，为万民，非为一姓也”。人们出来做官，应该为人民办事，不应专为君主一家一姓服务。他严格区分了“臣”与“仆妾”，臣应“以天下为事”，而“君之仆妾”则仅是为君主“奔走服役之人”。臣应该是君的“师友”，不应做君主私人的奴仆。黄宗羲认为，君臣是共同治理天下的人，治天下好比拉大木头，前后边的人要互相呼应。于是他提出君臣“名异实同”的观点，这就打破了传统的“尊君卑臣”的观点，提高了士大夫的地位。他指出，为臣的人应该努力追求“天下之治”，给人民以安乐，“盖天下之治乱，不在一姓之兴亡，而在万民之忧乐”，朝代的兴亡不是治乱的关键。他完全从“万民”的生活来解释治乱的意义，把一姓之兴亡看作并不重要的事情。他还对于“杀其身以事其君”的传统道德观念，提出了反驳，认为臣不是“为君而设”的，所以也不必为君而死，臣所追求的应该是人民的利益。黄宗羲关于君臣君民的学说，在一定程度上打破了“君为臣纲”的传统思想，表现了明显的初步民主思想。

因此，黄宗羲提出要抑制绝对君权，主张提高宰相的地位。他在《明夷待访录·置相》中，引用伊尹、周公摄政的故事，认为“以宰相而摄天子”的职分，古已有之，用不着少见多怪。他提出要建立“每日便殿议政”的制度，对进呈的奏章，要君臣“同议可否”，然后由“天子批红”。批不完的，“则宰相批之，下六部施行”，不用再上呈皇帝。他还主张宰相设“政事堂”，用以接纳“四方上书言利弊者及待诏之人”，由此做到下情上达、集思广益，这比之君主个人专行独断，在政治体制改革上前进了一大步。同时，黄宗羲认为还应该用法制来约束君主，君主要依法行事。对于君主与法制的关系，黄宗羲在《明夷待访录·原法》中提出了自己的看法，他区别了“天下之法”与“一家之法”，认为前者是为天下人兴利除害，后者则为保其一家“利欲之私”，故“法愈密而天下之乱即生于法之中，所谓非法之法也”。因此他主张要立公法而废私法，并提出“有治法而后有治人”的观点，把法治摆在人治之上，这已有“君主立宪制”思想的萌芽。

黄宗羲十分重视民意，主张把原来属于清议场所的学校，变成类似近代的代议机关。他在《明夷待访录·学校》中，认为“学校不仅为养士而设”，更重要的是对君主能起到舆论监督作用，做到“天子之所是未必是，天子之所非未必非，天子亦遂不敢自为是非而公其是非于学校”。在封建社会中，否定以天子的是非为是非，要天子公其是非之权，使归于学校，把学校变成监督朝政的舆论阵地，这无疑对专制君权提出了挑战。同时，黄宗羲还要把学校对朝政的这种监督权形成制度。他提出中央的大学祭酒（相当于校长）要由当代大儒充任，每逢“朔日”，“祭酒南面讲学，天子亦就弟子之列，政有缺失，祭酒直言无讳”。在地方则每月“朔望”，由“学官讲学，郡县官就弟子列”，“师弟子各以疑义相质难”。对“郡县官政事缺失，小则纠绳，大则伐鼓号于众”，即可以纠正和公开向群众宣布。这实际上是使太学与各郡县的学校变成了教育兼检察机关，对各级政府的“政事缺失”具有一定的督察权。他的这种设想对近世“代议制度”的形成起到了有益的启示作用。

应该看到，黄宗羲的历史哲学中的启蒙主义思想，是与他对道学唯心主义进行理论清算及历史总结分不开的。他反对朱熹的理一元论，提出了“气外无理”“心即是气”等哲学思想，尽管表现了“心物两重性”的宇宙观，但是在反对宋明理学的“理一元论”或“心一元论”的斗争中，在实践上是有一定积极意义的。在此基础上，他进一步提出了“工夫所至，即是本体”的思想，反对王守仁把“心”说成是绝对虚寂的本体，提倡独立思考，鼓励创见，包含有一定的辩证因素。所以，他对理学家们的说教，是不苟同的；对理学家也是持否定态度的。特别是他对理学和后世儒学欺世盗名的“空谈性理”、不务实际给社会造成的祸害，深恶痛绝，进行了严肃的批判。

在《赠编修弁玉吴君墓志铭》中，他曾形象地指出，这些人挂上几条程、朱语录，就自命为当世大儒，看不起建功立业的人。他们“徒以生民立命，天地立心，万世开太平之阔论，钤束天下。一旦有大夫之忧，当报国之日，则蒙然张口，如坐云雾。世道以是潦倒泥腐，遂使尚论者以为立功建业，别是法门，而非儒者之所与也。”当时，康熙帝极看重黄宗羲之才，几次召他来京做官被拒绝后，便想不授其事，只让他来参加修史。黄宗羲仍然固辞，不参与修史的工作。但是，史局若有大议，必前去找黄宗羲咨询，他也认真答疑。如《明史》中的“历志”出吴任臣之手，明史馆总裁请黄宗羲审正而最终定稿。黄宗羲还向明史馆建议说：“《宋史》别立‘道学传’，这是元代儒生的陋见，《明史》不当以它为例。”在明史馆主持工作的另一官员朱彝尊，也早就持这个意见，他收到黄宗羲的书信后非常高兴，当即将书信给有关他人看，取得了共识。《明史》由此不立道学传。这也从一个侧面反映了黄宗羲对道学家的态度。

黄宗羲生活在明清之际“天崩地裂”时代，促使他对当时的封建君主专制制度做出了深刻的反思。他总结过去，展望将来，发展了历史哲学思想。虽然由于阶级与时代局限，黄宗羲不能明确看到社会变革的前途是走向资本主义，但多少有了一点朦胧感觉。他在中国历史上，第一次完整地提出了具有近代色彩的、提倡民主自由的改良主义思想，为资产阶级改良主义和旧民主主义革命提供了思想武器，其民主自由思想比西方卢梭的“民约论”还要早一百多年。他坚持“托古改制”的思想变革形式，从各种不同的角度来批判封建君权，提出了一些有关政治体制改革的合理意见，对近代君主立宪运动是颇有启迪的，起到先驱的启蒙作用。

# 庐山名篇

——方以智的矛盾学说

在反对宋明理学“空谈性理”、不务实际的过程中，到明清之际形成了一股讲究“经世致用”的哲学思潮。这股思潮被称为“实学”，风靡一时，并对后世产生了极大的影响。这种“实学”，不同于只要求把封建的道德纲常落到实处的程朱理学，而是要从高谈心性的道德形而上学的桎梏中解放出来，反对逃避现实，讲究实效、实用。其根本宗旨就是要解决社会危机，治国救民。因此，这种思潮提倡批判精神，鼓励科学创新，追求实用学问。上至天文，下至地理，举凡经、史、文学、历算、兵法、物理、医药、农田、水利等，都在“实学”涉猎的学问范围之内。“实学”思潮的主要代表人物，除了黄宗羲，还有方以智、王夫之、颜元和戴震等。这里先从方以智说起。

方以智（1611—1671），字密之，号浮山愚者，又号曼公、鹿起等，安徽桐城人。他出身于士大夫家庭，祖父方大镇，江西道监察御史；父亲方孔炤是崇祯时湖广巡抚，著《周易时论》，被《四库提要》列入存目，此书对方以智影响很大，方一生中经常提到它。方以智青年时期，面对社会危机，积极投身于改革活动，与陈贞慧、吴应箕、侯方域等“接武东林，主盟复社”，愤世嫉俗，慷慨悲歌。王夫之写的《永历实录·方以智传》中，称赞方以智“早以文章誉望动天下”。方以智在崇祯时中进士，任翰林院编修。其父当时被阉党系狱中，几死，方以智上书请代，父得减死。他写诗抨击道：

几年挟策哭长安，

争奈公卿笑不看。
坐视虎狼驰殿陛，
依然鵷鹭列衣冠。
……

诗中表达了自己对权奸的满腔激愤之情。1644年，李自成攻入北京建立大顺政权，方以智被起义军郭营所得，欲留用他，他却不辞而去。后来他投奔南明，又屡遭阉宦诬害，长期流亡岭南，与王夫之结为知交。公元1650年（顺治七年），清兵入广西桂林，指名搜捕他。方以智便去昭平仙回山"披缁为僧"，做了和尚。后来，方以智最终被清兵搜出，清帅马蛟麟反复逼降无效，最后只好听任他为僧。于是，方以智又去了梧州，开始隐居著述。他在梧州云盖寺居住了两年，到公元1652年8月，偕同宣城人施闰章到了江西庐山。在庐山，方以智不仅为其山水秀丽所吸引，也有了数月的宁静心情。在月明星稀的秋夜，方以智开始了其著名哲学力作《东西均》的开篇写作。这年底，他回桐城省亲。

方以智由于救国无望，仕途无门，又不愿到清廷做官，于是便将全部精力，转入著书立说的学术活动中。方以智坎坷一生，但聪颖好学，知识十分渊博。有人为他写的"传"称：方以智"年十五，群经史子略能背诵，博涉多奇，……凡天人、礼乐、律数、声音、文字、书画、医药，下逮琴剑、技勇，无不析其旨趣，著书数十万言"。他早年倾心自然质测之学，对我国传统自然科学与当时刚传入的西方近代科学无不探究，大体通晓，写了《通雅》《物理小识》等科学著作。晚年潜心研究哲学，著作甚多，主要有《东西均》《易余》《性故》《药地炮庄》《一贯问答》《愚者智禅师语录》等。此外，还有《青原志略》《浮山前后集》《博依集》《膝寓信笔》等。

方以智的哲学思想，包括"质测即藏通几"的科学自然哲学观，"火一气"一元的物质运动统一论，"一多相即""不妨矛盾""心物交格"的认识辩证法，以及对理学和佛教的批判等。在哲学研究中，方以智力图结合科学的新发展来进行，一方面致力于从自然科学的新成果中概括出哲学的新结论，发展了朴素唯物论与认识辩证法；另一方面以面向自然、“考索物理”的自然哲学武器，来否定“舍物言理”与“扫物尊心”的宋明道学唯心主义路线，推进了一代新学风。尤其是他在《东西均》等哲学著作中提出和阐发的“二而一，一而二”的矛盾学说，更是闪耀着辩证法的灿烂光辉，丰富了我国古代辩证法的思想宝库，把我国古代辩证法推向了一个新的高峰，对后世产生了极其深远的影响。

在中国哲学史上，《易传·系辞上》早就提出了“一阴一阳之谓道”的对立统一观点。隋代杨上善在《黄帝内经·太素》里解释《老子》“道生一，一生二”的命题时，用了“一分为二”的说法。到了宋代，张载提出了“一物两体”，继承和发展了《易传》的对立统一思想；朱熹也沿袭了邵雍的思想，用“一分为二”来表述对立统一规律，反映了对矛盾认识的深化。方以智在前人认识的基础上，在《东西均》中提出了“二而一，一而二”的对立统一观点，并从自然界、人类社会乃至人类思维等方面，作了充分的论证。他的“二而一，一而二”的辩证法思想，概括起来主要有以下方面：

首先，方以智肯定了“尽天地古今皆二”的矛盾观点。方以智在《药地炮庄·齐物论评》中，明确指出：“一切法皆偶也。丧偶者执一奇耶？奇与偶对，亦偶也。丧之，当立何处耶？莫是一往自迷头耶？莫堕混沌无记空耶？丧二求一，头上安头；执二迷一，斩头求活。”这里的“一切法皆偶”，是说一切事物现象都是矛盾对立的；“奇与偶对，亦偶也”，是说在奇与偶一对矛盾中，偶是奇的对立面，奇也是偶的对立面。接着，他批判了两种形而上学的错误观点，一是“丧二求一”，即抹杀矛盾对立去追求超乎客观事物的、绝对抽象的同一，如唯心主义形而上学者所说的“道”“理”“真宰”等，就好像“头上安头”的怪物一样；二是“执二迷一”，即只讲事物的矛盾对立，否认矛盾双方的联系，就好像“斩头求活”一样。在方以智看来，正确的观点应该是承认矛盾双方既对立又统一。

方以智“一而二”的思想，是其“合二而一”论的理论前提。《东西均·三征》说："一不可量，量则言二，曰有、曰无，两端是也。虚实也，动静也，阴阳也，形气也，道器也，昼夜也，幽明也，生死也，尽天地古今皆二也。"《东西均·反因》写道："昼夜、水火、生死、男女、生克、刚柔、清浊、明暗、虚实、有无、形气、道器、真妄、顺逆、安危、劳逸、'剥''复''震''艮''损''益'、博约之类，无非二端。"《东西均·公符》也断定："凡天地间皆两端"。他在《药地炮庄·逍遥游评》中也指出："可见不可见，待与无待，皆反对也，皆贯通也；一不可言，言则为二，用二即一。"这些论述都阐明了一个思想，即宇宙间的一切事物都是由两个相互排斥的对立面所组成的。一必然分为二，如同有因必有果、有形必有影的道理一样，"凡两端者"是自然界的普遍现象，也是人类社会的普遍现象。他在《东西均·反因》中举例说，讲论在河中玩者，"少所喜，老所忌，则一生自相反也"。而"行路者，进一跬，舍一跬，则一步亦相反也"。这是说，在少年时代，人们可以津津乐道讲述自己在污泥河里玩耍的乐处，但到了老年，就十分忌讳这方面的事：同是一个人，一生自相反。人们走路，每跨出一步，两只脚也都包含着一前一后的矛盾。再就人的意识方面而言，他在《东西均·道艺》中说："心，意识亦两端"，即人的思维现象也存在着矛盾。他还提出"心即形、神"，从一而二的观点说明了思维器官包括体（形）和用（神）两个方面，这比之他以前的哲学家笼统地讲"形质神用"的观点，前进了一大步。因此，方以智认为"尽天地古今皆二"是不容置疑的。

其次，方以智提出了"合二而一"命题来表达对立面的统一。方以智认为，矛盾双方不仅是对立的，而且是统一的。他用"东西均""合二而一""分合""两端中贯""相反相因""相夺互通"等一系列概念，来表达对立面统一的思想。他在《东西均·开章》中指出，世界万物都是对立统一的，如太阳与月亮："白（月亮）本于赤（太阳），二而一也。"这是说月亮和太阳在天空中东西相对运行，是对立的，然而二者也有统一性，因为"白本于赤"，即月亮的光就是本源于太阳光的反射。为了说明"合二而一"的观点，他便在《东西均·三征》中提出了“交”“轮”“几”三个概念。他说：“交以虚实，轮续前后，而通虚实前后者曰贯，贯难状而言其几。”又说：“交也者，合二而一也；轮也者，首尾相衔也。……几者，微也，危也，权之始也，变之端也。”这里的“交”，指对立双方相互作用、相互渗透。所以方以智称，“两间无不交，则无不二而一者。”即对立的双方无不相互交感，从而结成一个统一整体。可见，“交”就是“合二而一”。这里的“轮”，指对立双方首尾相互衔接，它不是指两端联系在一起的原地循环旋转，而是指“轮续前后”，“往来相推”，也就是相互转化、相互推移。这里的“几”，指变化的开始，即事物运动变化的内在源泉，它贯穿于事物运动全过程。他强调：“凡有动静往来，无不交轮，则真常贯合于几可征矣。”事物运动变化永无止息，通过对事物变化原因的揭示，就可发现隐蔽于其中的“几”。可见，方以智的“合二而一”命题，一方面揭示了矛盾双方是互相对立、互相联系、互相依存的，缺少一方，他方就不存在；另一方面也确认，互相依存的双方经常处于“相侵相通”的状态，承认了矛盾的斗争性；同时还肯定，矛盾双方各会向其相反方向转化。方以智在《东西均·张弛》中，以弓的张弛为例来说明矛盾的相互转化：“弓之为弓也，非欲张之乎？然必弛之养其力，乃能张之尽其用。急时张多乎弛，已必弛多乎张，明矣。”由此可以看出，方以智的“合二而一”命题，确实比较深刻地表述了矛盾同一性的思想。

方以智还进一步探讨了对立面统一的内在根据，提出了“反因”的学说。他在《东西均·反因》中说：“吾尝言天地间之至理，凡相因者皆极相反。……夫对待者，即相反者也。……吉凶祸福，皆相倚伏。生死之几，能死则生，徇生则死。静沉动浮，理自冰炭，而静中有动，动中有静，静极必动，动极必静。有一必有二，二本于一。岂非天地间之至相反者，本同处于一原哉？”这就是说，相因者皆相反，相反者皆相因。相反即相互对待，相因即相互倚伏。一与二，统一与对立，也是相反而相因的。方以智又说：“因对待谓之反因，无对待谓之大因。然今所谓无对待之法，与所谓一切对待之法，亦相对反因者也，但进一层耳。”“对待”即是相对性，“无对待”即是绝对性。绝对与相对，也是相反而相因。他在《反因》中还举了大量事实来说明“相反相因”的道理。例如，阴气清，阳气浊，是极其相反的，可由它们所形成的天地相距甚远，却依然“玄黄相杂”；由它们所形成的刚柔两性匹敌，却依然“律吕协和”等，难道不能说“至相反”的阴阳是相因的吗？又如水湿火燥，其性质也是“至相反”的，然而“民用甚急，刻不相离”，人身之水、火交则生，不交则病，这不也是“相因”吗？他还指出：“天之为天也，以有大地之山川动植，而后日月之，风之，雨之，雷之。使无地何能天？使无日月风雨，安能独雷？”这表明了方以智看到了矛盾对立的双方，相互联系、相互依存、相互渗透、相互转化。他所讲的“相反相因”，也就是“相反相成”的意思。

最后，方以智论及了矛盾对立双方的主次之分问题。他认为，矛盾双方在一个统一体中的位置并非并列，而有主次之分。他在《东西均·公符》中指出：“日月并照，而天地之内，惟日为主，月与星汉皆借日为光。以日行成岁，以日成昼夜，以日成寒暑，月岂敢并日哉？日东而月西，东升而西降，东生而西杀，故四时以春生统秋杀，十二时用九，自寅至戌，以三属夜，亦贵昼也。”日、月（包括星汉）之间以日为主，四季之中以春为主，昼、夜之间以昼为主。方以智对于矛盾双方主次之分的论述颇有见地。同时，方以智还认为，矛盾虽有主次之分，但矛盾的次要方面也是不可缺少的。他在《东西均·颠倒》中指出：“重体贱用，而无不用之体；重阳贱阴，而必用阴；君尊臣卑，而必使臣；重善贱恶，而必用恶，犹重君子贱小人，而必用小人。”方以智把那种只注重矛盾的主要方面而忽视次要方面的片面性观点，称作“爱一恶多”。他举例说：不能认为人体内心的作用是主要的，就可以废除次要的器官、肢体与骨节；不能认为左手没有右手作用大，就不用左手；不能认为室内的空间比门窗的作用大，就可以不要门窗；也不能认为房子的栋梁比台阶的作用大，而不要台阶，等等。所以他认为，矛盾的主次双方是相辅相成的，这正如天和地不可或缺一样，如果只有天而无地，那宇宙也将不存在了。

通过以上粗略的分析，可以看出，方以智的哲学思想中，关于“二”“对待”“两端”“相反”的矛盾学说是相当深刻的。特别是他的“二而一，一而二”的论断，对辩证法的发展做出了新的贡献。当然，他的哲学思想包括其矛盾学说，其中也含有一些不合理的乃至形而上学的方面，这是需要人们在研究中应该仔细甄别并加以剔除的。然而，不管怎样，其积极的方面总是占主导地位的，对今天的影响也是巨大的，这是我们应该充分肯定的。

# 一弯河水向东流

## ——王夫之对宋明理学的总结与终结

方以智的好友王夫之，也是明清之际“实学”思潮的主要代表人物之一。以李贽发其端，方以智、黄宗羲及同时代南北崛起的许多思想家，从不同方面掀起了对宋明道学的批判。王夫之是这一批判浪潮中卓越的哲学代表。他对宋明哲学乃至整个古代哲学的批判总结，以其前所未有的广度与深度，逻辑地标志着宋明道学的终结，同时也将中国古代朴素唯物主义与朴素辩证法推向了巅峰。

王夫之（1619—1692），字而农，号姜斋，又号船山、一瓢道人、船山遗老等。湖南衡阳人，晚年隐居于湘西蒸水之左的石船山。这石船山位于湘江之西，蒸水之南，距今衡阳市约90公里的金兰乡。这座平凡的土山，中置奇石，状似覆舟，山下不远处有一座名叫“湘西草堂”的茅庐。晚年的王夫之就蛰居于此，著书立说，故后人称他为“船山先生”。

王夫之出身于中小地主家庭，其先祖是武官，原为高邮人，后才迁徙到衡阳居住。到他父亲时候，已是“家徒四壁”，只得清苦度日。这种经济地位，使他能够体察人民的疾苦，也造就了他刻苦学习的环境。王夫之从小“颖悟过人”，14岁时由于才气横溢，赢得了乡里父老的称赞，青年时代即以博学多识著称，24岁考取举人。他也很关心动荡的时局，参加“行社”“匡社”“须盟”等，立志改革社会。明末农民革命的风暴，打破了他“学而优则仕”的迷梦，把他卷进了汹涌的时代潮流。1643年张献忠率领农民起义军占领衡阳，邀请他参加农民革命政权，他逃入深山不归。后来，起义军逮捕了他的父亲，以王夫之参加起义军为释放条件，但他不从，用刀自伤身体后去交换父亲，起义军深为感动，便释放他父子回家。可见他受儒家忠孝伦理思想的影响，是十分深的。

公元1644年3月，李自成农民起义军攻占北京，崇祯帝自缢身亡。王夫之得知这一消息后，哭泣不食数日。5月，北京被清军占领，王夫之悲恸欲绝，作《悲愤诗》一百韵。当清军南下时，王夫之在家乡散尽家财，招募义兵，进行抵抗。1647年（清顺治四年），桂王朱由榔在广东肇庆建立南明永历政权，王夫之兵败后投奔桂王政权，任行人司行人。他在南明小朝廷的派系斗争中深受排挤，因而痛感国事糜烂，已不可为，毅然离去，长期隐居在荒山僻野的苗、瑶山寨中过着流亡生活。这使他有机会更广泛接触社会，看到了明王朝腐朽统治所激化的各种社会矛盾，从而写出了《周易外传》《老子衍》等反映明清之际社会矛盾运动的哲学名著，并完成了《黄书》这部总结明亡教训、阐述自己的改革主张的政论著作。后来回到衡阳的石船山，筑土室取名为“观生居”，杜门谢客，专心精研学术。1679年（康熙十八年），吴三桂在衡州叛乱，有人要他写“劝进表”去参加吴三桂的叛乱政权，他断然拒绝说：“亡国遗臣，所欠一死耳。现在为什么要起用我这样的不祥之人呢？”为了逃避叛军的纠缠，王夫之逃到深山隐居。吴三桂叛乱平定以后，湖南巡抚十分赞赏王夫之的人品，嘱咐郡守给他送去粮食和布匹以示慰问，并邀请他到巡抚衙门相见。王夫之以身体患病为借口，婉言拒绝，仍然隐居于石船山研究学问。

王夫之勤奋写作，留下著作一百多种，四百多卷，后人编为《船山遗书》。其中主要哲学著作有《周易外传》《尚书引义》《张子正蒙注》《思问录》《老子衍》《庄子通》《春秋世论》《读四书大全说》《读通鉴论》《宋论》《黄书》《续春秋左氏传博议》等。死前，他自题墓碑曰：“明遗臣王某墓”。王夫之认为自己一生政治学术活动的宗旨是：“抱刘越石之孤愤”来“希张横渠之正学”，也就是怀着反抗民族压迫的政治情操，坚持唯物主义的哲学路线。他把汉民族的败亡，看作是陆王心学“狂妄流害”所导致的恶果，强调要对祸国殃民的各种宗教神学与唯心主义，进行严肃批判，做出历史的裁决。因此，他以冷峻的笔锋留下的光辉哲学遗产，在中国哲学发展史上，有着承先启后的重要地位，总结与终结了宋明独断哲学，启发与酝酿着近代启蒙思潮。

王夫之的哲学思想精深细密，在理与气、道与器、动与静、知与行、理与欲等的相互关系上，对程朱理学和陆王心学展开了全面而系统的批判，同时也提出了许多新的内容，将古代唯物主义与辩证法思想，发展到了新的高度。

在本体论上，王夫之继承并发展了张载的唯物主义“气本论”，在新的历史条件下，通过对“气”范畴的新规定，运用“质测之学”的新成果，对理气关系、道器关系问题，进行了较深入的理论分析，批判了宋明道学唯心主义，作了明确的唯物主义解决。他断言：元气是构成物质世界的“本体”，这个物质性的本体具有唯一性，元气之外“更无他物”。元气在空间上具有无限性，茫茫天宇，都充满气，没有“间隙”；它在时间上又具有永恒性，无论怎样聚散变化，而“其本体不为之损益”。他在《读四书大全说》卷十中说：“天人之蕴，一气而已。”在《张子正蒙注·太和》中他又认为，太虚只是气的一种存在形态：“凡虚空，皆气也。”因而虚涵气、气充虚，太虚一实，根本没有理学家所说的什么“无”的存在，而“理”也只是气运动变化的表现。王夫之在《读四书大全说》卷五中指出：“凡言理者有二，一则天地万物已然之条理，一则健顺五常天以命人而人受为性之至理。”这就是说，理有两种，一是天地万物所以然的道理、条理；二是人禀受于天的阴阳五行之性理。这里，前者即所谓物理，后者即所谓性理，但二者都从属于气，气为理之本。王夫之在《思问录·内篇》中说：“气者，理之依也。”他在《读四书大全说》卷十中又说：“气外更无虚托孤立之理。”所以，讲心讲性，讲天讲理，都一定要以气为基础，如果没有了气，所有的一切都根本谈不上了。王夫之否定了气外之理的存在，也就彻底动摇了程朱理学“理本论”的基石。

关于“道”与“器”的关系问题，王夫之提出“天下惟器”“道本器末”“无其器，则无其道”的观点，反对程朱理学关于“悬道于器外”的说法。器指客观存在的一件件具体事物，道指事物的规律。王夫之在《周易外传·系辞上传》上指出，无论是普遍的规律或是特殊的规律，都不能脱离具体事物而单独存在。他说：“天下惟器而已矣。道者器之道，器者不可谓道之器也。”“道者器之道”，是说有某种事物存在才有某种事物的规律，如果根本没有某种事物，也就不可能有该事物的规律。所以只能说道是器的道，而不能说器是道的器。世界上除了按其自身规律运动的事物外，再没有别的东西，所以说“天下惟器而已矣”。道随着器的变化而变化，因此说“无其器则无其道”，器变了，道也就跟着变了。他进一步用历史上的事例，论证了先有器后有道，器为根本这一唯物主义的基本原理，驳斥了把道说成脱离物质的抽象精神的唯心主义观点。他指出，在遥远的人类野蛮时代，没有王位传授的道；尧、舜时代没有国家攻伐的道；汉、唐时代没有今天的道；当然今天也不会有若干年以后的那些道。未有弓箭就不会有射箭的道，未有车马就不会有驾车的道，未有制礼作乐的器物与条件就不会有礼乐的道。同样，没有子就没有父道，没有弟就没有兄道，该具备尚未具备的道太多了，所以说没有某一具体事物，就不会有关于那个事物的道，这话一点不假，只是人们不注意这个道理罢了。

在阐述自己哲学本体论思想时，鉴于宋明理学家对唯物主义气本论的歪曲，也由于唯物主义气本论本身尚未摆脱“原始物质”观念的局限，王夫之便试图从哲学的高度概括物质世界的客观实在性，扬弃自《中庸》以来的唯心主义概念“诚”，将其纳入自己的唯物主义哲学体系，作为最高哲学范畴。他在《读四书大全说·孟子》中指出：“说到一个‘诚’字，是极顶字，更无一字可以代释，更无一语可以反形。……尽天地只是个诚，尽圣贤学问只是个思诚。”他强调：“唯其然，故知此之言诚者，无对之词也。”可见，“诚”是最高、最完备的范畴。他还对“诚”的本质属性作了进一步的规定，在《尚书引义》中说：“夫诚者，实有者也。前有所始，后有所终也。”又说：“诚也者，实也，实有之，固有之也。”本来，“诚”原是儒家思孟学派的术语，其本意是诚实无欺，是个道德范畴。道学家周敦颐把“诚”说成是“寂然不动”的宇宙“无极”本体的体现，这样“诚”就不仅仅是一个道德伦理范畴，而且具有宇宙观、本体论的意义了。王夫之则把“诚”加以唯物主义的改造，把它当作与“实有”同等意义的范畴，用来说明客观世界及其属性、法则是不以人的意识为转移，并能为人所认识的真实存在。王夫之用“诚—实有”这一范畴来标志物质的客观实在性，成为我国古代哲学中抽象程度最高，也最接近于“物质一般”的哲学范畴。

值得注意的是，王夫之还发展了“物质不灭”的思想。从其论证方法来看，已经不是简单用元气的聚散来证明，而是用科学实验的若干事实来论证，使其初步具有了实证科学的内容。他举例说，一车薪柴，经过燃烧，化为火焰、烟埃和灰烬，似乎原来的薪柴不见了。实际上，构成薪柴的各种物质元素仍然存在，“木者仍归木，水者仍归水，土者仍归土”，只是特别精微细小，人的眼睛看不见罢了。再如，容器当中的水经过加热后，变成了“湿热之气”，蓬勃飞散，也必有一定的归宿；如果把容器密封起来，蒸汽就不会飞散。水银经过燃烧也要飞散，不知何往，但最终仍然复归于地。这些事实都说明物质既不能创造也不能消灭，而是守恒的。

在辩证法上，王夫之继承了张载“一物两体”和“运行不息”的思想，深刻阐发了自然界运动变化的法则，提出了“日新之化”的发展观。

有一个初夏的下午，阳光灿烂，王夫之正在室内读西汉唯心主义哲学家董仲舒的《举贤良对策》一书。当读到“道之大原出于天，天不变，道亦不变”的形而上学句子时，不禁掩卷沉思起来。他自语道：“实际上并不是这样的啊！”

这时外面突然下起了大雨。王夫之走到窗前，望着外面的风雨，心想：“什么‘天不变，道亦不变’，其实，天在变，道也在变。刚才还是大晴天，转眼就是暴风骤雨。社会发展何尝不是如此！从三皇五帝到唐、宋、元、明，朝朝不一样，代代不相同，怎能说不变呢？”

王夫之想着想着，抑制不住内心的激动，回到座位上，在自己正在创作的《思问录·外篇》里，挥笔写道："天地之德不易，而天地之化日新。今日之风雷非昨日之风雷，是以知今日之日月非昨日之日月也。"

王夫之正聚精会神地写着。忽然，房门被轻轻敲响，他打开一看，原来是老朋友章有谟来约他出去散步。雷雨刚过，外面空气非常新鲜，使人心旷神怡。

他俩边走边聊，不一会儿就来到了一条小河边。

望着缓缓向东流去的弯弯河水，王夫之若有所悟。他情不自禁地问章有谟道："这条小河已经存在多少年了，它无昼无夜地滚滚向东流去，你说它有变化没有？"

"有什么变化？"章有谟不解地问。

王夫之看看朋友，接着说："我看它在不断地变化着。虽然它每天都照旧在流动，但是，今天流动的河水早已不知流向何方了！"

章有谟一听觉得很有道理，便问："照这么说，天地间任何事情，也是不断变化的了？"

"对。"王夫之接着说，"世界上根本就不存在什么废然而止的东西，一切都处在不停的变化发展之中。我国在唐虞之前，社会只处在衣裳未正，五品未清，婚姻未别的情况。后来到了夏商周，才有了文明；到了秦始皇，又比起三代大大前进了。世界就是这样不断变化发展着，而且一代比一代好，一世比一世强，现在比过去好，将来一定会比现在更好！"

听了王夫之这一席话，章有谟不住地点头称是。

这时，日已西斜，二人迎着山风漫步而归。王夫之意味深长地回头望了一眼，只见那弯弯的小河水，仍然在悠悠地向东流去。

回到家里，王夫之激动的心情一时难以平静，他点上灯烛，继续挥笔从理论上论证了运动与静止的关系。他说："方动即静，方静旋动；静即含动，动不舍静。善体天地之化者，未有不如此者也。"这句话告诉人们，运动是绝对的、永不停息的，静止的状态是相对的、暂时的，暂时的稳定总要被发展变化所代替，任何事物都有动、静两个方面，静止不过是运动的一种特殊状态，而运动总是居于主导的方面。他反对道学家形而上学的“主静”观，坚决否认有“废然无动”的绝对静止状态存在。他在《读四书大全说》卷十中，给“静止”下了一个精辟的定义：“动、静，皆动也。”在《思问录·内篇》中，他又说：“静者静动，非不动也。”这一定义完全符合辩证法的观点。同时，王夫之还探讨了事物运动、变化日新的原因，在于事物内部的矛盾性，发展了宋明以来关于“一分为二”与“合二而一”的问题。他认为，事物对立面的“聚合”是“合二而一”；对立面的“分析”是“一分为二”。他进一步论述了“一分为二”与“合二而一”关系的几种形式，研究了它们转化的过程。

在认识论上，王夫之也有突出的贡献，提出了“能必副所”“行可兼知”的唯物主义认识论。宋明以来，哲学斗争的焦点逐步转到认识论领域。后期佛教与宋明道学都利用认识论问题发展唯心主义，为强化宗教、伦理实践，突出了人的自觉能动性。王夫之通过批判宋明道学及佛教唯心主义，深入发展了朴素唯物辩证法的认识论。他用能和所、己和物、内和外、体和用等一系列范畴去说明认识上的主客观关系，其中以“能所”关系的理论最为精深透彻。在先秦时期，不少唯物主义哲学家就把主体的认识能力叫作“此”“能”“所以知”，而把被认识对象叫作“彼”“所”“所知”。后来翻译成汉文的佛教经典，沿用了能所概念，“能”是能知，指主体的认识能力和主观能动作用；“所”是所知，指主体以外的认识对象。同以往唯物主义观点相反，佛家认为“所知”不能离开“能知”而存在，这是颠倒主客观关系的唯心主义观点。为了正本清源，王夫之全面阐述了能所关系的理论，指出主客观既是对立的，又是相互联系的，应该在主体和客体的相互联系中去考察能所关系。他认为客观第一，主观第二，客观决定主观。他在《尚书引义》卷五中强调：“能必副其所”，即能知一定要符合所知。这表明，王夫之是坚持了一条由物到感觉和思想的唯物主义反映论的哲学路线的。

关于知行关系，即认识与实践的关系问题，宋明理学家们“聚讼不已”。

陆王心学派主张“知行合一”，表面上重“行”，实则混淆知与行的区别，王夫之指斥他们是“以知为行”“销行以归知”；程朱理学派反对“知行合一”，提出“知先行后”，割裂了知和行的联结，王夫之斥之为“先知以废行”“以困学者于知见之中”。王夫之在《尚书引义》卷三认为，两派虽相互争论，而实际是“异尚而同归”。为破旧立新，王夫之明确提出了“行先知后”“行可兼知，而知不可兼行”“知行相资以为用”，“知行并进而有功”的系统理论。他在这方面所取得的成就，达到了我国古代知行观的最高水平。特别是他认为，知和行虽然有原则区别，在认识中的作用与地位也不同，但二者可以互相作用，并进发展，人类“由知而知所行，由行而行所知”，是一个“日进于高明而无穷”的过程。这就是说，人的认识由行得知，由知促行，循环往复，不断提高，以至无穷。这一思想已接触到了人类认识发展的辩证法，是颇有见地的。

此外，在历史哲学领域，王夫之不仅写出了《春秋世论》《读通鉴论》等杰出的史论著作，而且也在反对历史复古主义及神秘主义的过程中，坚持“今胜于古”的进化观，提出了“理势合一”“即民见天”的进步历史观，试图探索历史发展的规律与动力；他还进一步分析了“人性”问题，批判了程朱理学“存天理、灭人欲”的说教，提出了“天理寓于人欲”的观点，把人们物质生活欲望的满足，看作是同社会发展密切相关联的问题。这种社会历史观，是含有民主性的精华的。

王夫之的哲学思想体系博大精深，尽管存在着时代与阶级的局限性，使其哲学思想中也有着一些不可避免的矛盾性，但其中包含着许多有价值的宝藏，却是毋庸置疑的。由于封建社会的禁锢，他的学说虽未流布于当时，然而却深刻地影响着后世，成了近代启蒙思潮的重要思想源泉之一。特别是他的辩证法与历史观，对19世纪末的爱国维新运动和20世纪初的革命运动，也产生过积极而广泛的影响。作为一个哲学家，王夫之完全可以和西方同时代的唯物主义哲学家霍布斯、洛克、斯宾诺莎等并肩媲美，而毫无愧色。

# “思古斋”与“习斋”

## ——颜元的“犯手实做其事”的知行观

明清之际以反理学为中心的哲学启蒙与实学思潮，经过许多学者的勇敢开拓，到王夫之对宋明理学进行了总结性的理论批判，从而使“清世理学之言，竭而无余华”。但这种批判，从方法论上虽把朴素唯物辩证法发展到了完备形态，但没有也不可能提供近代的思维方法，仍停留在封建时代的哲学思维水平上。

17世纪末到19世纪初，伴随社会经济中资本主义萌芽的复活与滋长，披着“复古”外衣的启蒙思想又不断脱颖而出，并开始对封建意识形态的理论结构有所突破，这比较集中地反映在颜元和戴震的哲学思想中。如章太炎所概述:“叔世有大儒二人，一曰颜元，再曰戴震。”他们都号称“复古”，而对宋明理学唯心主义进行了猛烈的抨击；在义利之辨、理欲之辨等问题上更鲜明地表现了某些反封建的市民意识。在认识路线与思维方法上，颜元重“习行”，反对“冥想”，提倡“实学”，有唯物主义经验论的倾向；戴震重“心知”，明“分理”，强调“剖析至微”，有唯物主义唯理论的倾向。他们从不同的侧面，探索着新的思维方法。

颜元（1635—1704），字易直，又字浑然，自号习斋，河北博野人。他的父亲颜昶，是博野县北杨村一个淳朴老实的农民。因家境穷困，无法生活，颜昶便去蠡县刘村当了朱家养子，改姓朱；后来由于受朱氏虐待，不堪忍受，便想逃离朱家。崇祯十一年（1638）冬，清兵入关骚扰京畿，22岁的颜昶乘机随清兵逃往关外，以后音讯全无。当时，颜元只有4岁；

7 年以后，颜元的母亲改嫁脱离了朱家。这就是颜元后来回忆所说："吾四岁失父，十一岁离母。"他的童年十分孤苦，靠养祖父母抚养成人。本来，朱家是蠡县一个中小地主兼小官吏的家庭，颜元的养祖父朱九祚，号盛轩，因当上了地方的小巡捕，在颜元 5 岁时全家从乡下刘村迁居蠡城。但到颜元 24 岁时，朱九祚因吃官司而丢官破产，举家只好仍迁回乡下刘村居住。养祖父母年老体弱，全家生活全靠颜元"耕田灌园"、行医卖药、教授生徒维持。乡下艰苦的劳动生活，使颜元能够接近社会下层人民，并对劳动产生了亲切的感情。颜元一生主张"非其力不食""犯手实做其事"，也与他亲自参加劳动有很大关系。

颜元一生，甘贫乐学，"不交权贵"，当时有所谓理学名臣、灵寿县令陆陇，曾托人找他求索所著之书，被他拒绝了。他除了短暂时间外出，基本上都在家埋头于学术和教书。他的思想发展，反映了时代思潮的起伏。24 岁前，他曾学仙道，又喜兵术。24 岁至 34 岁期间，他先尊陆王心学；又改崇程朱理学，虽劳作辛苦，但每天"必乘闲静坐"诵读程朱之书，家中还供奉周、孔、程、朱等"道统"牌位，成为理学的忠实信徒。颜元因仰慕古代圣贤，便将自己的书斋命名为"思古斋"。他曾与好友王法乾相约：两人坚持每天写日记，十天晤谈一次，互相劝善改过。有人讥笑他，颜元也"不恤"，依然敬理学如神明。

但有一件事的出现，使颜元的思想发生了根本性的变化，成了他由崇拜理学转向坚决反对理学唯心主义的契机。那是在颜元 34 岁那年，即公元 1668 年，他的养祖母朱氏老夫人病逝。父亲不在，由颜元代父居丧，他便一切谨遵自家先人朱熹所定的《朱子家礼》办事，"尺寸不敢违"。古礼要求："初丧礼，朝一溢米，夕一溢米，食之无算。"但《朱子家礼》却删去"无算"二字。所以，颜元在守孝期间，"过朝夕，不敢食；当朝夕，遇哀至，又不能食，病几殆"，即弄得他心力交瘁，差点丧了命。后来，邻居们实在看不过去，便偷偷地告诉颜元真情，说他并非朱家嫡孙，只不过是继养之孙，劝他节哀顺变。颜元这才开始减哀，逐渐进食恢复了体力。经过此番折磨和自己的切身感受，颜元深感程朱理学不合情理，再翻阅古书，对照古礼，发现“朱子删改甚多”，愈见其谬妄。他从怀疑《朱子家礼》，发展为对程朱的所谓“静坐”与“读书”，也发生了动摇，进而开始批判宋明道学，认为这“有违于性情者”。学术思想逐渐改变，颜元便觉“思不如学，而学必以习”，毅然将自己居处的“思古斋”改名为“习斋”，并以“习斋”自号。颜元曾在《习斋记余·寄钱生晓城书》中宣称：“今何时哉？普地昏梦，不归程朱，则归陆王，而敢别出一派，与之抗衡翻案乎？”公开发出了反对程朱陆王的呐喊。

当然，促使颜元思想发生根本变化的更深层次的原因，还在于明清之际“天崩地裂”“国危如线”的政治局势对他的刺激与影响。他吸取了明末士人“无事袖手谈心性，临危一死报君王”的惨痛教训，认识到这种以死报君的“愚忠”并无半点益处，能够匡时济难才是真本领，于是同程朱理学断然决绝，成为当时最坚决的反理学斗士。颜元在讲学过程中，勤于著述，主要著作有《四存编》《四书正误》《朱子语类评》《习斋记余》等；又在他的学生所编的《颜习斋先生言行录》《颜习斋先生年谱》等，保留了他的若干思想资料。

在批判理学“空谈性理”、不务实际的过程中，颜元的言辞十分激烈，涉及的内容也非常广泛。他在坚持体用一致，强调理依于气，揭露理学唯心论的禅学根源基础上，着重阐明了唯物主义的知行观。颜元把矛头首先直指理学的首领朱熹，痛斥朱熹“自欺欺人”，“把人引上迷途”。不过鉴于当时的局势，他很注意批判的形式，把周孔之学同程朱、陆王之学区别起来，打着周公、孔子的旗号来批判程朱、陆王。颜元形象地设喻说，请画两幅图画，表现两个不同的场面：一幅图画是孔夫子率领70弟子，有的习礼，有的弹琴，有的练舞，有的研习兵、农、政事，壁间放着礼器、乐器、算器以及弓矢兵器，充满着盎然生气。另一幅图画是程颐闭目静坐，活像个泥塑菩萨，两旁服侍的是朱熹、陆九渊等人，他们有的打坐，有的读书，有的大讲“居敬穷理”，有的大作空疏无学的大块文章，壁间放的尽是笔墨书籍之类，一派死气沉沉的气象。颜元所描绘的场景并不完全符合历史的实情，只是他的讽刺画。但这两幅图画的对立形象地说明，颜元推崇的是经世致用的“实学”，而反对宋明理学束手空谈、死抠书本的坏习气。正如他在《存学编》卷一等书中指出的：“孔孟以前……率皆实文、实行、实体、实用，卒为天地造实绩”；而“宋儒……讲说多而践履少，经济事业则更少”，“故坏人才败天下者，宋学也”。他以犀利的眼光进一步指出，程朱客观唯心主义的病痛是，“以主敬致知为宗旨，以静坐读书为工夫，以讲论性命、天人为授受，以释经注传、纂集书史为事业”；而陆王的主观唯心主义的毛病则是，“以致良知为宗旨，以为善去恶为格物，无事则闭目静坐，遇事则知行合一”。因此，理学的共同特点是不务实际，“分毫无益于社稷生民，分毫无功于疆场天地”，对社会、国家、人民没有半点好处。颜元的批评是击中了程朱、陆王两派唯心主义的要害的。

颜元哲学思想中最有特色的，是他注重习行、践履，提倡“犯手实做其事”的唯物主义知行观。他认为，人的一切知识都是来源于外部物质世界。他在《四书正误》卷一说：“知无体，以物为体。”客观事物是认识的内容与根据。他强调一切真知都是从人们的“习行”“习动”“实学”“实习”中获得的，十分重视感性的实践活动在认识中的作用。他举例说，要知道礼，光读几百遍礼书，讲问几十次，思辨几千层，总不算知；只有亲自跪拜周旋，捧执礼器，演习一番，才算真正知礼。要懂得乐，光读乐谱也不行；必须“搏拊击吹，口歌身舞”，亲自下手一番，才能真正懂得乐。给病人治病，光是熟读医书也不行，而必须亲自临床，“诊脉、制药、针灸、摩砭”，才能治病救人。同样道理，要想知道蔬菜的味道，即使是“上智老圃”，也必须用筷子取好菜而“纳之口”，才能品出滋味。因此，颜元很重视“习行”“习动”在认识中的作用。他在《存学编》卷二说：“心中醒，口中说，纸上作，不从身上习过，皆无用也。”并针对时弊，指出：“宋元来儒皆言静，今日正可言习动。”《习斋先生言行录》颜元所谓的“习动”，是包括生产劳动在内的，认为专心致志地从事劳动，人就不会产生“邪妄之念”。

因此，“甘恶衣粗食，甘艰苦劳动，可以无失已矣”。反之，一切坏事都是从厌恶劳动开始的，“人不作事则暇，暇则逆，逆则惰，惰则疲。暇、逆、惰、疲，私欲乘之起矣。”颜元的这些见解，在“万般皆下品，唯有读书高”的封建时代，实在是惊世骇俗、振聋发聩之言。

为了使自己的唯物主义知行观具备坚实的理论基础，颜元重新解释了“格物致知”这一古老的哲学命题，进一步贯彻习行、践履的精神，把它改造成为一个唯物主义的命题。“格物致知”，初见于《大学》中“致知在格物，物格而后知至”的论题。但“物”是什么？又如何去“格”？《大学》一书并无解释。宋代以前，说者多限于训诂字义；宋以后，才作为认识论的一个重要命题，并分别有了唯心论与唯物论的解释。而且，在唯心论阵营中，又见仁见智。宋明理学中，程朱一派把“格物”说成是“穷理”，陆王一派把“格物”说成是“正心”，具体说法有异，共同点都是教人脱离客观事物，而去追求先验的“天理”与“良知”。明清之际的唯物主义者王夫之，虽然坚持过“行可兼知，而知不可兼行”，论证了“行”是“知”的基础，又唯物主义地改造了朱熹的“即物以穷理”，但由于他把“格物”与“致知”分为两截，使其仍停留在认识来源于感性直观的理解，承认了某些先验知识的存在。颜元紧紧抓住“格物致知”这一命题，赋予新解，阐发了自己对知行问题的独见卓识，一则驳斥朱、王唯心的认识论，二则弥补了王夫之在知识来源问题上的缺失。他在《习斋记余》卷六中说：“‘格物’之‘格’，王门训‘正’，朱门训‘至’，汉儒训‘来’，似皆未稳。……元谓当如史书‘手格猛兽’之‘格’，‘手格杀之’之‘格’，乃犯手捶打搓弄之义，即孔门六艺（指礼、乐、射、御、书、数）之教是也。”这就是说，所谓“格”，要如同格杀猛兽一般，必须奋力加之于外物，必须亲手捶打操作。因此他在《言行录》卷上，把“格物”明白解释为“犯手实做其事”，即要求见之于行动。可见，颜元“格物”之精髓，就是“犯手实做其事”，也就是应该亲手实行、亲自去做的意思。他有时还直截了当地把“格”解释为“实行”“实习”，断言“手格其物，而后知至”；“格物致知”就是行先知后、由行致知的意思。这些观点同他重视感性经验在认识中的作用的思想是完全一致的。

颜元为了贯彻自己“犯手实做其事”的知行观，积极倡导“实学”，重视功利，宣传经世致用的新学风。他一生多在教书，但又把读死书比作“吞砒毒”，读死书的人为“吞砒人”。他曾在《朱子语类评》里悲愤地说：“仆亦吞砒人也，耗竭心思气力，深受其害！”因为读死书不仅空耗精力，而且“读书愈多愈惑，审事机愈无识，办经济愈无力”。当然，作为教育家的颜元，并非无视读书的作用，他只是针对时弊，反对死读书，读死书，读无用书，从而反对思想僵化，不重事功。《存学编》卷一中，他主张：“为学为教，用力于讲读者一二，加功于习行者八九。”因为“盖四书、诸经、群史、百氏之书所载者，原是穷理之文，处事之道。然但以读经史、订群书为穷理处事，以求道之功，则相隔千里。以读经史、订群书为即穷理处事，曰：‘道在是焉’，则相隔万里矣。”这就是说，古书所载，充其量只是古人的经验之谈，而如果以古论今，讲求治世理民之道，便会相去千里，不识时务。倘如理学家们那样以读经史、注古书为业，并以此为穷理处事之途，则相去会更远。在颜元眼里，书籍充其量只不过是“路程本子”（地图），要达预期目的，贵在实际行动。如果“天下皆读书、著述、静坐，则使人咸弃士、农、工、商之业”，势必造成国将不国，民将不民。所以，他劝诫人们：“吾辈只向习行上做工夫，不可向言语文字上着力。”（《言行录》卷下）

因此，在学习上，颜元主张以“实”代“虚”。他提倡的学习科目，叫“实文”；学习方法，叫“实学”“实习”；所提倡的行为，叫“实行”；所提倡的事功，叫“实用”；所提倡的性体，叫“实体”。总之，是要以学、习、行、能，代替理学家的讲、读、著、述，实现他在《存学编》卷一中提出的“宁为一端一节之实，无为全体大用之虚”为学宗旨。其根本目的，就是要学生掌握实际本领，成为能够实做其事的对社会有用人才。因此，他讲的学习内容虽披着三代六艺的古装，事实上并非古代的“礼、乐、射、御、书、数”，而多少反映了新的时代要求，如其在《四书正误》卷二中所说：“博学之，则兵、农、钱谷、水、火、工学、天文、地理，无不学也。”

公元1696年，64岁高龄的颜元曾去肥乡的“漳南书院”，主持了一段时间的教学工作。其所设科目已有文、理、兵、农、水、火、工学、天文、地理等，俨然是所综合性学校。具体课程设置为：（1）文事课：内分礼、乐、书、数、天文、地理等科；（2）武备课：内分黄帝、太公及孙、吴五子兵法，并攻守、营阵、陆、水诸战法、射、御、技击等科；（3）经史课：内分十三经、历代史、诰制、章奏、诗文等科；（4）艺能课：内分水学、火学、工学、象数等科。另外，尽管颜元十分厌恶科举考试，16岁时家人要他参加乡试，他曾经大哭大闹了一场，以后就再也未去考了；但作为一个对立面，书院里还暂时设有“理学斋”“帖括斋”等八股举业一科，以便让学生懂得“吾道之敌对”。颜元在《漳南书院记》里描述当时书院的实际情况是：“讲习暇，元偕诸子，或履桥，或乘舟入（院内水池），弦歌笑语，作山水乐”，“而习礼、歌诗、学书计、举石（举重）、超距（赛跑）、击拳，率以肆三为程，讨论农兵，辩商今古”，展现了一幅崭新而生动的教学画面，包含了某些近代科学萌芽的因素，不论在思想史上还是教育史上，都是有意义的。

颜元要求学生，都应成为经世致用、匡正时弊的有用之才。因此，他不仅重视“学”与“习”，还特别注重训练其“能”。他在《存学编》卷三中说：“兀坐书斋，人无一不脆弱，为武士农夫所笑者。”颜元特别强调古代王道的功利主义，根据时代要求，提倡整军经武，使人人皆以从军为荣。《言行录·不为》载其云：“军者，天地之义气，天子之强民，达德足勇，天下之至荣也。故古者童子荷戈以卫社稷，必葬以成人之礼，示荣也。”他在《存学编》卷二中指出，后来这个传统消失了，重文轻武，宋朝已开始突出。当时学习骑射的人受人轻视，结果使人人变成了白面书生，柔弱得像妇人女子，甚至连一点“豪爽倜傥”的气概都没有了，怎么能不使国家日益贫弱呢？明代继承这个遗风，“衣冠之士羞与武夫齿，秀才挟弓矢出，乡人皆惊，甚至子弟骑射武装，父兄便以不才目之”，甚至还用充军作为刑罚的手段。在这种鄙视习武的影响下，“疆场岂复有敌忾之军乎？”颜元认为，明代亡国，这不能不是重要原因之一。所以，他在“漳南书院”力排众议，设立了“武备科”，也是为了提醒世人，安不忘危，注重实用。更为可贵的是，颜元身为教育家，能坚持身体力行。他 59 岁时曾说：“思一日不习六艺，何以不愧‘习斋’二字乎！”当他主持“漳南书院”时，早过花甲之年，但仍“教弟子舞，举石习力，先生浩歌”，足见其倡实学的热情之高。

颜元的哲学认识理论，坚持了唯物主义的反映论，坚持了唯物主义的知行观，这是他超过当时许多唯物主义哲学家的地方。他强调直接经验的重要，反对静坐冥思、死读书本的坏风气，也具有进步的历史意义。其知行观最突出的特点是重“实”反“虚”，即重实行而反空谈。所以他的“格物”新解，“犯手实做其事”的思想，给程朱理学与陆王心学的先验论以有力的驳斥，发展了唯物主义的知行观。他所倡导的重“习行”、倡“实学”的新学风，反映了时代要求，对当时及以后的思想文化界产生过很大的影响。所有这些，都应该给以充分的肯定。当然，他也有些不足之处，重行轻知，忽视了理性思维与知对行的反作用，在认识论上表现了唯物主义经验论的特征，这又是我们应该克服的。

# “《疏证》不得不作！”

## ——戴震反禁欲主义的“理欲观”

同颜元一起被章太炎称为两位实学“叔世大儒”的，还有戴震。戴震着重讨论“理与欲”的关系，激烈批评程、朱、陆、王思想的禁欲主义倾向为“以理杀人”。他确认，理存欲中，人君治国的基本要求就是“体民之情，遂民之欲”。显然，戴震的“理欲观”，鲜明地表现了当时某些反封建的市民意识，也反映了时代进步的客观要求。

戴震（1724—1777），字慎修，又字东原，安徽休宁（今属黄山市屯溪区）人。他出身于小商人家庭，年轻时随父做过小商贩。戴震还在少年时，就表现出了惊人的独立思考精神。他10岁在私塾读《大学章句》，塾师根据朱熹的注释，告诉学生们《大学》的第一章是“经文”，这是曾子记述孔子的话；其余的十章是“传文”，则是曾子的学生记述曾子的话。

戴震听后，略一沉思，马上问道：“老师，上述说法的根据是什么？”

塾师答道：“这是朱熹注解上说的。”

“朱熹是什么时代的人？”

“南宋人。”

“孔子、曾子是什么时代的人？”

“东周人。”

“东周和南宋相隔有多久？”

“将近两千年吧。”

戴震转了转眼珠，又问道：“既然朱熹生活在孔子、曾子两千年之后，那他又是怎样得出上述结论来的呢？他的依据是什么呢？”

塾师无言以对。

正因为戴震从小就培养了这种实事求是、善于独立思考的学习精神，所以在他成年之后，敢于不随俗沉浮，用鲜明的唯物主义观点，深刻地揭露和批判程朱理学“以理杀人”的实质，实现自己“体民之情，遂民之欲”的政治抱负，成为很有成就的一代哲学大师。

青年时的戴震，在江宁等地受学，师事“皖派”数学家江永，江永博通经学、史学、文字声韵、训诂考据、天文历数，开创乾嘉朴学中的皖学派。他因为厌恶宋明理学，屡试不第，便以教书为生。1762年中举人试，但未做官，先后在江宁、扬州、宁波、太原、京师等地，从事学院讲授、修志、著书、编辑等学术活动。1773年，由他人推荐，戴震奉特召入京修《四库全书》。洪榜的《戴东原行状》称他：“凡天文历算推步之法，测望之方，宫室衣服之制，鸟兽虫鱼草木之名状，音和声限古今之殊，山川疆域州镇郡县相沿改革之由，少广旁要之率，钟实管律之术，靡不悉心讨索。”可见，戴震是位博学的考据学家，在天文、数学、地理、工程、机械、文字、语言以及古代器物等方面，有过广泛的研究，并有多种著作。就其哲学理论的基础和治学先后的次序来说，他首先是一位自然科学家，这对他以后成为一位杰出的唯物主义启蒙思想家，有着重要影响。

戴震一生著述较多，后人编为《戴氏遗书》。除自然科学及文字训诂方面的专著外，他的主要哲学著作有《原善》《绪言》《孟子私淑录》《孟子字义疏证》与《答彭进士允初书》等。按其思想的发展过程，戴震早年写《原善》，借儒家典籍，发挥自己的哲学思想，重点讲人性问题，所以也是有名的伦理学著作。在《原善》后，写了《绪言》，不仅讨论人性，进而探讨了自然观、认识论方面的问题；同时将自己的唯物论观点，与道学唯心论，特别是当时占思想统治地位的程朱派的观点对立起来，直接批判了理学唯心论。后来，又将《绪言》加以修订，成为《孟子私淑录》；以此为基础，发展为《孟子字义疏证》（以下简称《疏证》）。此书系戴震的唯物主义世界观和政治思想已经成熟的标志，是戴震抱病写成，分上、中、下三卷。卷上，理十五条；卷中，天道四条、性九条；卷下，才三条、道四条、仁义礼智二条、诚二条、权四条。《疏证》从哲学的高度，把对程朱理学唯心主义体系的批判，同对当时腐朽政治的批判结合起来，全面阐发了戴震的唯物主义哲学观点和政治主张。戴震的著作很多，但以《疏证》为最重要。他曾在临终前一个月给好友段玉裁的信中强调："仆生平著述最大者，为《孟子字义疏证》一书。此正人心之要。今人无论正邪，尽以'意见'误名之曰'理'，而祸斯民，故《疏证》不得不作！"

其实，戴震自认为平生"不得不作"的力作《疏证》，虽囿于清王朝当时的文化专制主义统治，在体例上采用了考据学的形式，但他对道、理、性、命、才、诚、自然、必然等范畴、概念的解释，实多发前人所未发，在哲学上做出了自己独特的贡献，引起了强烈的社会反响。1777年（乾隆四十二年）夏历5月27日，戴震在其《疏证》定稿后，突然病死于《四库全书》馆中。数百年来，随着不同历史时期斗争情势的需要，对戴震哲学思想的理解、研究与评价，也是言人人殊，论议纷纭。当戴震在世时，早年曾徘徊于宋学与汉学之间的章学诚，就在《书朱陆篇后》中说过："及戴著《论性》《原善》诸篇，于天人理气，实有发先人所未发。时人则谓空谈义理，可以无作，是固不知戴学者矣！"戴震去世时，学者段玉裁的《戴氏年谱》里收集京师有人赠的挽联称："孟子之功，不在禹下；明德之后，必有达人。"可谓对戴震推崇备至。当然，贬之者亦不乏其人。四库总纂官朱筠读《疏证》后，"攘臂扔之"，说是"诽清净洁身之士，而长流污之行"，"何得于程朱之外复有论说乎？"简直可以说咬牙切齿，恨之入骨了。尽管毁誉抑扬，各趋极端，但以此两种态度为基调，论争持续了几乎一个世纪，而占上风的当然是对戴震进行攻击贬毁的程朱派卫道之士。

有趣的是，又过了一个世纪后，以辛亥革命前后章太炎的《释戴》为起点，对戴震及其哲学思想的评论陡然为之一变。直到20世纪20年代末，资产阶级的革命民主派、改良派乃至右派等，各据自己的现实需要，分别给戴震哲学插上“民族革命”“情感哲学”“实用主义”等标签，褒扬有加，各抒己见，而以1923年纪念戴震诞辰二百周年的全国性活动达到顶点。20世纪40年代以后，进步的哲学史家开始用马克思主义观点对戴震哲学进行分析研究，并在一些问题上取得了初步一致的看法。如认为戴震哲学理论的基本方面是唯物主义的，他的社会观具有初步的民主平等思想，他的反理学斗争在历史上起了进步作用等。戴震哲学的真实面目，开始逐渐显露出来。

作为中国古代朴素唯物主义最后的重要代表戴震的哲学思想，尤其是其反理学禁欲主义的理论的产生，并不是空穴来风，而是有着深厚的时代土壤。戴震生活在雍正、乾隆时期的18世纪，自然科学得到了进一步发展，社会生产力得到了新的提高，受到明末清初战争摧残的资本主义萌芽，也得到了恢复并有所增长。这正是清朝统治相对稳定时期，同时也是我国封建制度更趋没落、市民阶层进一步兴起的时代。封建专制统治与资本主义萌芽的发展要求之间的矛盾日趋激化。为了维护自己的政权，清朝统治者把程朱理学奉为官方哲学，一方面大兴文字狱，对不利于他们统治的民族民主思想、对同程朱理学相背离的言论，都加以残酷镇压；另一方面又乞助于宋明理学所倡导的“理欲之辨”，即借所谓“存天理、灭人欲”的说教，窒息劳动人民的反抗意志。结果，正如戴震在《疏证》卷下所指斥的，统治者和理学家“虽视人之饥寒号呼，男女哀怨，以至垂死冀生，无非‘人欲’，空指一绝情欲之感者为‘天理’之本然，存之于心”。即把人们正当的生存要求统统归结为“人欲”，斥之为邪恶；而要人们绝灭情欲，屈从于所谓“天理”这一吃人的封建礼教。

戴震的家乡在徽州，受程朱理学的影响很深，别的不说，单是妇女受迫害的情况就非常严重。汪银辉曾著文统计，婺源县城有一座1838年建立的孝贞节烈总坊，记载着宋以来受害妇女有2658人。过了40年后，到1877年重建孝祠时，受害妇女却激增到5800多人，平均每年增加近800人，可见所受迫害的深重。据《歙县志·列女传》记载，其中所列“贞节”“节烈”“节孝”“婆媳同孀”“三世苦节”，以至夫亡后“投井”“自缢”“绝食”等而死的各类“节烈”妇女，看后使人触目惊心。戴震故乡的情况也是相同，据《休宁县志》所载，这个其时只6.5万人丁的县境，从清初至道光年间，仅所谓“存天理，灭人欲”的“节妇”“烈妇”，竟达2000余人。女子“不幸夫亡，动以身殉，经者、刃者、鸩者、绝粒者，数数见焉”。妇女亡夫，便要以死相随，有的上吊，有的自刎，有的服毒，有的绝食而死。甚至“或未嫁而自杀”，或“竟不嫁以终身”；“彼再嫁者，必加戮辱”。理学家以“理”杀人，其惨烈可见一斑。与戴同时的吴敬梓，在其《儒林外史》中就有描写王玉辉鼓励女儿绝食殉夫的故事，这正反映出这个时代的悲剧。可见当时戴震批判理学“以理杀人”，绝非无的放矢，而是有着强烈的现实意义的。

戴震出身微贱，体察民情，勇于正视现实，对人民的不幸遭遇寄予了深刻的同情。他的整个哲学体系，都是紧密服务于他的社会政治伦理观点的。他坚持“气化即道”的唯物论，批判了程朱派“理先气后”“理在事上”的客观唯心论，阐明了物质性的“气”是宇宙的本体，否定了精神性的“理”是世界的本原。在此基础上，戴震提出了“生生而有条理”的原理，认为“气化流行”是一个生生不息的过程，是自然界中各种事物不断产生、发展和变化的过程，否定了理学家的“天理”万古不变的形而上学观点。在认识论与历史观上，围绕理气关系、理欲关系等，也有许多独到的见解。可以说，戴震哲学的明显特征就正在于，他坚决主张“理”与“欲”相统一，反对程朱理学将“天理”与“人欲”截然对立起来而导致的禁欲主义观点。

针对理学家把“理”说成客观的精神实体，并同封建伦理纲常等级制度结合起来，形成所谓不能违背的“天理”的谬误，戴震便在讲“理”的过程中，以严实的见解剥去了神秘的“天理”的外衣。他在《疏证》卷上认为，“见于必然之为理”，即“理”是指事物的必然性，也就是像一般人说的某事某物所以然的道理。戴震还充分发挥自己精于考据的专长，查阅了理学家崇拜的老祖宗孔、孟的言论以及六经传记的记载，发现“理字不多见”。所见到的仅称“察之而几微必区以别之名也，是故谓之分理。

在物之质，曰肌理，曰腠理，曰文理。”就是说，“理”是分析具体事物时用以区别不同质的概念，是客观存在的东西。戴震又引用许慎《说文解字序》的解释：“知分理之可相别异也。”这“分理”就是用以区别不同事物的特殊本质与规律的，据此他指出：“分之各有其不易之则，名曰理。”“是故明理者，明其区分也。”所谓明理，就是要懂得区别不同事物的道理，这并没有什么高深和神秘之处。戴震经过考察后强调：“古人所谓理，未有如后儒之所谓理者矣。”戴震借考据之形式，对“理”范畴作了明确的新阐释，目的是对宋儒的“理”范畴进行明显的修正，指出他们“离经叛道”的谬误，以正本清源，引起人们的高度重视，也尽量避免迫害。

戴震还进一步揭露宋儒言“理”的谬误的危害，指出“自宋以来，始相习成俗，则以理为‘如有物焉，得于天而具于心’”。戴震认为，宋儒之所谓“理”，其实是“心之意见”，即“凡事至而心应之，其断于心，辄曰理如是，古贤圣未尝以为理也”。在这里，戴震创造性地对“理”和“意见”进行了严格区别。他讲的“理”，是指客观真理；“意见”是指人的主观意见，这两者不容混淆。他在《疏证》卷上说：“事物之理，必就事物剖析至微而后理得。”这里前一个“理”字，指事物客观规律；后一个“理”字，则指人们对于客观事物及其规律的真理性认识。戴震断言，真理的获得是对于事物进行深入研究的结果，相反，脱离客观事物的主观臆断只能是“意见”。同时，他还认为，“理”是人人都承认的，“意见”只是少数人的判断。他说：“心之所同然，始谓之理，谓之义；则未至于同然，存乎其人之意见，非理也，非义也。”这里涉及了真理标准问题。判断一种认识是否具有真理性，如仅以人数多寡为据，那仍然是一种离开客观实践标准的主观论断。因此，戴震猛烈抨击了理学家“任其意见”的危害性，指出个人的一孔之见本来不能以“理”名之，可是现今世上许多人动辄就把个人的意见叫作“理”，自以为得计，推广开来，结果误尽苍生，危害的程度“小之一人受祸，大之天下国家受其祸”。戴震的这些分析，是比较深刻而有创见的。

同时，针对道学家在“理”与“欲”问题上的荒谬论调，戴震依据自己的自然人性论，在《疏证》卷下里首先肯定："人生而后有欲、有情、有知，三者，血气心知之自然也。"他还阐明了"欲"的来源："'欲'，生于血气。"有了生命，就自然会有各种求生存的欲望感情。戴震把人性的内容，规定为血气心知所固有的欲、情、知。在《绪言》卷上他说："喜怒哀乐之情，声色臭味之欲，是非美恶之知，皆根于性而原于天。"这里的"根于性"，指人的欲望产生于人性；"原于天"指出于自然。据此，戴震和王夫之一样，自觉改造了孟子的"性善"说，提出了"理存乎欲"的观点。他在《疏证》卷上指出："理者，存乎欲者也。"他进一步阐释道，正由于每个人都有希望生存、畏惧死亡的本能，所以见到小孩将有落井之危，才会产生警觉与同情心，并非别有一先天的仁爱观念预藏于人的心中。以此类推，孟子所谓的善恶、是非、辞让之心，以及各种社会伦理观念，也都是人的自然本性所形成。

戴震更进一步提出"自然"与"必然"的范畴，用以说明自然人性同社会规范之间的关系。他在《疏证》卷上说："欲者，血气之自然。""由血气之自然，预审察之以知其必然，是之谓礼义；自然之与必然，非二事也。就其自然，明之尽而无几微之失焉，是其必然也。如是而后无憾，如是而后安，是乃自然之极则。"他以人欲为自然，以天理为必然，二者有区别，但不可分割，以此反对道学家将"天理"与"人欲"割裂开来、进而又对立起来的形而上学论调。在坚持"理""欲"统一前提下，戴震认为七情六欲，人之常情。他在《原善》卷上又指出："生养之道，存乎欲者也；感通之道，存乎情者也。二者，自然之符，天下之事举矣。"指出人们所讲的生养之道，只能依赖一定的欲望；有了求生欲望，又有随外物而引起的各种感应，才能发挥人的自然本能，也才会成就天下各种事业。否则，若依理学家的空言性命义理，灭绝人欲，心如死灰，则将一事无成。

因此戴震认为，不能以理学家"存天理，灭人欲"的主观意见为是非标准，而应去"体民之情，遂民之欲"，否则就会使"理欲之辨，适成忍而残杀之具"。据此，戴震由批判程朱理学，提出了"后儒以理杀人"的名言，并发出了强烈的控诉。他在《疏证》卷下说："尊者以理责卑，长者以理责幼，贵者以理贪贱，虽失谓之顺；卑者、幼者、贱者以理争之，虽得，谓之逆。……人死于法，犹有怜之者；死于理，其谁怜之！"又在卷下中说："今后儒不知情之至于纤微无憾，是谓理；而其所谓理者，同于酷吏之所谓法。酷吏以法杀人，后儒以理杀人，浸浸乎合法而论理。死矣，更无可救矣！……彼方自以为理得，而天下受其害者众也。"戴震的评议，深刻揭露了理学所维护的封建礼教的"吃人"本质。由此，也使人们不难理解，戴震坚持"《疏证》不得不作"的"不吐不快"之感。

揭露出理学家"理欲之辨"的实质，是为了指出道学家"以理杀人"的危害，同时也是为了提出自己的社会理想。戴震在《疏证》卷上指出："惟以情絜情，故其于事也，非心出一意见以处之。"就是说，每个人都应按自己的情欲，去推度别人的情欲，从而对任何事情，公正无私，不以主观偏见去处理与他人的关系。这样，"以我之情絜人之情，而无不得其平，是也"。对于人君，戴震认为应"体民之情，遂民之欲""与民同乐，施行仁政""省刑罚，薄税敛"。从而，使人人能够"仰足以事父母，俯足以畜妻子"，使整个社会达到"居者有积仓，行者有囊粮""内无怨女，外无旷夫"，开创一个"王道"乐土的美好局面。

戴震的理欲观及其幻想的理想社会，尽管存在着一定的局限性，但是它已朦胧地表现了自己对平等、博爱理性王国的憧憬，具有了初步的启蒙性质。尤其是戴震以"理欲观"为核心的哲学思想，继承了清初进步思想家的唯物主义传统，运用新的科学知识和方法，对新形势下重新取得统治地位的程朱理学进行了猛烈抨击。如果说，王夫之总结了自张载以来的唯物主义的成就，对唯心主义本体论作了全面的批判；那么，戴震则继王夫之后，就"天理""人欲"这一封建伦理思想的核心，公开而大胆地批判了程朱理学，开展了更为深入的斗争，深刻揭露了理学的政治本质。这无论对于当时思想的启蒙，还是对于近代乃至于现代思想潮流的影响，都是不能忽视的，也是值得充分肯定的。

# 第五章

# 近代哲学思想

1840年鸦片战争的隆隆炮声，标志着中国古代史的结束，也同样标志着中国近代史的开端。从这时起直到1919年“五四运动”的整个近代历史，为中国民族资产阶级和小资产阶级领导的旧民主主义革命时期。

中国封建社会自明代中叶以后，开始出现了资本主义的萌芽。明末清初的一些大思想家，对中国古代哲学从不同角度进行了批判总结，提出了早期的民主主义启蒙思想。但由于中国封建的自然经济特别稳固，封建统治力量根深蒂固，资本主义因素并未在这些启蒙思想指导下迅速发展，反而更加步履维艰。鸦片战争失败以后，随着与帝国主义一系列丧权辱国不平等条约的签订，中国逐步沦为半殖民地半封建社会。外国帝国主义与国内封建势力相勾结，成为阻碍中国社会进步的主要力量。随着经济结构的变化，阶级关系和社会主要矛盾也发生了巨大的变化。帝国主义和中华民族的矛盾，封建主义和人民大众的矛盾，成了近代中国社会的主要矛盾。而帝国主义与中华民族的矛盾，又是各种矛盾中最主要的矛盾。这些社会矛盾日益尖锐造成了中国特有的民族、民主革命运动。

这种客观的现实，引起了思想文化上的巨大变迁，使得中国近代成为旧传统式微、新思潮激荡的时代。这种新旧嬗变既有我国传统内部矛盾的影响，也有外来力量冲击的作用。这外来的力量就是近代西方文化，也称西学。由于西学东渐，它便与经学、佛学并列为新思潮的三个源头，而西学的实际功能、历史地位则居于首位。

这种新的社会现实与社会思潮折射进哲学领域，除了在一些基本问题上仍然延续着古代哲学发展的逻辑进行讨论外，中国哲学的发展又增添了许多新的内容，表现了新的倾向与特点。这主要包括“古今中西”之争、“本末体用”之争、“心物（知行）”之争以及革命与进化之争、人性与自由之争，等等。但是，由于当时中国社会的主要矛盾十分鲜明与突出，所以自近代一开始，哲学上诸多的争论必然围绕着“中国向何处去”的主题，从历史观向不同层面逐渐展开。由于马克思主义这时尚未传入中国，学者们对西方哲人的“进化论”观点便显示出了浓厚的兴趣，那种“物竞天择”“适者生存”的理论，引发了人们的深刻思索与普遍认同。因此，在关于更法、维新、改良、革命的见仁见智的争鸣中，涌现出了诸如龚自珍、魏源、洪秀全、康有为、谭嗣同、严复、章太炎等伟大的思想家，提出了各自的哲学观点。尽管其中许多人并无构建相对完整的哲学思想体系，内容也良莠相间，可是这并未湮没他们探索真理的勇气，也没能妨碍其中精辟之论对时代和后世所产生的重大影响。

毕竟，他们是在开拓，是在寻觅，是在总结。仅此一点，就足够了！

# “不拘一格降人才”

## ——龚自珍推崇“自我”的历史变易观

我国18世纪的著名哲学家戴震，在写完批判程朱理学的《孟子字义疏证》后，不久就去世了。在他去世前一个月，曾给他的学生也是好友的著名古文字训诂学家段玉裁（1735—1815）写信，强调了这部大作的重要性。段玉裁很理解戴震，亲自为他作了《年谱》，对戴震的生平及思想进行了比较客观公正的评价。有趣的是，几十年过去后，经过段玉裁熏陶和教诲过的外孙龚自珍，竟然成了中国近代哲学的第一个先驱。

龚自珍（1792—1841），又名巩祚，字璱人、爱吾，号定庵，浙江仁和（今杭州）人。他出生在一个书香和五代官宦的家庭，祖父与父亲除了任官，还有著述。龚自珍的母亲是著名古文字学家段玉裁的女儿，也会写诗作文。这种家庭环境为龚自珍的成才，提供了得天独厚的条件。他从小资质聪慧，思路敏捷，兴趣广泛又肯刻苦钻研。6岁时，跟妈妈学诗；12岁时，外祖父教他习诵《说文解字》；16岁时，读《四库全书总目》，开始钻研图书目录学；17岁时，进一步收集古代钟鼎碑刻，对金石学发生了浓厚兴趣。到20岁左右，龚自珍已经能够填得一手好词，并成了一个才华出众的诗人和根底很深的学者。

年轻的龚自珍跋涉在通往成功的征途上，外祖父段玉裁更是将其视为掌上明珠。他的“自珍”和“爱吾”的名字，就是外祖父给起的。段玉裁为了给龚自珍起名字，还专门写了一篇《外孙龚自珍字说》的文章，叙说只有爱人才能自珍自爱，自珍自爱才能更好地爱人的道理。对于外祖父的谆谆教诲，年轻的龚自珍铭记在心。段玉裁打心眼里喜欢和赞赏这个才气横溢的外孙，有一次读了龚自珍的两部词集，他大发感慨，说这样精彩的词章，恐怕自己也不易作出来；还有一次，当他读到龚自珍针砭时弊的政论文《明良论》时，更是拍案赞叹，说是能看到这么有才华的后生，自己死而无憾了。

后来，龚自珍又跟从清代经学家刘逢禄学《公羊春秋》，钻研其中的微言大义，以考史论经的形式，批判专制统治，阐发更法改制的“经世致用”思想。38岁时，龚自珍中了进士。以后当了几年闲散京官，曾支持林则徐禁鸦片，他写了《送钦差大臣侯官林公序》，赠给林则徐，提出如何禁烟的十项建议，渴望通过这次禁烟使中国打开一个“银价平，物力实，人心定”的新局面。他还告诫林则徐到广东后，不要受顽固派的影响而动摇禁烟决心，一定要做好军事防备，以期对付外国侵略者的挑衅，充分反映了龚自珍的爱国热忱。他针对当时国弱民穷的社会现实，撰写了不少“讥切时政”的诗文，以“但开风气”的人物自命，参加林则徐、魏源、黄爵滋等组织的“宣南诗社”，面对西方资本主义的入侵，都以救亡图存为己任，成为晚清思想界首开风气的人物。龚自珍晚年崇佛，尤喜天台宗。1840年（道光二十年）春，龚自珍因受权贵排挤，辞官南归，就丹阳书院教席。在以后不到一年中，写成了大型组诗《己亥杂诗》，以洋溢的诗才，深刻反映了社会风貌，袒露了诗人的内心世界。他的著作编为《定庵文集》，现有中华书局辑印的《龚自珍全集》。

龚自珍生活在我国封建社会急剧衰败、开始沦为半殖民地半封建社会的转折时期。他凭着诗人的敏感，意识到当时的社会不是盛世而是衰世，对停滞不变的封建法统产生了怀疑，从怀疑而发出“更法”的创议。他揭露封建制度的矛盾，并渴望唤起一代风雷来打破封建蒙昧主义的思想禁锢，改变暮气沉沉的政治局面，表明他对未来怀着希望。龚自珍是清中期以后今文经学的继承和发展者，今文经学被他注入了变法的新内容，反映了时代思潮的新动向，成为地主阶级改革派思想斗争的理论武器。

为此，龚自珍很注重“天地东西南北之学”，即“经世致用”之学。他认为研究学问要对国家对人民有用处，所以时刻关注着国家民族的前途和命运，先后写了《明良论》《乙丙之际塾议》《壬癸之际胎观》《平均篇》《农宗》《尊史》《尊隐》等政论文章，揭露封建社会的种种弊病，发出了效商鞅的“更法”创议，根据《易传》中“穷则变，变则通，通则久”的辩证法思想，提出了更法改制、变法革新的要求。他在《上大学士书》中指出：“自古及今，法无不改，势无不积，事例无不变迁。”更法改制是每个朝代都有的。他揭露和抨击社会时弊，目的是唤起最高统治者的警觉，以实行他变法和改革的政治主张。同时，他把“中国十一世纪时的改革家”王安石作为学习榜样，曾经九次亲笔抄录王安石那篇著名的鼓吹改革变法的《上仁宗皇帝言事书》。直到第六次参加进士考试时，还以这篇文章的精神，从施政、用人、治水、治边等方面写成《对策》，进一步阐述自己要改革与变法的主张。所以，当时有个叫张维屏的诗人就说过：“定公得志，恐为王荆公。”意思是说，如果龚自珍的政治主张得到实施，恐怕他就是又一个王安石了。因此，龚自珍坚决反对泥古不化，“率由旧章”，强调要重视现实，“通乎当世之务”，这是近代“古今”之争的开始。

特别有意义的是，龚自珍在深刻揭露与批判当时的“衰世”，提出“更法”的创议时，还把矛头指向了当时所谓的名教，深刻阐述了他推崇“自我”的历史变易观。

龚自珍认为，那种维护盛世假象的“名教”，已经成了摧残人才的软刀子。在名教面前，人们真实的情感、思想、创造能力、道德意识，全被扼杀了；能忧能思、敢作敢为之“心”，也即真实的“我”，受尽了折磨与摧残。所以龚自珍认为，在这样的社会中，既不能产生有作为的官吏将帅，也不能产生才士、才民，甚至连有才干的强盗都产生不了。但是，要搞好“更法”，改革社会的弊端，抵制西方的侵略和掠夺，使中国尽快富强起来，人才又是关键。没有“自我”觉醒的大批有用之才，一切都无从谈起。

1840年，龚自珍在辞官南归杭州时，有一天到达江苏的镇江城，正遇上那里的赛神会。在人山人海之中，这位当代的文坛大师，由于他独特的体貌特征而被一个熟人认出来了。龚自珍到镇江的消息一传开，喜坏了主持赛神会的道士，他们立即慕名而至，盛情邀请他为赛神会写一篇祭文。一向慷慨豪放，有求必应的龚自珍，欣然应诺，心情激奋。他想到了目前的社会环境，也想到了自己期盼的大批英才的出现。稍一沉吟，龚自珍挥动如椽大笔，酣畅淋漓地写下了暮鼓晨钟般的"风雷"诗：

九州生气恃风雷，
万马齐喑究可哀。
我劝天公重抖擞，
不拘一格降人才。

诗意是说，整个中国都需要有蓬蓬勃勃的生气，而这种生气则需要通过象征社会变革的疾风迅雷显示出来，可如今这种无声无息、死气沉沉、令人窒息的局面，毕竟是很可悲的。我诚惶诚恐地奉劝老天爷，希望能够重新振作精神，不要局限什么资格，让各种各样的人才大量地在社会上涌现出来吧！

诗一出手，从字面上看，的确写得好，写得妙。"天公""风""雷"都写到了，这是道士所需要的，完全符合祭神的要求，道士们欢天喜地，自不待言。可再仔细推敲它的内容，又并不是什么纯粹的赛神会祭文，诗人对"天公""风""雷"都赋予了新的含义。其立意之高，创意之新，与时代结合之贴切，简直世所罕见。它像冲天的惊雷，滚过黑沉沉的神州大地，响彻历史的长空，震撼着人们的灵魂，成为一首振聋发聩的绝唱之作。一个多世纪以来，一直为人们所广泛传诵着，激励着中国人民为国献身的赤子之心。

同时，龚自珍认为，在当时的"衰世"中，各种人才要脱颖而出，除了社会的原因，还需要人才自己具有良好的内在素质，尤其要确立“自我”意识。他很蔑视当时那些没有“自我”意识的庸人，在《与人笺五》中将这些人比之为“缚草为形，实之腐肉，教之拜起，以充满于朝市”。他更不满意那些没有“忧愤心、作为心”的文人学士，在题名《咏史》的诗篇中写道：

避席畏闻文字狱，
著书都为稻粱谋。

这就为那些不关心世事，遇事谨小慎微、害怕触犯法网，著述仅为谋求衣食的知识分子，画了一幅生动的画像。当然，龚自珍同时也指出，造成这种局面的一方面是黑暗腐朽的社会环境所逼，扼杀了众人真实的“心”（真实的“我”）；另一方面也是这些人不自觉地丧失了“自我”。所以，龚自珍便从哲学的高度，极力推崇“自我”。他在《壬癸之际胎观·第一》中说：“天地，人所造，众人自造，非圣人所造。圣人也者，与众人对立，与众人为无尽。众人之宰，非道非极，自名曰我。”在这里，龚自珍将“众人”与“圣人”对立起来，把作为“众人之宰”的“我”与“道”“极”对立起来。在他看来，第一原理不是道，不是太极，而是“我”。人人都有一个“自我”，也就是主观精神，世界就是无数“自我”所创造的。

在中国哲学史上，突出地把“我”作为世界第一原理提出来，使哲学具有十分鲜明的“唯意志论”色彩，是前所未有的。但是应该看到，“众人之宰，自名曰我”，又是一个近代的命题，具有鲜明的反封建的性质，它标志着中国近代人文主义（即与“天道”相对立的“人道”主义）思想的开端。在欧洲，当历史由中世纪向近代过渡时，兴起了人文主义思潮，展开了反对教会统治和封建专制的斗争，表现出所谓“我”之自觉，对欧洲近代哲学产生了深刻影响。中国在鸦片战争前夕，龚自珍明确提出了“众人之宰，自名曰我”的命题，标志着“自我”开始觉醒，个性强烈要求挣脱封建束缚的近代人文主义思想。有鉴于此，龚自珍也就理所当然地成了中国近代哲学的第一个先驱。

在龚自珍看来，作为“众人之宰”的“我”是万能的，具有光和力、理和气的功能，简直可以创造一切。所以他接着写道：“我光造日月，我力造山川，我变造毛羽肖翘，我理造文字言语，我气造天地，我天地又造人，我分别造伦纪。”整个世界，包括演变着的人类本身及其文化、制度，都是“我”的创造。“我”同时还为世界立法，一切“法”（现象世界及其法则），均出于作为“众人之宰”的“我”之本性。龚自珍把“我”作为创造世界一切的原动力，从这个基本观点出发，他批判了推崇“天命”、扼杀个性的正统派儒家思想，在天与人的关系上不赞成儒家的天人感应说，也批判了他们把专制君主神圣化的理论。从而，龚自珍的“众人之宰，自名曰我”的命题，衍化出的推崇“自我”的历史观，又透露出许多的民主气息的思想。这可以从两个方面来说明。一方面，从人们对社会历史的认识来说，龚自珍认为史者必须“自尊其心”，然后才能“出于史，入于道”；另一方面，从社会历史本身来说，龚自珍认为正是由于历史是众人的创造，所以它不断变易，并且有自己发展的规律。为了阐明自己的观点，龚自珍还写下了一系列的著作，分别对历史的发展过程进行了一定的探索与研究。这些对后世学者评价历史，也产生了一定的影响。

同时，“众人之宰，自名曰我”的命题，也表达了近代要求人的个性解放的人生理想。龚自珍通过对历史上人才成长规律的探索，认为要造就人才，最重要的是给他们解除束缚，去掉“一切琐屑牵制之术”。他在《明良论四》中以古代才人为例：“庖丁之解牛，伯牙之操琴，羿之发羽，僚之弄丸，古之所谓神技也。戒庖丁之刀曰：多一割亦笞汝，少一割亦笞汝；韧伯牙之弦曰：汝今日必志于山，而勿水之思也；矫羿之弓，捉僚之丸曰：东顾勿西逐，西顾勿东逐；则四子者皆病。”这就告诉人们，即使是庖丁、伯牙、后羿和僚，如果对他们强加以种种清规戒律，那么他们的神技也就无法施展开来，也就不会有这些人才的出现。为了造就人才，发挥人的创造性才能，就必须去掉封建专制主义强加于人们的种种“约束”。为此，他写了《病梅馆记》这篇脍炙人口的散文，指出由于文人画士以“梅之欹、之疏、之曲”为美，鬻梅者便“斫其正，养其旁条，删其密，夭其稚枝，锄其直，遏其生气，以求重价，而江、浙之梅皆病”。原因就在于违背了梅的自然成长规律。龚自珍自己买了三百盆病梅，为之哀泣三日，决心疗之，“纵之顺之，毁其盆，悉埋于地，解其棕缚，以五年为期，必复之全之”。可见，梅要解除束缚，在泥土中自然生长才能长好，人也要挣脱枷锁，在自由的天地中才能发展个性。

不仅社会环境是人才成长的重要条件，人才的主观精神力量更是人才成长的内在根据。龚自珍特别强调要造就人才，成就大事业，一定要发挥自己的主观精神力量。他在《壬癸之际胎观·第四》中说：“心无力者，谓之庸人。报大仇，医大病，解大难，谋大事，学大道，皆以心之力。”这里说的“心之力”，即指精神力量，特别是意志力。他认为为君父报大仇，为国医大病，为民解大难，谋划大事，学习大道，都要有坚强的意志。龚自珍很强调意志的作用，认为没有坚强的意志，不仅一事无成，也就等于死亡。所以，他还专门讨论了身体和精神（心力）之间的关系，认为大人之志就是要让精神依靠自己的生命、凭借自己的身体而发挥力量，否定了传统的“无为”之说，鼓励人们去“谋大事，学大道”，去做豪杰之士，这是有一定进步意义的。

龚自珍作为中国近代哲学的第一个“前驱”，有其重要历史地位。诚然，龚自珍并没有一个完整系统的哲学体系，其哲学思想也矛盾混杂。特别在社会历史观上既坚持进化，强调变革，又只承认渐变而否认突变，实际上仍是改良主义。但这并不影响龚自珍开近代哲学风气的历史作用。这是由于中国近代哲学有着不同于古代哲学的特点，如突出“自我”，颂扬“心力”，重视社会发展和历史规律的探索等，可以说都是从龚自珍首发其端的。尤其是他在“众人之宰，非道非极，自名曰我”的新命题基础上，形成与提倡的以“自我”为核心的历史变易观，同正统派理学截然对立，希冀冲破“万马齐喑”的局面，不仅在当时有着进步意义，而且也影响了整个近代哲学。梁启超曾以自己的亲身感受，在《清代学术概论》中指出：“晚清思想之解放，自珍确与有功焉；光绪间所谓新学家者，大率人人皆经过崇拜龚氏之一时期。初读《定庵文集》，若受电然。”这是确当的。

# “师夷长技以制夷”

## ——魏源“重行”的社会改革论

同龚自珍齐名的另一位近代哲学的先驱是魏源。

如果说，龚自珍是一个提倡“更法”，有着改革要求的思想家；那么，魏源则不仅是一个提倡“变古”的思想家，还是一个重视行动的实际的改革家。特别是在“古今中西”之辨中，龚自珍对古今之争采取了进步的立场，但由于他去世早，不像魏源那样能放眼世界，大声疾呼地提出了了解西方、学习西方先进技艺的开放性思想。因此，魏源又同他的好友林则徐一起，被人们誉为近代中国“开眼看世界”的先驱者。

魏源（1794—1857），湖南邵阳人。原名远达，字默深，又字墨生；晚年因为相信佛教，改名承贯。父亲魏邦鲁，历任江苏嘉定、吴江等地巡检，宝山水利主簿等职。魏源自小聪颖，少年时爱好研读史书，15岁开始研究王守仁的学说。清朝政治黑暗、民不聊生的社会状况，刺激魏源转向研究今文经学，同龚自珍一起向刘逢禄学习《公羊春秋》，提倡经世致用的“实学”，主张兴利除弊。魏源曾任州县官和地方督抚的幕僚，筹议过漕运、水利、盐政等，接触到一些社会实际，并编写过《皇朝经世文编》《圣武记》《明代食兵二政录》等书。魏源的著作很多，后人编有《魏源集》，其中《默觚》《海国图志》等，比较集中地反映了他的哲学思想。

魏源是一个伟大的爱国主义者。他坚决支持林则徐严禁鸦片和抵抗英国的武装侵略，并曾亲自上前线，参加了抗击侵略军的战斗，因而更加痛感亟待变法图强。第一次鸦片战争后不久，他就写了《圣武记》一书，记述了清王朝的一些重大军事活动，缅怀过去的武功，以此激励人们发愤图强，抵御外侮。后来他又受林则徐委托与启发，编成《海国图志》一书，比较全面记叙了世界各国的地理、历史、宗教、历法，介绍了西方先进的科学技术。这是亚洲第一部系统地研究西方的书，影响很大。特别是他在书中提出了“师夷长技以制夷”的口号，在当时情况下，具有重要的方法论的意义，成为划时代的著作。

那是1841年8月的一天黄昏，镇江城边码头上，魏源与故友林则徐重逢了。当时，林则徐因中英战事遭贬革职，即将发配新疆伊犁。去谪戍的途中，要在镇江停留。魏源与他见面，百感交集。在魏源的住处，两人倾心交谈国事。魏源愤激地说：“林公，一年来的战局如此，令人愤慨。朝廷中当权者在大敌来犯前不做准备，战败后又束手无策。御侮之道何在？救国之道何在？”林则徐深沉地思索着，感慨万千地说：“这次我在广东抗英，深感洋人得势的重要条件是船坚炮利。要反侵略，就必须了解敌情。只有知己知彼，才能百战不殆。”接着，林则徐随手打开一个布包，捧出一大捆书报，交给魏源，并语重心长地嘱咐说：“这是我在广东时派人从海外书报上译辑的全部材料，今我即将远去，不知何日才能返回，这些东西就交给你，希望能编写一种介绍海外各国情况的书，以使国人打开眼界，悟其御侮之道。”

原来，林则徐为了抗击侵略者，很重视了解西方各国情况，派人从外国书报中译辑了许多有关情况。其中最著名的《四洲志》，是根据英国人慕瑞的《世界地理大全》编译的；《华事夷言》，是英国人德庇时写的《中国人》一书的摘译；《各国律例》，是瑞士人滑达尔著的部分条文。这些材料对于了解西方各国的历史、政治、地理和现状，很有参考价值。魏源郑重地收下了这些材料。这一夜，魏源和林则徐两人同宿一室，对榻倾谈。在这国家和民族忧患的重要时刻，互相勉励，消解胸中的忧思，砥砺爱国的志气。第二天，魏源送走林则徐后，便开始仔细研读起材料来。他结合鸦片战争的失败，联系西方的成功，认为“欲师夷技收夷用”，是最好的救国药方。

一天晚上，魏源正在伏案写作。突然有人来访，客人是两江总督裕谦的部下。客人进门后，呆滞地望着魏源，一会儿就失声痛哭起来。魏源吃了一惊，赶紧探问原因。客人告知：定海、镇海已被英军占领，葛云飞、王锡朋、郑国鸿三总兵英勇牺牲，裕谦将军力战不支，投水殉国了。这是鸦片战争中壮烈的一役，尤其是定海守军与侵略者的浴血战斗更为激烈。当魏源了解到，定海守军多半是以土枪、土炮以至刀矛、弓箭等简单的武器，与具有先进装备的英军作战时，万分感慨。他极为沉痛地说："西方的枪炮比中国高明，以前在广东，今天在定海，都已被证实了，那种把西方技术说成是'奇技淫巧''形器之末'的见解，是多么可笑啊！"他还指出，不善于学习世界上先进的东西，就会永远落后、挨打。若在军事上研制出先进的战舰、火器和养兵练兵之法，在经济上学习他们的机器制造工业，中国也能自强，就可以克敌制胜。他把这种方策称之为"师夷长技以制夷"。接着，他又向来客介绍了自己目前正在做的一件事：编写一本介绍西方的书，记叙海外各国地理、历史、经济、政治、军事、科学技术乃至宗教、文化等情况，目的就是让中国人都能够懂得"师夷长技以制夷"的道理。

接着，魏源又从书桌上拿起一叠文稿，向来者介绍说："这篇《英吉利小记》，就是我准备写的那本书的一部分，从中可以了解英国的情况。"来客认真地翻阅着《英吉利小记》，感到很有兴味，便问魏源："这情况您怎么了解得如此详细？"魏源微笑着介绍起来：那是 1840 年 7 月，定海第一次被英军占领，侵略者企图永久霸占定海，又筹划进攻内地，派出人员刺探军情，绘制地图。9 月 16 日，英军一名官员安突德偷偷地到定海附近的青山岙测绘地图，被当地老百姓抓获，扭送宁波知府衙门。魏源知道消息后，立刻赶到宁波，亲自审讯安突德，详细了解了英国的历史、地理、经济、政治等情况，对其侵华意图以及兵力部署、武器性能等也尽可能作了了解。审讯的结果，使魏源得到了关于英国的大量资料。他以此为基础，旁采其他见闻，编写成了《英吉利小记》。

讲完这段经历，魏源对客人说："我现在写的这本书叫《海国图志》，与前人所写的著作有很大不同。过去那些书，都以中国人的见闻谈西洋，我则是根据西洋人的著述来谈西洋。这就对西洋的了解更广泛、更深刻了。”经过了一段时间的奋笔疾书，《海国图志》终于出版，后来他又一再加工，从1842年的50卷，增补为1847年的100卷。

魏源在《海国图志》的序言中，开宗明义地指出了自己写作本书的目的："是书何以作？曰：为以夷攻夷而作，为以夷款夷而作，为师夷长技以制夷而作。”他还曾亲到香港、澳门去考察，肯定资本主义制度优越于封建专制制度，成为近代资产阶级改良思想的先驱。他相信，通过这样的学习，中国一定能够赶上西方国家，“风气日开，智慧日出，方见东海之民，犹西海之民”。

这本书的问世，不仅大大开阔了人们的眼界，也在哲学上比较准确地体现了魏源的矛盾观。他完整地提出了“以夷攻夷”“师夷长技以制夷”这两大反侵略的鲜明纲领。“以夷攻夷”，表现了魏源对西方资本主义国家自由竞争时代，争夺国外市场中的矛盾的粗浅认识，并企图加以利用。“师夷长技以制夷”，是在总结鸦片战争的敌我双方各种优劣条件后，得出的反抗侵略的有效方案。

魏源在《海国图志》中还针对封建官僚机构的腐败，以及统治集团的昏聩无能，提出了革除旧习，进行“变古”，以御外侮的主张。他从进化历史观的高度，在《治篇五》中提出问题说：“三代以上，天皆不同今日之天，地皆不同今日之地，人皆不同今日之人，物皆不同今日之物。”同时又说：“租、庸、调变而两税，两税变而条编。变古愈尽，便民愈甚。虽圣王复作，必不舍条编而复两税，合两税而复租、庸、调也。”天地人物都不断地在发生变化，社会上各种制度同样在不断变化。他认为“后世之事”，可以“胜于三代”，并在《筹漕篇》等书中，提出“根抵于民依，善乘乎时势”，以及“变古愈尽，便民愈甚”的变革原则。一方面，强调“人情所群便者，变则不可复”，顺乎“人情所群便”的变革是不可逆转的历史趋势；另一方面，也反映了魏源对于“人群”作用的重视。他强调，天子也是由众人所积而成，属于众人中之一人。这同龚自珍所谓“天地，人所造，众人自造，非圣人所造”的命题是一致的，反映出某些民主性的思想。但魏源所说的变革也并没有从根本上触及封建制度，认为“其不变者道而已”，显示了地主阶级改革派的根本局限性。

尤其应该看到的是，魏源的“变古”新论，不仅强调了以“便民”作为历史进步的原则，并且还在《海国图志·叙》里提出了“以实事程实功，以实功程实事”的真理标准，坚持在社会改革中应该“重行”的认识路线。魏源曾有过一个小印章，上面刻着“州有九，涉其八，岳有五，登其四”12个字，这是说他自己重视践履实行，在广泛游历中去获得实际知识。

魏源在《学篇》二中说：“‘及之而后知，履之而后艰’，乌有不行而能知者乎！”“披五岳之图，以为知山，不如樵夫之一足；谈沧溟之广，以为知海，不如估客之一瞥；疏八珍之谱，以为知味，不如庖丁之一啜。”这就是说，看过许多名山的图画，以为知道山了，其实不如樵夫到山上走一趟；谈论沧海的广阔无边，以为认识海了，其实不如商人在海船上看一眼；研究了名贵的菜谱，以为懂得味道了，其实不如厨师亲口尝一下。魏源在这里把“行”作为认识的来源，反对“闭户造车”，强调获得真知要“亲历诸身”，学习书本知识与前人经验，也主张要同直接经验相结合。

魏源还指出，“善读父书”的赵括，由于缺乏实践经验，只能纸上谈兵，终于导致战争的失败。所以他认为，只会读家藏的兵书而没有实际战争经验的人，不能和他谈军事；只会照过去的案例办案的人，不能和他谈法律；自己不会写作、只会做“文抄公”的人，不能同他论文章。实际上，善于弹琴的人并不盯着曲谱，善于相马的人并不依据马图，善于治理民众的人并不拘泥于法律……这没有别的原因，只是因为他们亲自接触了实际罢了。他还说，住在山里的人，难以了解水上行船的危险；住在水乡的人，难以了解翻山越岭的艰难，原因在于他们各自没有亲身体验的缘故。这都肯定了亲自接触事物、获得直接感觉经验在认识过程中的重要作用，肯定知是从行中来的。

魏源坚持“知从行中来”的观点，所以他在领导治河中曾遍查历史水文资料，并亲自到永定河、淮河、汉水、洞庭湖等地区进行实地调查研究，从而做出了一定的成绩。这些体现了魏源在哲学上的朴素唯物主义倾向的认识论观点。这对于指导社会的变革，使人们明确在实践中自强不息，也是有现实意义的。

总之，魏源思想所开创的时代新风，尽管有不成熟的地方，存在着某些历史局限性。但是，其中国近代哲学启蒙的先驱者的形象，是不能否定的。特别是魏源倡导的“师夷长技以制夷”的思想，无论在当时还是对后世，其重要的影响作用也是不能低估的。

# “天国在人间”

## ——洪秀全的“上帝”观念

鸦片战争失败后，中国人民的灾难愈益深重，他们忍受着外国侵略者和本国封建势力的双重剥削压迫，社会阶级矛盾更加激化。龚自珍、魏源呼唤风雷，希望来个大的震动，但迎来的并不是地主阶级革新派所期望的那种变革，而是太平天国农民起义。太平天国既是两千年来农民革命战争的发展高峰，也是中国近代开始进入资产阶级民主革命时期发生的一次农民和平民的革命运动。这一革命运动的领袖，就是倡导“上帝”观念的洪秀全。

洪秀全（1814—1864），族名仁坤，原名火秀，因避上帝“耶火华”之讳，更名秀全，广东花县人。洪秀全出身农民家庭，世代以耕种为业。他天资聪颖，7 岁读塾书，五六年间便熟读四书、五经和其他史书及诸子著作，家人都指望他能科举成名，光耀门庭。1827 年（道光七年），洪秀全第一次赴广州参加院试未取，回乡后因家贫无法继续读书，便在家助父兄务农事，不久受聘为本村塾师。

1836 年，洪秀全再赴广州应试，又名落孙山。当他徘徊于广州街头时，遇见正在向应考士子宣教并散发布道书的基督教牧师，得到了一份《劝世良言》。这是一本阐发基督教义，劝信上帝的约 10 万字的中文小册子，编写者是广东肇庆人、基督教伦敦会第一个华人牧师梁发。心境不佳的洪秀全，当时也并没有更多留意这本书。第二年，洪秀全三赴广州参加院试，结果又落第了。他在万般苦闷中病倒在广州，被人送回家后，他又连续 40 多天表现得神志昏迷，行动癫狂。就在这段时间里，他写下了著名的述志诗：

手握乾坤杀伐权，斩邪留正解民悬。
眼通西北江山外，声震东南日月边。
展爪似嫌云路小，腾身何怕汉程偏。
风雷鼓舞三千浪，易象飞龙定在天。

他还不时大声疾呼“斩妖！”并对人说，他到了天堂，见到了一位皂袍老人，给他一柄斩妖剑，让他斩尽天下妖魔。有一天，他又用朱笔写下“天王大道君王全”7个大字，对人说：“我是太平天子，天下钱粮归我食，天下百姓归我管。”这表明在失意和悲愤的刺激下，洪秀全已萌发了浓郁的叛逆情绪。从这时起，他改名为“秀全”。

1843年，洪秀全四赴广州应试，结果仍然败兴而归。归后无事，除了激愤地写诗吟诵，他便重新阅读7年前得到的《劝世良言》，受到了很大启发。这本书突出宣扬上天只有一个绝对权威，那就是“神天上帝”耶火华（又译耶和华）。这位上帝是“天地之宰”，除此之外，别无真神。书中描绘了一幅“天国”的理想图，据说是要在接受了西方来的“善人君子”传的“福音”之后，才能实现。洪秀全仿佛从这本小册子里，找到了理想的天地，特别是读到这样一段话：“过于忍耐或谦卑，是很不适用于现时的，因为这样就无法管镇邪恶之世。”对他启发很大。同时，梁发在书中还对士子们说：“你们将文昌和魁星奉为神灵，以为可以获得保佑，可是你们中间有些人从少年起就读书应试，到七八十岁却连个秀才都考不上，难道你们不也同样敬拜这两个偶像吗？可他们为什么不保佑你们高中呢？”这些话恰好戳到了洪秀全的痛处：既然文昌、魁星不能保佑我功名高中，我为什么不可以借助于独一真神皇“上帝”，另谋出路？洪秀全很快接受了《劝世良言》的说教，并且附会书中有关上帝、天堂的种种描述，对7年前自己在病中生出的种种幻象重新做出解释。他还到处宣传，说有一位造天、造万物的大主宰上帝，人人都应当敬畏、崇拜，而世间的一切邪魔则该杀。他把这些想法与附会告诉了表弟冯云山和族弟洪仁玕，得到了他们的赞同，几个人便一起来到家乡附近的石角潭，仿照《劝世良言》介绍的仪式自行洗礼，又先后将家中供奉的偶像和村塾中供奉的孔子牌位尽行除去，并到处劝人不要再信奉邪神，要一心一意敬拜上帝。

洪秀全在自行洗礼相信上帝后立志要杀尽一切妖魔。7月，他们请了一位叫“打铁罗”的铁匠，各铸了一把长约3尺，重约7斤的剑，刻上“斩妖剑”3字，随身佩带。洪秀全又写了一首咏宝剑诗：

手持三尺定山河，四海为家共饮和。
擒尽妖邪归地网，收残奸宄落天罗。
东南西北效皇极，日月星辰奏凯歌。
虎啸龙吟光世界，太平一统乐如何！

从这诗里，洪秀全表达了自己的抱负。他手提三尺宝剑，要去开辟江山，擒拿妖魔，收尽奸邪，以实现“四海为家共饮和”的“太平一统”理想世界。洪秀全向西方国家寻找真理，首先碰到了《劝世良言》。他接受了《劝世良言》所宣传的基督教的“独一真神唯上帝”的观点，作为向腐朽的封建意识形态和皇帝、贵族、贪官、污吏、地主、恶霸斗争的武器。

也就在这一年，洪秀全和冯云山一起，建立了农民革命组织——“拜上帝会”，利用西方的这种宗教形式来发动农民、组织农民。洪秀全认为，“上帝”是农民革命意志的化身，而“阎罗妖”则是封建统治者的代名词。他写下了一系列以宣传革命、号召群众起来“齐心诛妖”为主旨的著作。1851年，洪秀全领导农民革命队伍，在广西金田村正式宣布起义，建号“太平天国”。1853年3月，攻克南京后定都于此，并改称天京。之后，太平天国农民军解放了中国南部的大片地区，革命势力先后达到18个省，它不仅使清朝统治者惊恐万状，也使外国侵略者万分震惊。在中外反革命势力联合镇压下，1864年南京失陷，洪秀全身死，太平天国农民革命失败。但是，太平天国的革命精神却深入人心，鼓舞着中国人民不屈不挠、再接再厉地向帝国主义及其走狗封建的清王朝展开英勇顽强的斗争。孙中山就自称是太平天国革命事业的继承者，由他领导的1911年的辛亥革命，终于推翻了清王朝的封建统治。

研究洪秀全和太平天国思想的主要著作有：《原道救世歌》《原道醒世训》《原道觉世训》《天朝田亩制度》和洪仁玕的《资政新篇》等。在这些著作和诗文里，不仅体现了洪秀全的农民革命理论，也可以透过其有别于西方的“上帝”观念，看出在神学外衣掩护下所包容的革命辩证法思想。

洪秀全把原始基督教教义中的“平等”思想，同中国固有的“大同”思想与农民革命传统中的“等贵贱，均贫富”“均田免粮”等革命要求结合起来，扬弃发展为相当完备的农民革命纲领。他在《原道醒世训》中写道：“天下多男人，尽是兄弟之辈；天下多女子，尽是姊妹之群。何得存此疆彼界之私，何可起尔吞我并之念？是故孔丘曰：‘大道之行也，天下为公……是谓大同。’”这里，他借重《礼记・礼运》来阐发自己的平等思想。所以1853年他命令颁布的《天朝田亩制度》，就是一个更为具体的农业社会主义的纲领，它规定不分男女、按人口分田，天下之田由天下人同耕，要求实现“有田同耕，有饭同食，有衣同穿，有钱同使，无处不均匀，无人不饱暖”的理想社会。尽管要在小农经济基础上消灭贫富差别只是一种空想，也无法真正实行，但其中“古为今用、洋为中用”的思维方法，追求平等的民主思想，以及革命的世界观等，都是应该充分肯定的。

同时，洪秀全的“上帝”观念里所宣传的“帝妖对立”思想，虽是一种神学的形式，但它孕育着革命辩证法的思想内容。洪秀全在《原道觉世训》中说：“天下总一家，凡间皆兄弟。……皆禀皇上帝一元之气以生以出，所谓一本散为万殊，万殊总归一本。……而近代则有阎罗妖注生死邪说，阎罗妖乃是老蛇、妖鬼也，最作怪多变，迷惑缠捉凡间人灵魂。天下凡间我们兄弟姊妹所当共击灭之，惟恐不速者也。”这里的“阎罗妖”是封建邪恶势力的总代表，“皇上帝”则是农民革命力量的代表，是正义与真理的化身。这里所指出的“帝”与“妖”的对立矛盾，正如“暗”与“光”“乱”与“治”一样是可以转化的。所以洪秀全在《原道醒世训》中说：“乱极则治，暗极则光，天之道也。于今夜退而日升矣。……几何乖离浇薄之世，其不一旦变而为公平正直之世也！”他认为，夜退日升、乱极则治，这意味着曾经代表黑暗腐朽而又具有无限权力的“阎罗妖”，终究会转化为被打倒的对象。“帝”“妖”主宰地位向相反的方面转化是否自发实现或是靠“神力”实现呢？洪秀全实际认为，实现这一转化的重要之点在于“人力”的作用，显示了崇尚革命暴力的思想。当农民军在永安被围困时，洪秀全就号召起义军“同心同力共诛妖”，而不是等待“上帝”的恩赐。

可见，洪秀全“帝妖对立”的观点，实质上是现实的阶级斗争、人民大众和封建主义的矛盾在其思想上的折射反映。打倒阎罗妖，打倒封建神权的一切偶像，是与推翻腐朽封建政权的革命斗争直接相联系的。

此外，还应该看到，洪秀全的“上帝”观念里所宣传的“帝妖对立”理论，是为了“灭清开国”“统治斯土”，在人间实现“天国”。这是与西方基督教神学迥然不同之点。洪秀全在《御批马太福音书》第五章《天国》中说：“天国是总天上地下而言，天上有天国，地下有天国，天上地下，同是神父天国，勿误认单指天上天国。故天兄预诏云：‘天国迩来’，盖天国来在凡间。”1853年，太平天国建都天京后颁布的《天朝田亩制度》，正是上述理论的具体化。在这里，洪秀全引进西方的“上帝”，并非原封不动地推行基督教义。在他所宣扬的宗教神学的背后，明白地显示出人们实实在在的现世利益。尽管洪秀全也赞美上帝的全能与伟大，但并没有把人民引向天国寻求解脱，而是让大家明白，“天国在人间”，只有斩尽人间那些残害百姓的压迫者与剥削者之“妖”后，才会建立起太平盛世，过上好的人间天堂生活。

当然，洪秀全以基督教为外衣引导群众崇拜上帝，也做了许多宗教式的宣传。如说“肯拜上帝者无灾无难，不拜上帝者蛇虎伤人”；上帝可使“日日有衣有食，无灾无难，今世平安，升天永福”等。其实，这对当时饱受灾难的农民来说，升天永福是次要的，迫切的要求是日日有衣有食，今世平安，能够活下去。洪秀全深切懂得这一点，在桂平紫荆山发动群众时他就提出了“共食天禄”的口号，宣称只要参加拜上帝会，就可以“真正食天禄”。这些口号虽然披上了人人均为上帝生养的宗教色彩，但实质上则否定封建剥削的不合理性，从而实践了部分经济平等的主张。太平军起义开始，就建立了“有衣同衣，有食同食”“休戚与共”的圣库制度，这深受群众的欢迎。忠王李秀成在《李秀成自述》中，曾经回忆他参加起义军时的情景说，太平军在金田起义后，路过藤县，一些不明真相的群众曾纷纷逃亡，此时“西、南二王传令拜上帝会之人，不必畏逃，同家食饭，何必逃乎？”李秀成就是在“同家食饭”的感召下参加起义的。可见当时广大农民群众是根据自己的切身实际利益能否满足，来接受洪秀全的“上帝”观念及其天国的形式的。他们相信，上帝的“旨意”是让人在“凡间得享真福”。参加起义后就能建立兄弟姊妹般的平等关系，处处平均、人人饱暖，人们也就愿意为实现人间天国而努力奋斗了。

可见，洪秀全的“上帝”神学理论，借助宗教形式来发动群众，用武装起义手段企图推翻清朝统治，以实现“人间天国”的理想社会，是有其积极意义的。然而另一方面，宣扬宗教神学，毕竟有它很大的局限性。因为他所宣扬的宗教神学的核心，就是要建立皇上帝的权威，所以当起义取得较大胜利时，又往往把功劳归于神力，这样就使人的作用终归为神力所掩盖了。同时，洪秀全宣扬皇上帝是唯一真神，虽然打破了清王朝的君权神授说，但又把自己说成是皇上帝的儿子，由此也当上了人间新的皇帝——天王。而杨秀清也借此装神弄鬼，自称能代天父传言，由此也导致了兄弟之间的内讧，最终使太平天国革命斗争归于失败。这里的经验教训，又是深刻而沉痛的，也是需要进一步认真总结的。

# 公车上书

## ——康有为“万物自变”的新进化论

由于各种矛盾的激荡冲击，洪秀全领导的轰轰烈烈的太平天国革命运动，最后失败了。在这场革命风暴过后的相对稳定时期，统治阶级内部发生了新的分化，形成了顽固派与洋务派，继之出现了早期资产阶级改良主义的派别与思潮。表现在哲学思想上，围绕“变”与“不变”这条社会发展观主线，展开了激烈的争论与交锋。在政治上，展开了深刻的改良维新运动，1898 年发展成为“戊戌政变”，形成了改良主义运动的高潮。这一运动的重要代表人物，首推康有为。

康有为（1858—1927），字广厦，号长素，广东南海人，所以人称他为“康南海”。他的著作很多，其中《大同书》《新学伪经考》《孔子改制考》和一系列的世界各国的“变政记”等，比较能够反映他的变法理论与哲学思想。康有为不仅是戊戌变法运动的领袖，也是近代中国向西方寻找真理的民族资产阶级的先进代表之一。他的社会变法理论，建立在其“万物自变”的新进化论基础上，这也使得康有为在中国近代哲学发展过程中，率先迈向了进化论阶段。

康有为出身于一个官僚家庭，祖父赞修曾任连州训导，父亲达初为江西补用知县。康有为从小聪颖过人，有神童之誉。有一次，叔叔给出“柳成絮”3 字以试其才气，康有为应声答以“鱼化龙”，叔叔连连称赞：“此子终非池中之物也！”康有为 6 岁起从启蒙老师简凤仪学习儒家经典，8 岁后随祖父习文诵经，一度醉心于陆王心学。在祖父的官舍里阅读到《邸报》

后，康有为渐渐对朝廷政事有所了解，并慨然有经世志。他好为纵横之文，厌恶八股制艺，因而自 14 岁起参加童子试，屡屡落第，后因祖父在任内遇水灾殉职，方被赐予荫监生。1876 年（光绪二年），康有为应乡试不第，遂向同邑名儒朱次琦拜门受业，苦读三年后，有了深厚的旧学根基，但仍觉没有找到解决国弱民困的真理。在困惑之际，又对佛教哲学产生了兴趣，曾居白云洞潜心研习佛经和道教之书，可仍然悟不出真谛。

就在这一年，广东番禺人、时任翰林院编修的张鼎华来游，向康有为介绍了近来京城的维新风气及流传的各种新书，使他的眼界顿时开阔。在这以前，康有为读过《瀛环志略》以及利玛窦等人所译西书，对中国以外的世界略有所知。在这以后，他又阅读了《西国近事汇编》《环游地球新录》等新书，对西方的政治制度与风俗习惯产生了浓厚的兴趣。这年年底，康有为来到英国人统治下的香港，当看到鳞次栉比的高楼大厦，宽广整洁的林荫大道，井井有条的社会秩序时，深有感触地说："西人治国有法度，不得以古旧之夷狄视之。"于是，他大量搜集西书，广泛涉猎西方自然科学和社会科学著作，潜心钻研西学，开始了进化论研究和向西方寻找真理的历程。当时江南制造局翻译馆译印的西书，30 年间销售不过 1.2 万部，康有为一人先后购买来赠人及自学者，就达 3000 部。面对日益加深的民族危机，康有为决心"以强敌为师资"，按照西方资本主义的模式来改造中国，变法图强。

1888 年夏，康有为再赴京师应试，仍然名落孙山。当时正值中法战争的失败，民族危机进一步加深，为救国图强，他毅然以一介布衣的身份拟就了长达五六千字的《上皇帝书》，提出了"变成法，通下情，慎左右"等 3 项具体建议。但人微言轻，被当权者斥为"狂生"，意见无法到达皇帝之手。吃了闭门羹的康有为没有气馁，进一步着手变法维新的理论思考。1890 年，康有为晤见了今文经学家廖平，发现今文学派所讲求的"通经致用"和"微言大义"，对于阐发自己的变法主张很有用处，于是着意将今文的"三世"进化说按新进化论的思想，进行了新的推演和改造，使之适合自己变法主张的需要。

实际上，“三世说”的思想，是汉代董仲舒在著名的《春秋繁露·楚庄王》中开始提出来的。他当时把《春秋》中所载295年的历史划分为三等12世，以自己的“有见”“有闻”“有传闻”的“三世”说，代替了《公羊传》提出的“所见”“所闻”与“所传闻”的“三世”说，并把自己的“三世”说与所谓“黑、白、赤”的“三统”说结合起来，建立了一种循环论的历史观。董仲舒后，另一今文经学家何休，通过注疏《公羊传》，又对“三世”说作了新的阐释。他认为，“所传闻”世，就是“衰乱”世；“所闻”世，就是“升平”世；“所见”世，就是“太平”世。何休在解释孔子“笔削”《春秋》，为什么不取“周公、成王之史”而取自隐公以下的时事作史这一问题时，认为孔子旨在于变“衰乱之世”为“治世”。他实质是打着《春秋》改制之旗号，为新王朝建制，即为汉中央集权的建立作理论的说明。

到了清朝道光、咸丰年间，以庄存与、刘逢禄为代表的常州学派，为了讥讽时政，重新提起今文经学。不过，他们的“三世”说，没有涉及封建制度根本改革的问题。到了19世纪末期，民族危机空前严重，康有为为了维新变法的需要，接受了西方进化论思想，在传统的今文经学形式下，将今文的“三世”说阐发与改造为“改制”“因革”的理论，推演为从“据乱世”到“升平世”（即小康）再到“太平世”（即大同），这样一个循序渐进的过程，这才突破了今文经学那种不讲飞跃的形而上学思想。

康有为先将“三世”演进归结为小康大同的跃进，阐述了中国社会正处于由小康向大同社会的演进过程中，论述了“变”的必然性。1897年，康有为撰写《春秋董氏学》时，阐述了孔子的“改制之义”。他说:“欲学《公羊》者，舍董生安归。”康有为表面虽表彰《公羊》，实际进行了改造。他说：“三世为孔子非常大义，托之《春秋》以明之，所传闻世托据乱，所闻世托升平，所见世托太平。乱世者，文教未明也。升平者，渐有文教，小康也。太平者，大同之世，远近大小如一，文教全备也。”他在这里提出区别小康、大同之标准，必须以“文教”盛衰为标准，仍未涉及“三世”的实质内容，只认为“大义多属小康，微言多属太平”而已。后来，康有为为了论证资产阶级的君主立宪制代替封建专制的历史必然性，对“三世”说作了新的阐发。他在《孟子微》卷四中说：“据乱世尚君主，升平世尚君民共主，太平世尚民主矣。”显然，在这里，康有为的“三世”说已涉及社会政治制度的变革问题，讲到了“君民共主”和“民主”了。

接着，康有为从理论上阐述了“三世”各有不同之“道”，这就冲破了长期以来“天不变，道亦不变”的形而上学思想禁锢。他在《日本书目志》序中说：“三世之义，有拨乱（即据乱）之世，有太平之世，道各不同。”这就是说，“变法”不应停留在“变器”“变事”与“变政”水平上，而必须以改变“国宪之全体”为突破点。他结合日本明治维新的经验说：“购船置械，可谓之变器，不可谓之变事；设邮使、开矿务，可谓之变事矣，未可谓之变政；改官制，变选举，可谓之变政矣，未可谓之变法。日本改定国宪，变法之全体也。”可见，他希望走日本明治维新的历史道路，在中国创建一个君主立宪的国家模式，这已不单是托古改制了。

康有为还认为，要实现维新变法，必须采取激烈的手段与断然的措施。他意识到在中国进行维新变法，是一次改变“典章宪法”的大是大非问题，不能同守旧派妥协。既不能任用旧人以行新政，也不要执旧例以行新法。这表明康有为看到了事物发展过程中，包含着非爆发式的飞跃状况。他的“三世”演进论，既承认渐进的上升，又带有部分地承认质变的意义，对否定飞跃的形而上学思想有了重大的突破。可见，康有为新的社会进化思想，不仅是古代经学的终结，也是近代资产阶级哲学的开端。虽然他把变革的思想灌注入“三世”说的陈旧形式里，但其内容却是新的。他力图糅合中西文化，为在我国建设一个资产阶级君主立宪政体作了理论上的阐发。这为他以后力倡戊戌变法，奠定了思想基础。

1891 年春，康有为在广州开设长兴学舍，两年后改称万木草堂，力图以聚徒讲学的方式宣传他的维新主张，培养立志变法的人才。该学舍初时有学生 20 多人，两年后来学者已增加到 100 多人，到光绪二十四年（1898）

被清政府封禁时，在校学生以及从各地前来拜门的学生已有千人之多，其中梁启超、麦孟华、徐勤等人，后来都成了他开展维新运动的得力助手。在授徒讲学的同时，他还进一步研究变法理论，先后写成了《新学伪经考》和《孔子改制考》这两部阐述其维新思想的重要著作，猛烈地冲击了“恪守祖训”的顽固守旧势力，广泛地宣传了进化论和维新思想。

1895年春，康有为再度入京参加会试。当时正值中日《马关条约》订立，当丧权辱国的条文传出后，云集京城的各省举人群情激愤。康有为立即抓住这个时机，先是联络广东、湖南两省举人百余人，赴都察院请愿，反对割让台湾。几天里，都察院门前，车马盈巷，人群纷集，一时议论沸腾，激起了反对《马关条约》签约的巨大声浪。康有为看到举人们的爱国情绪可以为变法活动造成声势，决定联合在京所有举人，来一次规模更大的上书请愿。于是他又联络18省举人一千多人聚会，商议联合请愿的事情。开会那天，台湾省举人痛哭流涕，诉说台湾与祖国的骨肉深情，表示誓死不愿离开祖国的怀抱。到会的举人都义愤填膺，公推康有为执笔起草奏书。康有为热血沸腾，操笔挥洒，一天两夜，写成了一篇1.8万多字的《上皇帝书》，由梁启超等人抄写了几份，分送各处传阅。大家看了，情绪更加激昂，签名的举人增至1300多人。这就是著名的“公车上书”事件。由于古代汉朝用公家车马接送被征举的士人，所以后来人们就用“公车”作为举人进京应考的代称。

康有为在这篇《上皇帝书》里沉痛地指出：如果台湾、澎湖割让给日本，那么英、俄、法等列强就都会跟着来瓜分中国，因此必须拒绝签订屈辱的条约。他们请求光绪皇帝：“下诏鼓天下之气，迁都定天下之本，练兵强天下之势，变法成天下之治。”大意是，皇帝要亲自下诏书，说明自己过去的错误，明确规定赏罚的办法，用真正有本领的人来管理国家大事；迁都到长安，宁可用2万万两白银赔款做军费，誓死抵抗到底，决不求和；积极操练一支强大的军队，保卫国家的安全；实行变法，改革政治，才能使中国富强起来。《上皇帝书》还提出，要真正挽救民族危亡，达到富国自强，特别需要“变法”。变法要先从富国入手，具体办法是：修筑铁路，开采矿藏，采用机器、轮船，创办邮政，发行钞票，铸造银币。国富是以民富为基础的，因此康有为又提出一套“养民”的方法，包括发展农业，提倡和奖励发展工业，给商人以利益，抚恤穷苦的百姓，设立学校和报馆教育人民等。最后，归结到在政治方面，必须扫除贪官污吏，要“选拔真才，整肃纪纲”，实行政治上的改良。这些内容，实质上就是康有为、梁启超等变法维新运动的政治纲领。

5月2日，各省举人排成一里多长的队伍，正式把《上皇帝书》递到了都察院。清政府里的顽固守旧派，对举人们的上书拒不接受，光绪皇帝还是没有看到。但“公车上书”在社会上却产生了巨大的政治影响，造成了变法维新运动的声势。《上皇帝书》不但传遍北京，还随着各地举人返回家乡，带到了全国各地，很多人都受到它的鼓舞和启发。

“公车上书”的第二天，会试发榜，康有为中了进士。又隔了一天，康有为得到了工部主事的官衔，但他未去就职。在“公车上书”后，康有为曾作了“海东龙泣舰沈波，上相辎轩出议和”的诗句，抒发了自己对上书艰难过程的无限感叹之情。随后，他又接连数次上书光绪帝，陈述他的变法主张。在倾向维新的大臣帮助下，光绪帝终于看到了他的第三份上书，并且对他的变法主张表示赞同，还要求阁臣另抄录副本3份，分送慈禧太后、军机处和各省督抚。康有为继续为变法维新而努力着，几经周折，光绪帝终于于1898年4月23日颁布“明定国是”诏，宣布正式变法。五天后，光绪帝打破皇帝不得召见小臣的“祖宗家法”，特旨在颐和园勤政殿召见康有为，君臣晤谈长达2个半小时。康有为退出后，光绪帝当即下令允许他在总理衙门章京上行走，并特许其享有专折奏事之权，而不必由所在衙门主官代递。在随后的“百日维新”期间，康有为又先后递呈了30余道奏议，实际上充当了光绪帝推行变法的设计师。随着变法的步步深入，遭到了以慈禧为首的顽固派的强烈反对。8月6日，慈禧悍然发动政变，囚禁了光绪帝，杀害了六君子，废除了新法，并重新实行训政。康有为被迫逃往日本，开始了政治流亡生涯。

康有为的变法活动是以他的哲学思想为基础的，他的哲学思想内容比较庞杂，也充满着各种矛盾。但是最富有时代气息的思想，是他关于“万物自变”的新进化论思想。他的学生梁启超曾说：康有为的哲学是“进化派哲学”。因此可以说，进化论是康有为变法的根本理论。

康有为总结鸦片战争以后50年来早期改良主义的变法思想，试图突破其前辈“器变道不变”的思想局限，扬弃洋务派关于“中学为体，西学为用”的新不变论，正面提出“变者，天道也”的命题。他认为“万物自变”，把“变易”看成是自然和人类进化的一种普遍现象，并力图以他所能掌握到的近代天文学、生物学的进化论知识来充实其变易的理论内容，显示了时代的理论的新特点。他从天体演变和生物进化的诸多现象中看到了事物发展的必然法则，主张“善变以应天”，反对“不变而逆天”，为当时资产阶级变法运动提供了有力的理论武器。他在《上皇帝第六书》中说：“法既积久，弊必丛生，故无百年不变之法。”这是指“治法”不能永恒不变，而应“随时而立义，时移而法亦移”。

同时，康有为还认为天道变化的过程不是简单的量变重复，而是新代陈、新胜旧，并把这看成是不可违抗的法则。他说：“物新则壮，旧必老；新则鲜，旧必腐；新则活，旧必板；新则通，旧则滞。物之理也。”因此，康有为对当时坚持不变、死守祖宗成法不变的思想进行了严肃的批判。他指出：“若祖宗之法不可变，则我世祖章皇帝何尝不变太宗文皇帝之法哉？”据此，康有为提出了“全变”的主张：“变法而强，守旧而亡……观万国之势，能变则全，不变则亡；全变则强，小变仍亡。”而“全变”的最终目的，是落实到“兴农工商”的经济基础。他在《日本书目志》序中说：“今日不变新，则不可；稍变而不尽变，不可；尽变而不兴农工商之学，不可。”康有为从“全变”到具体的三个“不可”的提出，反映了他的发展观比早期资产阶级改良派的思想有所发展，包含有质变的因素。这既否定了洋务派的“中学为体，西学为用”的“道本器末”说，也修正了早期改良主义思想家“变器不变道”的局限。

此外还要看到在变法期间，康有为有关维新变法的理论问题，已开始突破了早期改良主义者的理论局限，承认变法必须落实到封建制度改革这一根本问题上。在《康南海自编年谱》里他说：“今数十年诸臣所言变法者，率皆略变其一端，而未尝筹及全体，又所谓变法者，须自制度法律先为改定，乃谓之变法。”由此，康有为认为“变法”首先安定“国是”，即建立一个什么性质的国家模式。他依据西方资产阶级的“三权分立”制度，设计在我国建设一个“君民共主”的立宪制国家。他在《上皇帝第六书》中说：“近泰西政论，皆言三权，有议政之官，有行政之官，有司法之官，三权立，然后政体备。”在这个“君民共主”的政体管辖下，分别成立12个行政部门：法律、学校、农、工、商、邮政、矿务、陆军、海军等局。他主张用资产阶级立宪政体代替封建专制政体，建立“以电代火”“以机器代人”的资本主义社会，并把这看成是社会进化的必然趋势。这些新进化论的观点，与他注重学习西方，开阔了视野分不开。在中国哲学近代化的方向上，康有为确实迈出了第一步，这一开创者的功绩是应该充分肯定的。

不过在变法失败后，康有为在海外并没有认真总结维新变法的教训，拒绝与孙中山合作，组织了“保皇党”，从一个维新志士转变为一个抵制资产阶级民主革命的保守派。辛亥革命后，他两次参加复辟帝制活动，又转化为反对革命的帝制复辟派，从保守转向了反动。这个教训是深刻的，反映了他的哲学思想中的矛盾性与不彻底性。

# “我自横刀向天笑”

## ——谭嗣同冲决网罗的“心力”说

闻名中外的“戊戌变法”失败后，首领康有为、梁启超亡命海外，骨干“戊戌六君子”被捕。其中被捕者中，就有年仅33岁、被誉为“青年斗士”的谭嗣同。

谭嗣同（1865—1898），字复生，号壮飞，出生于北京一个封建官僚家庭。他家祖籍湖南浏阳，父亲谭继洵，当时在京任户部员外郎。谭嗣同生命虽短暂，但著作颇丰，有《谭嗣同全集》留世。哲学著作有《仁学》《以太说》《思篇》《兴算学议》《壮飞楼治事十篇》和《报贝元征书》等。他研究的哲学内容广泛，结合中国古代哲学问题和近代自然科学的发展，涉及本体论、认识论、辩证法以及历史观等多方面的问题，是中国近代少数企图创造完整的哲学体系的思想家之一。《仁学》是谭嗣同的哲学代表作。

谭嗣同自幼学习四书五经等典籍，10岁起问学于著名学者欧阳中鹄。后又在当时名扬幽燕的侠客“大刀王五”（王正谊）门下学艺。从欧阳中鹄和大刀王五身上，谭嗣同不仅学到了广博的知识，精湛的武艺，而且接受了他们要求变革现实的思想。在欧阳中鹄的影响下，谭嗣同又钻研了王夫之、黄宗羲等人抨击封建专制主义，要求发展进化的著作。不幸的是，12岁时，他的二姐、母亲和大哥先后染瘟疫去世，他自己也被传染，几乎丧命。母亲去世后，谭嗣同受到继母的虐待，心情压抑。1877年（光绪三年），谭继洵出任甘肃巩秦阶道（下辖三个府十几个县，在今甘肃陇西、天水、武都一带）道台。是年秋，谭嗣同随父亲回到浏阳时结识唐才常，与他成为挚友。次年去兰州，后又返回浏阳跟随当地有名的学者涂启先学习儒家经典，钻研文字、训诂之学，同时习作诗文。

1882年，谭嗣同由浏阳返兰州参加科举考试，未中落榜。两年后，他离家去新疆见巡抚刘锦棠，拟入刘的幕府，后因刘锦棠卸任，未果。以后，他曾数次“赴南北省试”，都名落孙山。虽怀才不遇、屡试不第，谭嗣同却因此有机会来往于新疆、甘肃、陕西、河南、湖北、湖南、安徽、江苏、浙江、河北等地，行程数万里，目睹社会下层民众凄苦的生活情状，感触很深，有“风景不殊，山河顿异，城郭犹是，人民复非”之叹。他曾写诗一首，借以抒发自己的情怀：

平生慷慨悲歌士，
今日驱车燕赵间。
无限苍茫怀古意，
题诗独上井陉关。

井陉关是汉代的韩信用兵打了大胜仗的古战场。谭嗣同独上井陉，极目山川，缅怀古人，抒发壮志，要求变法图强的火种在他年少的心灵中就已播下了。

1889年，谭继洵被任命为湖北巡抚，谭嗣同又随父亲到了湖北。以后几年，他有机会参观了张之洞在湖北所办的近代企业，在上海认识了江南制造总局编译、英国传教士傅兰雅，接触到了一些西方自然科学书籍，视野更开阔了。这为他以后自觉接受西方的思想，极有启迪。1895年中日《马关条约》的签订，谭嗣同的思想受到猛烈触动，感到再不能“守文因旧”“苟且图存”，转而倡言新政，立志变法。他在给友人的信中愤懑地写道：“这个条约真是将中国的生死命脉尽授于人，全国将没有一家一人不亡了。”他奋笔疾书，写诗曰：

世间无物抵春愁，
合向苍冥一哭休；
四万万人齐下泪，
天涯何处是神州？

表达了谭嗣同强烈的爱国意识与变法强国的决心。他在代江苏学政龙湛霖上书中，认为“无百年不变之法，有一旦可行之事”，变法是刻不容缓的“补救之策”，一项重要内容是培养掌握近代科学知识的人才。他曾不顾守旧势力的反对，多方筹款，购书延师，于 1897 年建成浏阳算学馆，在湖南开了新式教育风气之先。

1896 年，谭嗣同在南京完成了他的哲学代表作《仁学》。该书约 5 万字，分上下两卷，共 50 篇。其内容丰富，涉及哲学、政治、经济、文化，历史与现实，中国与世界，以及孔子、墨子的学说，佛教与基督教的教义等。其中最引人注目的，是对封建君主专制和纲常伦理的激烈抨击，发出了“冲决网罗”的呐喊。《仁学》问世时，正值戊戌维新思潮达到高潮。康有为接连上书光绪皇帝，痛切陈词，力主维新。梁启超、严复等在各地主办报刊，宣传变法。身居南京的谭嗣同也积极参与，往返于沪宁之间，并同梁启超、康广仁等人在上海设立不缠足会，规定入会者所生的女子不得缠足，所生男子不得娶缠足之女，已经缠足的 8 岁以下的女孩，须一律放解。这也体现了谭嗣同思想与行动的某些一致。

1898 年 2 月中旬，谭嗣同应赞同维新的湖南巡抚陈宝箴之邀来到湖南，担任《湘报》主笔并任教时务学堂，积极宣传变法和培养维新志士。他还在陈宝箴的支持下，建立了南学会，旨在使“南部诸省志士联为一气，相与讲爱国之理，求救亡之法”。同年 4 月，在维新派的影响下，光绪皇帝下“明定国是诏”，宣布变法，同时命令各省督抚保荐人才。谭嗣同得到赞成变法的大臣举荐，奉旨赴京晋见。是年 7 月 20 日，光绪皇帝召见了谭嗣同等人，表示凡“所欲变者，俱可随意奏来，我必依从”，并授谭嗣同四品卿衔，在军机章京上行走，参与新政。谭嗣同深为鼓舞，全身心地参与维新变法的推行。可是当变法实施时，遭到了顽固守旧派的激烈抵制，慈禧太后也起意镇压，局势相当危急，光绪皇帝命康有为、梁启超、谭嗣同等人速筹对策。谭嗣同决定孤注一掷，8 月 3 日深夜只身一人前去游说掌握新建陆军的袁世凯武装“勤王”，扶助光绪皇帝。结果被袁世凯出卖，慈禧太后提前政变。次日黎明，她囚禁光绪，下令追杀维新派，康有为、梁启超匆忙逃亡日本。

政变发生后，谭嗣同也曾同大刀王五策划过武力劫救光绪皇帝，但未成事。其后，王五劝他出逃，并自愿充其保镖，谭嗣同却拒绝出走，他取下随身所带“凤矩”宝剑赠给师父，希望王五继承其维新事业，以实现自己酬报“圣主”的遗志。后来，又有一些人劝谭嗣同出逃，都被他一一拒绝。他说：“各国变法，无不从流血而成，今日中国未闻有因变法而流血者，此国之所以不昌也。有之，请自嗣同始！”他决心为变法流血，用自己的牺牲来唤起后来者的觉醒。他在自己的居所、浏阳会馆的“莽苍苍斋”静候了5天，终于被捕。在狱中，谭嗣同抚今追昔，神态自若，从地上拾起煤渣，在牢房的墙壁上欣然作诗：

望门投止思张俭，
忍死须臾待杜根。
我自横刀向天笑，
去留肝胆两昆仑。

汉朝的张俭和杜根，都因揭发朝中权贵或劝太后归权皇帝，遭到了打击迫害，他们吃尽苦头，但在当时就受到人们尊敬，死后更留下好名声。谭嗣同自比张、杜，觉得问心无愧。他态度从容，决意含笑就义。他又想到了康有为和王五，他们的“去”与自己的“留”，是肝胆相照的，犹如巍巍昆仑，皆为顶天立地的人物。谭嗣同衷心祈愿这两位“生者”继续实现“死者”未竟的志愿。8月13日，年仅33岁的谭嗣同等“戊戌六君子”在北京菜市口慷慨就义。在牺牲前，面对铡刀，谭嗣同面不改色，他悲愤地对上万名围观群众高呼：“有心杀贼，无力回天，死得其所，快哉！快哉！”闻者无不动容。

为了自己的理想，为了祖国的强盛，谭嗣同献出了宝贵的生命。大刀王五亲自为他收尸，许多人作诗志哀。黄遵宪的挽诗写道：

颈血模糊似未干，
中藏耿耿寸心丹。
琅函锦箧深韬袭，
留付松阴后辈看。

松阴是日本幕府统治末期维新志士吉田矩方的别号，因积极主张革故鼎新而被处死。黄遵宪把谭嗣同比作松阴，表示了极大的崇敬之意。

谭嗣同为国捐躯的悲壮行为，来自内腐外侮的社会现实的激励，也来自其内心所崇尚的“心力”对“冲决网罗”的刚强毅力。后者也正是谭嗣同《仁学》哲学理论的核心。

谭嗣同作为资产阶级维新派中的激进人物，在“古今”之争上，强调不能复古，要面对现实。他在《仁学》十八中说：“古而可好，又何必为今之人哉？”他认为，“欧、美二洲以好新而兴……亚、非、澳三洲以好古而亡。”所以在“中西”之争上，谭嗣同提出要破中外之见。他以“地圆说”论证中国人不应自居天下之中，存在夜郎自大的思想。同时驳斥了所谓“外国人不讲伦常”的观点。他指出，如果外国人不讲伦常，就不能彼此相爱，不能团结，就不能生存下去。他们能举国一心，富强远出于中国之上，怎么能说他们不讲伦常呢？只是他们所说的伦理关系不同于中国的三纲五常罢了。鉴此，谭嗣同认为中国的三纲五常，实在是束缚人的网罗。他在《仁学·自叙》中大声疾呼要“冲决网罗”，特别是“冲决君主之网罗”“冲决伦常之网罗”“冲决天之网罗”等。他还说明，自己的这些口号主要是针对着封建制度、纲常教义、儒家天命论的。因为统治者假借三纲五常之名义，不知冤杀了多少好人。不过，谭嗣同又认为五伦中只有朋友一伦是“最无弊而有益”的，在《仁学·三十八》里他解释说：“所以者何？一曰‘平等’，二曰‘自由’，三曰‘节宣惟意’。总括其义，曰不失自主之权而已矣。”“兄弟于朋友之道差近，可为其次。余皆为三纲所蒙蔀，如地狱矣。”这是说，人们之间的伦理关系，应该都是像朋友那样的平等关系，根据自由意志或自愿原则相结合，彼此尊重自主之权，人格独立。可见，谭嗣同实际上是主张用资产阶级的自由、平等来破坏封建主义的纲常名教。

为了真正实现“冲决网罗”，谭嗣同认为个人应该具备内在的“心力”。“心力”是谭嗣同在《仁学》中提出的基本范畴。“心力”—“以太”—“仁”是谭嗣同哲学的出发点。

谭嗣同在《仁学》里，先对“以太”作了解释：“以太也，电也，粗浅之具也，借其名以质心力。”实际上，“以太”（ether），是19世纪后期西方流行的一个物理学概念。希腊文原为燃烧、点火之意，后被认作一种传播光的媒介的极细微物质。17世纪中叶，荷兰人惠更斯把“以太”定为“光媒”。此后西方科学家一直对“以太”进行着探索，直到1907年爱因斯坦的狭义相对论得到物理学家劳厄的证明，才否定了“以太”的存在。但谭嗣同写《以太说》时，科学实验尚未证明“以太”假说的不真。谭嗣同是把它作为新概念来建立自己的物质观的。他认为“以太”是“原质之原”，指出“原质（即元素）犹有七十三之异，至于原质之原，则一‘以太’而已矣”。他又说：“任剖其质点一小分，以至于无，察其为何物所凝结，曰惟‘以太’。”这就是说，不论有机界与无机界，就其构成的最小分子来说，都是质点或原质而已，而“原质之原”乃是“不生不灭”的“以太”。所以，谭嗣同用“以太”来解释物质多样性的统一性问题，认为在“光”“声”“气”“电”等自然现象的背后，都存在着“以太”这个统一的实体。同时，这些自然现象的发展变化动力，则来源于“以太”—“仁”。这样，作为多样性统一的实体就成了“以太”—“仁”的复合体。

对于“以太”与“仁”的关系，谭嗣同有时又表达了“以太”是“仁之体”，而“仁”是“以太之用”的体用一致思想。这是他的哲学的实质。他一方面认为“仁”从内涵来说是“以太”，“以太”就是“仁”之体；但另一方面，“以太”显露于外，则“仁”是精神，是“以太”这一物质本体的功用。这种既把“以太”看成是“原质之原”的细微物质，又把它看成为精神作用的观点，从哲学性质来说，显然是一种具有唯物主义倾向的泛神论。

谭嗣同为了说明“以太”—“仁”的自身变化，把“以太”（仁）说成像电一样无所不通，并把它混同于精神性的“心力”，从而又转向了唯心主义的“心力”说。他在《仁学》中说：“仁以通为第一义。以太也，电也，心力也，皆指出所以通之具。”谭嗣同把“通”认作“道通”，即物质运动的总规律，这是有积极意义的，显示了革新派要求打破封建制度的束缚，寻求思想解放这一变革要求在哲学上的反映。谭嗣同认为，能像“电”一样四通八达，把无限的物质世界和人的精神世界也包括进去的，那就是“仁”之“通”。所以他最后求助于“心力”，把它作为决定宇宙万物的本源及内在动力。他说：“心之力量，虽天地不能比拟，虽天地之大，可以由心成之，毁之，改造之，无不如意。”同时，“仁为天地万物之源，故唯心，故唯识。”

这里还应该看到，谭嗣同的“心力”说不仅受佛学唯心主义的影响，更重要的还有自然科学“力”学对他的影响，谭嗣同在《仁学》里指出：“心力可见否？曰：人之所赖以办事者也。吾无以状之，以力学家凹凸力之状状之。愈能办事者，其凹凸力愈大；无是力，即不能办事，凹凸力一奋劲，有挽强持满，不得不发之势，虽千万人，未或能遏之而改其方向者也。”谭嗣同在这里所讲的“心力”，显而易见是吸纳了西方力学中关于“力”之运动及作用的观点。他强调人之强弱，取决于力之作用大小。这种说法虽属牵强，但毕竟承认“力”的作用，否定神与传统天命的作用。当然，谭嗣同讲的力，都表现为机械力。他自己曾经列举了18种力，来证明其“心力”与“力”的关系。严复在译《天演沦》时，也曾介绍过吸、拒两力的作用，并阐述了物质运动。严复认为，“质力相推”是物质运动的规律，这具有明显的机械唯物主义的倾向。然而谭嗣同不完全认同严复的观点。他既讲机械之力，又认为仅以机械释“力”是不够的。他把“力”与“心”结合起来而称“心力”。这就陷入了夸大主观精神作用的唯心论。这也正是谭嗣同在变法失败后，不愿逃跑，想以自己的牺牲唤醒大众“心力”，来进行变革图强的内在根据。

可见，谭嗣同的哲学思想是极其矛盾的。他吸纳自然科学的力学概念，铸造出一种具有无限功能的“心力”，让它来主宰外物，反映了资产阶级在现实斗争中的那种“心有余而力不足”的软弱性，也是中国近代资产阶级哲学不成熟的反映。谭嗣同在政治上反对封建专制主义的贡献，显然大大超过了他在理论思维方面的创造。应该看到的是，他的哲学正是“旧学”向“新学”转化过程中的一种特殊形态。在他借助“力”的运动说明问题时，有形而上学唯物主义的色彩；但把“力”与“心”结合起来，无限夸大人的主观精神作用时，却走向了唯心论。这是值得人们深思的。

# “良将”的选择

## ——严复“物竞天择”的天演之学

1898年8月，当北京城里一片黑暗，谭嗣同等“戊戌六君子”在宣武门外菜市口被杀害时，维新人士的心情都十分悲痛。不少人作诗哀悼为维新喋血的志士，慨叹被慈禧太后幽禁的光绪皇帝。其中有一个学者，为纪念此事，挥泪写诗道：

求治翻为罪，
明时误爱才；
伏尸名士贱，
称疾诏书哀。

这位同情“戊戌变法”的爱国志士，就是当时任北洋水师学堂总办的著名翻译家、资产阶级启蒙思想家严复。

严复（1854—1921），原名宗光，字几道，又字又陵，自称“天演祖哲学家”，出生于福建侯官（今福州）一个儒医家庭。1867年，由于父亲去世，家境清贫，年仅14岁的严复只好考入洋务派所办的一所海军学堂，当了一名海军学员。在此学习，伙食费全免，另外每月给银4两补贴家用；每3月考试一次，成绩列一等者，可得赏银；毕业后，还可优薪录用。原来，清政府自1864年镇压了太平天国革命后，为了加强统治力量，开始重视仿效西方列强，扩充军事实力。曾国藩、左宗棠、李鸿章等人就依靠外国的帮助，办起了“洋务”事业，先后创设了新式的兵工厂、造船厂、轮船局、矿务局、电报局及各种洋务学堂，严复即就学于左宗棠等所办的福州船厂附设的船政学堂。他在学堂中读了五年，毕业后派在军舰上实习。1877年3月，严复同其他11人被派到英国海军学校留学，学习海军驾驶技术，指望他们日后成为海军中的“良将”。

到英国后，严复得到了一个直接向西方探索真理的机会。海军也是办洋务的内容之一，可清朝海军里种种腐败的情况，严复看在眼里，已不相信洋务派所标榜的“练兵自强”那套说教了，想摸索和选择另一条使中国复兴强盛之路。当时的英国，正处于资本主义发展到全盛的时期；与之一水相隔的法国，也出了一些著名的思想家。严复到英国不久，就开始不甘心以“良将”自限了。他除了学好必修的海军战术、海战公法、枪炮营垒等课程外，还十分关心西方的哲学与社会学说，利用一切时机从英、法一些大思想家的著作中吸取思想营养，广泛接触了资本主义国家的自然科学、社会科学和哲学，使他认识到西方国家的富强之道不仅决定于船坚炮利，还决定于社会制度、生产技术和思想文化的发展状况。因此，他下决心利用自己的外语优势，把西方先进的思想文化翻译介绍到自己的祖国去，从思想上警醒国人，开启民智，变法自强。到1879年6月归国时，严复不仅是一名海军大学的优等生，而且对西方资本主义社会的思想与文化，也有了相当深刻的了解，这引起了当时清朝第一任驻英公使郭嵩焘的赏识，两人结下了忘年之交。

严复回国后，虽然名义上担任北洋水师学堂总教习等职，但甲午战争后的时代要求，使他义无反顾地选择了从事救亡图存的理论工作，后来竟成了他终身为之奋斗的事业。严复先后翻译了赫胥黎的《天演论》、亚当·斯密的《原富》、约翰·穆勒的《穆勒名学》《群己权界论》、孟德斯鸠的《法意》、斯宾塞的《群学肄言》、甄克斯的《社会通诠》以及耶芳斯的《名学浅说》等著作，后人称为“八大名著”，总计170余万字，影响很大。在翻译这些重要名著时，严复不是为翻译而翻译，而是结合国计民生的需要及自己的思想认识，在译本上写下了许多“按语”“评注”和“夹注”，把近代西方的进化论、唯物主义经验论、古典经济学以及社会学原理、科学方法等，传播到我国来，特别是善于把古今中外学术观点相互印证，开创了一种探究哲学的新风。例如，严复把西方的进化论，同我国朴素辩证法——“变”的思想结合，提出了“力今胜古”的思想；把西方物理学的“以太”说，同我国朴素唯物主义“元气”论结合，形成“以太”—“一清之气”的唯物主义宇宙观；把西方唯物主义经验论与科学方法，同我国传统知行观结合，提高了批判唯心主义先验论的水平。这就给当时的思想界输入了一种新的资产阶级世界观，触动了根深蒂固的封建意识形态。

与此同时，严复还在天津创办《国闻报》，宣传资产阶级变法，抨击封建专制主义。1897 年，严复创造性地写了《论世变之亟》《原强》《救亡决论》与《辟韩》四篇著名论文，发动了对封建主义意识形态的挑战，形成了近代思想解放和启蒙的高潮。所有这些介绍与传播“西学”的译著，以及他自己撰写的论著，后来被编为《侯官严氏丛刊》《严几道诗文钞》《严复集》，奠定了严复作为晚清资产阶级启蒙思想家的历史地位。其哲学思想，也主要包容在这些著作的翻译与评点中。

严复同康有为、谭嗣同等人不一样。康、谭等人学习西方是间接的，他们只能通过传教士、教会、编译局或者短期的考察接触一些“西学”知识，对资本主义的东西，没有十分深入的了解。严复则不仅亲自到过西方资本主义国家，亲眼看到资本主义的物质文明和社会实际情况，而且直接阅读过许多原版的资产阶级学术理论著作。因此，就对西方资本主义了解的深度与广度来说，当时严复可称为第一人。严复通过从事教育，搞翻译，创造性地给当时中国人一种新的资产阶级世界观，从思想根基上突破了封建主义的意识形态。

为了引起人们对西学的高度重视，严复在中国近代哲学史上，首先对中学与西学作了认真的比较。他认为要真正深入比较中学和西学，必须冲破顽固派与洋务派设置的阻碍学习西方先进思想的防线。严复指斥顽固派的闭关自守政策，说他们“自强”“求富”，经营了30多年，却“无一实效之可指”。因此严复强调要“通中外之故”，他在《有如三保》中说：“外物之来，深闭固拒，必非良法。要当强立不反，出与力争，庶几磨砺玉成，有以自立。”当时洋务派的显要人物张之洞著《劝学篇》，鼓吹“新旧兼学……旧学为体，新学为用，不使偏废”，并以为中国之所以为中国，就在于“纲常教义”，可见他实际上是用“中体西用”论来反对资产阶级民主思想。严复对这种谬说作了有力的反击，他在《与〈外交报〉主人书》中指出，体用者指一物而言，“故中学有中学之体用，西学有西学之体用，分之则并立，合之则两亡。”就是说，中学与西学各有自己的体用，两者不能调和折中。要求得西学之用，必须识西学之体，“中体”“西用”是无法合而为一的。有人又提出，要用主辅来代替“体用”，主张“主于中学以西学辅所不足”，严复认为这也是不可能的。一国之政教学术是有机的整体，正如动物的头脑、躯体和四肢，植物的根茎和枝叶，虽有主辅、本末之分，却不能割马的四蹄装到牛的头颈上去。

在批驳了顽固派与洋务派关于中学和西学这两者关系的错误观点之后，严复对中学和西学作了较为深刻的比较。他认为中学和西学之间最大区别在于两者的世界观不同。在他看来，中国人“好古而忽今”，西方人“力今以胜古”，所以中西之争即古今之争，中学即旧学，西学即新学。而这一“古今中西”之争的根本分歧，表现在两种不同的世界观上。他还认为，比较中学和西学，不能像洋务派的“中体西用”论那样停留在船坚炮利之类“技艺”上，而要抓住西学的根本命脉之所在才行，这包括在学术上“黜伪而崇真”，政治上“屈私以为公”。这两条在中国都行不通，其原因在于中国不自由。严复实际上把中学西学的不同，归结为资产阶级自由平等观念同封建的纲常名教的对立，学术和政治制度的差别，是由这根本的对立派生的。这些都是有一定见地的。

当然，严复比较中学和西学，并不是要“丢尽吾国之旧，以谋西人之新”，而是为了有分析地对待中国传统哲学，以“去其旧染，而能择其所善者而存之”，从而将西方的近代哲学与中国传统哲学的“善者”结合起来。这种结合，突出地表现于他以生物进化论为基础的“天演之学”上，“天演”就是自然进化的意思。事实上，严复在中国哲学界产生的最大影响是介绍了达尔文的生物进化论，并对它进行改造和发挥，激发了中国人民奋斗自强、救亡图存的爱国热情。

严复在1897年《原强》一文中，已介绍了进化论的奠基人英国的达尔文和他的重要著作《物种起源》。这本书主要是讲自然界的生存竞争、自然选择。达尔文认为生物的种属不是固定不变的，物种的某些特性会在外界条件影响下发生变异。有利于生存的变异，就逐渐积累加强起来，使物种在生存竞争中占优势而不断发展；不能适应环境变异的物种，就在生存竞争中占劣势而被淘汰。这就是所谓适者生存，优胜劣败。但达尔文的进化论毕竟只是就生物界说的，所以《原强》一文在介绍达尔文后，紧接着便介绍和推崇斯宾塞，说斯宾塞把进化论运用到社会领域，详尽说明了世界各民族从野蛮到文明的进化过程，特别是反复地论述了一个国家强盛或衰败的原因，认为他的学说“可谓美备也已”。

严复于1898年出版的《天演论》，是根据1894年出版的英国人赫胥黎原著《进化论与伦理学》翻译的。译本公之于世后，立即博得当时知识界的热烈赞赏，风靡全国，在十多年间，先后发行30多种版本，仅上海商务印书馆1905—1927年间，就印了24版。《天演论》并不是忠实原著的译作，严复对原作进行了取舍和发挥，加上了大量按语，因此鲁迅说《天演论》是严复“做”的。严复的译著只用了赫胥黎原书名的前一半，恰好表明他不同意赫胥黎把自然规律与人类社会关系分割、对立起来的观点。赫胥黎是达尔文生物进化论的捍卫者，但他的基本观点是，人类的社会伦理关系不同于自然法则与生命过程，自然界没有什么道德标准，优胜劣败，弱肉强食，竞争进化，适者生存；人类社会则不同，人类具有高于动物的先天的“本性”，即能够相亲相爱，互助互敬。严复不同意此说，他认为人类的同情心，互助互爱，这是生物进化的结果和产物，而不是原因。人类所以能形成社会，完全是为了彼此的安全利益，并非一开始就有与动物不同的同情心。因此，生存竞争、优胜劣败、适者生存的自然进化规律，同样适用于人类社会。在讲社会学原理上，严复指出，赫胥黎的观点不如斯宾塞。

其实，19世纪末风靡一时的英国哲学家斯宾塞，不是达尔文的信徒，而是"社会达尔文主义"的倡导者。严复留学英国期间，曾深受其影响。所以严复除了在《原强》中介绍和赞扬过斯宾塞外，在《天演论》中还多处用斯宾塞的观点来反驳赫胥黎，特别是用普遍进化观念来强调"天演"完全适用于人类种族与社会，反驳赫胥黎互助论的伦理观。他在《天演论·察变》按语中说："物竞、天择二义，发于达尔文。"同时又说："斯宾塞尔者，与达同时，亦本天演著《天人会通论》，举天地人气心性动植之事而一以贯之，其说尤为精辟宏富。"但严复又只是赞成斯宾塞的上述观点，并不同意他为侵略和压迫作辩护的"社会达尔文主义"，也不同意他认为人类在"物竞天择"的自然规律面前完全无能为力的消极无为思想。所以，严复终于选择了反对斯宾塞"社会达尔文主义"的赫胥黎的书，来作为自己翻译《天演论》的底本。这表明严复不是一个盲从洋人的思想家，他完全是面对中国现实，要给中国人民敲起警钟，告诉他们"物竞天择，优胜劣汰"，乃是宇宙间不可抗拒的普遍规律。中华民族如果不赶快奋发图强，就有被列强吞食、亡国灭种的危险。同时严复也指出，只要人们能够认识这种规律，不甘心做劣等民族，依靠自己力量，团结一致，奋发图强，命运还是操在自己手里的。这一理论具有巨大的进步意义，它激发了当时有骨气的中国人，特别是知识分子的爱国主义思想，启迪了一代人为民族解放而斗争。

严复很注意学习西方的科学文化，使其在自然观方面也表现出明显的唯物主义倾向，他除了多次肯定中国的荀子、柳宗元等人的唯物主义思想，批判程朱陆王唯心主义和宗教有神论观点外，还向中国学者介绍了古希腊唯物主义哲学家德谟克利特的原子论学说、赫拉克利特的朴素辩证法思想，以及介绍了哥白尼、达尔文等人在自然科学上的贡献，指出他们的学说都打击了宗教有神论。在一定意义上可以说，严复的自然观具有近代机械唯物主义的特点，他根据其所能掌握的自然科学知识，如牛顿的力学理论、达尔文的进化论和无神论、康德的星云说，形成了不同于我国古代朴素唯物主义而具有机械唯物主义思想特征的自然观，力图用物质的机械运动来说明客观世界的一切现象，提出了著名的“质力相推”说。严复引用牛顿的力学运动法则，论证世界是物质自身的运动，否定了神造说。他在《译〈天演论〉自序》中说：“大宇之内，质力相推，非质无以见力，非力无以呈质。”这是说：宇宙之内，质（物质）和力（运动中所散发的能量）是统一的，相互作用的。没有物质，无法显示出运动的能量；没有能量，也显示不出物质的存在。“质力相推”的观点，肯定世界就是物质及其运动，排斥了上帝的主宰力量。他在《天演论·察变》按语中说：“造物立其一本，以大力运之，而万类之所以底于如是者，咸其自己而已，无所谓创造者也。”从而，也奠定了近代中国资产阶级哲学的理论基础。

严复晚年体弱多病，政治上是保守的，其哲学思想中也有不少错误的东西，存在着历史和阶级的局限性。但综合来看，他从世界观高度介绍了西方的进化论学说，使之与中国传统哲学相结合，形成了颇具特色的“天演之学”，以激励中国人自强保种，使进化论哲学从此深入人心，成为中国近代哲学传统的有机组成部分，这个历史功绩是不可磨灭的。它不仅在当时产生了巨大影响，也大大地激励和鼓舞了后人，章太炎、鲁迅、毛泽东早期的进化论思想，都受到严复翻译的《天演论》的影响。梁启超曾经赞赏严复，说他是当时“精通西学的中国的第一流人物”，这个评价是中肯而恰当的。

# "苏报案"

## ——章太炎的"排天"说

严复的《天演论》，不仅受到了当时学者们的普遍赞誉，也从多方面影响了许多人的思想。其中就有杰出的民主主义革命宣传家、理论家章太炎。

章太炎（1869—1936），名炳麟，字枚叔，因仰慕明末清初爱国学者顾炎武（本名绛）和黄宗羲（字太冲），自己便更名绛，号太炎，浙江余杭人。他是辛亥革命时期反封建的积极斗士，以犀利的笔锋，对顽固派、改良派进行了猛烈的抨击，成为革命派的理论家和近代资产阶级哲学运动的总结者。他的著作有《章氏丛书》，其中革命著作和哲学著作，有《訄书》《驳康有为论革命书》《诸子学略说》《无神论》《建立宗教论》《俱分进化论》《国家论》《四惑论》《排满评议》《原名》《驳建立孔教议》和《菿汉微言》等。

章太炎出身书香世家，早年从外祖父朱有虔识字看书，接受了初步的朴学训练，也知道了顾炎武、王夫之、吕留良，在幼小的心灵中打下了"夷夏之防"的烙印。13岁后由父亲督责学习八股制艺，但他志不在此，16岁时赴县应童子试，考前突发癫痫症，此后便绝意科举，专心研制经史。1890年（光绪十六年），章太炎来到杭州的诂经精舍，从学于当时的著名朴学大师俞樾。开始时，章太炎几度要求入院学习，均被俞樾拒绝。后来，俞樾出了两道考题，一是关于《礼记》上周官的人数问题，二是关于《孝经》上所称的"先王"究竟是谁的问题。两题均古奥偏僻，章太炎却引经据典作了圆满的解答，俞樾遂满意地收下了这名弟子。在诂经精舍，章太炎一住就是7年，在俞樾的严格要求下精研古训，博考事迹，同时向名儒高学治、谭献请教经学与文辞法度，向黄以周等学习“三礼”及《墨子》，向宋衡问佛学。到离开精舍时，章太炎已成了一个学问渊博的朴学家。

当时，中国社会在甲午战争的刺激下正酝酿着巨大变革，面对空前严重的民族危机，章太炎立即从书斋走向社会，投身于变法图强热潮中。1896年上海强学会成立时，他专门从杭州寄去会费，报名入会。第二年春，他又不顾俞樾的极力劝阻，毅然搁下学业，接受汪康年、梁启超邀请前往上海，担任《时务报》撰述。他先后在那里发表了几篇文章，抒发自己的内政外交主张。不过，他虽然在政治上赞同康、梁的变法维新主张，但在学术渊源上与康有为并未就此弥合古文经学与今文经学的门户之见，尤其不赞成康有为神化孔子，建立孔教，打着孔子的旗号托古改制，因而很快便与报馆中的康门弟子发生争执，甚至发展到拳脚相加，章太炎一怒之下退出了报馆。这时，他对康有为依靠光绪帝实行自上而下变法的做法，已不如先前热心，而更热衷于反满宣传，力求从严复宣传的进化论以及诸如优生学、华夷之辨中去寻找反满的理论依据，成为一个激烈的民族主义者。

列强瓜分中国的狂潮兴起后，章太炎曾满怀激情地上书李鸿章，希望这些出身汉族手握重权的官僚，在民族存亡之际能挺身而出，但他的希望如石沉大海。不久，湖广总督张之洞邀他主编《正学报》，章太炎兴致勃勃来到武昌，恰逢张之洞的《劝学篇》脱稿，让他为该书润色。章太炎看完后一味称道主张“西学为用”的“外篇”最合时势，而对强调“中学为体”的“内篇”不置一词。私下里，他对于内篇中宣扬的“忠君”说十分反感，认为清朝统治汉族已近300年，视民如雉兔，九世之仇尚不能复，有什么忠爱可言？这些话被张之洞听到后，唯恐殃及己身，令人将章太炎逐出报馆。返沪后不久，戊戌政变发生，章太炎因曾列名强学会从事变法宣传也遭通缉，被迫亡命台北，担任《台湾日日新报》记者，同时着手将自己的政论文章以及关于经学、史学、哲学、文学、音韵等方面的论著，辑订为《訄书》。但不到半年，章太炎又因撰文抨击日本驻台总督，被逐出台湾，辗转来到了日本，经梁启超介绍结识了孙中山。3个月后，章太炎又潜返上海，后赴苏州东吴大学担任中文教习。他曾专程去看望在苏州养老的老师俞樾，不料俞樾对他这几年的作为大为不满，呵斥他从事革命是“不忠不孝，非人类也”，要弟子们鸣鼓而攻之。章太炎一怒之下，当即反唇相讥，写下了《谢本师》，公开声明与俞樾绝断师生之谊。

不久，章太炎因给学生出了道“李自成胡林翼论”的作文题，被人告发而遭到缉捕，再度亡命日本，受到了孙中山的欢迎和信任，与他正式订交。1902 年 3 月，由章太炎等人在东京发起，准备在崇祯皇帝去世纪念日那天（3 月 19 日），举行“支那亡国 242 年纪念会”，意在动员反清革命。集会前一天，日政府应清朝驻日公使蔡钧之请，令警视总监解散此会，东京警视厅便传讯章太炎。他接到通知后，身着长衣大袖，手摇羽扇，来到警署。警长问：“诸君是清国何省人？”章答：“余等皆支那人，非清国人。”警长又问：“你们是士族，还是平民？”章答：“遗民。”警长无话可问，武断通知停止此次集会。3 个月以后，章太炎再次潜行回国。

1903 年春，章太炎应蔡元培之邀赴上海，任教于爱国学社，继续进行反清宣传。不久，章太炎就同比自己小 16 岁、自称为“革命军中马前卒”的爱国志士邹容，结成了忘年交。当邹容的《革命军》脱稿后，章太炎主动为之作序，称道这是唤醒民众的雷霆之声。针对康有为的保皇宣传，他又撰写了脍炙人口的《驳康有为论革命书》，直斥被康有为奉为圣明的光绪帝是“小丑”。这些文章在《苏报》发表后，激起了轩然大波。在清廷要求下，公共租界巡捕来到《苏报》馆，指名捉拿章太炎、邹容等人。当时章太炎不在馆中，巡捕扑了个空。其他人闻讯后劝章太炎赶快躲避，他却不愿意，坚定地表示：“革命就要流血，怕什么？清廷要捉拿我这已经是第七次了！”第二天，巡捕又到爱国学社捕人，章太炎挺身而出，用手指着自己的鼻子说：“其他人都不在，要拿章炳麟，就是我！”章太炎被捕后，又写信给邹容，让他自动到巡捕房投案。法庭上，章太炎以嘲讽的口吻谴责清廷虽自称中国政府，却又向外国法院控告本国人民，使清廷的代表丢尽了脸。最终，章太炎和邹容被分别判处 3 年与 2 年监禁。这就是历史上著名的“苏报案”。

在狱中，他仍然坚持斗争，并与外界积极联系。1904 年冬，章太炎同蔡元培、陶成章等人发起成立“光复会”。1906 年出狱后，应孙中山之邀再次东渡日本，担任同盟会机关刊物《民报》的主编，写了不少宣传资产阶级民主革命的文章，热情鼓吹同盟会的民主革命纲领，继续对保皇党进行理论批判，同康有为、梁启超等改良派进行激烈论战，成为革命派的主要喉舌。尽管这时的章太炎，主观唯心论影响日占上风，而且兼有种族革命的思想弱点，但他思想的主流是进步的，功绩是显赫的，影响是巨大的。诚如鲁迅先生在《关于太炎先生二三事》中所说：“真是所向披靡，令人神往。”1908 年，《民报》被日本当局封禁，章太炎仍留居日本，从事讲学和研究。

1911 年辛亥革命以后，章太炎回国。由于脱离民众，他逐渐转向消极颓唐，丧失了早期青春的革命气概，从“趋时”倒退为“复古”。他提出了“革命军起，革命党消”的口号，发起“中华全国联合会”，进行分裂同盟会的活动；在学术思想上，也提出了“读经有千利而无一弊”，终于否定了过去的自我，“身衣学术的华衮，粹然成为儒宗”。正如鲁迅先生所指出：“太炎先生虽先前也以革命家现身，后来却退居于宁静的学者，用自己所手造的和别人所帮造的墙，和时代隔绝了。”当然，后期的章太炎，仍然有其值得肯定的一面。诸如他坚持与袁世凯的复辟阴谋作斗争，南下与孙中山合作，主张抗日等，但对社会的客观影响远不如前，表明他已成为一个脱离时代潮流的历史人物。

章太炎的哲学思想，前后期变化比较大。这大体可以分为三个阶段：1903 年以前，以他的早期著作《訄书》为代表，基本倾向是唯物主义的。1903 年“苏报案”被捕后，他在狱中读了大量佛教经典，如《因明入正理论》《瑜伽师地论》《成唯识论》等，受到佛教唯心主义深刻影响。1906 年后，他在《民报》上发表了《俱分进化论》《无神论》等一系列哲学论文，思想体系已经明显转到主观唯心主义方面来了。辛亥革命后，基本上是继续发挥前一个时期已经形成的主观唯心主义体系，“以佛解庄”“以庄证孔”。

章太炎早期哲学思想主要表现在《訄书》中。该书的最初木刻本出版于1899年，1902年经过修订，又出了第二版铅印本。其中《天论》《公言》《原变》《原人》等篇具有机械唯物主义的因素，并阐述了进化论的自然观。章太炎继承和发挥了荀子和王充的唯物主义无神论思想，同时吸取了近代自然科学，特别是天文学的知识，试图探讨宇宙万物的形成问题，有力地批判了上帝造物说和神学目的论的宇宙观，提出了著名的“排天”说，为他在实践上反满、排帝，提供理论根据。

章太炎根据近代天文学的知识，扬弃了古代朴素唯物论“天为积气”的直观认识。他在《天论》中说：“古者以天为积气，彼未尝有气也。”认为所谓的“天”，不是如古人说的是一个积气而成的实体，因为离开地球若干尺以上，愈往上而气体愈稀薄。所以他又在《儒术真论》中说：“若夫天体，余尝谓苍苍之天，非有形质，亦非有太圜之气。”那么，人们所看到的“天”究竟是什么东西呢？章太炎认为，这实际上是笼罩在地球外部的大气。他在《视天论》中说：“余尝持视天之说，以为远望苍然者，皆内蒙于空气，外蒙于阿屯（atom原子）以太而成是形，非果有包于各耀（星球）而成太圜之体者也。”又在《儒术真论》里说：“盖日与恒星，皆有地球，其阿屯以太，上薄无际，其间空气复厚，而人视之苍然，皆众日之余气，固非有天也。”可见所谓的“天”，实际上就是“地气”。

所以，章太炎又在《天论》中说：“在地曰气，仰瞻则曰天，犹云与雨也，非有二质，故其所见异尔。”由此他得出一个结论：宇宙中除了恒星与行星以外，并没有“天”。他认为，一切恒星都是太阳，太阳都有自己的“地球”（行星），人类所居住的地球是从太阳中生出来的，地球上的万物都依赖太阳而生存。于是他便在《视天论》里，肯定“太阳率八行星成一世界”，并认为每一恒星都是一个太阳系，都有它的地球等行星组成一个世界，所有的恒星和它的行星组成整个宇宙。“地球为日所摄”，“日球亦因摄而动”，“地球及诸恒星”都“统于天河”。他说：“万物之生灭消长，皆由太阳之光热致之，而苍苍者无与也焉。”这就是说，万物生灭与太阳的关系完全是一种物质的自然关系，而根本不存在什么神秘的“天”的意志。古人崇拜“天”“祭天”，实际上是崇拜太阳，“假言曰帝，其真即日”。章太炎在此充分肯定了荀子“明于天人之分”的唯物主义观点，认为这是“以天为不明”的光辉思想，它否定了“以日为天，以天为帝”，以“上帝”“有恩威生杀之志”“有福善祸淫”之说，指出太阳只是一个物质实体，并非人格神。尽管这些说法并不完全正确，但也可以看出，章太炎认真吸取了哥白尼以来近代天文学新知识，用当时最新的天文科学的成果，对中国传统气一元论的宇宙观进行了修正，实际上是用近代实验科学的思维方法，突破了古代朴素唯物主义的直观性，从而促进了唯物主义宇宙观的发展。

章太炎进一步依据生物进化论，驳斥了“上帝造万物”的目的论。他指出，基督教的“上帝创世”说同汉代《淮南子》讲的“黄帝造人”说，是一类货色，这种理论早被无神论者王充的“天道自然”“万物自生”的学说驳倒了。他阐发王充的观点说，地球上的生物都是靠太阳的照射与风雨的资助生出来的，后来就都因自己的内在条件不同，互相吞食、竞争，大蝙蝠变成了恐龙，大蜥蜴变成了鳄鱼。人类也是从动物发展而来，人之始不过是“一尺之鳞”，后来发展为猿猴，猿猴又逐渐变成了人。人类开化有早晚之分，在生存竞争中，有的进化为文明种族，有的成了野蛮人种，并依据生物进化的法则，断言生物的变化是生存竞争的结果，以后还要无止境地变化下去，绝不是什么上帝意志决定的。他还认为，万物生长的老根是太阳，阳光对待人类与草木的滋长一视同仁，并非钟爱于人。因此他又在《天论》中得出结论说：“物生于日，而其为祸福，则日勿与焉”，从而驳斥了“老鼠生来就是为了给猫吃”的目的论。此外，章太炎还十分推崇古代“知鬼神为无”的唯物主义无神论思想，认为人们见到的“鬼神”，不过是由于人们的感官有毛病，在“心惑若寐”之时造成的“一时假相”，而“非有真形”。也有些所谓“鬼”者，实际上是把一些少见的“山精物魅”叫作鬼神，这是“与人死者有殊”的东西。

在驳斥天和上帝造物等愚昧说法时，章太炎又认为物质性的“以太”是宇宙万物的始基。为了说明世界的物质性，他提出“阿屯以太”的范畴，代替古代唯物主义气本论的“元气”范畴。这种“阿屯以太”，是眼不见但有形，手不触而有质的物质实体。他着重批评了谭嗣同把“以太”当作“性海”“心力”的唯心主义观点，依据19世纪自然科学关于“以太”的概念，把它看作是传播光的媒介，认为它在一定条件下有不同的运动速度，虽然小于原子，但实质与原子一样，有自身的质量，绝非“心力”“性海”一类精神性的东西。这种观点，是近代哲学本体论走向自然科学化的一种表现。章太炎的“阿屯以太”说，纠正了谭嗣同的“以太—心力”说的混乱观念，发展了严复的“以太”即是“一清之气”的模糊思想，具有更鲜明的机械唯物论的哲学意义。

章太炎哲学思想中的“排天”、否定鬼神以及“阿屯以太”说，坚持了唯物主义无神论，是对古今中外神权论的严重打击。康有为等保皇党，在戊戌政变失败后，大肆宣扬“天命”，说什么光绪皇帝未死，“有天命存焉”，中国他日必能立宪。章太炎揭露说，这同汉朝王莽在灭亡前求救于“天命”一样可笑，神权论的说教，同样救不了保皇党的命。他在《驳康有为论革命书》中说：“拨乱反正，不在天命之有无，而在人力之难易。”并指出改造社会，推动历史前进，不是靠“天命”，只能靠革命。可以看出，章太炎的这些思想，具有以近代科学知识武装哲学，向封建神权发动总攻的特色，从根本上否定了为封建政权作辩护的“天命神权论”，对资产阶级的民主革命起了重要的战斗与鼓动作用。

当然，章太炎的哲学思想还有多方面的内容，也存在着许多不成熟和良莠相间的情况，有着历史与时代的局限性，特别是后期思想的颓唐与变化是不足取的。但是在他前期思想中表现出来的那种努力探索、大胆吸收的科学精神，那种为真理而勇敢奋斗的行为，是难能可贵的。鲁迅先生说他当时“七被追捕，三入牢狱，而革命之志，终不屈挠”，誉之为“后生的楷范”，也是中肯的。

# 主要参考书目


冯契著：《中国古代哲学的逻辑发展》（全三册），上海人民出版社，1984年。

北京大学哲学系中国哲学史教研室编写：《中国哲学史》，中华书局，1980年。

任继愈主编：《中国哲学史》，人民出版社，1979年。

肖萐父等主编：《中国哲学史》，人民出版社，1982年。

冯友兰著：《中国哲学简史》，北京大学出版社，1996年。

辛冠洁等主编：《中国古代著名哲学家评传》，齐鲁书社，1982年。

田正华编著：《话说华夏五千年》，重庆大学出版社，1996年。

李国章等主编：《二十五史新编》，上海古籍出版社，1997年。

李锦全等主编：《中国哲学初步》，广东人民出版社，1996年。

方克立主编：《从孔夫子到孙中山》，中国青年出版社，1984年。

张岱年著：《中国古典哲学概念范畴要论》，中国社会科学出版社，1989年。

葛荣晋著：《中国哲学范畴史》，黑龙江人民出版社，1987年。

张立文著：《中国哲学逻辑结构论》，中国社会科学出版社，1989年。

刘红星著：《先秦与古希腊：中西文化之源》，上海古籍出版社，1999年。

王友三编著：《中国无神论史纲》，上海人民出版社，1982年。

周正舒等编著：《天下归仁——孔子谋略纵横》，蓝天出版社，1997年。

王俊才主编：《听听老子怎么说》，山西高校联合出版社，1994年。

王德有著：《老子演义》，社会科学文献出版社，1999 年。

吴九龙主编：《孙子校释》，军事科学出版社，1991 年。

曹尧德著：《孙子传》，花山文艺出版社，1993 年。

银雀山汉墓竹简整理小组编：《孙膑兵法》，文物出版社，1975 年。

王易等编著：《救世才士——墨子》，中国华侨出版社，1996 年。

张云飞著：《中国农家》，宗教文化出版社，1996 年。

张新著：《中国名家》，宗教文化出版社，1997 年。

曹尧德著：《孟子传》，花山文艺出版社，1992 年。

唐志龙编著：《内圣外王——孟子谋略纵横》，蓝天出版社，1997 年。

韩东辉等编著：《逍遥哲人——庄子》，中国华侨出版社，1996 年。

张国风编著：《荀子箴言》，中国社会出版社，1999 年。

夏甄陶著：《论荀子的哲学思想》，上海人民出版社，1979 年。

祝瑞开著：《两汉思想史》，上海古籍出版社，1989 年。

周桂钿著：《王充哲学思想新探》，河北人民出版社，1984 年。

王德有著：《玄学漫话》，社会科学文献出版社，1999 年。

张晓敏等著：《道教十日谈》，安徽文艺出版社，1994 年。

赵明著：《道家思想与中国文化》，吉林大学出版社，1986 年。

业露华著：《佛教历史百问》，今日中国出版社，1992 年。

范阳主编：《柳宗元哲学著作注释》，广西人民出版社，1985 年。

上海人民出版社编：《中国近代爱国者的故事》，上海人民出版社，1982 年。

冯契著：《中国近代哲学的革命进程》，上海人民出版社，1989 年。